LA TRADUCTION RAISONNÉE

DU MÊME AUTEUR

Aux Presses de l'Université d'Ottawa

Guide bibliographique du traducteur, rédacteur et terminologue / Bibliographic Guide for Translators, Writers and Terminologists, 1979. Coauteur : Lorraine Albert. Épuisé.

L'Analyse du discours comme méthode de traduction. Théorie et pratique, 1980. Épuisé.
    Traduit en chinois par Sun Huishuang, Beijing, 1988.
    Traduit en anglais par Monica Creery et Patricia Logan, *Translation: An Interpretive Approach*, Ottawa, 1989.
    Traduit en espagnol par Georges Bastin, *Iniciación a la traducción. Enfoque interpretativo*, Caracas, 1997.

Livre du maître accompagnant *L'Analyse du discours...*, 1980. Épuisé.

L'Enseignement de l'interprétation et de la traduction : de la théorie à la pédagogie (dir.), 1981. Épuisé.

La Traduction au Canada / Translation in Canada, 1534-1984, publié sous les auspices du Conseil des traducteurs et interprètes du Canada, 1987.

Les Alchimistes des langues. La Société des traducteurs du Québec, 1940-1990, 1990.
    Traduit en anglais sous le titre *The Language Alchemists*, 1990.

Les Traducteurs dans l'histoire (codir. Judith Woodsworth), coédité par l'UNESCO (Paris), 1995.
    Traduit en anglais sous le titre *Translators through History*, John Benjamins (Amsterdam) et UNESCO (Paris)

Chez d'autres éditeurs

Les Obsédés textuels, Hull, éditions Asticou, 1983. Roman humoristique sur les traducteurs et la traduction. Épuisé.

Au cœur du trialogue canadien. Histoire du Bureau de la traduction, 1934-1984. Secrétariat d'État, Gouvernement du Canada, 1984. Épuisé.
    Traduit en anglais sous le titre *Bridging the Language Solitudes*, Ottawa, 1984. Épuisé.
    Traduit en chinois par Sun Huishuang, Beijing, 1988.

JEAN DELISLE

LA TRADUCTION RAISONNÉE

MANUEL D'INITIATION À LA TRADUCTION PROFESSIONNELLE ANGLAIS → FRANÇAIS

MÉTHODE PAR
OBJECTIFS D'APPRENTISSAGE

Réimpression revue et corrigée

«Pédagogie de la traduction»
Presses de l'Université d'Ottawa

Collection «Pédagogie de la traduction»

Cette collection réunit des manuels destinés principalement aux étudiants de premier ou de deuxième cycle inscrits dans les écoles ou instituts de traduction et d'interprétation. Ces ouvrages présentent aussi un intérêt pratique pour les professionnels en exercice. Aucun champ de formation n'est exclu : traduction générale, traduction spécialisée (économie, droit, médecine, technique, etc.), révision, rédaction et lexicologie envisagées dans l'optique de la traduction, terminologie, stylistique comparée, interprétation... Cette collection, dont le volet *théorique* est la collection «Regards sur la traduction», accueille des manuscrits de langue française et anglaise.

Comité éditorial :

> *Jean Delisle*, directeur, Université d'Ottawa
> *Marie-Christine Aubin*, Collège universitaire de Saint-Boniface
> *Annie Brisset*, Université d'Ottawa
> *Paul St-Pierre*, Université de Montréal
> *Daniel Simeoni*, Université McMaster
> *Lawrence Venuti*, Temple University (Philadelphie)
> *Luise von Flotow*, Université d'Ottawa
> *Agnès Whitfield*, Université York

DONNÉES DE CATALOGAGE AVANT PUBLICATION (CANADA)

Delisle, Jean
    La traduction raisonnée : manuel d'initiation à la traduction professionnelle, anglais [vers le] français : méthode par objectifs d'apprentissage

(Pédagogie de la traduction)
Dans le titre, il y a une flèche entre les mots «anglais» et «français» pointant vers le second terme.
Comprend des références bibliographiques et un index.
ISBN 2-7603-0372-1

    1. Traduction. 2. Anglais (Langue) — Traduction en français. I. Titre. II. Collection.

P.306.5.D443 2000   418'.02   C93-090417-6

© Les Presses de l'Université d'Ottawa, 1993
    5e impression revue et corrigée, 2000
    Imprimé au Canada
    ISBN 2-7603-0372-1

«La traduction s'enseigne-t-elle? Une certaine forme d'enseignement n'est pas sans bénéfices. Le sujet est neuf; il n'existe ni tradition, ni méthode éprouvée. Par ailleurs, seules peuvent en profiter les personnes qui possèdent déjà une bonne formation. Il ne s'agit pas de l'enseignement des langues, mais d'une technique, des règles propres à la traduction, règles qui ne sont, comme toutes les règles du langage, que la constatation ou la codification de l'usage, de particularités constatées dans l'exercice de la traduction.»

Pierre DAVIAULT,
«Langue et traduction», dans *Mémoires. Deuxième congrès de la langue française au Canada*, 1938.

«A point that has often been observed about native bilingual, including ambilingual speakers, is that they are unable to translate between their L1s. This does not mean of course that they cannot learn to translate between them. But translation has to be learnt by them as a distinct operation; it does not follow automatically from the possession of two sets of native language habits. [...] Even those who approach or attain true ambilingualism are still usually unable to translate without instruction.»

Michael A. K. HALLIDAY *et al.*,
The Linguistic Sciences and Language Teaching, 1964.

«Le point de vue le plus ancien sur la traduction est le point de vue empirique et empiriste des traducteurs [...]. C'est un point de vue organisé en fonction de l'effet à produire, dans le cadre de la langue. La traduction est conçue comme le passage d'une langue à une autre langue. Elle est analysée en termes de grammaire contrastive (la "stylistique comparée") et de style individuel. Ce point de vue fonde encore actuellement l'enseignement de la traduction dans les écoles d'interprètes et de traducteurs. Il paraît avoir pour lui l'expérience et le bon sens. Ses préceptes majeurs sont la recherche de la fidélité et l'effacement du traducteur devant le texte.»

Henri MESCHONNIC,
«Traduction», dans *Dictionnaire universel des littératures*, 1994.

REMERCIEMENTS

Je tiens à remercier toutes les personnes qui, ayant lu minutieusement ou utilisé pour leur enseignement la première édition de *La Traduction raisonnée* (1993), m'ont signalé les erreurs qui s'y étaient glissées. La présente réimpression intègrent la correction de ces erreurs et presque toutes les suggestions qui m'ont aussi été faites pour améliorer le contenu du manuel, dont la seule ambition est de faciliter l'apprentissage de la traduction.

J'exprime ma plus vive gratitude aux personnes suivantes : Michel Ballard, Louise Brunette, Marcel Delisle, John D. Gallagher, Paul A. Horguelin, Élisabeth Lavault, Maurice Rouleau et Jean-Paul Vinay.

TABLE DES MATIÈRES

———————

INTRODUCTION

Cet ouvrage, dont la visée est essentiellement pratique, n'a d'autre ambition que de proposer une méthode d'initiation à la traduction dite *professionnelle,* par opposition aux exercices scolaires ayant pour but l'acquisition d'une langue étrangère (traduction dite *pédagogique*). Il veut répondre aux exigences particulières de formation des futurs traducteurs de métier et s'adresse tout particulièrement aux étudiants inscrits à un programme de baccalauréat ou de licence en traduction.

Son domaine est celui des textes pragmatiques*[1] (non littéraires), généraux, formulés selon les normes de la langue écrite, en vue d'un apprentissage dans le sens anglais → français[2].

La Traduction raisonnée est la distillation de vingt ans d'enseignement de la traduction générale au niveau universitaire. Le choix des points traités et la manière de les présenter nous ont été dictés par les difficultés d'apprentissage qu'éprouvent les apprentis traducteurs en début de formation[3]. Certaines personnes semblent naturellement douées pour traduire, mais ce don est l'apanage d'un petit nombre.

Notre manuel n'est pas un simple recueil de conseils pratiques. Les livres de recettes n'ont jamais fait les grands cuisiniers. Nous l'avons plutôt conçu comme une réflexion sur la démarche cognitive* du traducteur. Au lieu de lui donner la forme d'un cahier de prescriptions et d'interdits, nous avons préféré axer son contenu sur l'assimilation progressive et méthodique des principes*, règles* et procédés* régissant l'art de traduire. En proposant une méthode de traduction *raisonnée*, nous souhaitons guider les premiers pas des futurs traducteurs professionnels en démontant avec eux le mécanisme complexe de la traduction. Éclairés sur la démarche à suivre et sur les règles de l'art, ils ne seront pas tentés de traduire «à l'aveuglette» en établissant leurs équivalences* «à coups de dés».

Dans les études sur la traduction, la réflexion théorique et la pratique sont souvent un couple désuni. Nous avons tenté de les rapprocher chaque fois que cela était possible, mais tout

---

[1] Les termes marqués d'un astérisque sont définis dans le glossaire qui suit cette introduction.

[2] Dans un ouvrage antérieur, nous avons justifié chacun des choix de cette orientation pédagogique. V. *L'Analyse du discours comme méthode de traduction,* p. 21-34.

[3] Recherches documentaires insuffisantes, défauts de méthode, propension au transcodage*, sous-traduction*, surtraduction*, hypertraduction*, méconnaissance des procédés de traduction* ou des usages codifiés de rédaction, sous-exploitation des ressources de la LA, fautes de traduction*, fautes de langue*, etc.

en restant très concret. De même qu'«un dictionnaire sans exemples est un squelette» (Voltaire), une méthode de traduction qui ne s'appuie pas sur des exemples nombreux et précis est une coquille vide. C'est pourquoi nous avons jugé indispensable de procéder au dépouillement d'un grand nombre de textes traduits afin d'étayer par des exemples variés la démonstration des principes et des règles de traduction. Il est permis de penser que ces textes, œuvres de traducteurs professionnels, ont été produits dans des conditions normales de travail. En illustrant les phénomènes de la traduction au moyen d'exemples «réels» (non «bricolés»), nous avons voulu tirer profit de l'expérience des traducteurs et des traductrices de métier et réduire ainsi quelque peu l'écart qui sépare l'université du monde du travail.

Notre méthode prend aussi appui sur la théorie interprétative des textes (École de Paris — Sorbonne Nouvelle), sans pour autant négliger l'apport important de la linguistique différentielle* et en particulier la contribution inestimable des comparatistes canadiens Jean-Paul Vinay et Jean Darbelnet, auteurs de la *Stylistique comparée du français et de l'anglais*. En pédagogie, les démarches comparative et interprétative sont complémentaires.

La capacité de traduire présuppose une connaissance poussée des langues de départ et d'arrivée. Néanmoins, l'étude systématique du français et de l'anglais est exclue de notre propos. L'apprentissage de la traduction professionnelle, du moins tel que nous le concevons, ne coïncide pas tout à fait avec l'acquisition des langues. Et il est faux de croire que si l'on sait l'anglais, on sait traduire. L'objet propre de l'apprentissage de la traduction se ramène au développement d'une double compétence générale et de trois aptitudes principales :

DOUBLE COMPÉTENCE : *compréhension* et *réexpression* (du sens du TD);

TROIS APTITUDES : *dissocier les langues* (éviter les interférences*), appliquer les *procédés de traduction** (réaliser le transfert interlinguistique), maîtriser les *techniques de rédaction** (bien connaître les usages de la langue écrite).

Ajoutons que ces trois aptitudes s'exercent à

TROIS NIVEAUX : les *conventions de l'écriture** (tous les usages codifiés de rédaction), l'*interprétation** (des mots et des énoncés* en contexte*) et la *cohérence** (qualité d'un texte dont tous les éléments forment un ensemble lié).

Nous faisons nôtre la définition de la traduction* que propose Claude Tatilon, car elle s'applique parfaitement aux textes pragmatiques* et correspond aux qualités que nous reconnaissons aussi à une bonne traduction* :

Traduire, [...] c'est avant tout se mettre au service de ses futurs lecteurs et fabriquer à leur intention un *équivalent* du texte de départ : soit, d'abord, un texte qui livre, avec le moins de distorsion possible, toute l'information contenue dans celui d'origine. Mais traduire, c'est aussi produire un texte duquel il convient d'exiger trois autres qualités : qu'il soit rendu «naturellement» en langue d'arrivée (qu'il «ne sente pas la traduction», dit-on couramment), qu'il soit parfaitement intégré à la culture d'arrivée et qu'il parvienne, par une adroite manipulation de l'écriture, à donner l'idée la plus juste de l'originalité et des inventions stylistiques de l'auteur traduit[4].

Nous retrouvons dans cette définition le souci des destinataires* de la traduction, la fidélité* au contenu du texte original et le respect des habitudes linguistiques des locuteurs de la langue d'arrivée (l'idiomatique*). Cette définition tient compte également des réalités socioculturelles et des aspects stylistiques et rhétoriques* qui contribuent à donner à tout texte sa tonalité*.

S'initier à traduire c'est apprendre à lire un texte original avec les yeux d'un traducteur, c'est-à-dire y repérer les difficultés d'interprétation et de reformulation qu'il pose, condition essentielle à la recherche et à la postulation d'équivalences* fonctionnelles. Ce balisage suppose l'acquisition d'un outillage conceptuel précis. L'expérience prouve qu'il est difficile, voire impossible, de tenir un discours structuré sur les phénomènes de la traduction ou encore d'évaluer pertinemment des traductions sans disposer d'une terminologie* adéquate. Privé de ce cadre notionnel, on bascule rapidement dans l'impressionnisme stérile contraire à un enseignement universitaire digne de ce nom. Il s'imposait donc de placer en tête de l'ouvrage un glossaire du métalangage* de l'initiation à la traduction. L'assimilation des quelque cent quatre-vingts termes qui le composent constitue d'ailleurs le tout premier objectif du manuel.

Plus l'apprenti traducteur aura une conscience claire de la méthode de travail à appliquer, de la démarche* à suivre, de la nature des difficultés à vaincre et des procédés à mettre en œuvre pour les surmonter, plus vite il deviendra maître de son art et en fera reculer les limites. On ne peut pas inculquer le talent, mais il est possible de créer des conditions d'apprentissage favorables à son développement. Selon Danica Seleskovitch, enseigner à traduire «ce n'est ni transmettre des connaissances, ni faire assimiler des notions régurgitables à souhait, mais faire comprendre des principes et y associer des exercices qui assurent que leur application bascule dans le réflexe[5]». Pour ce faire, il importait de placer le principal intéressé — l'étudiant — au cœur même de l'opération traduisante afin de lui faire saisir toute la *dynamique* de la démarche interprétative qui la caractérise. Le futur traducteur apprendra donc à repérer et à nommer les principaux pièges du transfert interlinguistique, développera son aptitude à prévoir les solutions possibles pour les éviter et enrichira ses moyens d'expression en langue écrite. Essentiellement, *La Traduction raisonnée* porte sur le maniement du langage* à la charnière de deux langues.

Une méthode d'enseignement doit clairement délimiter la matière à transmettre, sérier les difficultés, fixer des objectifs d'apprentissage*, préciser les moyens permettant de les atteindre, établir une progression dans la formation et, enfin, prévoir des modalités d'évaluation des performances observables. Nous avons tenté de respecter cette démarche en ordonnant la matière de notre manuel autour de huit objectifs généraux* et de cinquante-six objectifs spécifiques*. Les objectifs généraux sont les suivants :

---

[4] *Traduire : pour une pédagogie de la traduction*, p. 150.

[5] *Études de linguistique appliquée*, n° 12, «Exégèse et traduction», Introduction, p. 6.

I.   MÉTALANGAGE DE L'INITIATION À LA TRADUCTION
II.   DOCUMENTATION DE BASE DU TRADUCTEUR
III.   MÉTHODE DE TRAVAIL
IV.   PROCESSUS COGNITIF DE LA TRADUCTION
V.   CONVENTIONS DE L'ÉCRITURE
VI.   DIFFICULTÉS D'ORDRE LEXICAL
VII.   DIFFICULTÉS D'ORDRE SYNTAXIQUE
VIII.   DIFFICULTÉS D'ORDRE RÉDACTIONNEL

Ces huit objectifs *généraux*, assimilables à des thèmes, regroupent les divers aspects traités dans ce manuel. Les quatre premiers sont de nature terminologique, documentaire, méthodologique et théorique, les autres portent sur quatre grandes catégories de difficultés : typographiques, lexicales, syntaxiques et rédactionnelles.

Chacun des cinquante-six objectifs *spécifiques* s'ouvre par un exposé de la règle ou du problème de traduction à illustrer. Un choix d'au plus cinq ou six suggestions de lectures complète cette présentation. Suivent des exemples de bonnes solutions glanées dans des textes pragmatiques traduits, des exercices d'application et, enfin, un ou plusieurs textes renfermant un nombre variable d'occurrences du phénomène étudié.

Il aurait été facile de multiplier les objectifs d'apprentissage, mais nous n'avions pas l'ambition de couvrir *tous* les problèmes de traduction imaginables. Nous croyons, cependant, que les objectifs qui forment ce cours d'initiation à la traduction générale correspondent aux besoins des étudiants des écoles de traduction tels qu'ils nous sont apparus au cours de nos années d'enseignement. Si nous avons pu mettre un peu d'ordre dans le chaos, dégager quelques récurrences que masque la diversité des faits de traduction et faciliter un tant soit peu l'apprentissage du métier de traducteur, nous aurons atteint notre but.

————————

ABRÉVIATIONS, SIGLES, SYMBOLES

(A)	Langue anglaise
ABRÉV.	Abréviation
ANT.	Antonyme
COD	Complément d'objet direct
coll.	Collection
DFP	*Dictionnaire du français plus*
(F)	Langue française
GRAF	*Guide du rédacteur de l'administration fédérale*
l.	Ligne
LA	Langue d'arrivée
LD	Langue de départ
LSP	Langue de spécialité
n. p.	Non paginé
OG	Objectif général
OS	Objectif spécifique
PR	*Le Petit Robert*
SCFA	*Stylistique comparée du français et de l'anglais*
s. d.	Sans date
SYN.	Synonyme
TA	Texte d'arrivée
TD	Texte de départ
V., v.	Voir
Var., var.	Variante
**	Précède un exemple fautif
=	Précède une bonne solution

———

GLOSSAIRE

ACCEPTION
Une des significations d'un mot polysémique. V. AIRE SÉMANTIQUE, SENS, SIGNIFICA-TION.

ADAPTATION
1. (Sens général) Stratégie de traduction donnant préséance aux thèmes (sujets développés) du TD, indépendamment de la forme (manière dont les sujets sont traités). Ex. : Adaptation publicitaire, adaptation théâtrale. SYN. TRADUCTION LIBRE (1). V. TRADUCTION LITTÉRALE.

2. (Sens restreint) Notion de la SCFA. Procédé de traduction consistant à remplacer une réalité socioculturelle de la LD par une autre propre à la socioculture de la LA. Ex. : (France) cyclisme, (États-Unis) baseball, (Canada) hockey. V. ÉQUIVALENCE.

ADJECTIF DE RELATION
Déterminant du substantif qui n'exprime pas une qualité inhérente de l'être ou de l'objet désigné par le déterminé, mais un lien relationnel de dépendance, d'appartenance ou d'exclusion. Note : En français, cette relation prend habituellement la forme d'un complément déterminatif articulé au moyen d'une préposition. Ex. : «*A postal employee* : un employé des postes; *a medical student* : un étudiant en médecine». V. ADJECTIF QUALIFICATIF, CARACTÉRISATION, DÉTERMINANT. [OS-24]

ADJECTIF QUALIFICATIF
Déterminant du substantif qui exprime une manière d'être, une qualité de l'être ou de l'objet désigné par le nom auquel il se rapporte. Ex. : «*A punctual employee* : un employé ponctuel». V. ADJECTIF DE RELATION, CARACTÉRISATION, DÉTERMINANT. [OS-24]

AFFRANCHISSEMENT DES STRUCTURES
SYN. RESTRUCTURATION.

AIDES À LA TRADUCTION
Ensemble des moyens informatisés à la disposition du traducteur et contribuant à améliorer la qualité de son travail et sa productivité. Ces outils modernes comprennent, entre autres, les correcteurs orthographiques et grammaticaux, les conjugueurs, les programmes de traduction assistée par ordinateur, les concordanciers (comparateurs de textes), les compte-mots,

les dictionnaires et banques de terminologie sur disque optique et les programmes de gestion de fichiers électroniques. [OS-2]

AIRE SÉMANTIQUE
Ensemble des acceptions d'un mot polysémique. V. ACCEPTION, SIGNIFICATION.

AJOUT
Faute de traduction consistant à introduire de façon non justifiée dans le TA des éléments d'information superflus ou des effets stylistiques absents du TD. Ex. : (Extrait d'un texte sur la bière) «*About 85% of beer sold in Québec is ale* : **Environ 85 % de la bière vendue *dans les brasseries* du Québec est de type ale.» Note : Ne pas confondre l'«ajout» et l'«explicitation» qui, elle, est justifiée. ANT. OMISSION. V. COMPENSATION, ÉTOFFEMENT, EXPLICITATION, SURTRADUCTION. [OS-28]

ALLUSION
Évocation d'une chose, sans en faire explicitement mention, au moyen d'une autre qui y fait penser. Selon son contenu, l'allusion sera historique, mythologique, littéraire, politique, érotique, personnelle, etc. Ex. : (Réclame d'un détersif) «L'éclat, c'est moi!» Allusion au mot célèbre attribué à Louis XIV : «L'État, c'est moi.» [OS-52]

AMBIGUÏTÉ
Caractère d'un énoncé ou d'un segment linguistique pouvant faire l'objet de plusieurs interprétations sémantiques. Ex. «La cuisinière est arrivée.» Note : La polysémie, inhérente à la langue (au sens saussurien du terme), est la principale source de l'ambiguïté. Par ailleurs, l'ambiguïté peut être voulue par l'auteur d'un texte; elle a alors une valeur stylistique. Ex. (Manchette) «Pétrole : tous les coûts sont permis.» Par contre, si elle n'est pas délibérée, mais résulte d'un vice de rédaction — le contexte ne permet pas de lever la polysémie des mots d'un segment du texte —, alors l'ambiguïté est une incorrection, une faute de langue. Ex. «*She spoke well of you* : **Elle a bien parlé de vous = Elle a dit du bien de vous (ou) = Elle a parlé en bien de vous.» SYN. ÉQUIVOQUE. V. CHARABIA, IMPROPRIÉTÉ, MOT JUSTE. [OS-55]

ANAPHORE
1. Procédé de rhétorique qui consiste à répéter un mot (ou un groupe de mots) au début d'énoncés successifs afin de mettre en relief l'expression ainsi répétée. Ex. : «*Only during the last seventy lifetimes has it been possible to communicate effectively from one lifetime to another [...]. Only during the last six lifetimes did masses of men ever see a printed word. Only during the last four has it been possible to measure time with any precision. Only in the last two has anyone anywhere used an electric motor.*»

2. Reprise par un segment d'un autre segment du discours. Ex. : «*I don't mind* : Moi, ça m'est égal.» Note : Les fonctions de l'anaphore ne semblent pas tout à fait les mêmes en anglais et en français. V. FIGURE DE STYLE, RÉPÉTITION, RHÉTORIQUE. [OS-46,49]

ANGLICISME
    1. Expression propre à la langue anglaise, sans équivalent littéral dans les autres langues. V. IDIOMATIQUE, IDIOTISME.

    2. Emprunt à la langue anglaise. En traduction, l'anglicisme peut être d'ordre graphique, morphologique, lexical, sémantique, locutionnel, syntaxique ou structural. Note : Certains anglicismes s'intègrent à la langue d'accueil, d'autres sont condamnés par le bon usage, d'autres encore servent à produire des effets stylistiques ponctuels. V. CALQUE, EMPRUNT, FAUX AMIS, INTERFÉRENCE.

ANIMISME
    SYN. PERSONNIFICATION.

APPRÉHENSION DU SENS
    SYN. INTERPRÉTATION.

ARTICULATION
    Procédé de traduction (de rhétorique aussi) relevant des techniques de rédaction qui consiste à exprimer au moyen de charnières les relations unissant les éléments d'un texte en vue de marquer leur interdépendance. Note : Le français articule beaucoup plus que l'anglais. ANT. JUXTAPOSITION. V. CHARNIÈRE, COHÉRENCE, COHÉSION, MOT-OUTIL. [OS-55]

ASPECT
    Manière dont l'action exprimée par un verbe se situe dans la durée, angle particulier sous lequel le déroulement de cette action est envisagé, phase à laquelle cette action est rendue dans son déroulement. Ex.: Duratif (réfléchir), ponctuel (exploser), inchoatif (débuter), itératif (déchiqueter), terminatif (avoir trouvé), progressif (aller croissant). Note : Cette notion s'applique aussi à d'autres catégories lexicales, dont les substantifs. Ex. : Progressif (ralentissement), ponctuel (éclatement). V. PROCÈS. [OS-40]

ATTRIBUT
    V. PRÉDICAT.

AUXILIAIRE MODAL
    Forme verbale réduite à une fonction grammaticale, en l'occurrence l'expression de la modalité. Un auxiliaire modal précise le point de vue du locuteur à l'égard de son sujet. Les verbes *can/may* et «pouvoir», par exemple, servent à exprimer plusieurs modalités, dont la probabilité, l'approximation, l'éventualité. Ex. : «*You can hurt yourself* : Vous pouvez vous blesser (*i. e.* Vous risquez de vous blesser).» [OS-50]

BAGAGE COGNITIF

Ensemble des connaissances et des expériences acquises et qui constituent le savoir permanent d'une personne. V. COMPLÉMENTS COGNITIFS, CONTEXTE COGNITIF. [OS-10]

BANQUE DE TERMINOLOGIE

Système informatisé et structuré de stockage, d'exploitation et de diffusion des fiches terminologiques. V. DOCUMENTATION, FICHE TERMINOLOGIQUE, TERMINOLOGIE. [OS-2]

BARBARISME

Faute de langue consistant à employer à l'encontre du bon usage et de façon non justifiée un mot forgé (**prioriser, **optimistique, **insécure) ou déformé involontairement (**excluse, **pécunier, **ingracieux). Note : Tout mot forgé ne constitue pas forcément une faute de langue. Les créations lexicales (néologie) sont fréquentes dans tous les domaines du savoir et, si elles répondent à un réel besoin de désignation et comblent une lacune, elles finissent par entrer dans l'usage et être codifiées dans les dictionnaires. V. CHARABIA, IMPROPRIÉTÉ, MOT JUSTE, NÉOLOGISME (1), SOLÉCISME.

CALQUE

Notion de la SCFA. Procédé de traduction consistant à emprunter à la LD un syntagme dont on traduit littéralement les éléments. On distingue les calques syntaxiques (science-fiction, gratte-ciel, fin de semaine) et les calques discursifs (*Compliments of the season* : **Compliments de la saison = Meilleurs vœux. [Voirie] *Men at work* : **Hommes au travail = Travaux). Note : Certains calques s'intègrent à la LA, d'autres restent en marge du bon usage. V. ANGLICISME, EMPRUNT.

CARACTÉRISATION

Ensemble des moyens par lesquels une langue décrit les personnes, les choses, les idées ou les actions. V. ADJECTIF QUALIFICATIF, ADJECTIF DE RELATION. [OS-24]

CHARABIA

Langage, style incompréhensible ou grossièrement incorrect. Ex. : (Inscription sur un pot de yogourt) «*Beware of pits* : **Garde contre noyau. = Attention aux noyaux.» V. BARBARISME, IMPROPRIÉTÉ, MOT JUSTE.

CHARNIÈRE

Notion de la SCFA. Mot ou groupe de mots servant à lier les parties d'un discours de manière à faire ressortir les rapports logiques les unissant. Ex. : «En outre, par conséquent, ensuite, ainsi, mais, or, en effet, alors.» V. ARTICULATION, COHÉRENCE, COORDINATION, DÉICTIQUE, MOT-OUTIL, SUBORDINATION. [OS-29,55]

CHASSÉ-CROISÉ
Notion de la SCFA. Procédé de traduction consistant à permuter le sens de deux signifiés en opérant un changement de catégorie grammaticale. Ex. : «*The child **ran across** the street* : L'enfant **traversa** la rue **en courant**.» V. TRANSPOSITION. [OS-39]

CIRCONLOCUTION
SYN. PÉRIPHRASE (1).

CLICHÉ
Formule, expression banalisée par un emploi trop fréquent. Ex. : «Tomber dans les bras de Morphée», la «mosaïque canadienne». V. LOCUTION, IDIOTISME. [OS-51]

COGNITIF
Qui concerne la connaissance. En pédagogie, on entend aussi par ce terme l'activité mentale liée au rappel des connaissances (remémoration) et l'application des facultés intellectuelles aux opérations de compréhension, d'analyse, de synthèse, d'évaluation, etc. Ex. «Les catégories taxonomiques du domaine cognitif de Benjamin S. Bloom.» V. BAGAGE COGNITIF, COMPLÉMENTS COGNITIFS, CONTEXTE COGNITIF. [OS-10]

COHÉRENCE
Qualité d'un texte dont tous les éléments sont interdépendants et forment un ensemble lié. La cohérence est obtenue grâce à la rigueur de l'enchaînement des énoncés, à la précision du vocabulaire, à la clarté des rapports logiques et à l'absence d'hiatus dans l'exposition et la progression des idées. Note : La cohérence se situe sur le plan logique, conceptuel. V. ARTICU-LATION, CHARNIÈRE, COHÉSION, SUBORDINATION. [OS-55]

COHÉSION
Liens grammaticaux et lexicaux unissant les mots d'une phrase ou les phrases d'un texte. Contrairement à la cohérence, qui se situe sur le plan de la logique, la cohésion est une notion linguistique. Note : Certains auteurs réservent ce terme aux seules forces cohésives interphrasti-ques. V. ARTICULATION, CHARNIÈRE, COHÉRENCE. [OS-55]

COLLOCATION
Association syntagmatique dans un même énoncé de deux ou plusieurs unités lexicales distinctes et habituellement liées. Ex. : On dit «grièvement blessé / gravement malade»; «un bruit court / une rumeur circule»; «étancher sa soif / assouvir sa faim». Note : Certaines collocations stables deviennent des syntagmes figés, des expressions idiomatiques, des clichés. V. CLICHÉ, COOCCURRENCE, COOCCURRENT, NORME, USAGE. [OS-51,55]

COMPENSATION

Notion de la SCFA. Règle de traduction consistant à réintroduire à un autre endroit du TA un élément d'information ou un effet stylistique qui n'a pu être rendu au même endroit que dans le TD. V. LACUNE, PERTE, TONALITÉ.

COMPLÉMENTS COGNITIFS

Connaissances extralinguistiques mobilisées par le traducteur au moment où il cherche une équivalence. Ces connaissances s'ajoutent aux concepts attachés de façon stable aux signes linguistiques. Les compléments cognitifs, essentiels à la constitution du sens, comprennent, entre autres, les renseignements concernant l'auteur et les destinataires du texte, le contexte cognitif, les présupposés extradiscursifs et les connaissances thématiques pertinentes. V. BAGAGE COGNITIF, CONTEXTE COGNITIF, PRÉSUPPOSÉ EXTRADISCURSIF. [OS-10]

CONCENTRATION

Correspondance se caractérisant par un nombre de signifiants inférieur à celui de la LD. Cette notion ressortit à la langue. Ex. : «*Wall-to-wall carpet* : moquette; *Letter carrier* : facteur.» ANT. DILUTION. V. CONCISION, ÉCONOMIE, IMPLICITATION. [OS-27]

CONCISION

Procédé relevant des techniques de rédaction qui consiste à exprimer une idée dans le TA en moins de mots que le TD. La concision résulte habituellement de l'élimination des lourdeurs, des répétitions inutiles, des pléonasmes ou de toutes autres maladresses de style. La concision est essentiellement un fait de discours. Ex. : «*The said land shall be used for agricultural purposes and shall be used for no other purpose or purposes whatever* : Lesdites terres seront réservées à des fins agricoles.» ANT. PÉRIPHRASE. V. CONCENTRATION, ÉCONOMIE, IMPLICITATION. [OS-27,46]

CONNOTATION

Éléments subjectifs, affectifs et variables de la signification d'un mot. Cette charge affective se superpose à la dénotation. On distingue des connotations en langue, donc collectives (mère, amour; chambre à gaz, torture) et des connotations émanant du discours qui produisent des réactions affectives différentes selon les personnes. Ces dernières connotations naîtront du contexte cognitif. Le mot «syndicalisme», par exemple, n'aura pas la même charge connotative pour un activiste syndical que pour un P.-D.G. antisyndical. V. DÉNOTATION, SIGNIFICATION.

CONTEXTE

Entourage linguistique qui précise la signification d'une unité lexicale. Note : Chez les auteurs de langue anglaise, la notion de *context* est plus générale que celle de «contexte» et inclut parfois la «situation». V. CONTEXTE COGNITIF, SITUATION. [OS-7 à 10]

CONTEXTE COGNITIF

Informations cumulatives emmagasinées par le traducteur au fur et à mesure qu'il lit et analyse le TD et dont dépend sa compréhension. Note : Il y a entre la notion de «contexte cognitif» et celle de «contexte» une distinction analogue à celle qui existe entre «cohérence» (domaine cognitif) et la «cohésion» (domaine linguistique) et entre «unité de sens» et «unité de traduction». V. BAGAGE COGNITIF, COMPLÉMENTS COGNITIFS. [OS-10]

CONTRAINTE MATÉRIELLE

Exigence supplémentaire qu'impose au traducteur la traduction de certains textes pragmatiques devant tenir dans un espace prédéterminé : formulaires bilingues, messages publicitaires, légendes, bandes dessinées, articles de catalogues, étiquettes commerciales, sous-titres de films, inscriptions diverses. V. CONCISION. [OS-46]

CONTRESENS

Faute de traduction consistant à attribuer à un mot ou à un groupe de mots un sens erroné ou, de façon plus générale, à trahir la pensée de l'auteur du TD. Ex. : «*To avoid world wars, world starvation, and world epidemics, international bodies have been set up* : **Pour éviter les guerres, la famine et les épidémies sur le plan mondial, des **troupes** internationales ont été **rassemblées**.» V. FAUX SENS, FIDÉLITÉ, NON-SENS.

CONVENTIONS DE L'ÉCRITURE

Ensemble des usages conventionnels de rédaction consignés dans des codes (orthographiques, grammaticaux, typographiques), tels que les abréviations, les unités de mesure et de temps, l'écriture des nombres et des symboles, l'emploi des majuscules, la ponctuation, les protocoles divers (correspondance administrative ou commerciale), les appellations officielles, etc. Note : Cette notion englobe tout ce qui concerne la présentation formelle des textes, les usages codifiés de rédaction. [OS-12]

COOCCURRENCE

Présence dans un même énoncé de deux ou de plusieurs unités lexicales distinctes, consécutives ou non et formant une unité de signification. L'usage privilégie certaines cooccurrences. Ex. : «Le député *a fait* avant hier un long *discours*.» Le mot «discours» se combine habituellement avec les verbes *faire, débiter, dire, lire, improviser, prononcer*, mais pas avec le verbe «adresser». V. COLLOCATION, COOCCURRENT. [OS-51,55]

COOCCURRENT

Chacune des unités lexicales cœxistant dans un même énoncé et qui sont liées par le sens. V. COLLOCATION, COOCCURRENCE. [OS-51,55]

COORDINATION

Liaison de deux mots, de deux groupes de mots ou de deux propositions de même nature au moyen d'une conjonction de coordination ou d'une locution conjonctive (et, puis, car, mais, ainsi que, or, au contraire, toutefois, à savoir, etc.) V. ARTICULATION, JUXTAPOSITION, SUBORDINATION. [OS-55]

CORRESPONDANCE

1. Relation d'identité établie hors discours entre des mots, des syntagmes ou des phrases et n'ayant que des virtualités de sens. Ex. : (A) *large* (F) grand, vaste, important, etc.; (A) *literature* (F) littérature, documentation, documents, publications, etc. Note : Les correspondances trouvent leur utilité en enseignement et en linguistique différentielle et rendent possible la confection de dictionnaires bilingues ou multilingues. V. ÉQUIVALENCE, TRADUCTION, TRANSCODAGE. [OS-8,9]

2. Résultat d'une opération de transcodage.

CORRESPONDANT

SYN. CORRESPONDANCE (2).

CORRIGÉ

Version «modèle» d'un texte donné à traduire en exercice et réunissant les qualités d'une bonne traduction.

CRÉATION DISCURSIVE

Opération du processus cognitif de la traduction consistant à établir une équivalence non lexicalisée, imprévisible hors discours. Ex. : (Extrait d'un texte décrivant l'importance de la traduction à travers l'histoire) «*In the world of literature, ideas become **cross-fertilized**, the experience of others can be usefully employed to mutual benefit* : Dans le domaine des lettres, **le choc des idées se révèle fécond**; il devient possible de profiter de l'expérience d'autrui.» Note : Ne pas confondre «création discursive» et «néologisme». V. CORRESPONDANCE, ÉQUIVALENCE, INTERPRÉTATION, NÉOLOGISME, REMÉMORATION, REPORT, TRADUCTION. [OS-7,11]

DÉCOUPAGE

Notion de la SCFA. Délimitation des unités de traduction ou des unités de sens composant le TD, soit à l'étape de l'interprétation du texte en vue d'en dégager le sens, soit à celle de la vérification des équivalences. V. UNITÉ DE TRADUCTION, UNITÉ DE SENS.

DÉICTIQUE

Mot dont le sens référentiel ne peut être précisé que par renvoi à la situation ou au contexte. Déictique est dérivé du mot grec *deixis*, «montrer». Ex. : *This, that,* ce, cette, ceci, etc. V. ARTICULATION, CHARNIÈRE, COHÉRENCE, COORDINATION, MOT-OUTIL, SUBORDINATION. [OS-29]

DÉMARCHE

Notion de la SCFA. Préférence manifestée par l'usage pour certaines ressources de la langue. Entre deux structures également possibles, l'usage ou la norme en privilégie une. Ex. : On dira «Je me suis coupé le doigt» de préférence à «**J'ai coupé mon doigt». Les expressions idiomatiques sont autant de cas concrets de la démarche propre à un groupe linguistique. Note : Ce terme est moins vague que l'expression «génie de la langue» condamnée par les linguistes. V. IDIOMATIQUE, IDIOTISME. [OS-51]

DÉNOTATION

Élément stable et non subjectif de la signification d'un mot, indépendamment de son emploi dans un contexte. La dénotation est le contenu conceptuel d'un mot, alors que la connotation en est le pouvoir évocateur et expressif. V. CONNOTATION, SIGNIFICATION.

DÉPERSONNALISATION DU MESSAGE

Remplacement de la forme personnelle par la forme impersonnelle, notamment dans le cas de la traduction du pronom *you* ayant la valeur du «on» français. Ex. : «*As **you** enter the shop, **you** are greeted by hundreds of chairs in the making* : **En entrant** dans l'atelier, **on** aperçoit des centaines de chaises en cours de fabrication.» V. PERSONNIFICATION. [OS-48]

DESTINATAIRE

Personne ou groupe à qui s'adresse une traduction. Le destinataire peut être un individu clairement identifié (un correspondant) ou un public plus ou moins large et plus ou moins bien défini (les consommateurs québécois, les neurologues, les lecteurs d'une revue de bricolage).

DÉTERMINANT

Chacun des constituants d'un syntagme nominal, adjectival ou adverbial qui dépendent du nom (le déterminé). Des déterminants sont dits juxtaposés lorsque aucun mot-outil ne les rattache au déterminé. Ex. : «*The new, improved, easy-to-use yellow pages.*» V. ADJECTIF QUALIFICATIF, ADJECTIF DE RELATION, CARACTÉRISATION, DÉTERMINÉ. [OS-23,24,38]

DÉTERMINÉ

Constituant principal d'un syntagme nominal, adjectival ou adverbial, les autres éléments étant les déterminants. Ex. Dans «les gants de Marie», «très grand» et «moins lentement», les mots «gants», «grand» et «lentement» sont les déterminés. V. CARACTÉRISATION, DÉTERMINANT. [OS-23,24,38]

DÉVERBALISATION

Processus cognitif d'affranchissement des signes linguistiques préalable et nécessaire à la synthèse du sens. V. INTERPRÉTATION, SIGNIFIÉ, UNITÉ DE SENS, UNITÉ DE TRADUCTION.

DILUTION
Correspondant se caractérisant par un nombre de signifiants supérieur à celui de la LD. Cette notion ressortit à la langue. Ex. : «*As* : au fur et à mesure». ANT. CONCENTRATION. V. ÉTOFFEMENT, PÉRIPHRASE, EXPLICITATION. [OS-28]

DISCOURS
Énoncé ou suite d'énoncés produits dans une situation réelle de communication. Les formes linguistiques des énoncés sont enrichies de compléments cognitifs. Le discours est la verbalisation au moyen des ressources de la langue de ce qu'un locuteur ou un auteur veut communiquer à un récepteur ou à un destinataire. V. REGISTRE DE DISCOURS, SENS.

DISJONCTION EXCLUSIVE
Proposition qui renferme un choix assorti d'une condition. On distingue des disjonctions d'antériorité, de postériorité, d'infériorité ou de supériorité. Ex. : (Formule d'impôt) «*Enter $180 or occupancy cost, whichever is less* : Inscrire le moins élevé des montants suivants : 180 $ ou le coût d'habitation.» [OS-37]

DOCUMENTATION
Étape de la méthode de travail du traducteur qui consiste à consulter des sources *écrites* (monographies, catalogues, dictionnaires, encyclopédies, etc.), *électroniques* (banques de données documentaires ou terminologiques) ou *orales* (spécialistes d'un domaine) afin d'acquérir les connaissances terminologiques ou thématiques nécessaires pour traduire. [OS-2,3]

ÉCONOMIE
Procédé de traduction relevant des techniques de rédaction qui consiste à reformuler un énoncé en utilisant moins de mots que le TD. ANT. ÉTOFFEMENT. V. CONCENTRATION, CONCISION, IMPLICITATION. [OS-27]

ÉCRITURE
1. Représentation de la parole et de la pensée au moyen de signes et régie par des conventions, des pratiques codifiées. V. CONVENTIONS DE L'ÉCRITURE. [OS-12]

2. Manière particulière, personnelle, voire artistique, d'utiliser la langue. On parle de l'écriture poétique, de l'écriture romanesque pour désigner les qualités proprement poétiques ou romanesques d'une œuvre littéraire. Note : Les faits d'écriture sont présents dans presque tous les types de textes, à des degrés divers. Ils sont plus abondants dans les textes littéraires. Certains textes pragmatiques renferment une proportion appréciable d'innovations stylistiques. C'est le cas, notamment, des textes publicitaires. V. FIGURE DE STYLE, RHÉTORIQUE.

EMPRUNT
Notion de la SCFA. Procédé de traduction consistant à intégrer tel quel dans le TA un mot (ou une expression) appartenant à une autre langue, soit parce que la LA ne dispose pas d'un équivalent, soit pour des raisons d'ordre rhétorique (dépaysement, humour, snobisme). Ex. : «Les *must* de Cartier. Des lunettes *new look*.» V. ANGLICISME, CALQUE, LACUNE.

ÉNONCÉ
1. (Hors discours) Segment de langue chargé de significations lexico-grammaticales. V. CORRESPONDANCE, TRANSCODAGE.

2. (Dans un discours) Tout acte de parole autonome, depuis l'interjection («allô!» ou «zut!») jusqu'au texte court. V. DISCOURS, MESSAGE.

ENTROPIE
SYN. PERTE.

ÉQUIVALENCE
1. (Sens général) Relation d'identité entre deux unités de sens de langues différentes et ayant la même ou presque la même dénotation et la même connotation. Dans notre terminologie, les équivalences sont toujours établies au niveau du discours à la suite d'une interprétation visant à dégager le sens du TD. Elles sont réalisées à la jonction de la connaissance de la langue et de la connaissance des réalités auxquelles renvoient le TD, tous les paramètres de la communication étant pris en compte. Note : L'expression «équivalence discursive» est tautologique. V. CORRESPONDANCE, CRÉATION DISCURSIVE, REMÉMORATION, REPORT, TRADUCTION, TRANSCODAGE. [OS-7,8,9]

2. Résultat de l'opération de traduction. SYN. TRADUCTION (3). [OS-7,8,9]

3. (Sens restreint) Notion de la SCFA. Procédé de traduction consistant à rendre une expression figée de la LD par une autre en LA qui, bien que différente, correspond à la même réalité. Ex. : «*Once bitten, twice shy* : Chat échaudé craint l'eau froide.» V. ADAPTATION (2).

ÉQUIVALENT
SYN. ÉQUIVALENCE (2).

ÉQUIVOQUE
SYN. AMBIGUÏTÉ.

ÉTOFFEMENT
Notion de la SCFA. Procédé de traduction consistant à employer plus de mots que la LD pour exprimer une idée ou pour renforcer un mot du TD (une préposition, par exemple) dont le correspondant en LA n'a pas la même autonomie. Ex. :«*Gender gap* : écart entre le vote féminin

et le vote masculin. *Passengers to and from Paris* : Les voyageurs en provenance et à destination de Paris.» Note : Dans un souci de simplification, nous ne retenons pas la distinction établie par les auteurs de la SCFA entre l'«amplification» et l'«étoffement», et considérons ce dernier terme comme un générique. ANT. ÉCONOMIE. V. DILUTION, EXPLICITATION, PÉRIPHRASE. [OS-28]

EXPLICATION DE TEXTE

Analyse rigoureuse du TD pour le comprendre jusque dans ses moindres nuances. Cette analyse, préalable à la formulation des équivalences, prend en compte les compléments cognitifs et dégage la signification pertinente des mots et des expressions du texte. Elle porte aussi sur les effets stylistiques, les sous-entendus, les allusions, les registres de discours, le rythme, la tonalité, en un mot, sur toutes les idiosyncrasies du TD. V. INTERPRÉTATION, TRADUCTION COMMENTÉE. [OS-5,6]

EXPLICITATION

Procédé de traduction consistant à introduire, pour des raisons de clarté, dans le TA des précisions non formulées dans le TD, mais qui se dégagent du contexte cognitif ou de la situation décrite. Ex. : (Extrait de la notice biographique d'un comédien) «*Kean returned to London, leaving a trail of furious* **managers** *and mixed reviews behind* : Kean retourna à Londres et laissa derrière lui de nombreux **directeurs de théâtre** mécontents et des critiques partagés.» ANT. IMPLICITATION. V. AJOUT, ÉTOFFEMENT, SOUS-TRADUCTION, SURTRADUCTION. [OS-28]

FAUSSE QUESTION

Procédé de rhétorique qui consiste à poser une question dans le corps d'un texte, sans que cette interrogation soit suivie nécessairement d'une réponse explicite. Note : La fausse question, qu'on appelle aussi «pseudo-interrogation», «fausse interrogation» ou «interrogation oratoire», remplit dans le discours de multiples fonctions. L'anglais ne fait pas de la fausse question (*rhetorical question*) un usage aussi fréquent que le français, de sorte qu'une phrase déclarative anglaise est parfois mieux traduite en français par une interrogative. Ex. : «*By saving regularly, you are developing good money management habits. A good place to start is with the family allowance cheque.* : En économisant régulièrement, on acquiert de bonnes habitudes financières. Pourquoi ne pas commencer avec votre chèque d'allocations familiales?» V. ÉCRITURE (2), RHÉTORIQUE. [OS-54]

FAUTE

Erreur de forme ou de fond commise par inadvertance ou ignorance mettant en cause des connaissances ou un usage linguistique fermement établi. Note : Toutes les fautes n'ont pas la même gravité : coquille, faute d'orthographe, maladresse de style, double sens involontaire, contresens, non-sens. La faute est un concept qui n'a réellement de sens qu'à l'intérieur de la relation maître-élève, relation qui caractérise la transmission/acquisition d'une compétence (ici, l'aptitude à traduire) en fonction de critères socioculturels. Pour camper un personnage, un romancier peut utiliser la faute comme procédé littéraire. C'est moins souvent le cas pour les traducteurs de textes pragmatiques. Par ailleurs, il n'est pas toujours facile en traduction de déterminer si une faute est due à une erreur d'interprétation (faute de traduction) ou à une connaissance insuffisante des virtualités sémantiques du code linguistique (faute de langue). C'est le cas, entre autres, des faux amis. V. COMPLÉMENTS COGNITIFS, FAUTE DE LANGUE, FAUTE DE TRADUCTION.

FAUTE DE LANGUE

Erreur figurant dans le TA et liée à une méconnaissance de la LA. Note : Une faute de langue révèle une maîtrise insuffisante de la LA et des techniques de rédaction. Les barbarismes, les impropriétés, les solécismes, les mauvaises cooccurrences, les fautes d'orthographe, de grammaire, le mauvais emploi des prépositions sont autant d'exemples de fautes de langue. V. FAUTE DE TRADUCTION.

FAUTE DE TRADUCTION

Erreur figurant dans le TA découlant d'une interprétation erronée d'un segment du TD et aboutissant le plus souvent à un faux sens, à un contresens ou à un non-sens. Note : L'erreur peut aussi provenir d'un manque de méthode et de l'ignorance (ou d'une mauvaise application) des procédés de traduction. Elle révèle alors une maîtrise insuffisante des techniques de traduction. La méconnaissance des règles et des procédés de traduction, tels que la compensation, l'explicitation, l'implicitation, l'étoffement, la modulation, la nominalisation, donne lieu à des fautes de traduction. V. FAUTE DE LANGUE, PROCÉDÉ DE TRADUCTION, PROCESSUS COGNITIF DE LA TRADUCTION.

FAUX AMIS

Mots de langues différentes qui se correspondent par la morphologie, mais qui, ayant évolué dans deux systèmes linguistiques séparés, voire dans deux civilisations distinctes, ont acquis des significations différentes. Les faux amis peuvent être des homographes [(A) *versatile* (F) versatile; (A) *global* (F) global], ou des quasi-homographes [(A) *control* (F) contrôle; (A) *vicious* (F) vicieux]. Note : L'«attraction morphologique» fait commettre des erreurs au traducteur débutant ou même expérimenté car, d'une similitude de forme, il fait correspondre à tort une similitude de sens. Ex. : (A) *Citron* = (F) cédrat (fruit du cédratier ou du citronnier médique); (F) Citron = (A) *lemon.* V. HOMOGRAPHES, HOMONYMES, HOMOPHONES, PARONYMES.

FAUX COMPARATIF

Adjectif qualificatif employé au degré comparatif dans une comparaison dont le second terme n'est pas précisé. Cette construction elliptique, idiomatique et d'un usage très courant en anglais, n'est pas toujours conforme à l'usage français. Ex. : (Titre d'une circulaire d'un agent d'immeuble) «**Achetez mieux. Vendez plus vite.» (Titre d'un document officiel) «*Greater Federal/Provincial Cooperation* = **Resserrement** de la coopération fédérale-provinciale.» [OS-30]

FAUX SENS

Faute de traduction résultant d'une mauvaise appréciation du sens d'un mot ou d'un énoncé dans un contexte donné. Note : Le glissement de sens consécutif à cette interprétation erronée n'aboutit pas pour autant à un contresens ou à un non-sens. Ex. (Faux sens d'origine lexicale) : «*A **reasonable** amount of stress is necessary to keep us productive* : **Il nous faut une quantité **raisonnable** de stress pour être productif = Il nous faut une **certaine dose** de stress pour être productif. (Faux sens d'origine syntaxique) *Cancun as a resort is scarcely 10 years old* : **Cancun **n'est qu'un** lieu de villégiature depuis dix ans = Cancun est un lieu de villégiature depuis dix ans **à peine.**» La frontière entre faux sens et contresens est parfois très ténue. V. CONTRESENS, FAUX AMIS, NON-SENS.

FICHE TERMINOLOGIQUE

«Support sur lequel sont consignées, selon un protocole établi, les données recueillies lors de l'étude d'un terme, tels les sources, les définitions et les contextes, les marques d'usage, les indicatifs de grammaire, le domaine, ainsi que les synonymes, les variantes, les abréviations, etc.» (Office de la langue française, *Vocabulaire systématique de la terminologie*) V. BANQUE DE TERMINOLOGIE, DOCUMENTATION, TERMINOLOGIE.

FIDÉLITÉ

Qualité d'une traduction qui respecte le plus possible le sens présumé du TD (ce critère juge son exactitude quant au fond) et dont la formulation en LA est conforme aux usages et à la stylistique de cette langue (ce critère juge sa qualité quant à la forme). Note : Les critères de fidélité varient selon la stratégie de traduction adoptée (libre, littérale) et selon le domaine traité, les genres et la fonction des textes. V. INTERPRÉTATION, PRINCIPE DE TRADUCTION, TEXTE.

FIGURE DE STYLE

Façon de s'exprimer qui modifie le sens ou l'ordre usuels des mots pour produire un certain effet sur le lecteur. V. ÉCRITURE (2), RHÉTORIQUE, USAGE.

FRÉQUENCE

Notion statistique qui, en linguistique, désigne le nombre d'occurrences d'un même fait de langue ou d'une même unité lexicale dans un corpus donné. Appliquée à la traduction, cette notion renvoie à des mots (*opportunity, automatically, additional*), à des structures syntaxiques (tours négatifs en français) ou à des procédés de rhétorique (anaphore, fausse question) d'un usage plus courant en LD qu'en LA ou vice versa. Le traducteur doit tenir compte de cet «écart de fréquence» au moment de la restitution. V. DÉMARCHE, IDIOMATIQUE, USAGE. [OS-56]

GÉNÉRIQUE

Terme assez général pour servir d'étiquette commune à des mots dont l'extension est plus restreinte. Un terme générique englobe sous un même genre plusieurs espèces différentes. Le mot «animal», par exemple, est un générique par rapport aux spécifiques «chien, chat, cheval». V. SPÉCIFIQUE.

GÉRONDIF

Forme adverbiale du verbe. Il se confond pour la forme avec le participe présent, est invariable, est précédé régulièrement de «en» et sert à préciser un verbe. Ex. : «Il est arrivé **en courant**.»

HOMOGRAPHES

Mots d'une même langue ou de langues différentes ayant la même orthographe. Ex. : «Nous **portions** [porter] les **portions** [partie d'un tout]. (F) Canon [pièce d'artillerie] (F) canon [droit ecclésiastique]; (A) *phrase* (F) phrase.» V. FAUX AMIS, HOMOPHONES, HOMONYMES, PARONYMES.

HOMONYMES

Mots d'une même langue dont la prononciation et l'orthographe sont identiques, bien que leurs sens soient différents. Ex. : (F) Cache [*mask*], (F) cache [*hiding place*]; (F) Bureau [meuble], (F) bureau [lieu de travail des employés d'une entreprise]. V. HOMOGRAPHES, HOMOPHONES, PARONYMES.

HOMOPHONES

Mots d'une même langue ou de langues différentes dont la prononciation est identique, mais dont l'orthographe est différente. Ex. «Au, eau, os, haut, Oh!; ceint, saint, sein, seing». V. HOMOGRAPHES, HOMONYMES, PARONYMES.

HYPERTRADUCTION

Défaut de méthode consistant à choisir *systématiquement*, entre plusieurs possibilités de traduction toutes acceptables, y compris la traduction littérale, la tournure dont la forme est la plus éloignée de l'expression originale. V. SOUS-TRADUCTION, SURTRADUCTION.

IDIOMATIQUE

Conforme à la démarche générale d'une langue, à l'usage, aux habitudes d'expression spontanée de ceux qui la parlent et dont c'est la langue maternelle. Note : Traduire idiomatiquement c'est tenir compte à la fois des servitudes de la LA, de ses tendances générales et de ses possibilités. Ainsi, l'énoncé «*He's just a friend, not a boyfriend*» signifie littéralement : «Ce n'est qu'un ami, il n'est pas mon ami de cœur [traduction transcodée]. Il est plus probable, cependant, qu'une locutrice de langue française s'exprimant spontanément dise : «C'est un ami, sans plus» [traduction idiomatique].» V. DÉMARCHE, IDIOTISME, NORME, USAGE. [OS-51,56]

IDIOTISME

Expression, construction propre à une langue donnée et qui n'est pas traduisible littéralement dans une autre langue. Ex. «*There's no meat in this speech* : Ce discours manque de substance.» V. CLICHÉ, DÉMARCHE, LOCUTION. [OS-51,56]

IMPLICITATION

Procédé de traduction consistant à ne pas formuler explicitement dans le TA des éléments d'information du TD, ces détails ressortant par eux-mêmes du contexte, de la situation décrite ou des présupposés extradiscursifs. Ex. : (Extrait d'un guide d'utilisation d'entretien d'une cuisinière électrique) «*Disconnect range from wall receptacle, at range circuit breaker or main fuse before performing any service* : Débrancher le cordon d'alimentation ou couper le courant avant de réparer la cuisinière.» Note : Les auteurs de la SCFA parlent dans ce cas d'«économie par évidence». ANT. EXPLICITATION. V. ÉCONOMIE, PRÉSUPPOSÉ EXTRADISCURSIF, SOUS-TRADUCTION, SURTRADUCTION. [OS-27]

IMPROPRIÉTÉ

Faute de langue consistant à employer un mot à contresens, c'est-à-dire à lui donner un sens inexact ou contraire à l'usage. Ex. : «Il a recouvert [recouvré] sa liberté / Les glandes lacrymogènes [lacrymales] / Chercher un modus Vivaldi [vivendi]. ANT. MOT JUSTE. V. BARBARISME, CHARABIA.

INCISE

Proposition indépendante, généralement courte, tantôt intercalée dans une phrase, tantôt rejetée à la fin de celle-ci, et sans rapport syntaxique avec elle. Ex. : «Même s'il faut attendre trente jours, **dit-il**, nous attendrons le temps qu'il faut.»

INTERFÉRENCE

Faute de traduction consistant à introduire dans le TA un fait de langue propre à la LD. L'interférence peut se produire à tous les niveaux : morphologique, lexical, syntaxique, stylistique, culturel. Ex. : «**Opérer un commerce (*to operate*). **Au cours des derniers vingt ans (*the last 20 years*).» V. ANGLICISME, CALQUE, FAUX AMIS, FAUX SENS.

INTERPRÉTATION

1. Étape du processus cognitif de la traduction consistant en une analyse rigoureuse des significations pertinentes des mots et énoncés du TD auxquelles sont associés des compléments cognitifs en vue de dégager le sens. SYN. APPRÉHENSION DU SENS. V. CRÉATION DISCURSIVE, EXPLICATION DE TEXTE, FIDÉLITÉ, MESSAGE, REMÉMORATION, REPORT. [OS-7 à 10]

2. Mode de traduction orale. Note : On distingue plusieurs types d'interprétation (simultanée, consécutive, chuchotée, etc.).

JUXTAPOSITION

Procédé de traduction relevant des techniques de rédaction qui consiste à disposer côte à côte dans un texte des éléments d'information sans que soit explicitée (au moyen d'une charnière) la relation existant entre eux. Ex. : «Elle n'est pas sortie : il pleuvait.» ANT. ARTICULATION. V. CHARNIÈRE. [OS-55]

LACUNE

Absence en LA d'un mot, d'une tournure ou d'une situation existant en LD. Devant une lacune, le traducteur peut recourir à différentes stratégies, dont l'emprunt, le calque, la compensation, la reformulation. Ex. : Le mot *lift* n'a pas de correspondant lexical en français. «*Can you give me a lift to the university?* : Pouvez-vous me déposer à l'université?» V. COMPENSATION, PERTE.

LANGUE DE SPÉCIALITÉ

Expression générique désignant certaines spécialisations fonctionnelles du langage qui impliquent la transmission d'une information relevant d'un champ d'expérience particulier. Cette définition englobe les langues *scientifiques* (physique, biologie), *techniques* (électrotechnique, plastiques), *professionnelles* (droit, architecture), des *métiers* (boucherie, menuiserie) et celles qui rendent compte de certaines activités de la *vie en société* (loisirs, syndicalisme, politique, sports). Les langues de spécialité se distinguent de la langue courante en donnant aux mots usuels des acceptions particulières et en privilégiant certaines tournures (passives, impersonnelles, nominalisées, etc.) SYN. TECHNOLECTE. V. TEXTE, TEXTE PRAGMATIQUE.

LINGUISTIQUE DIFFÉRENTIELLE

Branche de la linguistique appliquée dont l'objet est la comparaison de deux langues à tous les niveaux afin de mettre en évidence leurs ressemblances et leurs différences en vue de l'élaboration de méthodes d'enseignement. SYN. STYLISTIQUE COMPARÉE.

LOCUTION

Groupe de mots fixé par la tradition et correspondant à un mot unique. Ex. : «prendre part» équivaut à «participer». V. CLICHÉ, IDIOTISME. [OS-51]

MANIEMENT DU LANGAGE

Application à des textes de la double compétence requise d'un traducteur : une compétence de *compréhension* et une compétence de *réexpression* du sens du TD. Note : Cette double compétence requiert trois aptitudes (dissocier les langues, appliquer les procédés de traduction, maîtriser les techniques de rédaction) et elle s'exerce à trois niveaux (les conventions de l'écriture, l'interprétation des textes, la cohérence).

MESSAGE

Notion de la SCFA. Information transmise par l'ensemble des énoncés du TD et qui exprime ce qu'un auteur veut communiquer à un destinataire. V. ÉNONCÉ, FIDÉLITÉ, SENS, TEXTE.

MÉTALANGAGE [DE L'INITIATION À LA TRADUCTION]

Ensemble des termes servant à décrire le processus de la traduction à des fins pédagogiques. Note : Le métalangage de l'initiation à la traduction générale emprunte ses notions à diverses disciplines ou champs d'activités, dont la *théorie de la traduction* (compléments cognitifs, création discursive), la *linguistique générale* (signifiant, syntagme), la *linguistique différentielle* (transposition, étoffement), la *grammaire descriptive* (adjectif de relation, aspect), la *rhétorique* (personnification, métaphore), les *techniques de rédaction* (restructuration, concision), la *pédagogie* (objectif général, objectif spécifique), la *terminologie* (fiche terminologique, langue de spécialité), la *documentation* (répertoire, aides à la traduction) et l'*analyse littéraire* (explication de texte). [OS-1]

MÉTAPHORE

Figure de style consistant en une comparaison elliptique fondée sur l'analogie existant entre deux objets, deux notions, deux situations présentant un caractère commun. Une métaphore peut être *filée* ou *soutenue* (si le rapprochement est porté par plusieurs mots), *vive* ou *originale* (si elle est inédite), *morte* ou *usée* (si elle fait partie du fonds de clichés de la langue) et *heurtée* ou *brisée* (si elle rapproche des notions ou images incompatibles). Ex. : «Une **source de chagrins**. La recherche est le **fer de lance du progrès**.» V. FIGURE DE STYLE. [OS-53]

MODULATION

Notion de la SCFA. Procédé de traduction faisant intervenir un changement de point de vue, d'éclairage ou de catégorie de pensée par rapport à la formulation originale. On distingue la modulation *lexicale* (*turtleneck* : col roulé) et la modulation *syntaxique* (*You are wanted on the phone* : On vous demande au téléphone). La modulation peut aussi être *figée* (lexicalisée et consignée dans les dictionnaires bilingues) ou *libre* (elle s'impose lorsque la LA n'accepte pas une traduction littérale). Note : La modulation n'intervient pas toujours consciemment à l'étape de l'interprétation. V. TRANSPOSITION.

MOT JUSTE

1. Précision du vocabulaire. Terme qui, dans la formulation d'une idée, rend la nuance de sens plus précisément que tout autre.

2. Conformité à l'usage. Dans une situation donnée ou dans un contexte donné, terme correspondant aux habitudes d'expression des usagers d'une langue et respecte les cooccurrences et les collocations, etc. Ex. : «*Joint letter* : lettre collective (de préférence à "lettre conjointe")». De même, on dira plus justement «abroger une loi» qu'«annuler une loi». V. COOCCURRENCE, NORME, USAGE. [OS-13 à 23]

MOT-OUTIL

Mot de faible signification (préposition, conjonction, article) servant à indiquer la nature des mots forts (noms, adjectifs qualificatifs, verbes, adverbes) ou les rapports les unissant. V. ARTICULATION, CHARNIÈRE. [OS-55]

N. D. T.

ABRÉV. NOTE DU TRADUCTEUR.

NÉGATIVATION DU DISCOURS

Caractéristique du discours français qui, comparé au discours anglais, semble privilégier les tours grammaticalement négatifs, le discours anglais favorisant une démarche plus affirmative. Ex. : (Extrait d'un journal universitaire) «*Faculty members should also be included* : Les professeurs ne font pas exception à la règle. *Remember to lock the door* : N'oublie pas de verrouiller la porte.» V. FRÉQUENCE. [OS-41]

NÉOLOGISME

1. Mot de création récente ou emprunté depuis peu à une langue étrangère. V. EM-PRUNT.

2. Acception nouvelle d'un mot existant. V. ACCEPTION. [OS-11]

NIVEAU DE LANGUE

SYN. REGISTRE DE DISCOURS.

NOMINALISATION

Procédé de traduction consistant à transformer une unité lexicale (verbe, adjectif, participe passé) du TD en un substantif ou un syntagme nominal dans la LA. Ex. : «*I'd rather **exercise** than **eat** too much* : Je préfère **l'exercice** aux **excès de table**.» V. TRANSPOSITION. [OS-45]

NON-SENS

Faute de traduction consistant à donner à un segment du TD une formulation en LA totalement dépourvue de sens ou absurde. Ex. : (Extrait d'un texte sur la ballerine Karen Kain) «*Here she is on stage at 33, body gracefully slenderized to a reed-like 115 pounds, thanks to rigorous dieting* : **La voilà à 33 ans, le corps gracieusement aminci, **tel un roseau de 115 livres**, grâce à un régime sévère.» V. CONTRESENS, FAUX SENS, FIDÉLITÉ.

NORME

1. Recueil de prescriptions consignées dans des ouvrages dits «normatifs» (grammaires, dictionnaires, guides de rédaction, codes divers). V. CONVENTIONS DE L'ÉCRITURE. [OS-12]

2. Usage courant observé au sein d'une communauté linguistique. Formulation la plus attendue dans une situation de communication donnée. Ex. : À la question «Quelle heure est-il?» un locuteur francophone répondra spontanément «Il est 8 h 10» et non «Il est 8 heures et dix minutes». V. COOCCURRENCE, DÉMARCHE, MOT JUSTE (2), USAGE. [OS-56]

NOTE DU TRADUCTEUR

Renseignements ajoutés par le traducteur dans le TA et fournissant un complément d'information jugé indispensable à une bonne intelligence du TD. Note : Habituellement placées en bas de page des textes imprimés, ces notes, qui ont un caractère didactique, marquent les limites de la traduction et portent généralement sur des mots «intraduisibles» ou sur des réalités socioculturelles de la civilisation d'où émane le TD. Elles sont jugées par certains critiques comme «la honte du traducteur», comme autant d'«aveux d'échec» de la part du traducteur. Ce genre de notes est plus courant dans les œuvres littéraires que dans les textes pragmatiques, où les brèves explications entre parenthèses tiennent souvent lieu de notes infrapaginales. V. CONVENTIONS DE L'ÉCRITURE. ABRÉV. N. D. T. [OS-12]

OBJECTIF D'APPRENTISSAGE
Description de l'intention visée par une activité pédagogique et précisant les changements durables de comportement devant s'opérer chez l'étudiant. V. OBJECTIF GÉNÉRAL, OBJECTIF SPÉCIFIQUE.

OBJECTIF GÉNÉRAL
Bref énoncé d'intention, formulé en termes plus ou moins précis, qui indique les résultats auxquels doit conduire un processus d'apprentissage à l'intérieur d'un programme d'études ou d'un cours. Note : L'objectif général est formulé du point de vue du professeur et décrit la formation à faire acquérir à l'étudiant. Ex. : «Le cours d'initiation à la traduction générale doit permettre à l'étudiant d'assimiler le métalangage de la traduction.» V. OBJECTIF D'APPREN-TISSAGE, OBJECTIF SPÉCIFIQUE.

OBJECTIF SPÉCIFIQUE
Énoncé, formulé en termes de comportements observables, qui décrit le plus précisément possible les résultats auxquels doivent conduire une ou plusieurs activités pédagogiques à l'intérieur d'un programme d'études ou d'un cours. Note : Outil opérationnel, l'objectif spécifique est rédigé du point de vue de l'étudiant et décrit ce que celui-ci devra être capable de faire au terme d'un apprentissage. Ex. : «À la fin du cours d'initiation à la traduction générale, l'étudiant devra pouvoir définir les termes : faux amis, dilution, implicitation, interférence, etc.» V. OBJEC-TIF D'APPRENTISSAGE, OBJECTIF GÉNÉRAL.

OMISSION
Faute de traduction consistant à ne pas traduire sans que cela soit justifié un élément de sens ou un effet stylistique du TD. Ex. : (Extrait d'une circulaire d'Hydro-Québec) «*Two thirds of Hydro-Québec's customers (whose **monthly** consumption is less than 900 kWh) will receive an increase of no more than $2.30 per month* : **Les deux tiers des abonnés d'Hydro-Québec (ceux dont la consommation est inférieure à 900 kWh) subiront une hausse d'au plus 2,30 $ par mois.» Note : Ne pas confondre l'«omission» et l'«implicitation» qui, elle, est justifiée. ANT. AJOUT. V. IMPLICITATION, PERTE, SOUS-TRADUCTION. [OS-27,28,46]

OPTION
Choix de formulations également correctes et exactes s'offrant au traducteur à l'étape de la réexpression d'un segment du TD. Ex. : «*When he arrived...* : À son arrivée... (ou) Lorsqu'il arriva...» ANT. SERVITUDE.

PARAPHRASE
    1. SYN. PÉRIPHRASE (1). [OS-28]

    2. Faute de traduction résultant de l'emploi abusif de circonlocutions, de périphrases, voire d'ajouts qui alourdissent le TA et ne sont pas dictées par des exigences rhétoriques ou par le style du TD. V. SURTRADUCTION, TRADUCTION LIBRE (2).

PARONYMES
    Mots d'une même langue, formés habituellement à partir de la même racine, et de forme suffisamment voisine pour être pris pour des équivalents, alors qu'ils ont des sens différents. Ex. : «chasse et châsse, conjecture et conjoncture, éminent et imminent, collision et collusion.» V. FAUX AMIS, HOMOGRAPHES, HOMONYMES, HOMOPHONES.

PÉRIPHRASE
    1. Remplacement d'un mot par un ensemble de mots qui présentent un sens équivalent. SYN. CIRCONLOCUTION. V. DILUTION, EXPLICITATION. [OS-28,53]

    2. Procédé de traduction consistant à reformuler une idée du TD en employant plus de mots que le TD, ce développement étant dicté par des contraintes liées au sens (connotation à respecter ou à éviter, par exemple) ou au déroulement du discours (répétition à éviter). Ex. Dans un contexte donné, le mot «auditeur», pourtant le correspondant exact de *hearer*, pourrait avoir une connotation trop technique et devoir être remplacé par la périphrase «ceux qui l'écoutaient». ANT. CONCISION. V. DILUTION, ÉTOFFEMENT, EXPLICITATION. [OS-28]

PERSONNIFICATION
    Figure de rhétorique qui consiste à attribuer à des choses inanimées ou à des entités abstraites des comportements, des sentiments ou des attitudes typiques des êtres humains. Ex. : «Le soleil danse sur les flots.» V. MÉTAPHORE. [OS-53]

PERTE
    Déperdition sémantique inhérente à l'activité de traduction. Note : Par analogie avec la perte de chaleur qui accompagne toute transformation d'énergie, le passage d'une langue à une autre entraînerait aussi une sorte de «dégradation» plus ou moins importante de l'information. Ce phénomène se manifeste à des degrés variables, compte tenu de la nature du texte traduit (poème ou notice d'entretien) et du talent du traducteur à appliquer le procédé de compensation et à respecter les idiosyncrasies du TD. Note : Ne pas confondre les notions de «perte» et d'«omission». V. COMPENSATION, OMISSION, TONALITÉ.

PLÉONASME

Faute de langue qui consiste à employer consécutivement plusieurs mots exprimant la même idée lorsqu'un seul suffit et que l'autre est redondant. Ex. : «**Conjoncture actuelle, **panacée universelle, **collaborer ensemble». V. CONCISION, MOT JUSTE.

PRÉDICAT

Ce qui, dans un énoncé, est dit, affirmé à propos d'un autre terme appelé sujet. Dans un énoncé dont le syntagme verbal est constitué du verbe être ou d'un verbe assimilé (rester, paraître, sembler), on appelle «prédicat» l'adjectif, le syntagme nominal ou le syntagme prépositionnel constituants du syntagme verbal. Ex. : Elle est fatiguée. Elle est médecin. Elle est au cinéma. Note : En grammaire traditionnelle, on appelle «prédicat» le seul adjectif attribut du verbe être. Ainsi dans «Marie est jolie», jolie est le prédicat de la phrase. V. CARACTÉRISA-TION, DÉTERMINANT, DÉTERMINÉ. [OS-24,43]

PRÉSUPPOSÉ EXTRADISCURSIF

Information extralinguistique ou situationnelle tenue habituellement pour acquise ou évidente par les locuteurs de la LA et qu'il est par conséquent superflu d'exprimer explicitement dans le TA. Note : C'est souvent le cas en français des modes de locomotion ou de transport «*I flew to Moscow* : Je suis allée à Moscou») ou encore des gestes, des attitudes ou de la position occupée dans l'espace («*Let's sit down and talk about it* : Discutons-en»). V. IMPLICITATION. [OS-10,27,39]

PRINCIPE DE TRADUCTION

Loi générale s'appliquant à l'opération de traduction et à partir de laquelle il est possible de déduire des règles de traduction. Ex. : «On ne traduit pas des mots, mais leur sens en contexte.» «Il ne faut rien ajouter à ce qu'a écrit l'auteur du TD, ni n'en rien retrancher.» «Le style de la traduction doit être adapté au genre de texte à traduire.» «Le TA doit avoir la lisibilité, le naturel et l'aisance d'un original.» V. RÈGLE DE TRADUCTION, PROCÉDÉ DE TRADUCTION.

PROCÉDÉ DE TRADUCTION

Tout moyen mis en œuvre de façon réfléchie par le traducteur au moment de sa réflexion sur le TD et de sa recherche d'une équivalence. Note : La connaissance des procédés de traduction peut aussi se révéler utile à l'étape de la vérification de l'exactitude d'un segment traduit. SYN. PROCÉDÉ DE TRANSFERT, TECHNIQUE DE TRADUCTION. V. PRINCIPE DE TRADUCTION, RÈGLE DE TRADUCTION.

PROCÉDÉ DE TRANSFERT

SYN. PROCÉDÉ DE TRADUCTION.

PROCÈS

On dit d'un verbe qu'il indique un procès quand il exprime une «action» (marcher, manger) réalisée par le sujet de la phrase, par opposition aux verbes qui indiquent un «état» (être, paraître) ou le résultat d'un procès (savoir). V. ASPECT. [OS-40]

PROCESSUS COGNITIF DE LA TRADUCTION

Opération de réflexion consistant à établir des équivalences interlinguistiques. Note : Lors de cette opération mentale complexe, le traducteur procède, entre autres, à l'interprétation du TD, à l'application des procédés de traduction pertinents, à la dissociation plus ou moins consciente des langues en présence, à l'exploration des ressources de la LA, au choix des moyens d'expression en LA et à la vérification de la justesse et de la pertinence des équivalences retenues. V. INTERPRÉTATION, MANIEMENT DU LANGAGE, PROCÉDÉ DE TRADUCTION, TRADUCTION (1). [OS-7 à 11]

RÉFÉRENT

Objet concret ou abstrait auquel renvoie un signe linguistique dans l'univers extralinguistique. Note : La langue peut être vue comme un outil permettant la verbalisation du réel à travers un discours. V. SIGNE, SIGNIFIANT, SIGNIFIÉ.

REGISTRE DE DISCOURS

Classement hiérarchisé des réalisations linguistiques qui tient compte de la nature des relations entre les sujets parlants, de leur niveau socioculturel, des thèmes abordés, du degré de formalité ou de familiarité choisi. Note : Chaque locuteur utilise couramment plusieurs registres de discours. Les principaux registres sont les suivants : artistique, soutenu, courant, familier, populaire, argotique. Note : La notion de registre, qui s'applique tout autant aux productions écrites qu'orales, est moins connotée que celle de «niveau de langue». V. DISCOURS.

RÈGLE DE TRADUCTION

Énoncé qui oriente et guide la réflexion du traducteur au moment où il cherche à formuler une équivalence. Note : Une règle découle d'un principe et se manifeste concrètement par l'application d'un procédé de traduction. Prenons le cas de la compensation. *Principe* : Le TA doit avoir la même tonalité que le TD. *Règle :* La perte d'un effet stylistique du TD peut être compensée par l'introduction d'un autre effet ailleurs dans le TA. *Procédé* : Un jeu de mots impossible à rendre pourra être compensé par une graphie fantaisiste (L'eau Perrier, c'est l'*eau*-ptimiste). V. PRINCIPE DE TRADUCTION, PROCÉDÉ DE TRADUCTION.

REMÉMORATION

Opération du processus cognitif de la traduction consistant à remettre en mémoire (rappeler) une équivalence *lexicalisée* habituellement consignée dans les dictionnaires bilingues. Note : Cette équivalence, fournie par la mémoire, peut être un mot, une locution, un idiotisme, une expression toute faite, etc. La remémoration fait intervenir principalement la *connaissance* de la LD et de la LA. Toute équivalence qui n'est ni un «report» ni une «création discursive» est une «remémoration». V. CRÉATION DISCURSIVE, INTERPRÉTATION, REPORT, UNITÉ DE SENS, UNITÉ DE TRADUCTION. [OS-7]

RÉPÉTITION

Occurrences multiples d'un même mot ou d'une même structure syntaxique dans une phrase ou un paragraphe. Note : La répétition peut avoir une valeur rhétorique (V. Anaphore) ou être abusive. Dans ce dernier cas, elle est une faute de langue dénotant un vocabulaire pauvre ou un style relâché. V. CONCISION, MOT JUSTE, RHÉTORIQUE. [OS-46,49]

RÉPERTOIRE

Recueil des unités linguistiques d'une langue ou d'une sphère spécialisée de l'activité humaine. Note : Ces unités sont classées dans un ordre qui permet de les retrouver facilement. Elles sont présentées soit avec leur définition, soit accompagnées d'un contexte, soit avec leur équivalent dans une ou plusieurs langues. Une douzaine de types de répertoires différents sont définis à l'Objectif 2. V. DOCUMENTATION, FICHE TERMINOLOGIQUE. [OS-2,3]

REPORT

Opération du processus cognitif de la traduction consistant à transférer tout simplement du TD dans le TA des éléments d'information (noms propres, nombres, dates, symboles, vocables monosémiques, etc.) qui ne nécessitent pas ou presque pas d'analyse interprétative. Ex. : Dans l'énoncé *John F. Kennedy was killed in 1963*, le nom du président américain et la date sont des exemples de reports. V. CRÉATION DISCURSIVE, INTERPRÉTATION, REMÉMORA-TION. [OS-7]

REPOSITIONNEMENT D'UN COMPLÉMENT

Remaniement de l'ordre syntaxique du TD qui consiste à placer un complément d'objet (CDO) ou un complément de nom (CDN) après le premier terme d'une énumération et à remplacer ce complément par des pronoms personnels ou des adjectifs possessifs dans chacun des autres termes de l'énumération. Note : En règle générale, dans le TD anglais, le CDO est rejeté à la fin de l'énumération, alors que le CDN la précède. Ex. : [Repositionnement d'un CDO] «*These provisions give employees the right to identify, analyze and resolve **job-related health problems**.* Ces dispositions reconnaissent aux employés le droit de déterminer **les problèmes relatifs à la santé au travail**, de **les** analyser et de **les** résoudre.» [Repositionnement d'un CDN] «*A manager who isn't hearing **employee** problems, concerns and irritations is living on borrowed time.* Un gestionnaire qui fait la sourde oreille aux doléances de ses **subalternes**, à **leurs** inquiétudes et à **leurs** sujets d'irritation court à sa perte.» V. RESTRUCTURATION.

RESTRUCTURATION

Opération relevant des techniques de rédaction et consistant à modifier l'ordre des unités d'un énoncé afin de respecter les contraintes syntaxiques ou idiomatiques de la LA. Ex. : La traduction de la disjonction exclusive *whichever comes first* exige une restructuration. V. REPOSITIONNEMENT D'UN COMPLÉMENT. [OS-30 à 43, 55]

RÉVISION

1. En enseignement, *examen comparatif* minutieux d'un texte traduit et de son original afin de vérifier la conformité de la traduction à des critères méthodologiques, linguistiques, textuels et situationnels, ces critères ayant été préalablement communiqués aux étudiants. L'exercice de révision permet aux apprentis traducteurs de réfléchir sur la cause et la nature des erreurs émaillant les textes révisés, mais aussi d'apprécier les passages bien traduits, voire les trouvailles qu'on peut y relever. En contribuant à développer le sens de l'observation, le souci du détail et des nuances ainsi que le jugement critique, l'exercice de révision fait prendre conscience aux futurs traducteurs de la rigueur intellectuelle qu'exigent l'interprétation d'un texte et sa reformulation dans une autre langue.

2. En milieu de travail, *fonction* généralement confiée à un traducteur chevronné qui consiste à rendre acceptables au regard de normes professionnelles les traductions réalisées par les traducteurs du service. Cette fonction comporte habituellement trois volets : révision qualitative des textes, perfectionnement (des traducteurs inexpérimentés) et gestion (ce volet pouvant inclure l'évaluation du rendement qualitatif et quantitatif des traducteurs révisés).

RHÉTORIQUE

Ensemble des moyens d'expression, des procédés stylistiques, des figures de style mis en œuvre en vue de produire certains effets et permettant à un auteur de faire coïncider le plus possible forme et fond. V. ÉCRITURE (2), FIGURE DE STYLE.

SENS

Synthèse non verbale du processus de compréhension, qui se construit à partir des significations pertinentes des mots (en contexte), enrichies des compléments cognitifs. V. DÉVERBALISATION, DISCOURS, SIGNIFICATION, SIGNIFICATION PERTINENTE.

SENS FIGURÉ

Signification dérivée de l'acception première d'un mot et qui comporte un transfert sémantique, notamment du concret vers l'abstrait, de l'animé vers le non-animé. Ex. : «Le **chemin** de la réussite.» V. PERSONNIFICATION, SENS PROPRE. [OS-25,53]

SENSIBILITÉ LINGUISTIQUE

Qualité qui se manifeste chez le traducteur par un sens aigu de la langue acquis par la pratique des bons auteurs et de tout genre de textes. Note : Cette sensibilité est faite d'une bonne part d'intuition, de jugement, de bon goût, de l'aptitude à saisir les nuances de sens et d'une juste connaissance de la «tolérance linguistique» des usagers de la LA. Elle intervient de façon générale chaque fois qu'il faut recourir à une adaptation et tout particulièrement lors de la traduction des métaphores originales. Ex. : «*Television, its advertising agencies and their corporate clients are **preying upon both our minds and our bodies**—and those of defenseless children—to promote atheistic corporate greed* : La télévision, ses agences de publicité et leurs gros clients **nous assaillent de toute part** — s'attaquant même aux enfants sans défense — pousser par leur mercantilisme athée.» V. ADAPTATION, MÉTAPHORE, MODULATION, TONALITÉ. [OS-51,53]

SENS PROPRE

Signification première d'un mot polysémique, les autres acceptions, dites «figurées», étant dérivées de cette signification principale. Ex. : «Le clown marche sur les **mains** (sens propre).

Il a reconnu dans cet échec la **main** du destin (sens figuré).» V. PERSONNIFICATION, SENS FIGURÉ. [OS-25,53]

SERVITUDE

Notion de la SCFA. Contrainte d'ordre lexical ou syntaxique imposée par la LA. Ex. : (Lexical) «*The Old Testament* : l'Ancien Testament (**le Vieux Testament)». (Syntaxique) «*The last 20 years* : les vingt dernières années (**les dernières vingt années)». ANT. OPTION. V. DÉMARCHE, IDIOMATIQUE, IDIOTISME.

SIGNE LINGUISTIQUE

Entité linguistique créée par l'association d'un signifiant et d'un signifié. Note : Le signe linguistique est *arbitraire*, *différentiel* (son existence est conditionnée par celle des autres signes avec lesquels il est en relation d'interdépendance) et relativement *stable*. V. SIGNIFIANT, SIGNIFICATION, SIGNIFIÉ.

SIGNIFIANT

Représentation matérielle (sons ou lettres) d'un signe linguistique. Note : Le signifiant est associé par convention à son signifié dont il est la face tangible. V. SIGNE LINGUISTIQUE, SIGNIFICATION, SIGNIFIÉ.

SIGNIFICATION

Aire sémantique d'un mot hors contexte. Note : La signification relève de la langue et représente un «pouvoir-dire» non actualisé dans un discours. Les dictionnaires enregistrent les principales significations (acceptions) des mots. V. ACCEPTION, DISCOURS, SENS, SIGNIFICATION PERTINENTE.

SIGNIFICATION PERTINENTE

Acception d'un mot ou d'un syntagme telle qu'elle se dégage du discours et qui concourt à la production du sens. V. ACCEPTION, SENS, SIGNIFICATION.

SIGNIFIÉ

Contenu conceptuel, face non tangible du signe linguistique. V. SENS, SIGNE LINGUISTIQUE, SIGNIFIANT, SIGNIFICATION.

SITUATION

Ensemble des éléments non linguistiques entourant la production d'un énoncé. Note : À l'étape de l'interprétation, le traducteur doit souvent reconstruire mentalement la situation d'énonciation, se reporter à la réalité évoquée par les énoncés du TD. V. COMPLÉMENTS COGNITIFS, CONTEXTE, CONTEXTE COGNITIF, PRÉSUPPOSÉ EXTRADISCURSIF. [OS-10]

SOLÉCISME
Faute de langue due à une construction syntaxique erronée, de formes par ailleurs existantes. Ex. : (Extrait d'un texte sur la biotechnologie) «*Wild as these notions may sound, every one has its advocates in the scientific community* : **Aussi [= Si] farfelues que paraissent ces idées, chacune d'elles a ses partisans dans les milieux scientifiques.» V. BARBARISME, IMPROPRIÉTÉ, MOT JUSTE.

SOUS-TRADUCTION
Faute de traduction consistant à ne pas introduire dans le TA les compensations, étoffements ou explicitations qu'exigerait une traduction idiomatique et conforme au sens présumé du TD. ANT. SURTRADUCTION. V. EXPLICITATION, IMPLICITATION, PRÉSUPPOSÉ EXTRADISCURSIF. [OS-27,28]

SPÉCIFIQUE
Par opposition à générique, mot dont l'extension est plus restreinte que celle de son générique, c'est-à-dire qu'il sert à dénommer une classe d'objets moins étendue. Note : Tous les spécifiques sont contenus dans le générique. Le générique «animal», par exemple, englobe un plus grand nombre de sujets que le spécifique «chien», qui est lui-même un générique par rapport aux races (spécifiques) que sont les caniches, les bassets, les bergers allemands. V. GÉNÉRIQUE.

STRUCTURE ORDINALE
Construction syntaxique anglaise dans laquelle un superlatif relatif de supériorité (*largest*) est précédé d'un adjectif ordinal (*the second*). Note : Cette structure n'existe pas en français. Ex. : «*Japan is Canada's second largest trading partner* : Le Japon est le deuxième partenaire commercial du Canada.» [OS-31]

STRUCTURE RÉSULTATIVE
Construction syntaxique dans laquelle la langue anglaise indique d'abord les modalités d'une action ou d'un phénomène, puis le résultat produit (M → R). «*Saddam Hussein purged his way* (M) *to power* (R).» Le français suit habituellement la démarche inverse (R → M). «Saddam Hussein s'est hissé au pouvoir (R) en procédant à des purges (M).» V. CHASSÉ-CROISÉ, DÉMARCHE. [OS-39]

STYLISTIQUE COMPARÉE
SYN. LINGUISTIQUE DIFFÉRENTIELLE.

SUBORDINATION
Liaison unissant une proposition dite «principale» et une autre proposition dite «subordonnée», celle-ci complétant le sens de la première. La subordonnée dépend donc de la principale et s'y rattache par une conjonction de subordination, une locution conjonctive ou un pronom relatif. V. ARTICULATION, COORDINATION, JUXTAPOSITION. [OS-55]

SURTRADUCTION

1. Faute de traduction consistant à traduire explicitement des éléments du TD que la LA garderait normalement implicites. Ex. : «*No parking at any time* : **Stationnement interdit en tout temps = Stationnement interdit.» ANT. SOUS-TRADUCTION. V. AJOUT, EXPLICITATION, IMPLICITATION, PRÉSUPPOSÉ EXTRADISCURSIF. [OS-27,28,39]

2. Notion de la SCFA. Faute de traduction consistant à voir deux unités de traduction là où il n'y en a qu'une seule. Ex. : «*Terms and conditions of a contract* : conditions [clauses, stipulations] d'un contrat». V. AJOUT, HYPERTRADUCTION, SOUS-TRADUCTION. [OS-27,28]

SYNTAGME

Groupe de mots formant un ensemble à l'intérieur d'une phrase. V. DÉTERMINANT, DÉTERMINÉ.

TECHNIQUE DE TRADUCTION

SYN. PROCÉDÉ DE TRADUCTION.

TECHNIQUES DE RÉDACTION

Ensemble des procédés régissant la formulation des textes pragmatiques et mettant en jeu : a) la connaissance des vocabulaires, conventions, formules et usages propres à ce type de textes; b) l'aptitude à choisir le style et la tonalité les mieux adaptés aux sujets traités; c) l'exploitation des ressources stylistiques de la langue afin d'optimaliser l'efficacité de la communication et la lisibilité; d) l'application des règles de composition permettant d'éviter les défauts de rédaction que sont l'imprécision du vocabulaire, les structures syntaxiques boiteuses, les pléonasmes, les solécismes, les métaphores incohérentes, les lourdeurs, l'emploi abusif de la voix passive, etc. V. TEXTE, TEXTE PRAGMATIQUE, FAUTE DE LANGUE.

TECHNOLECTE

SYN. LANGUE DE SPÉCIALITÉ.

TERMINOLOGIE

1. Ensemble des termes propres à un domaine spécialisé de l'activité humaine. V. LANGUE DE SPÉCIALITÉ.

2. En tant que discipline, «art de repérer, d'analyser et, au besoin, de créer le vocabulaire pour une technique donnée, dans une situation concrète de fonctionnement de façon à répondre aux besoins d'expression de l'usager». (Robert Dubuc, *Manuel pratique de terminologie*). V. BANQUE DE TERMINOLOGIE, FICHE TERMINOLOGIQUE. [OS-2]

TEXTE

Toute production écrite de longueur variable formant un ensemble unifié et servant à communiquer un message au moyen du discours. Note : On peut classer les textes en fonction de *domaines* (textes administratifs, commerciaux, technico-scientifiques, journalistiques, littéraires, bibliques, juridiques), en fonction de *genres* (rapports, préfaces, manuels scolaires, brochures touristiques, romans, nouvelles) et en fonction de leur *finalité* (textes descriptifs, narratifs, argumentatifs). V. LANGUE DE SPÉCIALITÉ, TECHNIQUES DE RÉDACTION, TEXTE PRAGMATIQUE. [OS-55]

TEXTE PRAGMATIQUE
        Type d'écrits servant essentiellement à transmettre une information relevant d'un champ d'expérience particulier et dont l'aspect esthétique n'est pas l'aspect dominant. Note : Par leur nature et leur fonction, ces textes se distinguent des œuvres littéraires (roman, nouvelle, poème) et des écrits généraux de composition libre (biographie, chroniques, mémoires). Habituellement rédigés en fonction de leurs destinataires et dans une langue de spécialité, ils tendent à la plus grande efficacité et à la meilleure communication possible et ont souvent une application immédiate et relativement éphémère. Cette catégorie de textes représente environ 90 % du volume de traduction dans le monde. Ex. : «(Domaines) Textes publicitaires, techniques, scientifiques, journalistiques; (Genres) Rapports, procès-verbaux, lettres d'affaires, circulaires, actes administratifs ou législatifs, notices d'entretien, directives.» V. LANGUE DE SPÉCIALITÉ, TECHNIQUES DE RÉDACTION, TEXTE.

TONALITÉ
        Notion s'appliquant à l'ensemble d'un texte et décrivant l'impression générale (neutre, ironique, polémique, humoristique) produite par l'emploi de procédés stylistiques. Note : Cette «coloration» particulière révèle l'attitude d'un auteur face à son propos. V. REGISTRE DE DISCOURS.

TRADUCTION
        1. Opération consistant à établir des équivalences interlinguistiques. Note : Nous réservons le mot «traduction» aux équivalences issues de textes, de discours, et le mot «transcodage» aux correspondances de mots ou de phrases établies hors discours. V. PROCESSUS COGNITIF DE LA TRADUCTION. [OS-7 à 11]

        2. SYN. ÉQUIVALENCE (1).

        3. Résultat de cette opération. SYN. ÉQUIVALENCE (2).

TRADUCTION COMMENTÉE
        Exercice pédagogique consistant à appliquer la méthode de l'explication de texte à un texte à traduire. Note : Les commentaires accompagnant la traduction peuvent être de nature linguistique, rhétorique ou encyclopédique ou porter sur les procédés de traduction appliqués au cours de la production du TA. V. EXPLICATION DE TEXTE. [OS-6]

TRADUCTION LIBRE
    1. Stratégie de traduction consistant à s'écarter de la stricte conformité à la lettre. ANT. TRADUCTION LITTÉRALE. SYN. ADAPTATION (1).

    2. Employé parfois pour qualifier des traductions qui, bien qu'elles soient présentées comme fidèles, sont néanmoins caractérisées par un grand nombre d'omissions et d'ajouts et par de nombreux réagencements de l'ordre des idées. V. TRADUCTION LITTÉRALE.

TRADUCTION LITTÉRALE
    1. (Sens général) Stratégie de traduction recouvrant la traduction mot à mot, celle des motivations, celle du sens premier, le calque syntaxique, le transcodage. Note : Certains auteurs font une distinction entre la «traduction littérale» (grammaticalement correcte, mais peu idiomatique) et la «traduction mot à mot» (non grammaticale et non idiomatique). SYN. TRADUC-TION MOT À MOT.

    2. (Sens restreint) Notion de la SCFA. Procédé de traduction aboutissant à un TA qui suit de près la structure du TD. V. TRADUCTION LIBRE.

TRADUCTION MOT À MOT
    SYN. TRADUCTION LITTÉRALE (1).

TRADUCTOLOGIE
    Étude méthodique, systématique voire scientifique des phénomènes de la traduction interlinguistique, écrite ou orale. Note : La traductologie déborde l'analyse de cas d'espèces et cherche à définir les principes et les règles régissant la reformulation d'un message d'une langue en une autre. De ce point de vue, les études traductologiques peuvent avoir des applications concrètes en enseignement de la traduction. V. LINGUISTIQUE DIFFÉRENTIELLE, PRINCIPE DE TRADUCTION, RÈGLE DE TRADUCTION, TRADUCTION.

TRANSCODAGE
    Opération consistant à établir des correspondances entre deux langues, soit au niveau du lexique soit au niveau de la phrase isolée. V. CORRESPONDANCE, ÉQUIVALENCE, TRADUCTION. [OS-8,9]

TRANSPOSITION
    Notion de la SCFA. Procédé de traduction consistant à établir une équivalence par changement de catégorie grammaticale. Note : La transposition n'intervient pas toujours consciemment à l'étape de l'interprétation. Ex. : (Publicité) «*Three ways to make life **easier*** : Trois façons de **se simplifier** la vie» [Adjectif → verbe]. (Domaine de la correspondance) «*From* : Expéditeur» [Préposition → substantif]. V. MODULATION.

UNITÉ DE SENS
    Dans un discours, segment d'un énoncé du TD suffisant pour déclencher des compléments cognitifs qui, en s'adjoignant aux mots de ce segment, permettent de dégager le

sens. Note : L'unité de sens est plutôt de nature cognitive, tandis que l'unité de traduction est plutôt de nature linguistique. Cette nuance procède d'une distinction analogue à celle qui existe entre «cohérence» (domaine de la logique) et la «cohésion» (domaine de la linguistique). V. DÉCOUPAGE, INTERPRÉTATION, SENS, UNITÉ DE TRADUCTION.

UNITÉ DE TRADUCTION

Notion de la SCFA. Sur le plan linguistique, segment d'un énoncé dont les éléments lexicaux concourent à l'expression d'un seul élément de sens. Note : On peut assimiler l'unité de traduction à des syntagmes, à des locutions, à des expressions figées, mais aussi à des séquences de longueur variable qu'il faut traiter en bloc au moment de l'interprétation. Ex. : L'énoncé «*Translation / exists / because / men / speak / different / languages*», compte sept unités de traduction. L'unité de traduction est plutôt de nature linguistique, tandis que l'unité de sens est plutôt de nature cognitive. Le découpage en unités de traduction se révèle d'une certaine utilité à l'étape de la vérification des équivalences. V. DÉCOUPAGE, UNITÉ DE SENS.

USAGE

Ensemble des règles et conventions observées par la majorité des utilisateurs d'une langue à une époque donnée. Note : La notion de bon usage est rattachée à celle de norme, qui est elle-même définie en fonction d'un contexte socioculturel donné. V. DÉMARCHE, IDIOMATIQUE, IDIOTISME, NORME. [OS-51,56]

VERBE D'ABOUTISSEMENT

Verbe dont l'aspect *terminatif* indique le but atteint à la suite d'un changement numérique. Note : Il s'emploie habituellement avec la préposition «à». Ex. : «*The Bank of Canada **increased** its bank rate **to** 9% last Thursday* : La Banque du Canada **a porté** son taux d'escompte **à** 9 % jeudi dernier.» On commet un solécisme si l'on utilise un verbe de progression à la place d'un verbe d'aboutissement. V. ASPECT, VERBE DE PROGRESSION. [OS-40]

VERBE DE PROGRESSION

Verbe dont l'aspect *progressif* indique un changement numérique en précisant dans quel sens (vers le haut ou vers le bas) s'est produite la variation. Note : Il s'emploie habituellement avec la préposition «de». Ex. : «*Unemployment **increased by** 4% in 1990* : Le chômage **a augmenté de** 4 % en 1990.» V. ASPECT, VERBE D'ABOUTISSEMENT. [OS-40]

ZEUGME

Liaison, généralement abusive, qui coordonne ou juxtapose des termes ou des propositions exigeant des constructions différentes. Ex. : «*Absence of steps to and from the platforms* : **Absence de marches pour monter et descendre des plates-formes. = Absence de marches pour **monter sur** les plates-formes ou **en descendre**.»

I

MÉTALANGAGE DE L'INITIATION

À LA TRADUCTION

OBJECTIF PREMIER

ASSIMILER LES NOTIONS DU GLOSSAIRE

«C'est par la nomination, par l'utilisation d'une terminologie spécifique, que l'on comprend et assimile un objet de connaissance et une pratique[1].»

«Peut-on qualifier de "professionnel" un traducteur dépourvu des moyens de s'expliquer en termes techniques sur son propre métier? [...] Traduire un texte, cela exige d'abord qu'on sache le lire. Cette lecture peut être intuitive, ou bien elle peut se fonder sur une analyse qui fait intervenir un ensemble de concepts et de procédures. L'utilité de la théorie, c'est, entre autres choses, de fournir au traducteur la maîtrise de ces concepts et de ces procédures. Et d'abord, de lui apprendre à les nommer, comme n'importe quel technicien apprend le nom de ses outils et des opérations qu'il effectue[2].»

Toute discipline, en effet, tout champ d'activité (spécialisé ou non), tout domaine de connaissance possède sa terminologie propre. L'initiation à la traduction professionnelle ne fait pas exception. Mais on peut appliquer à cet enseignement ce qu'Yves Gambier a écrit à propos des études traductologiques : «Dans les références traitant de traduction, on a du mal à trouver des définitions précises, tant les concepts semblent flotter au gré des points de vue, des implicites concernant la langue, la communication, les signes, l'interculturel... [...] les études en traduction, prétendument théoriques, sont encore largement marquées par l'idéologie, les jugements de valeur[3].» Le glossaire que nous avons placé en tête de l'ouvrage vise à remédier à cette lacune, tout au moins en ce qui concerne le volet pédagogique. Nous y avons réuni les notions de base indispensables, croyons-nous, à un apprentissage raisonné et méthodique de la traduction générale.

---

[1] Michel Ballard, *Le Commentaire de traduction anglaise*, coll. «128», n° 15, Paris, Éditions Nathan, 1992, p. 7.

[2] Annie Brisset, «La théorie : pour une meilleure qualification du traducteur», p. 239-240 (v. les «Suggestions de lecture»).

[3] «Adaptation : une ambiguïté à interroger», p. 421.

Les termes qui le composent décrivent les divers aspects du processus de la traduction, les nombreux procédés de transfert interlinguistique, les types d'équivalences, les stratégies de traduction, des notions de traductologie, de linguistique (générale et différentielle), de grammaire, de rhétorique et de pédagogie, ainsi que les fautes de traduction et les fautes de langue les plus courantes en début d'apprentissage.

Le métalangage de l'initiation à la traduction générale se compose de notions empruntées à une dizaine de domaines : la *théorie de la traduction* (compléments cognitifs, création discursive), la *linguistique générale* (signifiant, syntagme), la *linguistique différentielle* (transposition, étoffement), la *grammaire* (adjectif de relation, aspect), la *rhétorique* (personnification, métaphore), les *techniques de rédaction* (restructuration, économie), la *pédagogie* (objectif général, objectif spécifique), la *terminologie* (fiche terminologique, langue de spécialité), la *documentation* (répertoire, aides à la traduction) et l'*analyse littéraire* (explication de texte).

Il importe de bien assimiler ces quelque cent quatre-vingts notions fondamentales pour être en mesure de tenir un discours réfléchi sur l'opération de traduction et pour se familiariser le plus rapidement possible avec les réalités du transfert interlinguistique.

L'assimilation des principales notions du glossaire constitue le premier objectif de la méthode. Les tableaux et les questionnaires qui le composent devraient faciliter cette assimilation. Dans les objectifs subséquents, la plupart des termes seront repris et illustrés par de multiples exemples concrets.

MANIEMENT DU LANGAGE
1. Processus cognitif appréhension du sens, bagage cognitif, cognition, compléments cognitifs, contexte cognitif, déverbalisation, interprétation, processus cognitif de la traduction, traduction (1), traductologie, unité de sens
2. Procédés de transfert adaptation (2), calque, chassé-croisé, compensation, création discursive, emprunt, équivalence (3), étoffement, explicitation, implicitation, modulation, nominalisation, note du traducteur, procédé de traduction, procédé de transfert, remémoration, report, technique de traduction, traduction (1), traduction littérale (1), transcodage, transposition
3. Techniques de rédaction affranchissement des structures, articulation, concision, contrainte matérielle, conventions de l'écriture, dépersonnalisation du message, économie, écriture (1), maniement du langage, mot juste (1,2), paraphrase (1), périphrase (1,2), repositionnement d'un complément, restructuration, techniques de rédaction

RÉSULTAT DE L'OPÉRATION DE TRADUCTION

1. Types d'équivalences

correspondance, correspondant, équivalence (1,2), équivalent, traduction (2,3)

2. Stratégies de traduction

adaptation (1), traduction libre (1), traduction littérale (2), traduction mot à mot

3. Jugement qualitatif

entropie, fidélité, perte

CATÉGORIES D'ERREURS

1. Fautes de traduction

ajout, anglicisme (2), contresens, faute de traduction, faux amis, faux sens, hypertraduction, interférence, non-sens, omission, paraphrase (2), sous-traduction, surtraduction (1,2), traduction libre (2)

2. Fautes de langue

ambiguïté (non délibérée), barbarisme, charabia, équivoque (non délibérée), faute de langue, impropriété, pléonasme, répétition (abusive), solécisme, zeugme

LINGUISTIQUE

1. Linguistique générale

acception, aire sémantique, ambiguïté (délibérée), aspect, collocation, connotation, contexte, cooccurrence, cooccurrent, déictique, dénotation, disjonction exclusive, énoncé (1,2), équivoque (délibérée), fréquence, homographes, homonymes, homophones, mot-outil, néologisme (1,2), paronymes, présupposé extradiscursif, référent, sens figuré, sens propre, signe linguistique, signifiant, signification, signification pertinente, signifié, situation, syntagme

2. Linguistique différentielle

anglicisme (1), concentration, découpage, démarche, dilution, faux comparatif, lacune, linguistique différentielle, option, servitude, structure ordinale, structure résultative, stylistique comparée, unité de traduction

GRAMMAIRE, DISCOURS, RHÉTORIQUE

1. Grammaire

adjectif de relation, adjectif qualificatif, attribut, auxiliaire modal, caractérisation, charnière, cliché, coordination, déterminant, déterminé, générique, gérondif, idiomatique, idiotisme, incise, juxtaposition, locution, norme, prédicat, procès, spécifique, subordination, usage, verbe d'aboutissement, verbe de progression

2. Discours

allusion, cohérence, cohésion, destinataire, discours, message, négativation du discours, niveau de langue, registre de discours, sens, sensibilité linguistique, texte, texte pragmatique, tonalité

3. Rhétorique

anaphore, animisme, écriture (2), fausse question, figure de style, métaphore, personnification, répétition (non abusive), rhétorique

DOCUMENTATION, TERMINOLOGIE

1. Documentation

aides à la traduction, dictionnaire, dictionnaire de traduction, dictionnaire encyclopédique, dictionnaire spécial, documentation, glossaire, index, lexique, nomenclature, répertoire, thésaurus, trésor, vocabulaire

2. Terminologie

banque de terminologie, fiche terminologique, fichier terminologique, langue de spécialité, technolecte, terminologie (1,2)

PÉDAGOGIE

corrigé, explication de texte, faute, métalangage, objectif d'apprentissage, objectif général, objectif spécifique, principe de traduction, règle de traduction, révision, traduction commentée

Les tableaux ci-dessous font ressortir les relations hiérarchiques existant entre certaines notions clés. Les termes entre crochets ne sont pas des entrées du glossaire.

MANIEMENT DU LANGAGE	
[DOUBLE COMPÉTENCE] (compréhension et réexpression)	
[TROIS APTITUDES]	[TROIS NIVEAUX]
[Appliquer] PROCÉDÉS DE TRADUCTION [Maîtriser] TECHNIQUES DE RÉDACTION [Éviter] INTERFÉRENCES	CONVENTIONS DE L'ÉCRITURE INTERPRÉTATION (1) COHÉRENCE

INTERPRÉTATION (1) (vue sous l'angle de la compréhension)			
COMPLÉMENTS COGNITIFS		SIGNE LINGUISTIQUE	
BAGAGE COGNITIF	CONTEXTE COGNITIF	SIGNIFIANT	SIGNIFIÉ

INTERPRÉTATION (1) (vue sous l'angle de la réexpression)		
REPORT	REMÉMORATION	CRÉATION DISCURSIVE

INTERPRÉTATION (1) (vue sous l'angle méthodologique)		
PRINCIPE DE TRADUCTION	RÈGLE DE TRADUCTION	PROCÉDÉ DE TRADUCTION

[STRATÉGIES DE TRADUCTION]	
TRADUCTION LITTÉRALE (2) TRADUCTION MOT À MOT	TRADUCTION LIBRE (1) ADAPTATION (1)

ÉCONOMIE		
CONCENTRATION	IMPLICITATION	CONCISION

ÉTOFFEMENT		
DILUTION	EXPLICITATION	PÉRIPHRASE

CARACTÉRISATION	
DÉTERMINANT	
ADJECTIF QUALIFICATIF	ADJECTIF DE RELATION

OBJECTIF D'APPRENTISSAGE	
OBJECTIF GÉNÉRAL	OBJECTIF SPÉCIFIQUE

FAUTE	
FAUTE DE TRADUCTION	FAUTE DE LANGUE

FAUTE DE TRADUCTION	
INTERFÉRENCE	→ FAUX AMIS, ANGLICISMES (2)
[INCOMPRÉHENSION]	→ FAUX SENS, CONTRESENS, NON-SENS
SOUS-TRADUCTION	→ OMISSION
SURTRADUCTION	→ AJOUT, PARAPHRASE (2)
HYPERTRADUCTION	→ TRADUCTION LIBRE (2)

FAUTE DE LANGUE			
AMBIGUÏTÉ (non délibérée)	BARBARISME		CHARABIA
IMPROPRIÉTÉ	PLÉONASME	SOLÉCISME	ZEUGME

ARTICULATION	
CHARNIÈRE / MOT-OUTIL	
COORDINATION	SUBORDINATION

RHÉTORIQUE			
ANAPHORE	PERSONNIFICATION (ANIMISME)	FAUSSE QUESTION	MÉTAPHORE

	Orthographe	Prononciation	Sens	Langue
HOMOPHONES	différente	identique	différent	même ou différente
HOMOGRAPHES	identique	différente	différent	même ou différente
HOMONYMES	identique	identique	différent	même
PARONYMES	différente	différente	différent	même

SUGGESTIONS DE LECTURE

Annie BRISSET, «La théorie : pour une meilleure qualification du traducteur», dans *Les Acquis et les défis*, Actes du 2ᵉ congrès du Conseil des traducteurs et interprètes du Canada. Publiés sous la direction de Monique Cormier, Montréal, CTIC, 1990, p. 235-243.

Monique CORMIER, «Glossaire de la théorie interprétative de la traduction et de l'interprétation», dans *Meta*, vol. 30, n° 4, 1985, p. 353-359.

Marianne LEDERER, «La théorie interprétative de la traduction», dans *Le Français dans le monde*, numéro spécial, «Retour à la traduction», août-septembre 1987, p. 11-17.

Roda P. ROBERTS, «The Terminology of Translation», dans Meta, vol. 30, rf 4, 1985, p. 343-352.

_____, «Literal Translation: Different Concepts Underlying the Term», dans *L'Actualité terminologique*, vol. 21, n° 1, 1988, p. 11-13.

Danica SELESKOVITCH et Marianne LEDERER, *Pédagogie raisonnée de l'interprétation*, coll. «Traductologie», n° 4, Paris, Didier Érudition, 1989, chapitre VII — La contribution de l'interprétation à la science du langage, p. 243-264.

––––––––––

EXERCICES D'APPLICATION

Répondez aux questions des trois premiers exercices ci-dessous en donnant le plus de détails possible sur les termes étudiés afin de bien cerner les notions.

Exercice 1

1.   Les expressions «bagage cognitif», «compléments cognitifs» et «contexte cognitif» sont-elles synonymes?

2.   Distinguez «principe de traduction», «règle de traduction» et «procédé de traduction». Donnez UN exemple de chacune de ces notions.

3.   Les trois niveaux du maniement du langage sont les «conventions de l'écriture», l'«interprétation des textes» et la «cohérence». Définissez-les.

4.   Les trois niveaux d'interprétation du point de vue de la réexpression sont le «report», la «remémoration», la «création discursive». Définissez-les.

5.   Il existe deux grandes catégories d'équivalences de traduction : les «correspondances» et les «équivalences». Précisez ce qui les distingue.

6.   Le mot «transcodage» peut-il servir à désigner la traduction d'une phrase hors contexte?

7.   On distingue trois sortes d'«économie» : la «concentration», l'«implicitation» et la «concision». Dites pourquoi ces trois spécifiques ne sont pas synonymes.

8.   Le terme «étoffement» est-il synonyme d'«explicitation»? Précisez.

9.   Quel est l'antonyme de «juxtaposition»?

10. Illustrez d'UN exemple les procédés de traduction suivants : «transposition», «modulation», «équivalence».

Exercice 2

1.   Donnez TROIS exemples d'«aides à la traduction».

2.   Qu'est-ce qu'un «solécisme»?

3.   Qu'entend-on par le terme «cooccurrence»?

4.   Qu'est-ce qui permet de distinguer un «verbe d'aboutissement» d'un «verbe de progression»?

5.   Qu'est-ce qui concourt à donner au traducteur sa «sensibilité linguistique»?

6.   Pourquoi est-il important en traduction de distinguer un «adjectif qualificatif» d'un «adjectif de relation»? Donnez des exemples concrets.

7.   Énumérez les CINQ grands domaines d'utilisation fonctionnelle du langage qui forment autant de «langues de spécialité»?

8.   Peut-on dire qu'il existe un rapport entre les notions de «tonalité» et de «compensation»? Précisez.

9.   En quoi un «objectif général d'apprentissage» se distingue-t-il d'un «objectif spécifique d'apprentissage»?

10. Que faut-il entendre par «faux comparatif»? Donnez UN exemple.

Exercice 3

1. Comment appelle-t-on le procédé de rhétorique qui consiste à poser une question dans le corps d'un texte sans que cette question soit nécessairement suivie d'une réponse?

2. Le métalangage de l'initiation à la traduction emprunte ses notions à une dizaine de domaines. Nommez CINQ de ces domaines et citez UN terme appartenant à chacun d'eux.

3. DEUX des sept termes ci-dessous désignent des fautes de langue. Encerclez-les et définissez-les.

MOT-OUTIL   BARBARISME   LACUNE   OMISSION

SOUS-TRADUCTION   ZEUGME   DILUTION

4. DEUX des sept termes ci-dessous désignent des fautes de traduction. Encerclez-les et définissez-les.

DÉVERBALISATION   FRÉQUENCE   IDIOTISME   NON-SENS

SERVITUDE   TRANSPOSITION   FAUX SENS

5. Quel est le procédé de rhétorique qui consiste à répéter un mot (ou un groupe de mots) au début d'énoncés successifs afin de mettre en relief l'expression ainsi répétée?

6. Quel est le synonyme de la figure de rhétorique appelée «personnification»?

7. Dans les phrases suivantes, encerclez les prédicats :

a) *Even if you are an empty-nester, you could also have an important role to play as a home child care provider.*

b) *The tree is usually 13 m high and 30 cm in diameter, but it is occasionally taller.*

8. Comment appelle-t-on l'auxiliaire qui précise l'attitude d'un locuteur à l'égard de son propre énoncé comme dans l'exemple : «Il peut arriver d'un moment à l'autre»?

9. Les mots «cliché» et «locution» sont-ils synonymes?

10. Que faut-il entendre par la «négativation du discours» français?

———

Exercice 4

VRAI ou FAUX

Répondez par Vrai ou Faux aux dix questions ci-dessous.

1. «*Canada is the second largest aluminum producer in the western world*» est un exemple de structure ordinale.

2. Dans notre terminologie, le terme «ajout» désigne toujours une «faute de traduction».

3. Les termes «hypertraduction» et «surtraduction» sont synonymes.

4. Les notions de «faute de langue» et de «faute de traduction» permettent de distinguer respectivement les erreurs dues à une mauvaise connaissance de la langue de celles qui découlent d'une ignorance (ou d'un mauvais maniement) des procédés de transfert.

5. La locution conjonctive de subordination «ainsi que» est un exemple de «mot-outil».

6. Un «présupposé extradiscursif» est une figure de rhétorique.

7. On peut employer indifféremment les termes «cohérence» et «cohésion».

8. Toute équivalence qui n'est ni de type «report» ni de type «création discursive» est une «remémoration».

9. Dans notre terminologie, l'«omission», conséquence d'une sous-traduction, est toujours une «faute de traduction».

10. L'«aspect» est une notion qui s'applique aux verbes seulement.

———

II

DOCUMENTATION DE BASE

DU TRADUCTEUR

LES OUTILS DU TRADUCTEUR

L'apprentissage de la traduction, tout comme la pratique quotidienne de cette profession, exige la consultation fréquente de sources documentaires portant sur les sujets les plus divers. C'est pourquoi les bonnes écoles professionnelles de traduction incluent dans leur programme d'études un cours d'initiation à la recherche documentaire. Cet aspect important de la méthode du traducteur ne sera donc pas traité en détail ici. Nous nous bornerons à donner un aperçu du genre d'ouvrages de référence avec lesquels il convient de se familiariser au stade de l'initiation.

LA BIBLIOTHÈQUE DE BASE

La bibliothèque de base du traducteur de textes pragmatiques de l'anglais vers le français se compose des ouvrages suivants :

1. **Un dictionnaire unilingue français** (analogique de préférence)
    Ex. : *Le Petit Robert 1*, le *Dictionnaire du français contemporain* (Larousse)

    Note 1 : Il existe une édition du *Grand Robert* sur disque optique compact (CD-ROM). *Le Robert électronique* est l'équivalent des neuf volumes, c'est-à-dire 9 440 pages. Sur un seul disque de 10 cm, on trouve :

    — un dictionnaire de 80 000 articles
    — 450 000 formes verbales (la conjugaison de tous les verbes français)
    — la possibilité de vérification orthographique
    — une liste d'abréviations et de signes conventionnels
    — une anthologie littéraire (les 160 000 citations qui illustrent les définitions)
    — une annexe bibliographique comptant 2 000 auteurs et leurs œuvres.

    Note 2 : La maison Hachette a aussi sorti un dictionnaire électronique sur CD-ROM. Il s'agit de ZYZOMYS constitué à partir du *Dictionnaire de notre temps*, du *Dictionnaire du français*, du *Dictionnaire des synonymes* et de l'*Atlas pratique*, tous édités chez Hachette. Ce disque renferme lui aussi un correcteur orthographique et les aveugles peuvent l'utiliser grâce au logiciel *Visiobraille*.

    Note 3 : La maison Larousse commercialise elle aussi un dictionnaire de 50 000 mots sur disquette qu'il est possible d'interroger sans quitter son programme de traitement de texte.

2.   Un dictionnaire unilingue anglais
Ex. : *Webster, Chambers, Oxford, The American Heritage, Collins Cobuild English Language*

3.   Un dictionnaire bilingue
Ex. : *Robert-Collins, Harrap*

4.   Un dictionnaire des noms propres
Ex. : *Le Petit Robert 2*

5.   Un dictionnaire des difficultés de la langue française
Ex. : Le *Dictionnaire des difficultés de la langue française,* d'Adolphe V. Thomas (Larousse); le *Dictionnaire des difficultés du français,* de J.-P. Colin; le *Nouveau Dictionnaire des difficultés du français moderne*, de Joseph Hanse

6.   Un dictionnaire d'américanismes
Ex. : Le *Grand Dictionnaire d'américanismes*, d'Étienne et Simone Deak

7.   Une grammaire française
Ex. : *Le Bon Usage* de Maurice Grevisse, 13e éd. par André Goosse, 1994.

8.   Un thésaurus
Ex. : *Thésaurus Larousse. Des mots aux idées, des idées aux mots*, publié sous la direction de Daniel Péchoin. Paul Rouaix, *Trouvez le mot juste. Dictionnaire des idées suggérées par les mots*, coll. «Livre de poche», n° 7939, Paris, Armand Colin, 1994.

Note : Un thésaurus permet l'exploration systématique des champs sémantiques, ainsi que la conceptualisation et l'association d'idées. Il peut aussi servir de dictionnaire de synonymes et d'antonymes.

9.   Un dictionnaire de conjugaison des verbes
Ex. : *L'Art de conjuguer*, de Louis N. Bescherelle

Note : On peut aussi se procurer un logiciel du type conjugueur qu'il est possible de consulter sans avoir à quitter son programme de traitement de texte.

10.   Un code typographique
Ex. : Le *Code typographique* du Syndicat national des cadres et maîtrises du livre, de la presse et des industries graphiques (Paris)

Les étudiants des écoles de traduction au Canada trouveront profit à ajouter à cette liste les titres suivants :

11.   Le *Dictionnaire du français plus* (Centre éducatif et culturel)

        Note : Dérivé du dictionnaire Hachette, le DFP est destiné aux francophones d'Amérique et renferme 62 000 mots, dont 4 000 canadianismes. Il rend compte de l'évolution du français en contexte nord-américain.

12.   Le *Dictionnaire des difficultés de la langue française au Canada*, de Gérard Dagenais; le *Multidictionnaire des difficultés de la langue française*, de Marie-Éva de Villers

13.   Le *Dictionnaire des anglicismes*, de Gilles Colpron

14.   *Le Guide du rédacteur,* 2e éd., Bureau de la traduction, Gouvernement du Canada, Ottawa, 1996.

        Note : Ce guide «fournit la réponse à une multitude de questions qui touchent l'emploi des **majuscules**, de l'**italique** et des signes de **ponctuation**, la façon correcte d'écrire les **nombres** dans un texte, les **abréviations**, les **citations** et les **coupures de mots** en fin de ligne.» Cette nouvelle édition s'enrichit de plusieurs chapitres consacrés à la **féminisation**, aux grandes règles de la **correspondance** et de la **rédaction claire et simple**, aux **références bibliographiques** et aux **noms géographiques**.

15.   *En français dans le texte*, de Robert Dubuc (Linguatech, 1994)

        Outre cette documentation fondamentale, l'étudiant en traduction ne tardera pas à découvrir l'utilité des grands dictionnaires encyclopédiques (*Larousse, Quillet*), des grandes encyclopédies générales (*Universalis, Larousse, Britannica*), des encyclopédies techniques (*Encyclopédie internationale des sciences et des techniques, The McGraw-Hill Encyclopedia of Science and Technology*) et des encyclopédies sectorielles (*Encyclopédie pratique de la construction et du bâtiment, Encyclopédie de la médecine, Encyclopédie du jardinage, Encyclopédie de la décoration, etc.*).

PRINCIPAUX TYPES DE RÉPERTOIRES

Il existe plusieurs types de répertoires qu'il convient de connaître. Les termes qui composent ces recueils sont présentés soit avec leurs définitions ou en contexte, soit avec leurs équivalents dans une ou plusieurs langues, soit dans leurs relations avec d'autres termes (thésaurus). Les auteurs du *Vocabulaire systématique de la terminologie*[1] définissent de la façon suivante les principaux types de répertoires :

---

[1] Rachel Boutin-Quesnel (*et al.*), *Vocabulaire systématique de la terminologie*, «Cahiers de l'Office de la langue française», Québec, Les Publications du Québec, 2e éd., 1985, 38 p.

DICTIONNAIRE
Répertoire d'unités lexicales qui contient des informations de nature sémantique, notionnelle, référentielle, grammaticale ou phonétique.

DICTIONNAIRE SPÉCIAL
Dictionnaire de langue qui décrit des unités lexicales sélectionnées pour certaines de leurs caractéristiques. Ex. : Dictionnaire de synonymes, dictionnaire d'argot, dictionnaire d'étymologie.

DICTIONNAIRE ENCYCLOPÉDIQUE
Dictionnaire qui contient des informations de nature linguistique (sémantique, grammaticale, phonétique) et des informations de nature référentielle, c'est-à-dire relatives aux objets.

DICTIONNAIRE DE TRADUCTION
Dictionnaire dont les unités, présentées le plus souvent dans l'ordre alphabétique, sont accompagnées, en plus des équivalents dans une ou plusieurs langues, d'informations de nature sémantique, grammaticale et phonétique.

TRÉSOR
Dictionnaire de langue qui décrit de façon exhaustive les unités d'un vaste corpus représentatif d'une langue.

VOCABULAIRE
Répertoire qui inventorie les termes d'un domaine et qui décrit les notions désignées par ces termes au moyen de définitions ou d'illustrations.

LEXIQUE
Répertoire qui inventorie des termes accompagnés de leurs équivalents dans une ou plusieurs autres langues, et qui ne comporte pas de définitions. Note : Les lexiques portent généralement sur un seul domaine.

GLOSSAIRE
Répertoire qui définit ou explique des termes anciens, rares ou mal connus.

NOMENCLATURE
Répertoire de termes présentant des relations notionnelles fortement structurées et correspondant à des règles systématiques de dénomination. Ex. : Nomenclature chimique.

INDEX
   Liste alphabétique de termes tirés d'un répertoire et assortis d'une référence permettant leur repérage.

FICHIER TERMINOLOGIQUE
   Répertoire manuel ou automatisé, constitué de fiches terminologiques classées selon un ordre alphabétique ou systématique.

   Les répertoires qui fournissent des définitions, des contextes ou des renseignements encyclopédiques se révèlent souvent plus utiles au traducteur qu'un simple lexique, un glossaire ou une nomenclature (v. l'Objectif 4).

ÉVALUATION QUALITATIVE DES OUVRAGES

   Il est important de savoir évaluer, sommairement tout au moins, la fiabilité des répertoires lexicographiques ou terminologiques. On peut ramener à trois les critères d'évaluation.

1.   L'aspect méthodologique

   L'auteur expose-t-il sa méthode de travail? Que vaut-elle? Est-il une autorité dans le domaine? A-t-il d'autres publications à son actif? Sont-elles reconnues pour leur fiabilité? L'ouvrage est-il exhaustif? Quel est le public visé : le grand public ou les spécialistes?

2.   Le contenu

   Les notions sont-elles bien cernées? Les entrées sont-elles définies ou présentées en contexte? Les définitions sont-elles claires et cohérentes? Respectent-elles le niveau de technicité ou de vulgarisation de l'ouvrage? Sont-elles accompagnées d'exemples? L'auteur cite-t-il ses sources? Donne-t-il des précisions de nature grammaticale? Sociolinguistique? Propose-t-il des synonymes? Fait-il des renvois? Indique-t-il les domaines d'emploi? Donne-t-il les variantes orthographiques?

3.   L'aspect matériel

   La présentation matérielle de l'ouvrage est-elle claire? Relève-t-on des coquilles? Les abréviations et autres conventions de l'écriture sont-elles utilisées systématiquement? Quelle est la qualité des illustrations et des tableaux?

AUTRES SOURCES DOCUMENTAIRES

La documentation utile au travail du traducteur ne se limite pas aux seuls répertoires énumérés ci-dessus. Elle englobe d'autres genres de documents que l'on peut classer en cinq catégories :

1.	**Manuels, codes, monographies**
	Ex. : Les numéros de la collection «Que sais-je?», les *Techniques de l'ingénieur*, les traités (droit, médecine, plomberie), les manuels (géographie, économie, biologie).

2.	**Revues spécialisées, catalogues**
	Ex. : *Usine nouvelle, Scientific American*, les catalogues des grands magasins, ceux des fabricants.

3.	**Normes, fiches techniques, recueils de lois**
	Ex. : Les normes de l'Association française de normalisation (AFNOR), de l'Association canadienne de normalisation (ACNOR), de l'International Standards Organization (ISO), les fiches techniques des constructeurs automobiles, les notices (d'entretien, de montage), les textes de loi.

4.	**Publications des services linguistiques, revues de traduction**
	Ex. : *L'Actualité terminologique, La Banque des mots, Meta, Circuit*, les fiches du Comité d'étude des termes techniques français.

5.	**Atlas et cartes géographiques**
	Ex. : *Atlas et toponymie du Canada, Canada Atlas toponymique, Canada Gazetteer Atlas, Atlas universel, Grand Atlas géographique et encyclopédique, Grand Atlas du continent africain, The Times Atlas of the World, National Geographic Atlas of the World*, etc. Presque chaque pays publie son atlas.

La *Bibliographie du traducteur / Translator's Bibliography*[2] offre un éventail assez complet des instruments de travail du traducteur. C'est un bon point de départ d'une recherche documentaire et terminologique. Ce guide comprend six parties: I. Ouvrages sur les divers aspects de la traduction, de l'interprétation et de la terminologie; II. Langue française; III. Langue anglaise; IV. Dictionnaires bilingues (langue générale); V. Lengua y traducción española; VI. Domaines spécialisés. Cette dernière partie, qui forme près de la moitié de l'ouvrage, recense des dictionnaires (généralement bilingues ou multilingues) et des ouvrages de référence dans

---

[2] Collectif réalisé par les professeurs de l'École de traduction et d'interprétation de l'Université d'Ottawa, coll. «Cahiers de traductologie», n° 6, Ottawa, Les Presses de l'Université, 1987, 332 p.

divers domaines de spécialité depuis l'artillerie jusqu'à la zoologie en passant par le droit, l'économie, les finances, la médecine et la technologie.

Les périodiques, les magazines d'intérêt général, les revues professionnelles ou spécialisées occupent une place importante dans le domaine de l'information. De par leur nombre et leur contenu, ces publications sont une mine de renseignements pour les traducteurs. Encore faut-il savoir comment y trouver l'information désirée. À cet égard, les répertoires d'articles de périodiques se révèlent des instruments de recherche indispensables lorsqu'il faut se documenter sur une innovation récente, une technologie de pointe ou tout sujet sur lequel les ouvrages encyclopédiques sont muets.

Pour le domaine français, on pourra consulter, par exemple, *Point de repère* (v. le paragraphe suivant), l'*Index de l'actualité* (qui recense les articles parus dans les quotidiens *Le Devoir, La Presse, Le Soleil* et *Le Journal de Montréal*), BIPA (Banque d'information politique et d'actualité [Paris]), l'*Index analytique du journal «Le Monde diplomatique»*, *Répertoriex* (qui dépouille une cinquantaine de périodiques de langue française). Il existe en outre des «bulletins signalétiques» en sociologie, en ethnologie, en philosophie, en sciences de l'éducation, en politique, en économie, en administration et dans de nombreuses autres sphères d'activité.

Réalisé conjointement par la Bibliothèque nationale du Québec (BNQ) et les Services documentaires multimedia (SDM), *REPÈRE* est un index analytique qui permet de repérer l'information publiée dans près de 200 périodiques québécois, une dizaine de périodiques canadiens et plus de 70 périodiques européens de langue française. *REPÈRE* peut être consulté selon plusieurs modes d'accès : publications imprimées (*Point de repère*), microfiches ou banque de données (accès télématique). Depuis 1992, cet index analytique sans équivalent dans le monde francophone existe aussi sur disque optique compact (CD-ROM).

Pour le domaine anglais, on consultera *International Index to Periodicals, Reader's Guide to Periodical Literature, Social Sciences and Humanities Index, Canadian News Index* (qui dépouille sept journaux canadiens-anglais).

LES BANQUES DE DONNÉES

Les banques de données documentaires et terminologiques figurent de plus en plus au nombre des instruments de travail du traducteur professionnel. Une dizaine de ces banques sont recensées dans la *Bibliographie du traducteur* (p. 74-76).

Dans son *Initiation à la terminologie*, Guy Rondeau procède à une description détaillée des principales banques de terminologie dans le monde (p. 143-174). Au Canada, les plus consultées par les traducteurs sont TERMIUM (gouvernement fédéral) et la BTQ (gouvernement du Québec). Pour avoir accès à ces banques, il faut souscrire un abonnement et se conformer à un protocole de communication qui comprend un code d'utilisateur et un mot de passe. Il existe aussi une version de TERMIUM sur disque optique (CD-ROM). Un lecteur spécial couplé à un micro-ordinateur est indispensable pour interroger les quelque 900 000 fiches incluses dans ce disque compact.

Enfin, les bonnes bibliothèques mettent à la disposition de leurs usagers de nombreuses bases de données documentaires qu'il est possible d'interroger soit en direct[3] (accès télématique), soit sur disque optique compact (CD-ROM)[4]. Signalons les bases documentaires suivantes :

a) **Domaine français** :

REPÈRE (v. plus haut)

BRIO (1992-). Source de renseignements sur tous les aspects de l'informatique, des télécommunications et de leurs applications, *BRIO* est une banque de ressources qui vise à contribuer au développement et à l'utilisation des technologies de l'information dans le monde francophone. Une attention particulière a été apportée à la micro-informatique et à ses applications dans tous les domaines.

CHOIX (1964-) et DAVID (1972-) offrent respectivement plus de 301 000 notices sur les livres et près de 45 000 notices sur les documents audiovisuels de langue française de toute provenance, dans tous les domaines, pour tous les publics et pour tous les âges.

FRANCIS (1984-1990). Couvre les domaines suivants : religion, éducation, histoire, linguistique, littérature.

b) **Domaine anglais :**

ERIC (éducation, 1966-), PSYCLIT (psychologie, 1974-), SPORT (sport, 1975-), WILSON BUSINESS ABSTRACTS (affaires, 1982-), CANADIAN BUSINESS & CURRENT AFFAIRS (1982-), SOCIOFILE (sociologie, 1974-).

En somme, pour pouvoir se documenter rapidement sur n'importe quel sujet, le traducteur doit connaître les outils de base de la recherche d'information et savoir les utiliser. Il n'est pas nécessaire qu'il soit un puits de science. Il importe avant tout qu'il sache où et comment chercher. La lecture de l'ouvrage de C. Marcil et R. Chiasson, *Comment chercher. Les secrets de la recherche d'information* (v. les «Suggestions de lecture») se révélera très profitable aux futurs

---

[3] La publication suivante recense plus de 4 500 bases de données accessibles par voie télématique : Kathleen Young Morcaccio, *Directory of Online Databases*, Publié sous la direction de K. Y. Morcaccio, Detroit/Londres, Cuadra/Gale, Gale Research Inc., janvier 1992, vol. 13, n° 1.

[4] La publication suivante recense plus de 1 500 bases de données sur disques optiques compacts : Joanne Mitchell, *The CD-ROM Directory 1991*, Publié sous la direction de J. Mitchell, 5e éd., Londres, TFPL Publishing, 1991, 608 p.

traducteurs. Ce guide explique de façon claire et didactique, au moyen de nombreux exemples, comment chercher (et trouver!) efficacement une information. Ses auteurs y exposent les principes de base de la recherche et prodiguent mille et un «trucs» utiles, accumulés au cours de leur longue expérience de recherchiste et de documentaliste.

―――――

SUGGESTIONS DE LECTURE

«La Documentation», dans *Meta* (numéro spécial), vol. 25, n° 1, mars 1980. On lira en particulier les articles de Madeleine SAUVÉ, «La documentation de base en matière de langue française», p. 87-100, et de Jacques LETHUILLIER, «Les "bibles" du traducteur technique», p. 101-110.

Robert DUBUC, *Manuel pratique de terminologie*, 2ᵉ éd., Montréal, Linguatech, chapitre 14 — «Gestion de la documentation en terminologie», p. 137-152.

Claude MARCIL et Robert CHIASSON, *Comment chercher. Les secrets de la recherche d'information*, Québec, Éditions MultiMondes/Documentor, 1992, 186 p.

Guy RONDEAU, *Introduction à la terminologie*, 2ᵉ éd., Chicoutimi, Gaëtan Morin, Chapitre 2 — et terminologie, p. 35-60; chapitre 6 — «Les banques de termes», p. 143-174.

―――――

EXERCICES D'APPLICATION

Exercice 1

Jugez de la valeur des trois publications ci-dessous en appliquant les critères d'évaluation des répertoires lexicographiques et terminologiques mentionnés plus haut :

a.   C. LETEINTURIER, *Dictionnaire multimédia, Presse, Radio, Télévision, Publicité...* Paris, Éditions Eyrolles, 1990, 121 p.

b.   M. GINGUAY et A. LAURET, *Dictionnaire d'informatique*, 4ᵉ éd., Paris, Masson, 1990, 353 p.

c.   C. MAILHOT, *2 000 expressions françaises pratiques et utiles*, Hull, Éditions Asticou, 1983, 350 p. (Examinez plus particulièrement l'avant-propos, la préface, la leçon 2, l'index et la quatrième de couverture.)

―――――

Exercice 2

Comparez la définition des mots suivants dans *Le Petit Robert* et le *Dictionnaire du français plus* :

SÉRAPHIN   SOUPANE   DÉPANNEUR   FOURNAISE   CARTABLE

————

Exercice 3

Quel genre de renseignements trouve-t-on dans les publications suivantes :

a.   L'*Encyclopédie internationale des sciences et des techniques*?

b.   Le bulletin *L'Actualité terminologique*?

c.   Le *Guide du rédacteur de l'administration fédérale* (ou un code typographique)?

d.   Le *Dictionnaire des difficultés de la langue française*, d'Adolphe V. Thomas?

————

Exercice 4

En vous aidant de répertoires de périodiques, constituez un petit dossier de quelques articles récents (3 ou 4 ans) rédigés en français sur l'un des sujets suivants :

a.   Le recyclage des matières plastiques
b.   Les fibres optiques
c.   Les mémoires d'ordinateur
d.   Le forage off-shore
e.   La téléphonie cellulaire

————

Exercice 5

Donnez les correspondants français des toponymes ci-dessous. Note : T. N.-O. = Territoires du Nord-Ouest; C.-B. = Colombie-Britannique.

a.   Adams Sound (T. N.-O.)   f.   Darwin Sound (C.-B.)
b.   Baring Channel (T. N.-O.)   g.   Digges Sound (T. N.-O.)
c.   Caamaño Sound (C.-B.)   h.   Graves Strait (T. N.-O.)
d.   Chatham Sound (C.-B.)   i.   Hassel Sound (T. N.-O.)
e.   Churchill Sound (T. N.-O.)   j.   Jackman Sound (T. N.-O.)

————

LES LIMITES DES DICTIONNAIRES BILINGUES

«[...] les dictionnaires bilingues ne sont que des esclaves, ou mieux des affranchis faisant fonction d'huissiers et d'interprètes.» (Valery Larbaud)

«Les dictionnaires sont comme les montres, le meilleur ne vaut pas grand'chose et le plus mauvais vaut mieux que rien.» (Samuel Johnson)

«Le dictionnaire est au traducteur ce que l'automobile est à la plupart d'entre nous : un outil indispensable, mais dont l'emploi n'est pas sans danger.» (John P. Oatmill)

«However well a man may possess the original tongue from which he is translating into his own, there will arise [...] occasions when it is necessary to verify the exact meaning of a particular word and for that service the dictionary is essential. [...] But to rely upon the dictionary continuously is fatal. It argues either an insufficient knowledge of the original, or an insufficient confidence in oneself, which, for translation as for any other creative work, is an evil. If you are fairly certain from your experience that a particular meaning is intended do not fear to give that meaning although the dictionary has it not; [...].» (Hilaire Belloc)

Nous pourrions ajouter de nombreuses autres citations à cette liste de réserves et de mises en garde formulées à l'endroit des dictionnaires, qui sont à la fois les meilleurs amis et les pires ennemis du traducteur. Les articles cités sous la rubrique «Suggestions de lecture» du présent objectif font ressortir, au moyen d'exemples concrets, un grand nombre de lacunes des dictionnaires bilingues. En voici quelques autres.

1.   Les dictionnaires vieillissent rapidement. Cela rend nécessaire la publication de répertoires de «mots nouveaux», de «mots dans le vent», absents des dictionnaires généraux. Les banques de terminologie, de création récente, sont aussi nées du désir de suivre de près l'évolution incessante de la langue.

2. Les meilleurs dictionnaires généraux de traduction ne sont pas exempts d'erreurs. Par exemple, le *Robert-Collins* (éd. 1987) traduit *pay-TV* par «**télé-banque» (= télé payante [var. télévision à péage]), *Thanksgiving Day* par «**fête nationale» (= jour [var. fête] de l'Action de grâce) et *convenience store* par «**commerce de proximité» (= «dépanneur» est bien ancré dans l'usage québécois).

3. Les répertoires unilingues ou bilingues renferment de nombreux «mots de dictionnaire», c'est-à-dire des termes que l'on ne trouve pour ainsi dire nulle part ailleurs. C'est le cas du mot «occasion» que Gérard Dagenais propose comme correspondant de *lift* dans son *Dictionnaire des difficultés de la langue française au Canada*. Qui dira : «J'ai eu deux occasions en me rendant de Québec à Montréal»? De même, le mot «rotophare» que le *Robert-Collins* donne comme correspondant de *flashing light* ne figure dans aucun dictionnaire unilingue qui tous, par contre, enregistrent le terme «gyrophare».

4. Les dictionnaires bilingues généraux, mais aussi bon nombre de dictionnaires spécialisés, sont vagues en ce qu'ils ne précisent pas les nuances de sens qui distinguent les termes d'une série synonymique. Au mot *switch*, par exemple, le *Harrap* énumère une dizaine de correspondants français : «interrupteur», «disjoncteur», «commutateur», «inverseur», «sectionneur», «conjoncteur-disjoncteur», «coupe-circuit», «contacteur», «combinateur». Comment un traducteur généraliste peut-il s'y retrouver? Précisons que les dictionnaires de synonymes, utiles pour la langue littéraire et générale, ne lui sont d'aucune utilité pour clarifier la signification de tous ces mots.

5. Les dictionnaires sont rarement, pour ne pas dire jamais, exhaustifs, même lorsqu'ils prétendent dans leur publicité rendre compte des productions lexicales les plus récentes, les plus «actuelles». C'est en vain que l'on chercherait dans le *Robert-Collins* paru, rappelons-le en 1987, les mots *burnout, detainee, sex offender, doublespeak, crack* (drogue), *PCB, boat people, spruce-bud worm*.

6. Il arrive souvent que les dictionnaires bilingues donnent des descriptions ou des périphrases au lieu de correspondants et laissent le soin aux utilisateurs de trouver une désignation pertinente en LA. Dans le *Harrap*, l'expression *department store* est rendue par une description, «**magasin à rayons multiples», et non par le syntagme pourtant lexicalisé «grand magasin». Dans le *Grand Dictionnaire d'américanismes* d'E. et S. Deak, on peut lire au mot *high* : «(A.) Dans le jargon des drogués : euphorie ressentie par un drogué satisfait.»

7. Qui plus est, les dictionnaires bilingues ne peuvent recenser tous les emplois virtuellement possibles d'un même mot, pas plus qu'ils ne renferment tous les mots d'une langue donnée. De ce point de vue, ils sont doublement lacunaires. Les mots n'ont pas de signification, dit-on, ils n'ont que des emplois. C'est pourquoi, même armé des meilleurs dictionnaires, le traducteur ne peut se soustraire à l'obligation de réfléchir sur le TD afin de dégager le sens des mots en contexte. Il ne peut pas y avoir de traduction véritable

sans interprétation du sens. (v. l'Objectif 7). Valery Larbaud a très clairement exprimé cette idée :

> [...] tout le travail de la Traduction est une pesée de mots. [...] la pesée serait facile si au lieu des mots d'un Auteur nous pesions ceux du Dictionnaire; mais ce sont les mots d'un Auteur, imprégnés et chargés de son esprit, presque imperceptiblement mais très profondément modifiés, quant à leur signification brute, par ses intentions et les démarches de sa pensée, auxquelles nous n'avons accès que grâce à une compréhension intime de tout le contexte, [...]. De là vient que souvent pas un des mots que nous offre, avec une assurance de pédagogue et une précision tout administrative, le Dictionnaire bilingue comme équivalents en quelque sorte officiels de ce mot, ne supporte l'épreuve de la pesée, et qu'il nous faut en chercher ailleurs, dans le Dictionnaire de notre mémoire, et par l'itinéraire compliqué des synonymes[1] [...].

Ce que dit Valery Larbaud s'applique tout autant aux textes littéraires qu'aux textes pragmatiques. Voici trois exemples qui montreront les limites des dictionnaires bilingues.

1. There is a serious danger that large numbers of citizens will feel powerless when confronted with the problems of modern industrial society. The keywords of **deeper** democracy are decentralization and citizen participation.

    Principaux correspondants de *deep* selon le *Robert-Collins* : profond, épais, large, foncé, vif, intense, sombre, grave, au fort/au cœur de (l'hiver).

Traduction

De nombreux citoyens risquent fort de se sentir impuissants face aux problèmes de la société industrielle d'aujourd'hui. La décentralisation et la participation du citoyen sont les maîtres mots d'une démocratie **plus authentique** (*Forum : Conseil de l'Europe*, 1978, n°s 1-2, p. 4).

Justification

Authentique : «Qui exprime une **vérité profonde** de l'individu et non des habitudes superficielles, des conventions» (*Le Petit Robert*).

---

2. Over the years, researchers have achieved a **cross-pollination** of aeronautical expertise with non-aeronautical disciplines.

---

[1] *Sous l'invocation de saint Jérôme*, p. 82-83 (v. les «Suggestions de lecture»).

Le mot *cross-pollination* ne figure pas dans le *Harrap*. En botanique, ce mot est synonyme de *cross-fertilization*. Sous ce mot, on relève dans le *Harrap* les correspondants «fécondation croisée», «pollinisation croisée», «allogamie» et «hybridation».

Traduction

Au fil des ans, les chercheurs ont réalisé une sorte de **symbiose** entre la technique aéronautique et celle des autres disciplines. (*Science Dimension*, vol. 13, n° 3, 1981, p. 14-15.)

Justification

Symbiose : «Association durable et **réciproquement profitable** entre deux organismes vivants» (*Le Petit Robert*). Le mot symbiose est employé ici au sens figuré.

----

3. Skinner is against freedom and against dignity and against feelings and against values. He is against anything that smacks of mind, because mind is **soft** and **ghostly** and gets in the way of clear thinking about the control of behavior.

    Soft : mou, tendre, doux, douillet (*Harrap*)
    Ghostly : spirituel, spectral, de fantôme (*Harrap*)

Traduction

Skinner est contre la liberté, contre la dignité, contre les sentiments et les valeurs. Il est contre tout ce qui touche de près ou de loin à l'esprit parce que l'esprit est **vague** et **insaisissable** et perturbe les raisonnements clairs sur le contrôle du comportement (*L'Homme remodelé*, trad. par Alain Caillé, Calmann-Lévy, 1978, p. 48).

Justification

«Vague» et «insaisissable» sont deux adjectifs qui peuvent s'appliquer à l'esprit comme en font foi les expressions «avoir une vague idée», «rester vague», «je ne saisis pas ce que vous dites», «saisir par la pensée».

En somme, contrairement à l'opinion répandue, la traduction ne repose pas sur l'art de se servir des dictionnaires. S'il est important d'apprendre à bien les connaître et à les consulter à bon escient, il est tout aussi important de savoir quand il faut s'en passer, comme le conseille tout à fait judicieusement Valery Larbaud. Un dictionnaire bilingue tend à donner l'illusion que l'équivalence recherchée se trouve uniquement parmi les solutions (les correspondants) qu'il propose. Il incite à une sorte de «paresse intellectuelle», car on sait fort bien que tout dictionnaire ne peut fournir que les acceptions les plus courantes des mots. L'ambition de cet objectif est de faire prendre conscience des insuffisances des dictionnaires bilingues et des pièges qu'ils tendent aux adeptes de la traduction «à coups de dictionnaire». Il est erroné de croire qu'en traduction le dictionnaire a toujours le dernier mot!

SUGGESTIONS DE LECTURE

Jean DARBELNET, «Dictionnaires bilingues et lexicologie différentielle», dans *Langages* (La lexicographie), n° 19, septembre 1970, p. 92-102.

Paul A. HORGUELIN, «Le *Shorter* nouveau est arrivé», dans *Circuit,* n° 37, septembre 1992, p. 29-31. [Présentation du *Harrap's Shorter 1991.*]

Valery LARBAUD, *Sous l'invocation de saint Jérôme,* 12ᵉ éd., Paris, Éditions Gallimard, 1946, p. 82-92.

Ingrid MEYER, «The General Bilingual Dictionary as a Working Tool in *Thème»,* dans *Meta,* vol. 33, n° 3, 1988, p. 368-376.

Peter NEWMARK, *A Textbook of Translation,* Londres, Prentice Hall International, 1988, chapitre 16 — «Reference Books and Their Uses; Tracing the "Unfindable" Word», p. 174-183.

Roda P. ROBERTS. «Translation Pedagogy: Strategies for Improving Dictionary Use», dans *TTR,* vol. 5, n° 1, 1992, p. 49-76.

Victor TRAHAN, «Le nouveau Robert-Collins à vol d'oiseau», dans *Circuit,* n° 18, septembre 1992, p. 28-29.

EXERCICE D'APPLICATION

Traduisez les dix passages ci-dessous après avoir analysé les mots en gras comme dans les exemples plus haut. Indiquez si les solutions des dictionnaires vous ont été utiles, c'est-à-dire si vous avez pu intégrer dans votre traduction l'un ou l'autre des correspondants proposés.

1.   To the child at school, the migrant worker, or the citizen trying to cope with the innumerable problems and pressures of daily existence, human rights may appear a fairly abstract concept. Yet there is nothing **remote** about human dignity.

2.   Although New Zealand is viewed as a largely agricultural country, in fact only 17% of the people are rural dwellers, and there is a noticeable population drift to the cities and towns. At the same time, the rate of population growth is much higher in the urban areas. Thus New Zealand is faced with a population largely **divorced** from the farming sector on which its livelihood is based.

3.   At present, electricity is generated by burning expensive, imported oil, which makes Prince Edward Island particularly vulnerable not only to oil price increases, but also to **disruptions** in supply.

4. A particularly serious **limitation** of the lecture method is the decline in students' attention.

5. The surgery involves transplanting fetal cells into the patient's brain to alleviate the tremors, muscular rigidity and **uncontrolled** movements of the disease. [Il s'agit de la maladie de Parkinson]

6. Keep this product away from shrubs, vegetables, flowers and trees. Should it come in contact with **desirable** plants, wash them with water immediately. [Instructions pour l'application d'un herbicide]

7. Cellular telephone service is a new form of wireless mobile communication. It's essentially an enhanced version of the mobile telephone. The enhancement comes through the marriage of the computer, the radio and the telephone. At present, Cantel's product **portfolio** includes phones ranging in price from $2,500 to $6,000, with a typical subscriber paying in the area of $120 per month for usage. [*Mobile telephone* : radiotéléphone]

8. Children are particularly sensitive to **second-hand** smoke. Children of non-smokers are less likely to suffer from bronchitis or pneumonia during the first years of their lives.

9. In the past four decades, a large number of North American adolescents have taken to **"turning on"** with a wide variety of **mood-modifying**, illicit drugs.

10. Cycling is a fun, healthy and inexpensive way to get around, but it can be hazardous, unless your bicycle handling and **traffic skills** are in good shape.

———————

III

MÉTHODE DE TRAVAIL

OBJECTIF 4

LES ÉTAPES DE LA MÉTHODE DE TRAVAIL

Exposer la méthode de travail du traducteur, c'est décrire les étapes à suivre AVANT, PENDANT et APRÈS l'opération de traduction. Sans méthode, il paraît difficile de produire des traductions de qualité professionnelle. Une méthode ne remplacera jamais le talent, mais tout traducteur, talentueux ou non, se doit d'acquérir l'habitude de travailler systématiquement et de faire preuve de la plus grande rigueur intellectuelle. Voyons donc dans l'ordre chacune des étapes du processus complexe de la traduction.

AVANT

La première phase peut se subdiviser en trois temps : mise en situation, lecture, compréhension.

La *mise en situation* consiste à recueillir le plus d'informations possible concernant le texte en tant que moyen de communication. Un texte n'est pas une abstraction, et les textes pragmatiques ne font pas exception, même s'ils sont parfois anonymes ou signés par des rédacteurs peu connus. Ils sont l'expression de la volonté d'un auteur, d'un groupe d'auteurs, voire d'une personne morale comme un organisme ou une entreprise, de communiquer une information à un ou plusieurs destinataires dans une forme traditionnelle ou libre. Il est donc indispensable de connaître l'origine du texte (de qui, d'où émane-t-il?), sa fonction, (convaincre, décrire, séduire, informer), ses destinataires (syndiqués, lecteurs d'une revue professionnelle, groupe ethnique, clients d'une entreprise). Ces renseignements guideront les choix lexicaux et stylistiques au moment de la réexpression (v. l'Objectif 55).

La *lecture* est une étape cruciale du processus. Il est recommandé de lire le texte plusieurs fois avant de le traduire. Loin d'être une perte de temps, la lecture fait voir le texte comme un tout structuré, et définit un cadre général d'interprétation de chacun des éléments qui le composent. Les phrases ne sont pas indépendantes les unes des autres, mais forment un ensemble cohérent. Il ne suffit pas de lire superficiellement pour acquérir une vague idée du sujet traité. Il faut s'imprégner du texte, l'assimiler sans se précipiter sur les dictionnaires bilingues. Devant un mot inconnu, on essaiera, à cette étape, d'en déduire le sens par le contexte en appliquant un raisonnement logique. L'aptitude à raisonner logiquement fait partie intégrante de la méthode du traducteur.

Puisqu'une traduction doit être une image aussi fidèle que possible du modèle original, on s'efforcera de photographier mentalement ce modèle en ne laissant aucun détail dans l'ombre. Le texte de départ est-il rédigé en anglais britannique ou américain? Certains mots y prennent-ils une valeur particulière? D'autres sont-ils fortement connotés? Quels registres de langue l'auteur a-t-il utilisés? Quelle est la tonalité du texte (neutre, ironique, polémique)? Comment le discours est-il organisé? Les phrases sont-elles brèves ou longues? Simples ou complexes? Les paragraphes sont-ils liés au moyen de charnières? Les figures de style y sont-elles nombreuses? Y a-t-il des constructions parallèles? Le texte est-il rédigé dans une langue de spécialité? Renferme-t-il des allusions? Des nuances à préserver? Autant de questions qui permettent de «saisir» le texte, de se l'approprier.

La lecture vise donc à faire l'inventaire des traits caractéristiques du texte original et des difficultés de compréhension qu'il présente. Cette opération préliminaire consiste aussi à repérer les difficultés de traduction et à prévoir déjà les procédés à mettre en œuvre au moment du transfert. (v. l'Objectif 5). Ces techniques constitueront des objectifs spécifiques dans la suite de cet ouvrage. L'ignorance de ces procédés donne lieu à des erreurs compréhensibles et excusables en début d'apprentissage. En revanche, les fautes de langue grossières sont injustifiables.

L'étape suivante, la *compréhension*, consiste à élucider le sens des passages obscurs. On ne traduit bien que ce que l'on comprend bien. C'est un axiome. L'effort de compréhension d'un texte peut rendre nécessaire la consultation de diverses sources de documentation. Selon le niveau de technicité du texte et le degré de connaissances du traducteur, la recherche peut se limiter aux encyclopédies générales ou nécessiter la consultation d'encyclopédies spécialisées, d'articles de revues ou de monographies. Il arrive souvent, par ailleurs, qu'une recherche documentaire bien menée permette de résoudre les problèmes terminologiques en même temps que les difficultés de compréhension (v. l'Objectif 2).

Pouvoir se documenter vite et bien est une des conditions de l'efficacité d'un traducteur. La lecture initiale du texte de départ permet d'en repérer les notions clés et de cerner le domaine et le sous-domaine d'activité dont il est question. Supposons que le passage reproduit ci-dessous soit le premier paragraphe d'un texte à traduire.

Photoelectric detection of smoke, in varying degrees of density, has been employed for several years, particularly where the type of fire anticipated is expected to generate a substantial amount of smoke before temperature changes are sufficient to actuate a heat detection system. This type of detector operates on a light principle where smoke entering a light beam either obscures the beam's path or reflects light into a photocell.

Ce seul paragraphe fournit au traducteur tous les renseignements nécessaires dont il a besoin pour cibler sa recherche documentaire. En effet, le mot «fire» délimite le domaine général [les INCENDIES], les expressions «heat detection system, detector» désignent le sous-domaine [les APPAREILS DE DÉTECTION], et les termes «photoelectric detection of smoke, smoke», le sous-sous-domaine [les DÉTECTEURS DE FUMÉE]. Fort de ces données, le traducteur peut orienter sa recherche en conséquence.

Si les répertoires bilingues se révèlent de bons compagnons d'armes du traducteur, il faut être bien conscient du fait qu'ils ne cernent pas toujours très clairement les notions, comme nous l'avons vu à l'objectif précédent. Le *Harrap* bilingue, par exemple, propose de nombreux correspondants pour traduire le mot «*valve*» : soupape, clapet, valve, vanne, reniflard, ventouse, purge, vannelle, robinet-vanne, valvule. Tous ces mots ne sont pas synonymes. Lequel choisir? Aussi, bien que les répertoires bilingues ou multilingues ne soient pas à écarter, il est souvent préférable d'effectuer une recherche documentaire bien ciblée dans des ouvrages rédigés dans la langue de la traduction (en l'occurrence le français), plutôt qu'une recherche de correspondants dans des dictionnaires ou des lexiques bilingues.

Du point de vue méthodologique, on peut poser comme règle que moins un traducteur est familier avec un sujet, plus il a intérêt à faire une recherche proprement documentaire (monographies, encyclopédies, articles de périodiques) et à consulter des répertoires qui cernent les notions au moyen de définitions, de contextes ou de descriptions de nature encyclopédique. Ces ouvrages lui fourniront, outre des renseignements de nature référentielle, de précieuses informations sur les cooccurrences.

Il est important, en effet, d'être attentif aux cooccurrents. L'usage privilégie certaines associations de mots. Une langue est affaire d'attitudes et d'habitudes. Les mots peuvent se combiner différemment selon que le texte est rédigé en langue courante ou en langue de spécialité. On dira, par exemple, en langue courante «faire un bilan», mais en comptabilité l'expression consacrée est «dresser un bilan». Comme on peut s'en douter, les cooccurrences diffèrent également d'une langue à l'autre. Dans le domaine des finances publiques, «*to redress an imbalance*» trouvera comme équivalent «résorber un déséquilibre» et non «redresser, annuler ou éliminer un déséquilibre». Dans le domaine commercial, «*to fill an order*» se traduit par «exécuter une commande» et non par «remplir une commande». Le non-respect des cooccurrences est, on l'aura deviné, une source fréquente d'interférences. Les écrivains, les poètes et certains créateurs comme les publicitaires se permettent de renouveler l'expression en brisant les réseaux familiers d'associations. Ce faisant, ils créent un effet nouveau qui peut venir enrichir la langue si la forme néologique s'y intègre de façon durable.

En traduction, la règle à suivre est simple : si le texte de départ ne s'écarte pas des cooccurrences habituelles, le traducteur respectera lui aussi les cooccurrences de la LA. Inversement, ce serait commettre une faute de traduction que de rendre de nouvelles associations de mots — les textes pragmatiques n'en sont pas dépourvus — par des cooccurrents habituels.

PENDANT

Le sens du texte de départ étant bien assimilé, on passe au *transfert* en LA. Vaut-il mieux utiliser un stylo, une machine à écrire ou un micro-ordinateur? Cela dépend des habitudes de travail de chacun. Dans les milieux de travail, l'usage des machines à dicter (dictaphones) et des micro-ordinateurs se répand de plus en plus. Il n'est pas recommandé d'utiliser un dictaphone en tout début d'apprentissage. Cet appareil requiert une certaine maîtrise des techniques de traduction pour être utilisé de façon efficace.

En revanche, l'ordinateur présente de nombreux avantages, même pour les débutants. Outre le traitement de texte, il permet l'utilisation de plusieurs aides à la traduction telles que correcteurs orthographiques et grammaticaux, conjugueurs, dictionnaires et concordanciers. Doté d'un modem, il rend aussi possible la consultation en direct de banques de terminologie, de bibliothèques informatisées et de bases de données. L'ordinateur est un instrument moderne de travail qui facilite la tâche du traducteur tout en augmentant sa productivité.

On conseille d'écrire un premier jet en bon français et assez rapidement. Trop de lenteur nuit à l'enchaînement des idées et au rythme des phrases. Il en résulte une composition laborieuse, disloquée, voire incohérente. On évitera aussi de laisser des blancs ou d'intercaler des parenthèses proposant une traduction «de rechange» ou une explication.

Ne pas traduire non plus en «phrases détachées», c'est-à-dire en considérant la phrase comme l'unité absolue de traduction (v. les Objectifs 9 et 55). De même que l'arbre cache la forêt, la phrase peut faire perdre de vue l'ensemble du texte. Rien n'interdit de fusionner une phrase avec celle qui précède ou celle qui suit. Il faut donc faire en sorte que la réflexion prenne appui sur des unités de sens (d'information) assez longues, tout en prenant un maximum de recul par rapport à la formulation du TD. Concrètement, il faut suivre l'original pour être fidèle au sens, mais se laisser guider par le jeu des associations de mots (les cooccurrences) de la LA pour le réexprimer. Traduire est une opération mentale d'analyse et de synthèse qui intègre des connaissances thématiques et linguistiques et fait appel au raisonnement logique.

Les rares études expérimentales menées sur les stratégies de réexpression mises en œuvre par le traducteur au moment du transfert concluent que celui-ci tend à traduire d'un seul jet des segments les plus longs possible, qu'il corrige les erreurs de forme au fur et à mesure qu'il les décèle et qu'il reporte la correction des imprécisions de sens au moment d'une pause longue comme la fin d'un paragraphe. L'amélioration du style n'a lieu que lors de la relecture finale (v. l'article de Candace Séguinot sous la rubrique «Suggestions de lecture»).

Une fois le premier jet terminé, il est bon de le laisser «reposer». On gagne à laisser «décanter» une traduction. Imprégné des deux textes sur lesquels on a travaillé, on a du mal à s'en détacher suffisamment pour en améliorer et le fond et la forme. Cette décantation, qui n'est pas toujours possible en milieu de travail, est un moyen de prendre une deuxième distanciation par rapport au texte original.

APRÈS

La troisième et dernière étape de l'opération de traduction est celle de la *vérification*. Le texte ayant «décanté», le traducteur y revient avec un œil neuf et procède à ce qu'on peut appeler un contrôle de la qualité du produit fini. C'est aussi une mise en forme définitive. Tout comme la lecture initiale, cette étape est loin d'être une activité superflue. Elle est à considérer comme une composante essentielle du processus de traduction.

À ce stade final, il est important, surtout en début d'apprentissage, de pratiquer le doute méthodique. Cela fait aussi partie de la méthode de travail à acquérir. Douter le plus possible et multiplier les vérifications est en outre une façon d'apprendre. Avec le temps, maîtrisant mieux ses moyens, l'apprenti traducteur acquerra assurance et rapidité.

La relecture finale est à la fois objective et critique. Elle vise à assurer la correction de la traduction, c'est-à-dire le respect des normes et usages de la langue. En comparant la traduction et l'original, on procède à la vérification des chiffres, des dates, des noms propres, des énumérations, etc. Puis, sans se reporter au TD, on vérifie parenthèses et guillemets (qu'on oublie souvent de fermer), l'accord des participes, l'orthographe, tout en faisant preuve de vigilance pour déceler les coquilles et les fautes d'inattention. À un autre niveau, cette vérification est l'occasion d'un «polissage» du TA («Se lit-il comme un écrit pensé et rédigé en français?») et de sa fluidité («Coule-t-il bien?»).

On a vu que la traduction est une opération intellectuelle qui se déroule en plusieurs temps, même si certaines séquences du processus peuvent se télescoper et que d'autres se situent carrément dans l'inconscient. Trois genres de difficultés conditionnent en fait la méthode de travail du traducteur : *compréhension* (mise en situation et interprétation du sens), *documentation* (thématique et terminologique) et *transfert* (procédés de traduction, respect des usages de la langue d'arrivée). Enfin, s'il est important de savoir se documenter vite et bien, il est tout aussi essentiel de savoir recourir au raisonnement logique, qui fait aussi partie de la méthode de travail du traducteur.

————————

SUGGESTIONS DE LECTURE

Jeanne DANCETTE, «Modèles sémantique et propositionnel de l'analyse de la fidélité en traduction», dans *Meta*, vol. 37, n° 3, 1992, p. 440-449.

Christine DURIEUX, *Fondement didactique de la traduction technique*, coll. «Traductologie», n° 3, Paris, Didier Érudition, 1988, p. 42-70.

—————————, «Le raisonnement logique : premier outil du traducteur», dans *Études traductologiques en hommage à Danica Seleskovitch*, coll. «Lettres modernes», Paris, Éditions. Minard, 1990, p. 189-200.

Daniel GOUADEC, *Le Traducteur, la traduction et l'entreprise*, coll. «AFNOR Gestion», Paris, AFNOR, 1989, chap. 9 — «Organisation du processus de traduction : exécution par le traducteur», p. 85-100.

Guide du traducteur, Service de traduction, ministère des Communications, Éditeur officiel du Québec, 3e éd., 1978, «II. Technique de la traduction», p. 7-11.

Candace SÉGUINOT, «The Translation Process: An Experimental Study», dans *The Translation Process*, publié sous la direction de C. Séguinot, Toronto, H.G. Publications, School of Translation, York University, 1989, p. 21-53.

————————

EXERCICES D'APPLICATION

Les trois premiers exercices portent sur la première étape de la démarche du traducteur : la recherche documentaire et terminologique. Les deux textes choisis offrent l'occasion de consulter des sources documentaires variées : monographies, atlas, répertoires lexicographiques, banques de terminologie, répertoires d'articles. Le Texte 2 montre en outre que certains choix lexicaux doivent tenir compte des destinataires d'une traduction. Les questions qui accompagnent les textes visent à guider les recherches. L'Exercice 3 est consacré au repérage du domaine et du sous-domaine auxquels appartient un texte en vue de cibler sans perte de temps une recherche documentaire.

Il va de soi qu'un traducteur professionnel pressé par les échéances de production ne suivrait pas forcément toutes ces étapes. La démarche proposée ici s'inspire de préoccupations pédagogiques : montrer l'importance d'une bonne recherche documentaire et faire prendre conscience que les instruments de travail du traducteur ne se limitent pas aux dictionnaires, si utiles soient-ils.

———

Exercice 1

TEXTE 1

Auteur : Edward Atkinson
Source : *The Archivist*
Genre de publication : Revue d'un organisme gouvernemental
Date de parution : 1990
Domaine : Anthropologie sociale
Public visé : Archivistes et grand public
Nombre de mots : 361

How to Build an Igloo

The word *igloo* originates from the Northwest Territories Keewatin region Inuit word *iglu*, which simply means house. For Inuit, the word applies to the snowhouse or any other type of dwelling. [...]

5   Like all good architects, the Inuit make use of the materials around them; in their case, a sufficient amount of hard-packed snow. They find the right building site by examining the snow with a probe. Their only tool is a snow-knife (locally called a *pana*), which is made of bone or ivory, or of metal if obtained from a trading post.

      The first blocks are cut from the snow to form a rectangular trench that later serves as the entrance-way to the completed igloo. With their heels, the builders draw a base-line as close to
10   circular as possible, otherwise when the blocks reach the top the walls will collapse. The snow used for the blocks is taken entirely from within that circle.

Igloos are built with the Inuk working from the inside. The first row is given a slightly inward lean, which gets more acute as the wall gets higher. The blocks are bevelled to produce this inward slant. Also the blocks in the first row are cut with a sloping surface so that the second
15   row starts on a slope. The snow blocks are then built up in a continuous spiral which is the key to the whole structure. [...]

When the spiral is complete, the fitting of the last block is a ticklish job. This block serves as a key, and from it the house takes its final strength. It should be strong enough to hold a man standing outside on top. Near the completion, the Inuk is still inside, so he has to cut out a
20   doorway. The last construction job is chinking all the cracks on the outside to prevent drafts.

Inside, there is a sleeping platform, which is usually covered with caribou or bear hide. The dwelling's beehive shape ensures that there is no waste of space.

Building an igloo for overnight use can be done quickly, perhaps forty minutes. But it might take two days to construct a comfortable dwelling.

a.   Trouvez au moins TROIS ouvrages dans lesquels l'auteur décrit la construction d'un igloo. Faites un relevé des termes français qui correspondent aux termes anglais du TD. Soyez particulièrement attentifs aux cooccurrences.

b.   Cherchez «Keewatin region» et les «Northwest Territories» dans un atlas toponymique de langue française. Que remarquez-vous?

c.   Comparez l'article «inuit» dans *Le Petit Robert* et le *Dictionnaire du français plus*.

d.   Consultez un dictionnaire ou un vocabulaire bilingue d'archéologie préhistorique. Ce répertoire vous est-il plus utile ou moins utile que la description de la façon dont les Inuit construisent un igloo?

e.   Traduisez le texte.

———

Exercice 2

TEXTE 2

Auteur : Dominique Froment
Source : *Intair*
Genre de publication : Magazine d'un transporteur aérien
Date de parution : 1990
Domaine : Marketing
Public visé : Gens d'affaires et clients des Lignes aériennes Intair
Nombre de mots : 352

Sponsorship: A Different Form of Advertising

Several major corporations have been using sponsorship as a form of advertising for a number of years now. However, this type of marketing was long considered simply a good way to build a positive corporate image rather than a method of increasing sales significantly.

5   In light of recent market segmentation and increasingly sophisticated clientele groups, these corporations have further developed their expertise in sponsorship techniques. The result: a clear indication that improving one's image can go in hand with increasing sales figures.

     Encouraged by the growing benefits attributable to sponsorship, corporations are earmarking an ever-increasing portion of their promotional budget to this type of activity. Furthermore, attuned to the actions and trends set by their larger counterparts, small and 10 medium-size businesses have begun to examine sponsorship proposals more closely. [...]

     Sponsorship offers the important advantage of providing corporations with the opportunity to reach consumers in a highly favourable environment. Sponsorship does not have the annoying or jarring effect of advertising spots during a TV movie. On the contrary, sponsors are seen as providing the public with a prime quality event and are thus perceived extremely positively.

15   An added advantage is that individual events usually reach a very specific public. [...] This type of specialization makes it possible for corporations to reach potential buyers at lower costs than those involved in using traditional media. Product marketing is another advantage of sponsorship, albeit one which remains untapped for the moment. Media coverage is yet another decided advantage of sponsorship. Lastly, sponsorship can provide the ideal opportunity for co- 20 sponsoring corporations to form new business relationships.

     Sponsors should choose events using very precise criteria. First of all, sponsors should consider an event's positioning. It wouldn't really be a good idea for an ice cream company to sponsor the Quebec City Winter Carnival night parade. [...]

     The fact that sponsorships provide corporations with the chance to sell their products at 25 the event, on site, is also very enticing. Building an image as a good corporate citizen is fine, but if sales can be increased at the same time, sponsorship is an even better idea. [...]

a.   À quel sous-domaine appartient ce texte?

b.   Interrogez la banque de terminologie TERMIUM, si vous y avez accès, ou consultez des dictionnaires bilingues généraux ou spécialisés pour trouver les correspondants français de «sponsorship».

c.   À l'aide de répertoires d'articles de périodiques, trouvez quelques articles récents (en français) consacrés au «sponsorship».

d.   Cherchez en bibliothèque des ouvrages traitant de cette notion.

e.   Cherchez dans le *Dictionnaire du français plus* la définition des équivalents que vous aurez trouvés.

f.   Quel équivalent retiendriez-vous si la traduction française du texte devait paraître i) au Canada, ii) en France?

g.   Traduisez le texte à l'intention du public canadien.

Exercice 3

        Pour chacun des cinq paragraphes suivants, encerclez les termes qui délimitent le
DOMAINE GÉNÉRAL et soulignez ceux qui précisent le **SOUS-DOMAINE**. Ne traduisez pas ces
extraits.

a.   Essentially, the piston is a long cylinder open at the bottom, closed at the top, and
        attached to the connecting rod at an intermediate point. The piston moves up and down
        in the engine cylinder, compressing the air-fuel mixture, transmitting the combustion
        pressure to the crankpin through the connecting rod, forcing out the burned gases on the
        exhaust stroke, and producing a vacuum in the cylinder that "draws in" the air-fuel mixture
        on the intake stroke. The piston may seem to be a fairly simple part, but actually it has
        been the subject of possibly more study and design than any other engine part. It must
        be light so as to keep inertia loads to a minimum. But it must also be rigid and strong
        enough to take the punishing heat and pressure developed in the combustion chamber.

b.   The filament is protected by a glass envelope, the bulb, which has been emptied of its air
        or filled with a gas mixture, generally nitrogen and argon, which makes up its filling gas.
        The latter slows down the evaporation of the tungsten, thus allowing the temperature of
        the filament to increase, while keeping the desired lifetime of the lamp. The filling gas,
        however, causes losses of heat by conducting it away from the filament to the bulb glass.
        To reduce these losses, filling gas lamps are not provided with a straight filament, i.e.
        consisting of an ordinary conducting wire, but instead with a coiled or coiled-coil filament,
        i.e. wound once or twice into a very regular spiral. The filament is held by metallic
        wires—the support wires—connected to a piece of glass called the button which is
        mounted on top of a rod.

c.   Since unemployment is one of the inherent hazards of an industrial society, Québec's
        workers are protected both by provincial measures and by the federal unemployment
        insurance fund. Employees and employers contribute equal amounts to this fund. If he
        loses his job, a worker receives an allowance in proportion to his salary and the duration
        of his contribution. When he has exhausted the amount of benefits to which he is entitled,
        he may, if he is married or is the head of a family, receive an unconditional amount as
        unemployment assistance. If he wishes, he may take retraining courses given free of
        charge; his travelling expenses will be paid and he will receive a supplementary
        allowance.

d.   Since the beginning of their partnership more than a decade ago, Steptoe and Edwards
        are believed to have attempted in-vitro fertilization and implantation in hundreds of women.
        In perhaps half of these cases, eggs were fertilized. But successful implantations have
        been rarer. Shortly before Mrs. Brown was treated last fall, a medical publication quoted

Steptoe as saying that of 60 attempted implants, only three showed signs of lasting—one for nine weeks, the others for two.

e.   Neutrons are used to fission the nuclear fuel, and the fission reaction produces not only energy and radiation, but also additional neutrons. Thus a neutron chain reaction ensues. A nuclear reactor provides the assembly of materials to sustain and control the neutron chain reaction, to appropriately transport the heat produced from the fission reactions, and to provide the necessary safety features to cope with the radiation and radioactive materials produced by the operation of the nuclear reactor.

———

OBJECTIF 5

LE REPÉRAGE DES DIFFICULTÉS DE TRADUCTION

La lecture du texte original, avons-nous vu précédemment, doit permettre, entre autres, de repérer les difficultés de traduction. Il faut en effet s'habituer à lire l'original avec les «yeux d'un traducteur» afin de déterminer quel procédé de traduction il conviendra d'appliquer au moment du transfert de tel ou tel passage. Cela signifie, en outre, que l'on puisse reconnaître tout risque d'interférence aux niveaux typographique, lexical, syntaxique, stylistique ou socioculturel, ainsi que les cas où il convient d'appliquer les règles relevant des techniques de rédaction pour éliminer une répétition abusive, par exemple, ou alléger le TA par la suppression d'une proposition relative. Il est indispensable d'apprendre à poser les problèmes correctement pour éviter de tomber dans les pièges tendus par le TD. C'est ce que nous entendons par «traduction raisonnée». Du point de vue du maniement du langage, l'opération de traduction exige concrètement trois aptitudes de la part du traducteur :

a) qu'il connaisse les procédés de traduction et sache les appliquer,
b) qu'il puisse dissocier les langues (en évitant les interférences), et
c) qu'il maîtrise les techniques de rédaction.

Le Texte 3, «The Role of Translation», comporte un certain nombre de difficultés de traduction qu'il s'agit d'isoler. Lire un texte avec les yeux d'un traducteur implique que l'on soit capable de repérer les écueils qu'il cache AVANT la reformulation en LA. Cette démarche n'est donc pas de nature purement comparative, puisque la version française n'existe pas encore. C'est la tâche du traducteur de l'établir. Il s'agit plutôt d'une opération de balisage. D'un point de vue méthodologique, les balises posées dans le TD guideront la réflexion au moment du transfert.

Les passages en gras numérotés dans le Texte 3 correspondent à une notion définie dans le glossaire ou faisant l'objet d'un objectif spécifique d'apprentissage. Il importe de se familiariser le plus tôt possible avec les catégories servant à baliser un texte en vue de sa restitution en LA.

TEXTE 3

Auteur : Walter May (cité par Zygmunt Stoberski)
Source : *Babel*, vol. 18, nº 4, p. 24.
Genre de publication : Revue internationale des traducteurs (FIT)
Date de parution : 1972
Domaine : Traduction
Public visé : Traducteurs
Nombres de mots : 285

Note : Ce texte est extrait d'un article faisant la synthèse d'une enquête menée auprès de philologues et de traducteurs sur le rôle de la traduction dans l'établissement d'une culture mondiale. Les chiffres entre crochets dans le texte correspondent aux faits de traduction et de langue ci-dessous.

1. Conventions de l'écriture (OS-12)
2. Faux comparatif (OS-30)
3. Étoffement (OS-28)
4. Répétition (OS-49)
5. Renforcement du caractère idiomatique du TA (OS-56)
6. Mot juste / Interprétation (OG-VI)

7. Implicitation (OS-27)
8. Création discursive (OS-7; OS-11)
9. Faux amis (OG-VI)
10. Dépersonnalisation du message (OS-48)
11. L'auxiliaire modal *can* (OS-50)
12. Explicitation (OS-28)

The Role of Translation[1]

"[1]The role of translation is bound to increase, because the world is growing **smaller**[2], and the **links**[3] ever **more closely**[2] bound. International activity is on the increase. To avoid **world** wars, **world** starvation, **world**[4] epidemics, **and so on**[3] international bodies have been set up, and the very word 'international'[1] has become international. I **judge**[6] that the part of artistic translations

5   will decline, and that of scientific translations will increase, speaking relatively, of course. But there will be **more translation**[2] in absolute terms. I think that the **spiritual power**[6] of **artistic literature**[7] is greater than the power of scientific works.

The knowledge of a foreign language **is like**[3] a second pair of eyes or ears. **One's** whole horizon is enlarged, **one's** whole understanding of **one's** fellow-man is deepened and enriched.

10   **One** sees **oneself**[4] in perspective for the first time. There is an end of **bigotry**[6], of chauvinism, of flagwagging patriotism, and there is a beginning of human cooperation and mutual help. The cultural treasures of other nations **lie open before**[8] **you. You** are able to share the **heritage**[9] of other nations, and to help them to share **yours**[10]. Barriers separating peoples are thrown down, and suspicion gives way to understanding. The brotherhood of man becomes a realisable

15   ideal. Co-operation replaces competition. In the world of literature, **ideas become cross-fertilized**[8], the experience of others **can be** usefully employed to mutual benefit, **standards of art**[3] **can rise**, new heights **can be** achieved together. Finally wars **can be**[11,4] made virtually impossible when people know and understand one another."[1]

Walter May. Quoted by Zygmunt Stoberski, "The Role of Translation in the Development

20   of World Culture", in *Babel*, **18,4 (December 1972): 24**[1].

Une fois le texte lu et relu, les difficultés de compréhension levées (au besoin par une recherche documentaire) et les problèmes de traduction bien cernés, on passe à l'étape suivante qui, est celle de la conversion en LA. La version française présentée ci-dessous donne les solutions retenues par le traducteur. D'autres formulations sont évidemment possibles.

TEXTE 3

Le rôle de la traduction[1]

«[1]La traduction est appelée à jouer un rôle de plus en plus important, car le monde **rétrécit**[2], les **liens entre les hommes**[3] **se resserrent**[2] et les relations internationales s'intensifient. Afin de prévenir les guerres, les famines, les épidémies **et autres fléaux semblables**[3] **qui menacent**[12] **la planète**[4], des organismes internationaux ont vu le jour. Le mot "international"[1]

5   est lui-même devenu international. **Selon moi**[6], le volume de la traduction d'œuvres artistiques diminuera, tandis que celui de la traduction scientifique augmentera, toutes proportions gardées, bien sûr. Mais en valeur absolue, le nombre de traductions **ira en augmentant**[2]. J'estime aussi que les **œuvres littéraires**[7] exercent une plus forte **influence sur l'esprit**[6] que les écrits scientifiques.

10 La connaissance d'une langue étrangère **équivaut à posséder**[3] une seconde paire d'yeux ou d'oreilles. **Elle**[4] élargit nos horizons personnels et [4]permet de mieux comprendre nos semblables. Pour la première fois, **notre**[4] existence est mise en perspective. Fini le **fanatisme**[6], le chauvinisme ou le patriotisme cocardier; place à la coopération et à l'entraide. Les trésors culturels des autres nations **nous**[10] **sont désormais accessibles**[8], et il **nous**[10] est possible de

15 partager avec ces nations **notre**[10] propre **patrimoine**[9] national. Les frontières entre les peuples sont abolies, la méfiance fait place à la compréhension mutuelle et la fraternité universelle devient un idéal réalisable. La coopération remplace la compétition. Dans le domaine des lettres, **le choc des idées se révèle fécond**[8]; il **devient possible**[11,4] de profiter de l'expérience d'autrui, [4]d'élever la **qualité des productions artistiques**[3] et, ensemble, [4]d'atteindre de nouveaux

20 sommets. Les **risques**[11,4] de guerre sont presque nuls lorsque les gens se connaissent et se comprennent.»[1]

Walter May, cité par Zygmunt Stoberski, «The Role of Translation in the Development of World Culture», dans *Babel*, **vol. 18, n° 4, décembre 1972, p. 24**[1].

———

COMMENTAIRES

La méthode d'initiation proposée dans ce manuel a pour principal objectif d'aider à reconnaître les difficultés *récurrentes* de traduction des textes pragmatiques.

On ne saurait être en mesure de repérer les difficultés de traduction les plus courantes des textes sans avoir au préalable assimilé la plupart des notions et catégories définies dans le glossaire placé en tête de l'ouvrage.

Savoir reconnaître et nommer *a priori* les difficultés de traduction est une chose, trouver les bonnes équivalences en est une autre. Les catégories qui servent à baliser les textes à traduire ne sont aucunement assimilables à des «recettes» applicables aveuglément. Elles ne permettent pas de faire l'économie de l'interprétation du texte conduisant au sens. Leur rôle est de faciliter le maniement du langage tant à l'étape de l'analyse du texte qu'à celle de l'exploration des ressources de la LA au moment du transfert. Ainsi, s'il est utile de savoir reconnaître un faux comparatif dans l'expression *growing smaller* (l. 2), cela ne donne pas pour autant l'équivalence française de ces deux mots. Par contre, l'objectif et les exercices consacrés aux faux comparatifs dans cet ouvrage proposent des solutions concrètes pour résoudre des cas semblables (v. l'Objectif 30).

Une même difficulté peut être abordée de plusieurs points de vue. Il n'est pas rare, en effet, que l'auxiliaire modal *can* soit répété plusieurs fois dans un même paragraphe, comme c'est le cas ici, ce qui oblige le traducteur à éliminer cette répétition abusive (V. les Objectifs 49 et 50).

Nous savons déjà que le maniement du langage requiert d'un traducteur au moins trois compétences particulières : connaître et appliquer les procédés de transfert, dissocier les langues et bien rédiger. Dans le texte ci-dessus, l'étoffement, l'explicitation, les créations discursives, l'implicitation sont des exemples de procédés de transfert. Par contre, les conventions de l'écriture, les faux comparatifs et les faux amis relèvent de l'aptitude à dissocier les langues. Enfin, l'élimination des répétitions, la dépersonnalisation du message et l'emploi d'idiotismes non suggérés par la formulation du TD (renforcement du caractère idiomatique du TA) font plutôt appel aux qualités de rédacteur du traducteur.

Cette aptitude à la rédaction est très importante. On peut même dire qu'elle englobe les deux autres. Elle se manifeste à tous les niveaux du maniement du langage, lorsque le traducteur décide, par exemple, de fusionner deux phrases [cf. les deux premières phrases du TD], de renforcer un rapport logique [«*and* (l. 6)» traduit par «tandis que (l. 7)»], de remanier une phrase (l. 11-12 du TD), de passer de la voix passive à la voix active (*idem*), de choisir des gallicismes ou des tours idiomatiques («*There is an end of...; there is a beginning of...* (l. 13-14) : Fini...; place à... (l. 14-15)». Ces choix sont effectués tout autant en fonction des exigences de clarté, de tonalité et de cohérence que du respect du sens de l'original (v. l'Objectif général VIII).

Les conventions de l'écriture, premier niveau du maniement du langage, ne nécessitent le plus souvent qu'un emmagasinement de connaissances. Dans le texte analysé, l'emploi des minuscules et des majuscules (dans les titres), les formes de guillemets, la façon de guillemeter les citations emboîtées (l. 5), les références bibliographiques sont des conventions codifiées et correspondent à des usages qui ne sont pas toujours les mêmes en français et en anglais (v. l'Objectif 12).

Enfin, le texte «The Role of Translation» renferme des exemples de chacun des trois niveaux d'interprétation qui correspondent à trois grands types d'équivalences :

a)   REPORTS : Walter May, Zygmunt Stoberski, *Babel*, 18, 4, 24, 1972;

b)   REMÉMORATIONS : «*The knowledge of a foreign language* (l. 10) : La connaissance d'une langue étrangère (l. 11)»; «*Co-operation replaces competition* (l. 18). : La coopération remplace la compétition (l. 19-20).»;

c)   CRÉATIONS DISCURSIVES : «*lie open before you* (l. 15). : nous sont désormais accessibles (l. 16).»; «*ideas become cross-fertilized* (l. 19). : le choc des idées se révèle fécond (l. 20-21)» (v. l'Objectif 7).

———————

Le Texte 4, «Moving the Mail», servira tout comme le précédent à illustrer la technique du repérage des difficultés de traduction, technique sur laquelle repose la présente méthode d'initiation à la traduction.

TEXTE 4

Auteur : Judith Holland
Source : Société canadienne des postes
Genre de publication : Brochure illustrée contenant 25 timbres-poste
Date de parution : 1990
Domaine : Histoire des postes
Public visé : Grand public, principalement canadien
Nombre de mots : 919

Note : Cette publication d'un genre tout à fait particulier relate l'histoire du service postal canadien depuis ses origines. Elle vise à renforcer l'image d'excellence du service postal en montrant que cette excellence plonge ses racines dans l'histoire du pays et que le service postal, par ses innovations répétées, a été un moteur de progrès et de prospérité.

Les chiffres entre crochets dans le texte correspondent aux faits de traduction et de langue suivants :

1. Conventions de l'écriture (OS-12)
2. Faux comparatif (OS-30)
3. Étoffement (OS-28)
4. Répétition (OS-49)

5. Renforcement du caractère idiomatique du TA (OS-56)
6. Mot juste / Interprétation (OG-VI)
7. Implicitation (OS-27)

8. Création discursive (OS-7; OS-11)
9. Faux amis (OG-VI)
10. [Dépersonnalisation du message]
11. L'auxiliaire modal *can* (OS-30)
12. Le déictique *this* (OS-29)
13. Caractérisation (OS-24)
14. Risque d'anglicisme syntaxique (OG-VII)
15. Risque d'anglicisme lexical (OG-VI)
16. Participe présent (OS-42)

17. Déterminants juxtaposés (OS-38)
18. Structure résultative (OS-39)
19. Structure ordinale (OS-31)
20. Cohérence (OS-55)
21. Explicitation (OS-28)
22. Tournures nominales, tournures verbales (OS-45)
23. Voix passive (OS-44)
24. Articulation / Charnière (OS-55)

Moving the Mail[1]

The Story of Canada's Postal **System**[6]

Canada Post[1] reaches more Canadians than any other business. Its services extend to every corner of the country. Its products find a need in every home and office.

Few Canadians, however, know how far back their postal system goes, or **how far it has come**[8]. This booklet chronicles some of the people and events that have shaped the
5   **Corporation**[9]: a small window on the **heritage**[9] of the mails.

FOUNDATIONS[6]

Canada Post is steeped in the history of **this**[12] country, going back to the earliest days of **European settlement**[13].

When Jean Talon took the first census in 1666, the notion of a mail run **had** already **been**
10   **pioneered**[8]. By the **1730s**[1], post houses linked the scattered **pinpoints**[8] of civilization that formed New France.

Comparable **developments**[6] occurred in the British colonies, **with**[14] the first post office established at Halifax in 1754. Nearly a **decade**[9] later, when war ended between France and England, the two postal systems came together. Ironically enough, the merger was brought about
15   by an American named Benjamin Franklin.

[20]A prominent author and publisher, Franklin also **acted as**[15] **Deputy Postmaster General**[1] for **British North America**[1]. His mandate was extended north following the **Treaty of Paris**[1], which ceded Canada to the British in 1763. Franklin immediately pushed for post offices in **Lower Canada**[1] and a mail route to Halifax. But progress was slow, London held the
20   reins of power and set its own pace of **development**[6].

With[14] American Independence in 1776, Britain lost **control**[6] of the U.S. mails. It did, however, continue to manage the northern network until 1851, **when**[14] Canadians took over and laid the foundation of a national postal system. The 1860s were a watershed in the system's evolution. Men of vision took charge, **including**[14,16] John A. Macdonald, Postmaster General for
25   a day and the first **Prime Minister**[1] of the young country called Canada.

Within months of Confederation[3], the Post Office was formed into a federal **department**[9] and was encouraged by Macdonald's cabinet to support "the rapid growth and settlement" of the new Dominion.

SPANNING THE DISTANCES

30   **In the early years of nation-building**[8], transportation **systems**[6] played a **major**[6,9] role in the development of a communications network at home and abroad.
          Sailing vessels had carried letters across the Atlantic since the 1600s, but took months **to reach their destinations**[7]. The breakthrough was steam power, which made **faster**[2], **more efficient**[2] service possible. By the end of 1867, steamships were delivering overseas mail
35   regularly. The same technology conquered the vast distances of the Canadian interior. Steam-powered locomotives had been introduced and by the 1880s, Van Horne and his men were spanning the country by rail.
          When the Canadian Pacific[3] was completed, a mail-car **was included**[23,4] on its first cross-Canada trip. Railway mail clerks became the elite of the postal **corps**[6,9], providing
40   continuous service over a total of **15,000**[1] kilometers of track.   [20]By the **20th**[1] century, the airplane had captured the imagination of the country.
          [20]Realizing its potential, the Post Office played an important role in commercial aviation **developments**[6], working with pilots of the Royal Flying Corps on experimental flights.
          [20]On 24 June 1918, a Curtiss JN4 biplane flew 124 letters from Montreal to Toronto,
45   **completing**[14,16] with considerable **fanfare**[6,8] the **first official airmail**[17] flight in Canada. In 1948, Canada became the first country to transport, where practical, **domestic**[15] first class mail by air. In 1971, the Post Office established another first **with**[14] a similar **policy**[6] for overseas mail.

Today the Corporation uses **major**[6,9] airlines **to speed the mail across**[18] Canada and to more than 160 countries **around the world**[7]. Domestic airmail alone **travels**[6,15] 300 million
50   kilometers a year, **with**[14] over 600 flights daily.

TRAIL BLAZERS

Transportation **systems**[6] are only part of the postal story, however. **Manpower**[6,8] also serves to move the mail.

The earliest messengers were unquestionably the Algonquins and Montagnais who lived
55   along the **St. Lawrence**[1].

[20,24]The first recorded letter carrier was Pedro Dasilva, commissioned in 1705 to deliver mail from Montreal to Québec. By 1721, Nicolas Lanouillier had established a regular courier service between the two ports. In the late **1700s**[1], United Empire Loyalists streamed into the Maritimes and **Upper Canada**[1], **establishing**[16] permanent settlements. The need for postal
60   services to these communities was met by scores of adventurers. In the 1800s, another wave of immigration swelled the size of **Canadian**[7] cities, **creating**[14,16] the need for local mail carriers.

Free delivery was introduced in Montreal in 1874 and in other cities the following year. The service changed the urban landscape, **requiring**[14,16] street names and **building**[6,21] numbers **in order to operate effectively**[22].
65   [20,24]Rural mail delivery began in 1908, **with**[14] the first route established in the Hamilton area of southwestern Ontario. [20]Today there are more than 18,000 letter carriers, one-seventh of them women, and thousands of independent contractors delivering the mail to over **11**[1] million addresses every day. Together, largely on foot and in all kinds of weather, they log more than 58 million kilometers yearly.
70   [20]In **rural**[3] **Canada**[7], the Corporation works in partnership with local businesses to move the mail to over one million households.

TODAY AND TOMORROW

Franklin and Macdonald would likely be surprised **at**[3] the scope of Canada Post today: a **Crown corporation**[1] **with**[14] over $3.5 **billion**[1,15] in revenue and thousands of access points
75   for its products and services.

The Corporation is **moving in new directions**[8] on every front to meet the needs of Canadians.

[20]Canada Post is accomplishing **this**[3,12] with the Country's **third largest**[19] **corporate**[7] workforce of 60,000 employees, and thousands of business partners.

Version française

TEXTE 4

Le courrier d'abord[1]

L'histoire du **service**[6] postal canadien

Aucune entreprise commerciale n'atteint plus de Canadiens que la **Société des postes**[1] : ses services s'étendent à tout le pays et ses produits pénètrent dans chaque foyer, chaque bureau.

Pourtant, bien peu de Canadiens savent à quand remonte leur service postal et **quelle envergure il a pris**[8]. Ce livret décrit l'apport des principaux artisans de la **Société**[9] et les faits
5   marquants de son évolution. C'est une lucarne entrouverte sur notre **patrimoine**[9] postal.

LES DÉBUTS[6]

L'histoire des Postes canadiennes est imbriquée à celle du **pays**[12] et remonte aux premiers jours de la colonisation **par les Européens**[13].

Lorsque Jean Talon effectue le premier recensement en 1666, l'**idée** d'un itinéraire postal
10   **a déjà fait son chemin**[8]. Dès les années **1730**[1], des maisons de relais assurent la liaison entre les **îlots**[8] de civilisation disséminés sur le territoire de la Nouvelle-France.

Les colonies britanniques connaissent une **évolution**[6] comparable :[14] le premier bureau de poste ouvre à Halifax en 1754. **Une dizaine d'années**[9] plus tard, à la fin de la guerre entre la France et l'Angleterre, les deux services postaux fusionnent. Ironie du sort, c'est un Américain
15   du nom de Benjamin Franklin qui réalise cette fusion. [20]Auteur et éditeur de renom, Franklin **exerce**[15] aussi les fonctions de **sous-ministre des Postes**[1] pour l'**Amérique du Nord britannique**[1]. Son mandat s'étend ensuite au nord, le Canada ayant été cédé aux Anglais en 1763 lors du **Traité de Paris**[1]. Sans tarder, il s'affaire à établir des bureaux de poste dans le **Bas-Canada**[1] et un itinéraire postal jusqu'à Halifax. Mais **la situation évolue à pas de tortue**[5].
20   Londres tient les rênes du pouvoir et fixe le rythme des **progrès**[6].

En 1776, [14]l'Indépendance met fin à **l'administration**[6] britannique du service postal américain. L'Angleterre continue toutefois à régir la poste au nord jusqu'à ce que les Canadiens posent les bases d'un service postal national, **en 1851**[14]. Les années 1860 marquent un tournant dans son évolution : des visionnaires prennent alors les choses en main. **L'un d'eux**[14,16] est nul

25 autre que John A. Macdonald. Ministre des Postes durant un jour seulement, il est le premier à occuper les fonctions de **premier ministre**[1] du jeune pays appelé Canada.

Dans les mois **qui suivent la naissance**[3] de la Confédération, le service postal devient un **ministère**[9] fédéral que le cabinet Macdonald invite à participer «à la colonisation et à la croissance rapides» du nouveau Dominion.

30 FRANCHIR LES DISTANCES

À mesure que la nation émerge[8], les **modes**[6] de transport jouent un rôle **primordial**[6,9] dans le développement d'un réseau de communication au pays comme à l'étranger.

Le courrier franchit l'Atlantique depuis le XVIIe siècle, mais **la traversée à la voile prend des mois**[7]. L'apparition des bateaux à vapeur constitue un moment décisif : ces bateaux

35 **accélèrent**[2] le service et **augmentent**[2] son efficacité. À la fin de 1867, ils livrent régulièrement le courrier d'outre-mer. La même technologie va permettre de conquérir l'immense territoire canadien. Les locomotives à vapeur entrent en service et, dans les années 1880, Van Horne et ses hommes traversent le pays en chemin de fer.

Lorsque la **ligne**[3] du Canadien Pacifique est achevée, un wagon postal **fait partie**[23] du

40 premier voyage transcanadien. Les commis ambulants forment l'élite du **personnel**[6,9] des Postes en assurant un service continu sur 15 000 kilomètres de voie ferrée.

[20]À l'aube du XXe siècle, l'avion fascine les Canadiens. [20]Les Postes prennent conscience de ses possibilités et **font progresser**[6] l'aviation commerciale en collaborant à des vols expérimentaux avec les pilotes du *Royal Flying Corps*. [20]Le 24 juin 1918, a lieu le **premier**

45 **vol aéropostal officiel**[17] au Canada : un biplan Curtiss JN4 transporte 124 lettres de Montréal à Toronto. L'événement connaît un **retentissement**[6,8] considérable. En 1948, le Canada est le premier pays à transporter par avion, lorsque les circonstances s'y prêtent, le courrier de première classe du **régime intérieur**[15]. Il innove une fois de plus en 1971 **en étendant**[14] cette **pratique**[6] au courrier outre-mer.

50 De nos jours, la Société utilise les **principales**[6,9] lignes aériennes pour **acheminer rapidement**[18] le courrier partout au Canada et dans plus de 160 pays[7]. À lui seul, le courrier aérien du régime intérieur **parcourt**[6,15] 300 millions de kilomètres par an **à raison de**[14] plus de 600 vols par jour.

LES PIONNIERS

55   Les **moyens de transport**[6] ne représentent qu'une facette de l'histoire des postes. **L'élément humain**[6,8] en est une autre.

Il ne fait aucun doute que les premiers messagers ont été les Algonquins et les Montagnais établis le long du **Saint-Laurent**[1]. [20]**Mais**[24] le premier facteur connu est Pedro Dasilva : en 1705, on lui confie la tâche de livrer le courrier entre Montréal et Québec. En 1721,
60   Nicolas Lanouillier établit un service régulier de messageries entre les deux ports. Vers la fin du **XVIIIe siècle**[1], les United Empire Loyalists arrivent en grand nombre dans les Maritimes et le **Haut-Canada**[1] **pour s'y établir**[16,7]. Les services postaux qui desservent les nouvelles localités sont assurés par de nombreux aventuriers. Au XIXe siècle, une autre vague d'immigrants vient grossir les **villes**[7], **ce qui rend nécessaire**[14,16] la livraison locale du courrier.

65   La distribution gratuite débute à Montréal en 1874, puis s'étend à d'autres villes l'année suivante. Elle modifie le paysage urbain puisque, **pour des raisons d'efficacité**[22], il faut donner des noms aux rues et des numéros **aux maisons et aux édifices**[21]. [20,24]**Quant à la première route rurale**[14], elle est établie en 1908 dans le sud-ouest de l'Ontario, plus précisément dans la région de Hamilton.

70   Aujourd'hui, plus de 18 000 facteurs, dont un septième sont des femmes, et des milliers d'entrepreneurs indépendants livrent le courrier quotidiennement à plus de **onze**[1] millions d'adresses. À eux tous, ils parcourent, **beau temps mauvais temps**[5], plus de 58 millions de kilomètres par an, surtout à pied. [20]**Dans les régions rurales**[3,7], la Société s'associe à des entreprises locales pour acheminer le courrier à plus d'un million de foyers.

75 AUJOURD'HUI ET DEMAIN

Franklin et Macdonald seraient probablement surpris **de constater**[3] l'envergure actuelle des Postes canadiennes : une **société d'État**[1] **dont**[14] les recettes dépassent les 3,5 **milliards**[15] de dollars et qui compte des milliers de points de vente pour ses produits et ses services.

La Société **innove**[8] sur tous les fronts afin de répondre aux besoins des Canadiens.
80   [20]Elle **y**[3,12] parvient grâce à un **effectif**[7] de 60 000 employés — **le troisième en importance au pays**[19] — et à des milliers de partenaires commerciaux.

————

COMMENTAIRES

Toutes les occurrences d'une même difficulté n'ont pas été signalées.

Faut-il traduire les titres ou les adapter? Comme c'est habituellement le cas en traduction, il est impossible de fixer de règles absolues. Tout dépend du genre de texte, de sa tonalité, de la formulation du titre original, etc. Ici, «Moving the Mail» semble mieux rendu par une adaptation («Le courrier d'abord») que par une équivalence littérale («L'acheminement du courrier»), étant donné que la Société des postes cherche à projeter l'image d'une entreprise efficace et dynamique qui respecte ses engagements à la lettre...

En ce qui concerne les conventions de l'écriture, on aura remarqué que le texte français est rédigé au présent historique, alors que l'original est au passé. Sans être obligatoire, le présent historique est d'un emploi assez courant chez les historiens de langue française. Il offre l'avantage non négligeable de simplifier la concordance des temps (v. l'Objectif 12).

On notera qu'à plusieurs endroits le TA ne suit pas le découpage en paragraphes du TD. Guidé par le souci de la cohérence, le traducteur a regroupé dans un même paragraphe l'information se rapportant à une même idée ou traitant d'un même thème. De tels remaniements ne vont nullement à l'encontre du principe de la fidélité à l'original (v. l'Objectif 55).

«*But progress was slow* : Mais la situation évolue à pas de tortue (l. 23-24).» Cette équivalence est un bon exemple de la liberté de réexpression dont jouit le traducteur. Il avait le choix d'utiliser cet idiotisme non suggéré par la formulation du TD (mais tout à fait autorisé par le sens) ou de suivre la voie de la stricte littéralité «Mais les progrès sont lents». Il aura peut-être voulu éviter la répétition du mot «progrès», qui figure dans la phrase suivante. La traduction de «*in all kinds of weather*» par «beau temps mauvais temps (l. 85-86)» est un autre exemple de la créativité dont le traducteur peut faire preuve. C'est habituellement à l'étape du transfert proprement dit (plutôt qu'à celle de la lecture préliminaire) que ces idiotismes sont introduits dans le TA. C'est pour cette raison que nous n'avons pas balisé le texte anglais à ces endroits (v. les Objectifs 11 et 56).

Le TD renferme une vingtaine de termes propres au domaine des postes; certains d'entre eux auraient pu nécessiter une recherche terminologique et documentaire (v. l'Objectif général II).

La double numérotation indique encore une fois qu'une même difficulté peut être vue sous des angles différents.

On aura sûrement noté, enfin, que la voix passive est plus fréquemment employée dans le TD que dans le TA, où prédomine la voix active (v. l'Objectif 44).

SUGGESTIONS DE LECTURE

Jean DELISLE, «Les anglicismes insidieux», dans *L'Actualité terminologique*, vol. 20, n° 5, 1987, p. 11-15. Paru aussi dans *Le Français en contact avec l'anglais. En hommage à Jean Darbelnet.* Travaux réunis par Maurice Pergnier. Paris, Didier Érudition, coll. «Linguistique», n° 21, 1988, p. 147-158.

————

EXERCICES D'APPLICATION

Exercice 1

Indiquez de quelle nature sont les difficultés récurrentes de traduction soulignées en gras dans les extraits ci-dessous. Consultez au besoin le glossaire ou les objectifs du manuel. Un même passage peut renfermer plusieurs types de difficultés.

1.   Every new vehicule shall remain free from perforation during the first 60 months or 200,000 km, **whichever occurs first**, from the date the vehicle is first put into service.

disjonction exclusive

Tout véhicule neuf doit être protégé contre la perforation pendant 60 mois à compter de la date de mise en service du véhicule ou pendant les 200 000 premiers kilomètres, si la voiture parcourt cette distance en moins de 60 mois.

2.   As the labour force **declined by** 4,000 during this period, the number of unemployed **increased by** 160,000 and the unemployment rate **rose from** 7.3% in July **to** 8.6% in December.

verbes de progression et d'aboutissement

La population active ayant diminué de 4 000 personnes pendant cette période, le nombre des sans-emploi a augmenté de 160 000, ce qui a fait passer le taux de chômage de 7,3 %, en juillet, à 8,6 %, en décembre.

3.   Firms passed on their increased costs to consumers in the form of **higher prices**, thus **prompting** wage-earners to escalate their demands.

faux comparatif / participe présent

Les entreprises ont répercuté sur les consommateurs la hausse de leurs coûts de production en augmentant le prix de leurs produits, ce qui a amené les salariés à accroître leurs revendications.

4.   Many people and organizations **are involved** in the movement of passengers and freight **within, to** and **from** the United States.

mot piste / étoffement

Le mouvement des voyageurs et des marchandises en provenance et à destination des États-Unis, comme à l'intérieur du pays, requiert la participation d'un grand nombre de personnes et d'organismes.

5.   The greatest **challenge** today is getting all the blackflies and mosquitoes out of the cabin before **you** take off. [Pilotage dans le Grand Nord]

mot piste / dépersonnalisation du message

De nos jours, le plus difficile est de chasser les mouches noires et les moustiques de la cabine de pilotage avant le décollage.

6.   **It is expected that** this action **will result** in **faster** service.

concision / faux comparatif

Cette mesure devrait accélérer le service.

7.   Lord Durham (1792-1840) discerned that the English would revolt rather than be subjected to French **control**. It was his opinion that many English would prefer American annexation to a government in which the French were in **control**.

mot piste ou faux amis

Lord Durham (1792-1840) comprit que les Anglais se seraient révoltés, plutôt que de se soumettre à l'autorité des Français. Selon lui, beaucoup d'Anglais auraient préféré une annexion aux États-Unis, plutôt qu'un gouvernement dirigé par les Français.

8.   We know far better how to measure **the rate at which blood flows** through the body than the rate **at which a rumor flows** through society.

tournures nominales, tournures verbales

Nous savons mesurer avec plus de justesse le débit sanguin à l'intérieur du corps que la rapidité de propagation d'une rumeur au sein de la société.

9.   Our story begins back in 1891, **when** Jack Ault opened a small dairy.

risque d'anglicisme structural

Tout a commencé avec l'ouverture d'une petite laiterie par Jack Ault, en 1891.

[Var. Nos débuts remontent à l'ouverture d'une petite laiterie par Jack Ault, en 1891.]
[Var. Nos débuts remontent à 1891, année où Jack Ault a ouvert une petite laiterie.]

10. Each **situation** is unique. But **situations** often resemble one another. **This** in fact, is what makes it possible to learn from experience. If each **situation** were wholly novel, without some resemblance to a previously experienced **situation**, our ability to cope should be hopelessly crippled.

répétition / déictique

Chaque situation est unique; toutefois, elle présente souvent des ressemblances avec d'autres, et c'est même cela qui nous permet de tirer une leçon de l'expérience. Si chacune était complètement nouvelle, sans aucun point de contact avec des circonstances passées, notre faculté d'adaptation serait irrémédiablement paralysée.

11. That first **trip** to the scale after the holiday has convinced many men and women that it is time to shape up and slim down. However the **mélange** of reducing diets and weight reduction programs available often leaves consumers confused.

Il suffit à bien des gens de se peser au retour des vacances pour se convaincre de la nécessité de perdre du poids et de se remettre en forme. Mais il n'est pas facile de s'y retrouver dans le «salmigondis» des régimes et cures d'amaigrissement offerts aux consommateurs.

12. With assets of **$125.9 billion**, Royal Bank is Canada's largest financial institution and **the third largest bank** in North America.

Avec un actif de 125,9 milliards de dollars, la Banque Royale est la plus grande institution financière du Canada et la troisième en Amérique du Nord [Var. se classe au troisième rang].

13. Can a plump, menopausal matron with two left feet who despises ice and snow, is petrified of heights and has never skied in her life, find happiness and a new life 472 metres above sea level in the rugged cliffs of Newfoundland? "No way!" chorused my **svelte, lettuce-nibbling fitness-nut friends** when I asked if they thought I could learn to ski: "You'll spend the rest of your life in a body cast," they warned.

Est-ce qu'une mère de famille grassouillette, ménopausée et plutôt gourde, qui a une sainte horreur de la neige et de la glace, qui est affligée de la phobie des hauteurs et qui n'a jamais skié de sa vie peut vivre une expérience exaltante à 472 mètres au-dessus du niveau de la mer sur les flancs escarpés des falaises de Terre-Neuve? «Jamais de la vie!», se sont écriés en chœur mes amis quand je leur ai demandé si je pourrais apprendre à skier. Ces mordus du conditionnement physique, minces comme des échalotes, m'ont prévenue : «Tu vas finir tes jours dans le plâtre.»

14. The **medieval** book trade was a secondhand trade much like the dealing today in old masters.

Au Moyen Âge, le marché du livre était un marché d'occasion, comme c'est le cas aujourd'hui des tableaux des grands maîtres.

15. No adult can **sign away** the legal rights of a child.

Aucun adulte ne peut départir un enfant de ses droits légaux d'un simple trait de plume [Var. par une simple signature].

16. It seems that we cannot make up our mind about old people: are they frail and needy, as we used to think, or are they the **Brave New Old**, **healthy** enough, **wealthy** enough, and **wise** enough **to fly** south for the winter?

À l'égard des personnes âgées, nous semblons avoir du mal à nous former une opinion : sont-elles frêles et indigentes comme nous l'avons toujours cru ou, ayant atteint le «Meilleur des âges», sont-elles assez en santé, assez riches et assez sages pour aller passer l'hiver dans le Sud?

17. **Development** is the planned growth of an **employee's knowledge, skills and experience**.

Le perfectionnement consiste à améliorer de façon systématique les connaissances d'un employé, ses aptitudes et son expérience.

18. The examples **which follow** are representative of the multitude of experiments **which have been tried** or **are ongoing**.

Les exemples suivants sont représentatifs de la multitude d'expériences passées ou actuelles.

19. When the Supreme Court ruled 95 years of English-only laws in Manitoba invalid this June, the judges were writing another **scene** in a **drama** that has an endless **run** on the province's political **stage**.

En déclarant invalides, en juin dernier, toutes les lois manitobaines rédigées uniquement en anglais depuis 95 ans, la Cour suprême ajoutait une nouvelle scène à la pièce qui tient l'affiche depuis près de cent ans au théâtre politique de la province.

20.   Saddam Hussein **purged his way to** power.

       Saddam Hussein s'est hissé au pouvoir en procédant à des purges.

Exercice 2

       Classez les faits de traduction suivants dans l'ordre où ils figurent dans la traduction du
Texte 5, «Tuck Away a Buck a Day», en associant un nombre et une lettre (Ex. : 3 = g).

       a.   Conventions de l'écriture (OS-12)
       b.   Faux comparatif (OS-30)
       c.   Sens propre, sens figuré (OS-25)
       d.   Créativité du traducteur (OS-11) ou adaptation (v. Glossaire)
       e.   Explicitation (OS-28)
       f.   Renforcement du caractère idiomatique du TA (OS-56)
       g.   Explicitation (OS-28)
       h.   Report (OS-7)
       i.   Risque d'anglicisme structural (OS-33)
       j.   Locutions, clichés, idiotismes (OS-51)
       k.   Concision (OS-46)
       l.   Implicitation (OS-27) + cohérence (OS-55)
       m.   Remémoration (OS-7)
       n.   Dépersonnalisation du message (OS-48)
       o.   Locutions, clichés, idiotismes (OS-51)
       p.   Dépersonnalisation du message (OS-48)
       q.   Déictique (OS-29)
       r.   Fausse question (OS-54)
       s.   Fausse question (OS-54)
       t.   Implicitation (OS-27)

TEXTE 5

Auteur : Anonyme
Source : *The Royal Bank Reporter*
Genre de publication : Bulletin d'information financière
Date de parution : 1984
Domaine : Gestion financière, finances personnelles
Public visé : Clients de la Banque Royale
Nombre de mots : 386

Tuck Away a Buck a Day[1]

At **30**[2], what **you** want is good results. By this time **you're**[3] either **cementing**[4] a career, having a family, or both. You probably have more **disposable income**[5] than you did when you were in your twenties (even though you don't seem to have much more **left over**[6] at the end of each pay period). And your financial needs are different now **than they were ten years ago**[7]. **This**[8] is the
5   time in your life you want your money to work **harder**[9] for you.

For most people large sums of money **don't come into our hands**[10] in lump sums—we have to build them, a dollar here, a few dollars there. But the best way of ensuring that there is **a nice pot at the end of the rainbow**[11] is to put yourself on a regular savings plan. **The key**[12] is don't be too ambitious. Better you put **$10**[13] into a daily interest savings account once a week, than
10   $40 every now and then. The reason is simple: That money, put away regularly, becomes almost forgotten for you, but it is compounding interest regularly. And by saving **on a regular basis**[14], you are developing good money management habits. **A good place to start**[15] is with the family allowance cheque **the government sends you**[16] every month. If you set up a special savings account and did nothing but deposit that money every month, you could send your kids to
15   university, and still have **some left over**[17]. [...]

In **your**[18] thirties **you're**[18] still moving up through the **company**[19] ranks, so **you**[18] don't think about retiring. But **you**[18] do start to have to look at saving some money on **your**[18] income tax. With a Retirement Savings Plan **you get both**[20]—with options that give you the flexibility to change your plans around as your needs change. [...]

20   In your thirties you're also writing more cheques than when you were 20. You pay more bills. You take more travellers' cheques on vacation. You need safe keeping. Some chartered banks have a package of bank services that, for a fixed monthly fee, reduce or eliminate the service charges normally applied to all those things, and even gives you overdraft protection. This one-stop service is a convenient and dollarwise method of controlling miscellaneous bank charges.
25   [...]

———

TEXTE 5

Les petits ruisseaux font les grandes rivières
[Var. **Il n'y a pas de petites économies**]
[Var. **Petit à petit l'oiseau fait son nid**]

À 30 ans, ce sont les résultats tangibles qui comptent. C'est l'âge où l'on consolide sa carrière, souvent pendant que l'on fonde une famille. Votre revenu disponible est sans doute plus élevé que lorsque vous étiez dans la vingtaine, même si vous avez l'impression qu'il ne vous reste pas beaucoup plus d'argent à la fin de chaque période de paye. Vos besoins financiers ont évolué
5   eux aussi. Plus que jamais, vous cherchez à faire fructifier votre argent.

Pour la plupart des gens, les grosses sommes d'argent ne tombent pas du ciel. C'est petit à petit qu'il faut les amasser. La meilleure façon d'accumuler un pécule intéressant est de mettre de l'argent de côté régulièrement. Le secret? Ne pas être trop ambitieux. Mieux vaut déposer 10 $ par semaine dans un compte d'épargne à intérêt quotidien que 40 $ de temps en temps.
10   La raison est fort simple : l'argent que l'on dépose régulièrement, on l'oublie pour ainsi dire, mais il rapporte des intérêts. C'est aussi une excellente façon d'acquérir de bonnes habitudes financières. Pourquoi ne pas commencer avec vos chèques mensuels d'allocations familiales? En les déposant chaque mois dans un compte d'épargne réservé à cette fin, vous auriez de quoi payer les études universitaires de vos enfants et auriez même de l'argent de reste! [...]
15   La trentaine, c'est l'âge des promotions. On ne songe guère à la retraite, mais on commence à chercher des façons de réduire ses impôts. Avec un régime d'épargne-retraite, vous gagnez sur les deux tableaux, tout en ayant la possibilité de modifier le régime selon l'évolution de vos besoins. [...]

Dans la trentaine, on fait plus de chèques qu'à vingt ans. On règle un plus grand nombre de
20   factures. On emporte plus de chèques de voyage en vacances, et un coffret de sûreté devient une nécessité. Certaines banques offrent à leurs clients toute une gamme de services moyennant un coût mensuel fixe. Ce forfait élimine ou réduit les frais d'administration s'appliquant à ces services, et peut même inclure un privilège de découverts. Voilà une façon pratique et économique de réduire au strict minimum ses frais bancaires. [...]

———————

OBJECTIF 6

L'EXPLICATION DE TEXTE

«La méthode [du traducteur] est l'explication de texte et non l'analyse linguistique[1].»

L'expression «explication de texte» est empruntée au domaine des études littéraires où elle est synonyme de «commentaire de texte». En littérature, une bonne explication épouse toutes les nuances du texte étudié et tient compte de l'intention générale de l'écrivain qui lui sert de fil conducteur, du sujet choisi et des diverses ressources stylistiques employées pour le traiter.

En traduction, l'explication de texte est en fait une «exploration» minutieuse du TD. En situation normale de travail, cette exploration ne s'accompagne pas d'un commentaire explicite, comme c'est le cas des exercices d'explication de texte en analyse littéraire. Néanmoins, l'expression «explication de texte» décrit bien l'étape primordiale du processus de traduction qui consiste à dégager le sens des textes. Du point de vue de la démarche suivie, l'interprétation du TD est loin d'être sans analogie avec les analyses pratiquées en études littéraires. Dans un cas comme dans l'autre, il importe de repérer toutes les idiosyncrasies des textes analysés et de les interpréter en fonction du contexte. = tempérament particulier

Dans ses mémoires, Maurice-Edgar Coindreau laisse entendre que les explications de texte l'auraient directement préparé à son métier de traducteur :

C'est Mauriac, si je ne m'abuse, qui a écrit : «Le romancier est le singe de Dieu.» Eh bien, le traducteur est le singe du romancier. Il doit faire les mêmes grimaces, que cela lui plaise ou non. Et c'est grâce à l'enseignement que j'ai reçu au temps où j'étais lycéen que j'ai acquis ce que vous pourriez prendre pour un don et qui n'est qu'un entraînement. Les exercices que je préférais lorsque j'étais sur les bancs de l'école étaient les explications de texte. Nous en faisions beaucoup, vers, prose, tout cela nos professeurs le décortiquaient devant nous et je trouvais ces dissections fascinantes. Je n'ai jamais pu additionner sans compter sur mes doigts

---

[1] Marianne Lederer, «Transcoder ou réexprimer?», dans D. Seleskovitch et M. Lederer, *Interpréter pour traduire*, p. 23.

et, si la table de multiplication finit par m'entrer dans la tête, elle n'y resta pas longtemps. Mais la valeur des mots, la cadence des phrases, la couleur d'un style ont, Dieu merci, résisté à l'outrage des ans[2].

«Décortication», «dissection», «valeur des mots», «cadence des phrases», «couleur du style», voilà autant de notions qui caractérisent l'explication de texte, qu'il s'agisse de l'exercice proprement littéraire ou de l'analyse mentale précédant ou accompagnant l'opération de traduction.

paraphrase : phrase synonyme
= commenter par une paraphrase

Expliquer un texte ce n'est pas le paraphraser, mais l'explorer, procéder à une analyse méticuleuse de sa forme tout autant que de son contenu afin de le comprendre jusque dans ses nuances les plus subtiles. Cette analyse est indispensable à la formulation des équivalences de traduction.

Cette opération cruciale, que le traducteur de métier effectue mentalement à l'étape de l'élucidation du sens, consiste à scruter la valeur contextuelle des mots et à peser leur importance relative, à déceler la cadence des phrases, l'aspect des verbes, les connotations, à évaluer la tonalité et les registres de discours, à débusquer les sous-entendus et les allusions. En un mot, le traducteur dégage ce qui lui paraît être le sens du TD et en repère toutes les particularités de forme. Il associe des compléments cognitifs à des connaissances linguistiques, tout en appliquant sa faculté de raisonnement et de compréhension. Il fait preuve d'intelligence, ce que les machines à traduire sont incapables de faire. L'explication de texte permet en somme de faire le pont entre la signification des mots et le sens. Elle est une prise en compte systématique de l'information à la fois linguistique et non linguistique d'un message. «La traduction, écrit Michel Ballard, accroît la perception des mots, des expressions, des articulations[3].»

Les exercices d'application qui complètent cet objectif visent à donner un aperçu du genre de questions que se pose un traducteur devant un texte. Ces questions, qui ne sont jamais les mêmes d'un texte à l'autre, nous renseignent sur l'intense réflexion qu'exige l'opération de traduction. Elles guident en quelque sorte l'analyse du texte, l'appréhension du sens.

———

SUGGESTIONS DE LECTURE

Michel BALLARD, *Le Commentaire de traduction anglaise*, coll. «128», n° 15, Paris, Éditions Nathan, 1992, 128 p.

———

———

[2] *Mémoires d'un traducteur*. Entretiens avec Christian Giudicelli. p. 131-132.

[3] *De Cicéron à Benjamin*, p. 227.

EXERCICES D'APPLICATION

Exercice 1

TEXTE 6

Auteur : Paul A. Samuelson
Source : *Economics*
Genre de publication : Manuel d'initiation à l'économie
Date de parution : 1980
Domaine : Bourse
Public visé : Étudiants universitaires
Nombre de mots : 390

The Crash of 1929

One traumatic event long kept the general populace fearful of venturing into stock owner-ship—memory of the 1929 panic and crash in Wall Street. This ushered in the long and painful Hoover depression of the 1930s.

5 In the United States, during the fabulous stock-market boom of the "roaring twenties", Pullman porters, housewives, college students between classes—all bought and sold stocks. Most purchases in this wild "bull" market were "on margin"; i.e., the buyer of $10,000 worth of stocks had to put up only $2,500 or less in cash and borrowed the difference, pledging the newly bought stocks. What matter that you had to pay the broker 6, 10, or 15 per cent per year on the borrowings when, in one day, Auburn Motors or Bethlehem Steel might jump 10 per cent in value!

10 When the black October crash of 1929 came, everyone was caught, the big-league professionals and the piddling amateurs—Andrew Mellon, John D. Rockefeller, the engineer in the White House, and the economics professor from Yale. The bottom fell out of the market. Brokers had to sell out the "margin" accounts of investors who could no longer pony up extra funds to cover the depleted value of their collateral, sending the market down still further. Even
15 those who did not buy on margin lost one-third of their capital by the end of the year, and five-sixths by 1932!

The soaring bull market was over. The sagging bear market had taken its place. And, as the former had lived on its dreams, so the latter was consumed by its own nightmares. Billions of dollars of security values were wiped out every month, taking with them not only the capital of
20 gamblers out for speculative gains, but also the widow's mite supposedly invested for steady income.

A "blue chip" stock like United States Steel fell from a 1929 high of 261 to a 1932 low of 21. Less respectable securities (Studebaker, for example) dropped off the board completely, becoming worthless. Even though President Hoover and his administration were friendly toward
25 business, in vain did they try to restore confidence by predicting "Prosperity is just around the corner" and "Stocks are excellent buys at their present levels."

After the great banking crisis of 1933, the stock market began to follow general business recovery.

———

QUESTIONS

1. Compléments cognitifs

a. Qu'est-ce que Wall Street? (l. 2)
b. Que signifie *the roaring twenties*? (l. 4) *Pullman porters*? (l. 4-5)
c. Définissez les termes *bull market* (l. 6), *bear market* (l. 17) et *blue chip stock* (l. 22)
d. Quel jour de la semaine s'est produit *the black October crash of 1929*? (l. 10)
e. Qui était Andrew Mellon? (l. 11)
f. Comment interprétez-vous le passage *the engineer in the White House*? (l. 11-12)
g. Quel est le nom du *economics professor from Yale* (l. 12) auquel l'auteur fait allusion? Ce renseignement est-il indispensable pour produire une traduction fidèle?
h. Qu'est-ce que *Studebaker*? (l. 23)
i. Expliquez ce qu'on entend par *to buy on margin*? (l. 6) Par *dropped off the board*? (l. 23)
j. Quelle allusion voyez-vous dans l'expression *big-league professionals*? (l. 10-11) Qui sont ces gens? Une traduction littérale est-elle possible?

2. Terminologie

Quels sont les équivalents français des termes boursiers ci-dessous? Pour choisir l'acception pertinente, tenez compte du contexte où ils figurent.

a. *stock* (l. 1) action·val·mob
b. *crash* (l. 2) krach
c. *stock-market* (l. 4) marché boursier
d. *boom* (l. 4) période de prospérité
e. *bull market* (l. 6) marché haussier
f. *to buy on margin* (l. 6) acheter sur marge
g. *broker* (l. 8) courtier

h. *to cover* (l. 14) couvrir un
i. *collateral* (l. 14) garantie découvert
j. *capital* (l.15) capital
k. *bear market* (l. 17) marché baissier
l. *speculative gains* (l. 20) gains spéculatifs
m. *blue chip stock* (l. 22) valeur sûre

3. Recherche documentaire

Avant de traduire le Texte 6, cherchez dans une encyclopédie, un livre d'histoire ou un manuel d'économie une description en français de la crise de 1929.

Exercice 2

———

TEXTE 7

Auteur : Ted Wood
Source : *EnRoute*
Genre de publication : Magazine d'un transporteur aérien
Date de parution : 1977
Domaine : Voyages
Public visé : Clients d'Air Canada
Nombre de mots : 373

A Funny Thing Happened on My Way ...

I don't have anywhere near as many Saint-Laurent shirts to lug around as some people do. And my entire jewelry collection consists of this Timex and a Legion button.

But I still overflow my suitcase every time I head out of town, even on a business trip to Moose Jaw.

5   I've tried all the recommended tricks. Take half as many clothes and twice as much money. Ha! On my second day away I find myself in a shirt with a ring around the collar you could snip out and use as a Frisbee. I end up with no travellers' cheques left anyway, and I'm still overweight, with just dirty linen.

It's bad enough on a domestic flight. [...] But imagine the complications of flying to the flip-
10   side of the globe. Nothing in my meanderings around Canada had prepared me for this. [...]

But I was determined to keep my luggage down to one case. That way I could count on having one hand free to swat scorpions or unwind any pythons which might wrap themselves around me on my voyage.

I selected with care. [...] All in all, what with summer suiting, tennis shoes, snorkels and
15   suntan oil, I assembled more luggage than a touring company of *Aida*.

By asking a couple of neighbors in to sit on the suitcase, I got it snapped shut.

I didn't expect trouble at customs.

All it takes is for one pretty girl to turn up with a bandbox full of frothy nylon and the rest of us could bootleg a cargo of horse while the authorities gather around to smirk.

20   As it happened, there were no starlets on my flight. The corn-fed basketball player behind the badge fingered the bulge in my suitcase as tenderly as an obstetrician.

I assured him that nothing inside would jeopardize the American Constitution.

"I'll decide," he told me. "Open it!"

So I pulled out the pin and it was every man for himself.

25   Twenty minutes of rag-picking had everything back into a mound. But as my neighbors had not come to see me off, there was no way to re-close the bag. Using my initiative, plus belt and braces, I managed to bind it up. [...]

———

QUESTIONS

1.   Clés du texte

a.   Où se situe l'action?
b.   Quelle est l'architecture du texte?
c.   Quelle en est la tonalité? Quel en est le registre?
d.   Relevez trois hyperboles et trois oppositions.
e.   Résumez le texte en trois ou quatre mots.

2.   Compléments cognitifs

a.   Qui est «Saint-Laurent»? Quel est son prénom?
b.   Quelle est la réputation des montres Timex? (l. 2)
c.   Qu'entend-on par *Legion*? (l. 2)
d.   Où est située Moose Jaw? (l. 4)
e.   Quelle est la population approximative de cette localité?
f.   Qu'est-ce qu'un Frisbee? (l. 7)
g.   À quelle réalité renvoie *I'm still overweight*? (l. 7-8)
h.   Qu'est-ce qu'un *snorkel*? (l. 14)
i.   Que signifie *a touring company of Aida*? (l. 15)

3.   Allusions et sous-entendus

a.   Quelles allusions décelez-vous dans les passages ci-dessous?

>   — *A Funny Thing Happened on My Way ...* (Titre)
>   — *a ring around the collar* (l. 6)
>   — *the bulge on my suitcase* (l. 21)
>   — *So I pulled out the pin and it was every man for himself* (l. 24)

b.   Que sous-entend le premier paragraphe?
c.   Quelle valeur connotative l'auteur donne-t-il à Moose Jaw? (l. 4)
d.   Cela peut-il avoir une incidence sur la traduction?

4.   Interprétation contextuelle

Comment convient-il d'interpréter les mots, syntagmes ou idiotismes suivants?

a.   *Ha!* (l. 6)
b.   *overweight* (l. 8)
c.   *It's bad enough* (l. 9)
d.   *frothy nylon* (l. 18)
e.   *the rest of us* (l. 18-19)
f.   *a cargo of horse* (l. 19)
g.   *authorities* (l. 19)
h.   *on my flight* (l. 20)
i.   *rag-picking* (l. 25)
j.   *initiative* (l. 26)

5.   Difficultés de traduction

Nommez la difficulté de traduction que renferme chacun des passages suivants :

a.   *this Timex* (l. 2)
b.   *you could snip out and use as a Frisbee* (l. 6-7)
c.   *I selected with care* (l. 14)
d.   *the corn-fed basketball player* (l. 20)
e.   *behind the badge* (l. 20-21)
f.   *"I'll decide," he told me. "Open it!"* (l. 23)

Exercice 3

La traduction commentée, variante scolaire de l'explication de texte qu'effectue mentalement le traducteur professionnel, est une autre façon d'illustrer la réflexion qui sous-tend l'opération de traduction. Une allusion, une création lexicale, un jeu de mots, un écart stylistique, une expression idiomatique, bref, tout passage présentant un intérêt du point de vue de l'interprétation des textes ou de la réexpression du sens peut faire l'objet d'un commentaire d'ordre linguistique ou encyclopédique.

Ce commentaire prendra la forme d'une note explicative ou justificative. Sa longueur variera en fonction de la nature de la particularité commentée. On commentera tous les passages encadrés d'astérisques dans le Texte 8 ci-dessous.

TEXTE 8

Auteur : Anonyme
Source : *Time*
Genre de publication : Magazine américain de grande diffusion
Date de parution : 1974
Domaine : Histoire sociale
Public visé : Grand public
Nombre de mots : 383

The Great American Animal Farm

"Din-dins, everyone!"

First, imported sardines, then chicken croquettes in white wine sauce, with a few *Yummies* to follow. That's for *Samantha*. For *Buddy*, there are flamed medallion of beef and vitamin-enriched doughnuts. *Carol's* getting fruit treats.

5   Oh, for Pa and Ma and you kids, it's spaghetti again. No meatballs. Inflation, remember?

With infinite variation but only slight exaggeration, some such *table d'hôte* is presented
daily in countless American households. Samantha the cat, Buddy the beagle, Carol the canary,
and myriad other furred, finned, scaly and feathered creatures are not only members of the *great
extended U.S. family*; *they are more equal than most*. The U.S. *pet set* gets not only more
10   nutritious meals but also better medical care and vastly more affection than the great majority of
the world's people.

Wag and Purr. Pets are the surrogate children—and husbands and wives—of Western
society, returning, for *kibbles and kisses*, companionship and devotion, or at least a cool
tolerance accepted as love. Like pharaohs and czars and Caesars, Americans surround
15   themselves with absurdly exalted animals. In a disjointed society and a disquieting world, these
anthropomorphized adoptees can be counted on to wag and purr and warble, warming human
hearts and hearths until they pass expensively on to await us in the *Great Pet Sheraton
Upstairs*.

The U.S. today is undergoing what can only be described as an *animalthusian explosion*.
20   There are enough pet species in this country alone—some 5,000—so that just one pair from
every category would require, come the deluge, a Noah's ark the size of the *U.S.S. Enterprise*.

The some 100 million dogs and cats in the U.S. reproduce at the rate of 3,000 an hour,
v. the 415 human babies born each 60 minutes. An estimated 60% of the 70 million American
households own pets—including 350 million fish, 22 million birds and 8 million horses—and nearly
25   30% of these families have more than one. No less a journal than the *Bulletin of the Atomic
Scientists* has urgently advocated zero population growth for pets. Otherwise, in dark moments
one can envision a vast, real-life re-enactment of George Orwell's *Animal Farm*, with all the
captive creatures, from *apes to zebras*, dispossessing their patrons and decreeing: "Whatever
goes upon two legs is an enemy; whatever goes upon four legs, or has wings, is a friend."

———————

IV

PROCESSUS COGNITIF DE LA TRADUCTION

OBJECTIF 7

REPORT, REMÉMORATION, CRÉATION DISCURSIVE[1]

L'objet du processus cognitif de la traduction est l'interprétation des textes en vue d'en dégager le sens le plus probable. Ce septième objectif et les quatre suivants décrivent ce processus sous des angles différents.

On peut concevoir le processus d'appréhension du sens comme un dialogue silencieux qui s'établit entre le traducteur et le TD. Tous les éléments d'information du texte original (mots, syntagmes, symboles, etc.) sont pris en compte, cela va de soi, mais tous n'exigent pas le même effort d'interprétation pour que se réalisent la compréhension et le transfert en LA. Certains segments sont plus faciles que d'autres à intégrer dans le TA.

Il y a, en effet, des éléments d'un texte que le traducteur rend presque instantanément dans le TA sans que cela exige de lui un effort intellectuel particulier. En revanche, certains passages l'obligent à un surcroît de réflexion. Dans ces derniers cas, le sens «se rebiffe», il ne se laisse pas saisir du premier coup ou est difficile à reformuler. Comment expliquer ces blocages momentanés? Comment se fait-il qu'on ne puisse pas traduire à la vitesse de la lecture? La méconnaissance des langues pourrait être une explication, mais elle n'est souvent pas en cause. Même les traducteurs chevronnés restent paralysés momentanément devant des groupes de mots qui ne trouvent pas d'équivalences immédiates dans l'autre langue. On comprend que le vocabulaire spécialisé puisse ralentir le travail d'un traducteur généraliste, mais c'est une erreur de croire que la difficulté de réexpression est toujours liée à la technicité des termes. Les blocages peuvent se produire tout autant sur des mots usuels dont la signification courante est connue. La source de la difficulté réside, en fait, dans l'acception contextuelle de ces mots et non dans la méconnaissance de leur signification en langue.

Pour expliquer ce phénomène, nous distinguerons trois niveaux d'interprétation des mots en contexte : le report, la remémoration, la création discursive. Bien qu'elles soient définies dans le glossaire, ces notions importantes appellent les précisions suivantes. Nous illustrerons notre démonstration d'exemples tirés du Texte 9, «Giselle».

---

[1] Dans *L'Analyse du discours comme méthode de traduction* (p. 101-112), nous avons utilisé respectivement les termes «report» ou «translation», «réactivation» et «recréation contextuelle» pour désigner ces trois notions. Nous préférons désormais utiliser «report», «remémoration» et «création discursive», termes qui nous semblent plus simples, plus précis et plus transparents.

TEXTE 9

Auteur : Michael Crabb
Source : *Prélude*
Genre de publication : Programme d'un spectacle de ballet
Date de parution: 1984
Domaine : Ballet (Synopsis — Notes de programme)
Public visé : Spectateurs
Nombre de mots : 341

Giselle

It's more than 140 years since the great Italian ballerina Carlotta Grisi gave the first performance of the title role in that now most celebrated of 19th century ballets—*Giselle*. Since then hundreds of dancers around the world have put their talent on the line in what is generally considered to be the most challenging female role in the whole classical ballet repertoire.

5   Giselle is to the ballerina what Hamlet is to the actor. There are certainly roles which contain more difficult steps or which require greater stamina, but none demands quite the same combination of dancing and acting as does Giselle.

In the first of the ballet's two acts, Giselle must be the innocent, charming peasant girl whose love for dancing is exceeded only by her adoration of the handsome stranger who comes to woo
10   her. Her sweet, naïve devotion is, however, betrayed. The man who has persuaded Giselle that he loves her turns out to be a blue-blooded philanderer, the son of a neighbouring duke. Worse yet, he is betrothed to a beautiful noblewoman. Giselle's delicate heart is broken, her mind is unhinged, she stabs herself with young Count Albrecht's own sword and dies.

In the second act Giselle returns as a spirit; to be exact, as a Wili, whose fate it is (like all
15   other dance-loving maidens who have died before their wedding day) to wander the woods by night.

It all sounds terribly silly and melodramatic doesn't it? Well, to audiences of the 1840s, such stuff was quite acceptable. The fevered imaginations of the Romantic era, expressed through writers, painters, composers and, yes, choreographers, delighted in stories that dwelt on the
20   supernatural and ended tragically.

The challenge for today's Giselle is to reach down to the dramatic core of the ballet—to the contrast between pure love and unprincipled lust, to the poignant theme of betrayal, repentance, forgiveness and redemption—and to make them real for a contemporary audience. If she can do that, the ballet will work as well as it did all those years ago at its premiere in Paris.

———

REPORT

Tout texte à traduire renferme une proportion variable d'éléments d'information qui échappent presque complètement à l'analyse du sens. Le traducteur les retranscrit tout simplement dans le TA sans vraiment avoir besoin d'interroger le contexte ou la situation pour en dégager le sens, d'où le terme «report». Cette opération s'apparente à celle du comptable qui reporte un nombre dans une colonne de son livre de comptes, sans effectuer de calculs avec ce nombre.

Les éléments d'information faisant généralement l'objet d'un report sont les noms propres, les nombres, les dates, les termes techniques ou scientifiques monosémiques, les titres de revues, certains symboles (%, $, >, #), les codes postaux, les formules mathématiques, etc.

Bien sûr, il y a des exceptions : les unités de mesure qu'il faut parfois convertir (10 m.p.h. : 16 km/h), les noms propres qu'il convient d'adapter dans certains genres de textes (Mrs. Smith : Mme Dupont), certains toponymes [Antwerp : Anvers; London : Londres (Angleterre), mais pas London (Ontario), qui reste inchangé], les éponymes différant d'une langue à une autre (noms de maladies, lois scientifiques). Ces cas particuliers mis à part, on peut affirmer que dans tout texte un certain nombre d'éléments d'information échappent plus ou moins au processus interprétatif et sont reportés dans le TA.

Dans le texte «Giselle», les éléments suivants font l'objet d'un simple report :

Giselle (9 fois)	Hamlet (l. 5)
140 (l. 1)	Wili (l. 14)
Carlotta Grisi (l. 1)	1840 (l. 17)
19 (l. 2)	Paris (l. 24)

Dans le cas de *Count Albrecht* (l. 13), le traducteur est libre de franciser ce prénom germanique en «comte Albert».

––––––––––

REMÉMORATION

Les mots, syntagmes ou énoncés du TD qui font l'objet d'une remémoration sont les passages dont la signification pertinente est déduite du contexte et dont la restitution en LA se fait par le moyen d'une équivalence lexicalisée, généralement consignée dans les dictionnaires. Contrairement aux reports, qui nécessitent un effort de réflexion nul ou quasi nul, une remémoration exige une analyse du contexte et le recours à des compléments cognitifs. Mais la réexpression, dans ce cas, repose principalement sur la *mémoire* des langues. Une fois l'acception isolée, le traducteur réactive sa mémoire et peut compter trouver en LA un mot (une expression) utilisé habituellement et spontanément par les usagers de cette langue pour désigner la même réalité dans la même situation de communication. Les équivalences de cette nature sont consignées dans les deux systèmes linguistiques en présence. Dans le premier paragraphe du texte d'illustration, on peut citer les exemples suivants de remémoration :

years : ans
the great Italian ballerina :
  la grande ballerine italienne
title role : rôle-titre
century : siècle
ballets : ballets
hundreds of dancers :
  des centaines de danseurs

around the world : dans le
  monde;
have put their talent :
  ont mis leur talent
female role : rôle féminin
classical repertoire :
  répertoire classique

Ces cas de remémoration ne font pas pour autant de l'opération de traduction un processus mécanique consistant à faire coïncider les mots d'une langue avec leurs correspondants dans une autre. Si traduire se ramenait à ce banal exercice de substitution, on pourrait confier cette tâche aux machines. La remémoration mobilise toujours la faculté d'intelligence (analyse du sens) et la mémoire (rappel des équivalents lexicalisés).

Mais il y a plus. La pratique de la traduction exige aussi des aptitudes de rédacteur, c'est-à-dire la capacité de manier le langage, de procéder à des analyses-synthèses de segments d'information. Cette aptitude se manifeste en particulier dans la traduction des passages suivants du premier paragraphe :

It's more than 140 years since (l. 1)
  Voilà plus de 140 ans que...
  [Var. Il y a plus de 140 ans,...]

gave the first performance of the title role (l. 1-2)
  créa le rôle-titre

in what is generally considered to be the most challenging female role (l. 3-4)
  l'un des rôles féminins les plus exigeants

Ces réaménagements lexicaux et syntaxiques font appel aux qualités de rédacteur du traducteur (v. l'Introduction de l'OG-8 «Difficultés d'ordre rédactionnel») ainsi qu'à sa connaissance active de la langue d'arrivée. La version française du premier paragraphe pourra se lire ainsi :

Voilà plus de 140 ans que la grande ballerine italienne Carlotta Grisi a créé le rôle-titre d'un des plus célèbres ballets du XIXe siècle, *Giselle*. Depuis lors, des centaines de danseuses à travers le monde ont mis leur talent à l'épreuve en interprétant ce personnage, l'un des rôles féminins les plus exigeants du répertoire classique.

———

CRÉATION DISCURSIVE

À côté des mots et passages plus ou moins aisés à traduire, tout texte renferme, aux endroits où on s'y attend le moins, des «pierres et des souches», comme disait Martin Luther, qu'il faut savoir éliminer pour rendre le sens et parvenir à la plus grande lisibilité possible. Une création discursive nécessite un effort de réflexion plus intense qu'une remémoration. Il ne suffit pas, comme dans le cas d'une remémoration, d'isoler la signification pertinente, puis de mobiliser l'équivalence lexicalisée. Il faut trouver une formulation non donnée d'avance qui recouvre le sens du passage original. Cette formulation n'est pas créée de toutes pièces, elle existe de façon latente dans la LA, mais elle n'est pas associée normalement aux mots du TD et ne figure dans aucun dictionnaire bilingue. Le discours a la propriété de faire éclater les limites de la langue et la signification des mots.

Une des caractéristiques des langues, en effet, est de permettre, à partir d'un nombre fini de phonèmes, de vocables et de structures, de produire une infinité d'énoncés grâce à des combinaisons originales dont le sens découle du contexte où elles s'insèrent. Le fait que les éléments lexicaux ne perdent pas leur identité formelle tout en pouvant revêtir une infinité de sens rend parfois difficile l'analyse de ce sens. L'acception contextuelle inusitée des mots choisis par un rédacteur pour exprimer une idée peut faire obstacle à l'élucidation du sens ou à sa réexpression.

Dans le texte d'illustration, le passage *such stuff was quite acceptable* (l. 17-18) est un exemple d'une unité de traduction qu'il faut traduire par création discursive. Quelle valeur donner à *stuff*, mot vague s'il en est? Le mot français «acceptable» est à écarter également, car il connoterait ici une conformité aux bienséances ou aux bonnes mœurs, ce qui trahirait le sens du TD. L'analyse du sens n'est plus aussi facile ni aussi évidente que dans le cas d'éléments traduisibles par remémoration. Une fois convaincu, après analyse du contexte, que ce passage signifie «le public du siècle dernier se laissait toucher par des scénarios aussi mélodramatiques que celui de Giselle», il s'agit de rendre cette idée en français sans recourir à une longue explication. Comment traduire sans paraphraser?

C'est dans ce genre de situations que le traducteur révèle son talent et qu'il fait preuve de créativité (v. l'Objectif 11). Puisant dans son bagage cognitif (nourri de lectures abondantes et variées), il explore mentalement, par la magie de l'intelligence à l'œuvre, les possibilités d'expression de la LA. Au terme de ce processus plus ou moins long, l'expression «ce genre d'histoires passait la rampe» pourra lui apparaître comme une solution acceptable.

Cette «équivalence» dans la «différence» est possible en raison de la dynamique des discours. Les créations discursives n'ont rien à voir avec les créations néologiques qui, elles, sont des innovations lexicales proprement dites destinées à dénommer une réalité nouvelle, abstraite ou concrète. On peut néanmoins parler de «création» discursive puisque la formulation retenue est nouvelle par rapport aux mots du TD et n'est valable que pour le contexte où elle figure. En outre, devant un passage exigeant une équivalence de type création discursive, plusieurs traducteurs aboutiraient probablement à des formulations différentes, toutes aussi acceptables les unes que les autres. Issue du domaine du théâtre (le TD traite aussi d'un art de la scène — le ballet), l'expression «passer la rampe» signifie «qui atteint le public, qui porte, fait son effet» (*Le Petit Robert*). Sans être la seule solution possible, cette équivalence rend, au-delà des mots ou plutôt indépendamment des mots du TD, le sens original tel que l'a compris le traducteur.

Il y aura toujours des sceptiques qui, mettant en doute la possibilité de la traduction, demanderont : «Mais est-ce bien cela que l'auteur a voulu dire?» «Comment pouvons-nous avoir la certitude que notre interprétation du sens est fidèle à la pensée de l'auteur?» Les questions théoriques de ce genre ne sont pas inintéressantes, mais il faut accepter le fait que la traduction est un art d'application et que la communication n'est jamais intégrale, même entre personnes partageant une langue commune. Pourquoi serait-on plus exigeant lorsqu'il s'agit de la communication interlinguistique?

Objet d'interprétation par le traducteur, le sens est forcément objet de polémique. Faut-il s'en étonner? On peut même avancer que l'étude de la traduction ne pourra jamais être une science exacte, précisément parce que la pratique de la traduction ne pourra jamais se soustraire au *risque* de l'interprétation du sens. C'est que le sens n'*est* pas, il est le résultat d'une construction. On peut même dire que l'interprétation, étape cruciale du processus cognitif de la traduction, justifie l'existence même du traducteur. «Si le traducteur n'était pas interprète, il serait inutile», avait bien vu Alfred de Vigny[2].

Quoi qu'il en soit, que des millions de personnes réussissent quotidiennement à communiquer entre elles par l'intermédiaire de traducteurs prouve à l'évidence que ceux-ci réussissent à communiquer le sens des textes de façon satisfaisante. Ajoutons au passage que la problématique de la fidélité ne se pose pas tout à fait dans les mêmes termes pour les textes pragmatiques (ceux qui nous intéressent au premier chef) et les œuvres artistiques (romans, nouvelles, poèmes).

Dans notre exemple, le traducteur a procédé à une déverbalisation, puis à une synthèse des éléments de sens retenus. Hors contexte, il lui aurait été impossible de prédire que les mots *stuff* et *quite acceptable* auraient comme équivalents dans le texte français «histoires» et «passer la rampe». Seuls les courants sémantiques qui parcourent les textes peuvent justifier cette équivalence. Étymologiquement, «contexte» signifie «tisser ensemble». Au sujet des mots du passage original *such stuff was quite acceptable*, nous pourrions dire à la suite de Daniel Pennac : «Les mots ont rendu leur sens, paix à leurs lettres[3].»

Est-il besoin d'ajouter que les dictionnaires bilingues n'auraient été d'aucun secours pour arriver à la solution retenue? Jamais, non plus, ils ne consigneront cette équivalence que nous pourrions qualifier de «ponctuelle» ou «d'appoint», car elle est propre au contexte qui l'a rendue possible. Si le traducteur s'est éloigné de la formulation originale, c'est pour se rapprocher du sens et respecter le caractère idiomatique du TA. Précisons, enfin, que certaines créations discursives sont obligatoires (c'est le cas ici), alors que d'autres sont facultatives. Nous aurons l'occasion de revenir sur cette distinction lorsque nous traiterons du renforcement du caractère idiomatique du TA (v. l'Objectif 56).

Par analogie avec l'algèbre, nous pouvons dire, en guise de conclusion, qu'il y a entre une remémoration et une création discursive une différence comparable à celle qui existe entre une équation à une inconnue et une équation à deux inconnues. Une équation est une formule d'égalité entre deux quantités, tout comme une équivalence de traduction est une relation

---

[2] *Cité par* Lieven D'Hulst, *Cent Ans de théorie française de la traduction : de Batteux à Littré (1748-1847)*, p. 74. Il est significatif que les théoriciennes et pédagogues Danica Seleskovitch et Marianne Lederer aient intitulé une de leurs publications communes : *Interpréter pour traduire*.

[3] *Comme un roman*, p. 63. Cette réflexion est à rapprocher de la demi-boutade de Lewis Carroll : «Take care of the sense and the words will take care of themselves.»

d'identité entre deux unités de sens de langues différentes. Dans les deux cas, l'établissement de la relation d'identité est conditionnel à la valeur attribuée aux inconnues. Dans une remémoration, le sens de l'expression originale ne pose aucun problème particulier d'interprétation et, par conséquent, la seule inconnue à trouver est l'équivalent consigné dans la LA (les dictionnaires bilingues). Une création discursive, en revanche, exige du traducteur qu'il attribue une valeur à deux inconnues : d'une part, qu'il établisse clairement le sens le plus probable du passage original et, d'autre part, qu'il explore les «disponibilités» de la LA pour trouver une expression ayant le même poids sémantique et stylistique.

Les notions de «report», de «remémoration» et de «création discursive» éclairent le processus cognitif de la traduction en montrant que tous les éléments d'information présents dans les textes à traduire ne nécessitent pas le même effort de réflexion au moment de l'appréhension du sens et de sa reformulation en LA. Ces notions permettent en outre de distinguer trois grands types d'équivalences de traduction. Enfin, nous avons vu qu'en maniant le langage, le traducteur procède aussi à des regroupements synthétiques de segments d'information. Dans des objectifs ultérieurs, nous traiterons plus en détail de ce phénomène.

EXERCICES D'APPLICATION

Exercice 1

Avant de traduire le Texte 9, «Giselle», répondez aux questions suivantes.

1.   Quel procédé de traduction convient-il d'appliquer pour traduire chacun des passages suivants :

  a. *the whole classical ballet repertoire* (l. 4)
  b. *as does Giselle* (l. 7)
  c. *for today's Giselle* (l. 21)
  d. *the ballet will work as well as* (l. 24)

2.   Peut-on traduire la première phrase du deuxième paragraphe (l. 5) par «Giselle est à une ballerine ce que Hamlet est à un acteur»? Justifiez votre réponse.

3.   Parmi les quatre mots suivants, lequel choisiriez-vous, eu égard au contexte, pour traduire *devotion* (l. 10) : adulation, dévotion, vénération, adoration? Justifiez votre choix.

4.   À votre avis, y a-t-il lieu d'introduire un lien logique entre la phrase se terminant par *...to a beautiful noblewoman* (l. 12) et celle qui suit : *Giselle's delicate heart is broken,...* (l. 12-13)?

5.   Peut-on traduire littéralement le passage *she stabs herself with young Count Albrecht's own sword and dies* (l. 12-13) par «elle se poignarde avec l'épée du jeune comte Albert et meurt»? Justifiez votre réponse.

6. Les mots *silly* et *melodramatic* (l. 17) pourraient-ils avoir comme équivalents français «nono» et «mélo-mélo»? Justifiez votre réponse.

7. Le mot *expressed* (l. 18) serait mal traduit par son correspondant français «exprimé». En procédant à l'analyse du sens de ce mot, tentez de suivre les voies de l'analogie et de la collocation pour y trouver une équivalence acceptable.

8. Vérifiez les correspondants français du mot *core* (l. 21) dans un dictionnaire bilingue. Y trouvez-vous une équivalence acceptable?

9. Le mot *challenge* (l. 21) ne se traduit pas toujours par «défi». Reportez-vous à l'Objectif 14 et proposez une traduction idiomatique.

10. *If she can do that* (l. 23-24) : [Traduction littérale] «Si elle peut faire cela». N'y a-t-il pas lieu ici de renforcer cette expression par une locution idiomatique qui rendrait le sens de *If she meets the challenge*?

———

Exercice 2

TEXTE 10

Auteur : Alvin Toffler
Source : *The Third Wave*
Genre de publication : Best-seller américain
Date de parution : 1980
Domaine : Histoire sociale
Public visé : Grand public
Nombre de mots : 307

The Gene Industry

Major companies are already in hot pursuit of commercial applications of the new biology. They dream of placing enzymes in the automobile to monitor exhaust and send data on pollution to a microprocessor that will then adjust the engine. They speak of what *The New York Times* calls "metal-hungry microbes that might be used to mine valuable trace metals from ocean water."
5 They have already demanded and won the right to patent new life forms, Eli Lilly, Hoffmann-La Roche, G. D. Searle, Upjohn, and Merck, not to mention General Electric, are all in the race.

     Nervous critics, including many scientists, justifiably worry that there is a race at all. They conjure up images not of oil spills, but of "microbe spills" that could spread disease and decimate entire populations. The creation and accidental release of virulent microbes, however, is only one
10 cause for alarm. Completely sober and respectable scientists are talking about possibilities that stagger the imagination.

Should we breed people with cowlike stomachs so they can digest grass and hay—thereby alleviating the food problem by modifying us to eat lower down on the food chain? Should we biologically alter workers to fit job requirements—for example, creating pilots with
15   faster reaction times or assembly-line workers neurologically designed to do our monotonous work for us? Should we attempt to eliminate "inferior" people and breed a "super-race"? (Hitler tried this, but without the genetic weaponry that may soon issue from our laboratories.) Should we clone soldiers to do our fighting? Should we use genetic forecasting to pre-eliminate "unfit" babies? Should we grow reserve organs for ourselves—each of us having, as it were, a "savings
20   bank" full of spare kidneys, livers, or lungs?

pour ainsi dire

Wild as these notions may sound, every one has its advocates (and adversaries) in the scientific community as well as its striking commercial applications.

+ = pour farfelues que paraissent ces idées
ou si farfelues que paraissent ces idées
ou — ces idées paraissent-elles

En préparant votre traduction du Texte 10, répondez aux questions ci-dessous.

1.   Relevez dans ce texte

        a. 5 exemples de report
        b. 5 exemples de remémoration
        c. 3 exemples de création discursive

2.   Interprétez le sens des mots suivants et proposez une traduction :

        a. *nervous* (l. 7)
        b. *justifiably worry* (l. 7)
        c. *sober* (l. 10)
        d. *reaction times* (l. 15)
        e. *advocates* (l. 21)

3.   Relevez un exemple de faux comparatif.

4.   Le troisième paragraphe renferme une anaphore (*Should we*). Est-il nécessaire de la conserver? Dans la négative, comment pourrait-on éviter la répétition de «Devrions-nous» (v. l'Objectif 49)?

5.   Commentez la traduction des mots ou des passages ci-dessous qui comportent des risques d'anglicismes (lexicaux et syntaxiques), d'impropriété ou de solécisme :

        a. *adjust* (l. 3) r. d'angl. lex., impropriété
        b. *demanded* (l. 5) r. d'angl. lex., impropriété
        c. *including* (l. 7) r. d'angl. synt.
        d. *oil* (l. 8) r. d'impropriété
        e. *Wild as these notions may sound* (l. 21) solécisme

————

CORRESPONDANCES DE MOTS, ÉQUIVALENCES

«La traduction serait un jeu d'enfant s'il suffisait, pour l'exercer, d'aller cueillir chaque fois dans la langue d'en face les éléments correspondants à ceux du texte initial et de les disposer dans le même ordre. Or que l'on prenne, justement, deux langues et qu'on essaie de les placer face à face, on obtiendra le même résultat qu'avec deux tranches d'emmenthal choisies au hasard et appliquées l'une contre l'autre. Il y aura des pleins en face des trous, des demi-pleins en face de demi-trous, et ainsi de suite[1].»

L'objectif 8 vise à illustrer le principe selon lequel, quand on traduit, on ne transpose pas des mots d'une langue en une autre, mais toujours des unités de sens s'intégrant dans un ensemble cohérent, un texte.

Il importe de prendre conscience de la distinction qui existe entre les correspondances de mots et les équivalences (v. Glossaire). Cette distinction est nécessaire pour expliquer, notamment, le littéralisme *abusif* de ceux qui commencent à apprendre à traduire. Il est capital de bien saisir que les mots isolés sont aux énoncés en contexte ce que les notes sur les portées sont aux sonorités produites par les instruments de musique. Bien que la musique existe sur les partitions, elle ne «vit» réellement que sous sa forme acoustique. De même, les mots ne vivent vraiment que dans des énoncés destinés à transmettre un message.

Le tableau à trois colonnes ci-après fait ressortir cette distinction cruciale et donne un aperçu de la réflexion qu'exige la formulation des équivalences. Dans la colonne de gauche figurent des éléments d'information (mots, nombres, syntagmes, énoncés) extraits d'un texte anglais; dans celle du centre, les correspondants français de ces mêmes éléments tels qu'on peut les imaginer hors contexte ou tels qu'ils sont consignés dans les dictionnaires bilingues et, à droite, les équivalences provenant de la traduction du TD.

---

[1] Jacques Rancourt, «De la traduction à la traduction de poésie», p. 91-92.

ORIGINAL	*viennent de dict.* CORRESPONDANCES	*traduction* ÉQUIVALENCES
human beings	êtres humains	personnes
perfect pitch	oreille absolue	oreille absolue
total	total, global, complet	infaillible
Ben Skora	Ben Skora	Ben Skora
blueprint	bleu; plan, projet	plan
dropout	dropout, jeune qui abandonne l'école; décrocheur (canadianisme)	décrocheur
30	30	trente
helped pay the rent	aida à payer le loyer	réussit à joindre les deux bouts
drug	drogue, stupéfiant, médicament, médication	drogués (*drug problems*)
hypnosis	hypnose	hypnose
addiction	dépendance, penchant	-mane [gadgetomane]
gadgets	gadgets, trucs, machins, bidules	gadget [gadgetomane]
six years ago	il y a six ans	il y a six ans
garage	garage	garage
motors	moteurs	moteurs
$2,000	2 000 $	2 000 $
psychic	psychique; medium; télépathe	(somme) folle
image	image, portrait	image
And he looked upon it	Et il le (la) regarda	Et il regarda son œuvre
Arok	Arok	Arok
home	foyer, maison, chez-soi	amateur
robot builders	constructeurs de robots	robotologues

Les mots de la colonne de gauche du tableau de la page précédente sont extraits du premier paragraphe du texte ci-dessous.

TEXTE 11

Auteur : Anonyme
Source : *Time*
Genre de publication : Magazine américain de grande diffusion
Date de parution : 1978
Domaine : Robotisation
Public visé : Grand public
Nombre de mots : 383

A Better Robot

Some human beings are gifted with perfect pitch, others with total recall. Ben Skora can hand-build just about anything, without benefit of blueprint. A dropout, onetime recording company owner, Skora has for the past 30 years helped pay the rent by treating drug, drinking and other behavioral problem cases with hypnosis. But he admits to a lifelong addiction of his own: gadgets.
5 One historic day six years ago, he repaired to his garage with an armload of automobile power-window assemblies and secondhand refrigerator motors worth about $2,000 at the junkyard. Three years and a psychic $750,000 later (his labor, which he figures at $20 an hour), Skora had remade the mountain of junk in his own image and likeness, more or less. And he looked upon it and saw it was good. And he called it Arok. Following the custom among home robot builders,
10 Arok is Skora spelled backward (without the s).

Skora had not simply built a robot: any science fair show-off can do that. He had built a better robot. At 6 ft. 8 in. and 275 lbs., Arok looks something like an air-conditioning duct on roller skates. But this man of steel can lift 125 lbs. dead weight, bend 45" at the waist and locomote forward or backward at a top speed of 3 m.p.h. Arok can vacuum the rug, take out the trash,
15 serve a tray of Dr. Peppers (Skora does not drink hard liquor).

When not engaged in light housework, Arok passes the day gazing sternly over the living room from his accustomed corner next to the TV set. He moves toward you quietly, with an air of intimidating strength. You know his limbs contain sensors that will short his circuits before he can crush your limbs, but you are reluctant to take his hand when he offers it. You know Arok's
20 master is putting words in his mouth from across the room through a microphone in an attaché case-sized control panel, but you find yourself interviewing him with stiff formality. You know his name is Arok, but you want to call him sir. Your palms grow moist, and the room suddenly seems very small. When you point out with exaggerated amiability that his digital watch is an hour slow, he snaps, "That's Mars time, dummy." He does not suffer mortals gladly. [...]

———————

Traduction du premier paragraphe

Un robot amélioré

Certaines personnes sont douées d'une oreille absolue, d'autres, d'une mémoire infaillible. Ben Skora, lui, peut bricoler à peu près n'importe quoi sans l'aide d'un plan. Ce décrocheur*, qui fut quelque temps propriétaire d'une société d'enregistrement, réussit depuis trente ans à joindre les deux bouts en traitant par hypnose des drogués, des alcooliques et autres malades souffrant de
5   troubles de comportement. Il ne cache pas qu'il a été lui-même toute sa vie un gadgetomane invétéré. Un beau jour, il y a six ans, il se réfugia dans son garage avec tout un attirail de moteurs de frigos usagés et de lève-glaces automatiques d'autos, le tout valant environ 2 000 $ chez un récupérateur. Trois ans et la somme folle de 750 000 $ plus tard (son travail évalué à 20 $ l'heure), Skora avait transformé ce tas de ferraille à son image et à sa ressemblance. Enfin,
10 plus ou moins. Et il regarda son œuvre et vit que cela était bon. Et il lui donna le nom d'Arok. Comme le veut la coutume chez les robotologues amateurs, Arok est l'anagramme de Skora (sans le s).

* «Jeune homme, jeune fille qui abandonne ses études. — De *décrocher.*» *Dictionnaire du français Plus*, Montréal, 1988.

———

COMMENTAIRES

Les leçons à tirer de cet exercice sont nombreuses. Tout d'abord, il est facile de constater qu'en contexte les mots perdent leurs virtualités de signification pour acquérir un sens. Ainsi, le mot polyvalent *blueprint* acquiert la signification pertinente de «plan», les autres acceptions restent dans l'ombre. Elles ne surgissent même pas à l'esprit du traducteur.

Cette disposition sur trois colonnes permet aussi de constater qu'il y a *parfois* coïncidence entre les correspondances et les équivalences. C'est le cas des reports et de certaines remémorations. Exemples de reports : Ben Skora, 30, 2 000 $, Arok. Exemples de remémorations : oreille absolue, hypnose, il y a six ans, garage, moteurs. Les niveaux d'interprétation étudiés à l'objectif précédent rendent compte de ces coïncidences.

D'autres signes linguistiques, par contre, acquièrent en contexte un sens qu'il est impossible de soupçonner à partir de leurs significations en langue (hors contexte). Seule leur insertion dans un message réel (niveau discursif) peut justifier les équivalences suivantes : *total* : infaillible; *helped pay the rent* : réussit à joindre les deux bouts; *home* : amateur. Ces exemples corroborent les principes selon lesquels, quand on traduit :

1. on ne transpose pas des mots d'une langue en une autre, mais des unités de sens intégrées dans un texte;

2. certains mots du TD revêtent dans le TA des acceptions contextuelles non prévisibles hors contexte. (C'est ce qui explique que *total* puisse revêtir le sens de «infaillible».)

Ce tableau met aussi en évidence le fait que, travaillant au niveau discursif, le traducteur voit ses possibilités d'expression décuplées pour réexprimer une unité de traduction. Il peut procéder à des analyses-synthèses et faire preuve de créativité en tant que rédacteur soucieux de respecter et le sens (tel qu'il le saisit) et la tonalité (telle qu'il la ressent) du TD. Il peut, par exemple, rendre le passage *a lifelong addiction of his own : gadgets* par «il a été lui-même toute sa vie un gadgetomane invétéré». L'humour feutré qui teinte le TD autorise cette formulation (parmi d'autres). La création discursive «gadgetomane invétéré» a été modelée, par analogie, sur «toxicomane» et «buveur invétéré». (Nous avons vu à l'Objectif 4 l'importance pour le traducteur de savoir tirer parti du raisonnement analogique, composante importante de sa méthode de travail.) Les créations de ce genre sont moins l'effet d'un heureux hasard dû à l'«inspiration» que le produit d'une analyse attentive et intuitive du sens et des effets stylistiques d'un texte. Elles sont aussi le résultat d'une exploitation intelligente des moyens d'expression plus ou moins riches dont dispose le traducteur. Son art est fait d'intelligence (compréhension) et d'éloquence (reformulation).

Les observations faites à propos de «gadgetomane invétéré» s'appliquent aussi à la traduction de *robot builders* par «robotologues». Ces deux créations discursives ne sont pas le produit du rappel d'une formulation plus ou moins obligatoire comme c'était le cas de «oreille absolue», «plan», «30», «garage» ou «hypnose». Le traducteur aurait sûrement pu opter pour une traduction littérale dans le second cas et parler de «constructeurs de robots». Il a fait un autre choix. C'est par analogie que les créations «gadgetomane invétéré» et «robotologues» renvoient à des formes connues (morphinomane, toxicomane; psychologue, géologue). Ce sont les courants sémantiques et stylistiques présents dans le discours qui les rendent possibles. On peut donc énoncer cet autre principe de traduction :

les lois générales de la création lexicale (néologie) sont transposables sur le plan du discours et justifient les créations discursives, souvent établies par analogie.

Si l'on admet que la traduction est un art de réexpression fondé sur les techniques de rédaction et la connaissance de deux langues, il faut reconnaître au traducteur une certaine liberté créatrice sur le plan de l'expression (v. l'Objectif 11). Cette liberté, faut-il le préciser, n'est pas absolue; elle est mise au service du TD que le traducteur essaie de rendre le plus fidèlement possible tout en tenant compte du public à qui sa traduction est destinée. Le texte n'est pas une abstraction; il remplit une fonction déterminée. Que le traducteur soit présent dans sa traduction en raison des multiples choix personnels qu'il effectue, cela ne fait aucun doute. Lui non plus n'est pas une abstraction, un être désincarné. Il serait erroné de croire que le TA puisse être une copie conforme de l'original. L'idéal vers lequel doit tendre le traducteur de textes pragmatiques est de produire un texte capable de remplir la même fonction de communication que le texte original.

Enfin, les équivalences sont aussi conditionnées par des phénomènes textuels tels que les allusions, etc. Hors contexte, l'énoncé *And he looked upon it* se traduirait par «Et il le (la) regarda». Mais replacé en contexte et succédant à l'énoncé *Skora has remade the mountain of junk in his own image and likeness, more or less*, il devient évident que l'auteur fait allusion à un passage bien connu de la Genèse. Les choix lexicaux du traducteur lui sont dès lors imposés par la tradition biblique. Il n'a plus la liberté dont il disposait dans le cas des créations discursives.

Il est tenu de rendre l'allusion biblique en insérant dans sa version française la formulation consacrée par l'usage : «Skora avait transformé cet amas de ferraille *à son image et à sa ressemblance.* Enfin, plus ou moins. *Et il regarda son œuvre, et vit que cela était bon.*»

Les quelques exemples précités font voir que les correspondances et les équivalences ne sont pas de même nature. Les forces sémantiques d'un texte ont pour effet de préciser et même d'enrichir la signification des mots.

————

SUGGESTIONS DE LECTURE

Marianne LEDERER, «Transcoder ou réexprimer?», dans D. SELESKOVITCH et M. LEDERER, *Interpréter pour traduire*, coll. «Traductologie», n° 1, Paris, Didier Érudition, 1984, p. 15-36.

————

EXERCICES D'APPLICATION

Exercice 1

Traduisez les deux derniers paragraphes du Texte 11, «A Better Robot». Consultez au préalable l'Objectif 12 consacré aux conventions de l'écriture.

————

Exercice 2

Remplissez la colonne centrale du tableau de la page suivante en consultant un dictionnaire bilingue. Le Texte 12 d'où sont extraits ces mots vous sera ensuite remis. Après l'avoir traduit, vous remplirez la colonne de droite.

ORIGINAL	CORRESPONDANCES	ÉQUIVALENCES
Kirsten		
travelled		
cheeks		
a dune		
nutrition gap		
to associate		
a six-year-old		
carbohydrate		
odds		
arteriosclerosis		
degree of control		
the villain		
trader		
sandwich		
outside		
supplier of fat		
somewhere		
school		

CORRESPONDANCES DE PHRASES, ÉQUIVALENCES

L'objectif précédent a montré comment les mots d'un texte perdent leurs virtualités de signification et acquièrent un sens en fonction du contexte et des compléments cognitifs dont ils s'enrichissent. Le présent objectif porte sur une unité plus grande, la phrase, maillon syntaxique reliant le mot au contexte.

La phrase est-elle une unité autonome du discours? Suffit-il de traduire chaque phrase l'une à la suite de l'autre et indépendamment des autres pour transmettre le sens d'un texte? Pour répondre à cette question, il faut s'interroger brièvement sur la nature d'un texte. À quoi reconnaît-on un texte?

Un texte n'est pas une simple succession de phrases. La preuve en est qu'un lecteur saurait très facilement distinguer un texte d'une suite de phrases n'ayant aucun rapport entre elles. Comparons les deux passages suivants :

a)   La page est blanche. La semaine dernière, nous sommes allés à la mer. Julie a résolu son équation du premier degré sans difficulté. La terre tourne. Pour avoir une pelouse bien verte, arrosez-la fréquemment. En cas d'échec, l'étudiant n'a pas droit à un examen de reprise. Tu n'as jamais aimé la musique western. Pourquoi s'obstine-t-elle à ne pas le laisser partir? Bravo! Oui.

b)   En avril 1974 un professeur de Leningrad est relevé de ses fonctions à l'Institut Herzen, privé de ses titres universitaires et exclu de l'Union des écrivains. Ses livres — tous sur la poésie ou la stylistique — sont retirés des bibliothèques. Désormais il ne pourra plus ni enseigner, ni publier. Pourquoi ces mesures? C'est à cette question qu'Efim Etkind cherche une réponse. Comment est-il devenu possible que ses collègues à l'université aient voté à l'unanimité sa mort civique[1]?

Le second passage, contrairement au premier, appartient de toute évidence à la catégorie des textes par son unité organique, son homogénéité sémantique, la charge affective qu'il porte. Il a une cohérence (v. le Glossaire et l'Objectif 55) qui est totalement absente du premier passage.

Pour bien montrer qu'un texte représente plus qu'une simple suite de phrases, nous avons fait traduire par un groupe d'étudiants les trente phrases qui composaient un texte. Ces étudiants

---

[1] Efim Etkind, *Dissident malgré lui*. Extrait de la quatrième de couverture.

ignoraient tout du TD. Ils ne savaient pas quelle phrase précédait ou suivait la leur. Leur interprétation ne pouvait se fonder que sur les significations linguistiques de l'extrait qu'ils avaient sous les yeux. Une fois reconstitué, le texte transcodé — car il s'agissait bel et bien d'une opération de transcodage — aboutit à ceci :

CORRESPONDANCES DE PHRASES

**Comment être un gendre parfait

**En épousant la femme de vos rêves, vous héritez de tous ses proches : une vraie tribu (excusez l'expression). Il vaut mieux apprendre leur langue et leurs rites.

5 **Devenir un gendre n'est jamais facile. Prenez en considération que, peu après avoir fait cela, Roméo a décidé de s'empoisonner. Les membres des belles-familles, hommes ou femmes de tout âge (des andouilles aux vieilles chipies) sont devenus le sujet controversé des comiques. En effet, dans une société où foisonnent les réflexions psychologiques, le rapport entre un homme et ses beaux-parents demeure un aspect inexploré de la vie privée des individus.

10 **C'est un changement de comportement compliqué que de devenir un beau-fils convenable. L'ennui c'est que le lien de parenté par alliance est ténu, sans exemples dans les romans, les films ou les légendes. Avez-vous déjà lu un livre à propos d'un garçon et de son beau-père? Néanmoins, il n'est pas interdit de croire que la même règle puisse s'appliquer à tous les cas. Et c'est alors qu'il faut tout reprendre à zéro. Comme les familles nucléaires rapetissent, il est temps de penser à des rapports plus systématiques entre les membres de la famille 15 étendue. C'est le temps de désirer une relation avec les gens de notre véritable amour.

**La Première Réunion. Bien sûr, vous n'êtes pas vraiment un beau-père, une belle-mère à la première rencontre. Mais c'est dans l'air. Elle n'a pas organisé cette rencontre parce qu'elle pensait que ses parents aimeraient simplement faire connaissance avec le type qui partage sa douche. Mais non, cette réunion, tenue généralement autour d'un repas dans la maison familiale 20 un jour de congé, constitue en fait la première épreuve du rituel d'admission au sein de la tribu.

**Toute famille digne de ce nom est une culture à part entière avec ses règles familiales complexes et ses coutumes. Sans compter que plus les membres d'une famille se tiennent, plus ils sont en mesure de se protéger contre l'intrusion d'étrangers comme vous. Même si vous vous montrez bon et courtois avec eux, vous ne parlez tout simplement pas la langue qu'ils s'affairent 25 à individualiser depuis 25 ans. Par conséquent, la première rencontre est très énervante; ces gens ont les nerfs à vif. À cause de leur amour démesuré pour leur fille, ils font des remarques hostiles voilées sans le vouloir. Ne te défends pas. Vous feriez bien de vous rappeler les sages paroles d'Éléonore Roosevelt : personne ne peut vous insulter sans votre permission.

**La solution : s'emparer des hautes terres. Reste calme. Donnez-leur le temps de 30 s'habituer à votre corps, à vos marques particulières, à la courbure de votre front, au ton de votre voix. Ce n'est pas le temps de leur demander de s'occuper de choses secondaires telles que l'histoire de votre vie ou votre personnalité. Ne vous distinguez pas des autres; soyez vous-même.

———

Avant de se reporter à l'original anglais, on peut déjà constater que ce texte transcodé fait de «correspondances de phrases» manque à la fois de cohérence et de cohésion. Il a une certaine intelligibilité (il n'est pas totalement dépourvu de sens), mais il est «décousu», il se compose de «retailles de sens». Cette succession de phrases traduites isolément les unes des autres produit une impression de discontinuité. Nous pouvons affirmer à la suite de Bronislav Malinowski que : «De même qu'un mot isolé — sauf circonstances exceptionnelles — n'a pas de sens par lui-même, mais seulement à travers le contexte des autres mots, de même une phrase apparaît généralement au milieu d'autres phrases, et n'a de sens que si on la considère comme un élément d'une totalité significative qui la dépasse[2].» Comparons maintenant ce texte transcodé avec l'original anglais.

TEXTE 13

Auteur : Hugh O'Neill
Source : *Eastern Review*
Genre de publication : Magazine d'un transporteur aérien
Date de parution : 1987
Domaine : Relations humaines
Public visé : Clients d'Eastern Airlines
Nombre de mots : 404

How to Be a Perfect Son-In-Law

When you marry the girl of your dreams, you inherit—pardon the expression—an entire tribe of relatives. It's best to learn their language and rituals.

Becoming a son-in-law is never easy. Consider that shortly after doing so, Romeo decided to drink poison and die. In-laws of all generations and genders—meatheads and battle-axes—have
5   become the contentious stuff of stand-up comedy. Indeed, in a society awash with psychological insight, the relationship between a man and his wife's parents remains the dark continent of our private lives.

Becoming a decent son-in-law is a complicated behavioral transit. The problem is that the in-law link is a low-context bond, without models in fiction, film, or legend. Ever read a novel
10   about a boy and his father-in-law? But there are nonetheless some ways of thinking that apply universally. And it's time for a new beginning. With nuclear families getting smaller, it's time for a more rigorous ecology of the extended family. It's time to get hungry for our relationship with our true love's folks. [...]

The First Meeting. Of course, at the first meeting you're not technically an in-law. But it's
15   in the air. She didn't set up this occasion because she thought the folks would just plain enjoy meeting the fella with whom she showers. No, this meeting—usually over a holiday meal in the family home—is a ritual first step toward membership in the tribe.

---

[2] «Théorie ethnographique du langage», dans *Les Jardins de corail*, p. 258.

20 Any worthwhile family is a culture, complete with elaborate kinship rules and customs. Further, the more coherent the family, the more fiercely it defends itself against intruders, which is what you are. Even though you're smooth and good with people, you simply don't speak their language, which they have been busy making private for the past 25 years. Consequently, the first meeting is a minefield; these people are hot-wired. Because they love their daughter beyond measure, they'll make veiled hostile remarks without even meaning to. Don't defend yourself. You

25 might do well to remember Eleanor Roosevelt's wisdom that nobody can insult you without your permission.

The key is to take the high ground. Stay cool. Give them time to get used to you physically, to your markings, the slope of your forehead, the pitch of your voice. This is not the time to ask them to deal with secondary characteristics like your history or personality. Don't be

30 a particular person, just be a person.

———

COMMENTAIRES

De l'absence de contexte résulte une grande imprécision du vocabulaire. La cohésion lexicale fait manifestement défaut. Le manque de cohésion est aussi apparent au niveau grammatical : mauvaises charnières, pronoms sans antécédent, enchaînements boiteux de phrases, passage du tutoiement au vouvoiement (alors qu'il s'agit de la même personne), etc.

L'imprécision du vocabulaire s'accompagne forcément d'une imprécision du sens des mots et, comme il fallait s'y attendre, les contresens abondent. Enfin, la tonalité (humoristique), caractéristique proprement textuelle, a complètement disparu. Les phrases qui se succèdent forment un assemblage inerte qu'aucun souffle de vie ne vient animer.

Dans le tissu du texte, les phrases sont compararables aux fils. Si l'on retire un fil, le tissu se défait et ce fil perd son sens. On peut donc poser comme principe d'interprétation des textes que

la compréhension d'une phrase exige la saisie des rapports grammaticaux et sémantiques qui la rattachent aux autres phrases du contexte.

L'expérience de l'enseignement montre que les apprentis traducteurs, croyant à tort qu'un texte est une succession de phrases, ont tendance à traduire «en phrases détachées» et à perdre de vue les liens d'interdépendance qui les unissent. Leur défaut de méthode est de traduire des phrases successives au lieu de s'attacher à reproduire la *cohérence* d'un texte à travers sa cohésion linguistique. Pour faire voir l'écart qui existe entre une suite de phrases isolées et un texte, nous avons procédé à une démonstration par l'absurde puisqu'en situation normale de travail, le traducteur ne fonde pas son interprétation sur les seuls signes linguistiques et ne traduit pas des phrases séparées de leur contexte. Cet artifice présente le mérite de nous plonger au cœur même du processus cognitif de la traduction et de nous faire découvrir tout le travail de réflexion qu'exige la reformulation du TD en un ensemble significatif cohérent (v. l'Objectif 55).

————

EXERCICES D'APPLICATION

Exercice 1

En comparant le Texte 13, «How to Be a Perfect Son-In-Law», et sa version transcodée «**Comment être un gendre parfait», trouvez :

     a. un exemple de manque de cohésion lexicale;
     b. trois mauvaises charnières;
     c. un pronom sans antécédent;
     d. deux passages du tutoiement au vouvoiement;
     e. trois cas d'imprécision de vocabulaire;
     f. cinq contresens.

————

Exercice 2

Traduisez le Texte 13, «How to Be a Perfect Son-In-Law», en vous efforçant de donner à votre version française le plus de cohésion possible et en respectant la tonalité humoristique de l'original.

————

LES COMPLÉMENTS COGNITIFS

Le sens est l'objet de la traduction. Le traducteur y accède principalement par deux voies : les signes linguistiques (les mots du TD) et les compléments cognitifs, c'est-à-dire les connaissances non linguistiques qui s'associent aux significations pertinentes des mots en contexte. Il n'aborde jamais un texte l'esprit vide de toute connaissance. Pas plus qu'un lecteur. Il y apporte sa connaissance du monde, son expérience des réalités de la vie, sa culture, ce milliard de petits détails qui tissent l'identité. Ces connaissances, distinctes des formes linguistiques servant à transmettre l'information, lui sont indispensables pour interpréter cette information et pour faire en sorte que les mots prennent un sens. Elles sont essentielles pour que le texte soit compris, même si cette compréhension ne peut jamais être intégrale et ne recouvre jamais parfaitement le «vouloir-dire» de l'auteur du TD. À ce propos, Marianne Lederer a écrit :

> [...] le sens est quelque chose d'individuel dont la richesse varie selon les connaissances et l'expérience de chacun. Mais le fait que pour chacun, selon ses connaissances et ses réactions propres, le sens soit spécifique, n'exclut nullement qu'une plage suffisamment vaste de ce sens soit partagée par les partenaires à la communication, si bien que celle-ci s'établit généralement sans à-coups. Le traducteur, intermédiaire entre un auteur qui veut communiquer et des lecteurs qui veulent comprendre, se situe à l'intérieur de cette plage et sa restitution de l'original dans l'autre langue mettra ses lecteurs, abordant le texte munis de leurs propres compléments cognitifs, en mesure de le découvrir, chacun avec plus ou moins de richesse ou de superficialité, ressemblant en cela au lecteur de l'original. Le processus de la compréhension d'un texte est universel, la compréhension du traducteur n'en est qu'un cas particulier[1].

Même les auteurs qui doutent de la possibilité de remonter jusqu'au «vouloir-dire» de l'auteur reconnaissent néanmoins la nécessité des compléments cognitifs pour comprendre un texte et établir les équivalences qui composeront le TA. Autrement dit, ces compléments concourent directement à la construction du sens.

En traduction, les compléments cognitifs comprennent, entre autres, les renseignements concernant l'auteur et les destinataires du texte (le sens n'est pas le même selon que les mêmes

---

[1] «La théorie interprétative de la traduction», dans *Le Français dans le monde*, p. 13-14.

mots s'adressent à des collaborateurs ou à des adversaires), le contexte cognitif (v. Glossaire), la situation décrite et les connaissances thématiques qui sont toujours un puissant déterminant du sens. Outre qu'ils donnent accès au sens, ces compléments contribuent à lever les ambiguïtés des phrases et à supprimer la polysémie inhérente à la plupart des mots isolés d'une langue.

Il est facile de faire la démonstration concrète de l'apport des compléments cognitifs au moment de la constitution du sens. Soit la phrase *the chickens are ready to eat*, empruntée à un article de Danica Seleskovitch. Hors contexte, cette phrase est ambiguë et peut signifier tout autant «les poulets sont cuits» que «il faut donner à manger aux poules». Mais si un traducteur lit cette même phrase intégrée à un contexte, il saura, grâce aux informations non linguistiques qui viendront se greffer aux significations linguistiques pertinentes, quel sens lui donner, c'est-à-dire comment l'interpréter pour la traduire, comme le remarque à juste titre Danica Seleskovitch :

> Le fait que les compléments cognitifs créent un sens différent de la signification d'une phrase a une incidence profonde sur l'interprétation de cette phrase en une autre langue. En effet, chaque variante de complément cognitif exige pour la même phrase une traduction différente. Nous venons de le voir dans le cas de la phrase : «*The chickens are ready to eat*» [...] Dans les deux cas, la phrase anglaise est linguistiquement la même mais les compléments cognitifs ayant changé, une autre formulation de l'interprétation devient nécessaire[2].

L'absence de compléments cognitifs et ses conséquences sur la compréhension sont tout aussi faciles à démontrer. Nos exemples nous seront fournis cette fois par l'inculture proverbiale de la machine à traduire. Privée de la possibilité de raisonner sur les notions sous-jacentes aux signes linguistiques et aux assemblages syntaxiques, la machine se trouve tout à fait démunie devant la polysémie et les phrases ambiguës.

Ainsi, la phrase *Time flies like an arrow* aboutit en traduction-machine aux trois versions suivantes : «Le temps vole comme une flèche», «Les mouches du temps aiment une flèche» et «Chronométrez les mouches comme une flèche[3]». Ces trois versions sont syntaxiquement plausibles pour la machine, car les mots *time, flies* et *like* peuvent tous trois être considérés comme des verbes.

C'est encore l'absence de compléments cognitifs qui produit tant de traductions loufoques comme celles-ci : «gentille bicyclette» (*gentle cycle*, un des cycles d'une sécheuse à linge), «feuille de papier célibataire» (*single sheet of paper*), «plongée à poils» (*skin diving*), «droguée à mort» (*stoned to death*, s'appliquant à la femme adultère lapidée de la Bible), «la ligne est fiancée» (*the line is engaged*, en téléphonie), «Fait en Dinde» (*Made in Turkey*).

«La belle chose que de savoir quelque chose», s'exclamait monsieur Jourdain. Certes, mais ce n'est pas par la lecture d'encyclopédies qu'on acquiert des connaissances

---

[2] Danica Seleskovitch et Marianne Lederer, *Pédagogie raisonnée de l'interprétation*, p. 254.

[3] Exemple emprunté à Claude Bédard, «Les mots de tête de la machine», p. 7-8.

encyclopédiques. Son bagage cognitif, une personne le constitue au fil de ses études, de ses lectures et des activités qui enrichissent son expérience de la vie. Quand on songe à faire carrière en traduction, il ne faut pas croire comme les cancres que l'amniocentèse est une méthode contraceptive, que les Noirs du sud des États-Unis sont des Sud-Américains, que l'auteur de *Understanding Media*, Marshall McLuhan, est un maréchal de l'armée, que l'on peut voir une veine cave sous la peau d'une main décharnée, que les diplodocus sont des microbes virulents, que la plèvre est une maladie contagieuse des poumons, que les ovules circulent dans le plasma sanguin et que c'est Martin Luther King qui a traduit la Bible en allemand au XVIe siècle.

La phrase de Kipling *The wedding cortege is Mendelssohned out of the church* exige pour être comprise et traduite que le traducteur sache que Felix Mendelssohn a composé la fameuse marche nuptiale qui retentit traditionnellement à la fin des cérémonies de mariage. Fort de ce complément cognitif, il pourra donner de cette phrase anglaise la version française «Le cortège quitta l'église aux sons de la Marche nuptiale de Mendelssohn». (L'aspect humoristique de la phrase originale devra être compensé ailleurs dans le TA (v. la notion de compensation dans le Glossaire). De même que seule la signification pertinente des mots est retenue au moment de la compréhension, de même seuls les compléments cognitifs *pertinents* sont nécessaires à la constitution du sens. Savoir que la Marche nuptiale est un extrait du *Songe d'une nuit d'été*, pièce de Shakespeare que le compositeur allemand mit en musique en 1826, n'est pas vraiment utile pour bâtir le sens de la phrase de notre exemple. Il faut tout au moins savoir, c'est le minimum requis, que Mendelssohn est un compositeur. La version «minimale» suivante serait alors possible : «Le cortège nuptial quitta l'église aux sons de la musique [sur un air] de Mendelssohn.»

L'accord d'un simple adjectif qualificatif peut exiger la mobilisation de compléments cognitifs. Pour traduire *the federal and provincial governments* par «les gouvernements fédéral et provinciaux», il faut connaître les institutions politiques canadiennes. Appliquant bêtement les règles de la syntaxe française, la machine à traduire (à transcoder?) ne saurait pas qu'au pays de l'unifolié il y a dix provinces mais un seul gouvernement fédéral.

Le dernier exemple appartient au domaine technique. Soit l'instruction : *Insert cotter pin through the nut and secure*[4]. La traduction du premier membre de la phrase ne pose aucun problème particulier : «Insérer la goupille dans l'écrou et...». Comment traduire *secure*? Ouvrir un dictionnaire bilingue comme le *Robert-Collins* ne serait d'aucune utilité. On y relèverait des correspondants tels que «fixer, attacher, bien fermer», verbes qui ne sauraient s'appliquer à une goupille. Pour produire une équivalence acceptable, le traducteur doit : 1) connaître l'utilité et la forme d'une goupille; 2) savoir que les deux tiges parallèles d'une goupille fendue se nomment les branches; et 3) que pour assembler deux pièces percées chacune d'un trou à l'aide d'une goupille, il faut en «écarter les branches», ce qui est la traduction de *secure*. [Notons que *Le Petit Robert* fournissait la solution à l'article goupille. On y lit : «Goupille pleine. Goupille fendue dont on écarte les branches.» Ce qui prouve encore une fois qu'un bon dictionnaire unilingue est souvent plus utile qu'un dictionnaire bilingue.]

---

[4] Exemple emprunté à Claude Bédard, *Guide de l'enseignement de la traduction technique*, p. 35.

Le raisonnement logique, dont nous avons déjà parlé, intervient une fois de plus au moment où s'effectue l'association des significations pertinentes des mots et des compléments cognitifs. Il a manifestement fait défaut chez les auteurs des versions françaises ci-dessous.

a. Middle-aged men are the prime victims of workaholism.

a. **La plupart des intoxiqués du travail sont des hommes du Moyen Âge.

b. Here she is on stage at 33, body gracefully slenderized to a reed-like 115 pounds thanks to rigorous dieting. [Il s'agit d'une ballerine qui souffrait d'embonpoint étant petite.]

b. **La voilà sur scène à 33 ans, le corps gracieusement aminci, tel un roseau de 115 livres, grâce à un régime sévère.

c. One of the principal functions of a central bank is to protect the integrity of its nation's currency.

c. **L'une des principales fonctions d'une banque centrale est de préserver l'intégrité des unités monétaires d'un pays.

Ces erreurs, dignes des pires traductions-machine, auraient facilement pu être évitées si les traducteurs avaient été plus attentifs tout d'abord aux mots eux-mêmes : *middle-aged* n'est pas *Middle Ages*, *currency* ne porte pas la marque d'un pluriel. Mais surtout, ils auraient dû réfléchir davantage et puiser dans leur bagage cognitif les connaissances élémentaires dont ils avaient besoin pour produire une traduction sensée, c'est-à-dire qui a du sens. Qui a déjà vu un «roseau de 115 livres» (52 kg)?

La personne qui appréhende le sens d'un texte procède, en somme, à la synthèse de deux savoirs (linguistique et encyclopédique) en associant aux mots une foule de connaissances. C'est, de toute évidence, ce que n'ont pas su faire les auteurs des traductions «inachevées» ci-dessus. Ne pas associer les bons compléments cognitifs aux signes linguistiques aboutit à des contresens et à des non-sens.

SUGGESTIONS DE LECTURE

Marianne LEDERER, «Implicite et explicite», dans D. SELESKOVITCH et M. LEDERER, *Interpréter pour traduire*, coll. «Traductologie», n° 1, Paris, Didier Érudition, 1984, p. 37-71.

_____, «The Role of Cognitive Complements in Interpreting», dans David and Margareta BOWEN, Publié sous la direction de D. et M. Bowen, *Interpreting—Yesterday, Today and Tomorrow*, American Translators Association Scholarly Monograph Series, New York, SUNY, vol. IV, 1990, p. 53-60.

Danica SELESKOVITCH, «De la possibilité de traduire», dans *AILA Brussels 84*, Actes du 7ᵉ Congrès mondial de linguistique appliquée, Bruxelles, 5-10 août 1984, vol. 5, 1984, p. 1781-1795.

EXERCICES D'APPLICATION

Exercice 1

Les passages en gras et numérotés du Texte 14, «Spain Puffs On», ont donné lieu à de grossières erreurs de traduction. Toutes les fautes commises dénotent un manque flagrant de culture générale en même temps qu'une méconnaissance de l'anglais. Les traductions erronées figurent à la fin du texte. L'exercice consiste à analyser les erreurs commises et à indiquer les connaissances qu'il aurait fallu mettre à profit pour donner une traduction exacte des passages mal traduits.

TEXTE 14

Auteur : Anonyme
Source : *The Economist*
Genre de publication : Article de presse
Date de parution : 1987
Domaine : Tabac
Public visé : Grand public
Nombre de mots : 420

Spain Puffs On

Having inflicted tobacco on Europe, Spaniards were the first Europeans to become addicted to the weed. An English traveller noted in the 1830s that a Spaniard without a cigar looked "like a house without a chimney". The most popular books in Spain a century ago were described as "tiny, with blank pages": they were books of cigarette-papers. **Basque refugee children**[1] **taken**
5   **to England in 1937**[2] startled their hosts by asking for cigarettes.

Until the 1970s, however, women who smoked in public might have doubts cast on their morality (appropriately, Peter Brooke (*sic*) had Carmen smoke a cigar in his **production of Bizet's opera**[3]). They took a cruel revenge during the country's **post-Franco transition to democracy**[4], when trousers and tobacco became symbols of emancipation as they had been
10   in the **Britain**[5] of the 1920s. In the street, women juggled skillfully as they handled a basket, a cigarette and a pram.

Men's smoking habits gave away their political tastes. The acrid smoke of Ducados, the most popular brand, cast a fug on Socialist and Communist meetings. That veteran Communist, Mr. Santiago Carrillo, seemed unable to speak without chewing a fag-end. Cigars exhaled the
15   odour of nostalgia for the **Franco dictatorship**[6], until the emergence of cigar-smoking Socialist leader, Mr. Felipe Gonzalez. Since his election victory in 1982, many Socialists have followed his example and switched from Ducados to cigars **as they moved towards the political centre**[7].

Even so, socialism in Spain has proved to have a human larynx. The hazards of travelling on Spanish trains no longer include being **kippered**[8]: the Socialist government has installed non-
20 smoking compartments. Smoking is, in theory rather than practice, forbidden in shops and public buildings. A bill approved in November will ban the advertising of tobacco on television.

Yet a packet of Ducados is still cheaper than a litre of milk, and health officials believe it will take bolder measures to wean Spaniards from the weed. The average Spaniard over the age of 14 gasps his or her way through about 2,700 cigarettes a year. About 40% of adults smoke,
25 and 50% of teenagers. Spaniards are the heaviest smokers in the **EEC**[9] after the Greeks. Cigarettes are still essential props in Spanish stage and film productions; politicians continue to smoke in public, even though the health authorities have asked them to set a non-smoking example. Unsurprisingly, the World Health Organisation's proposal to peg an anti-smoking campaign on to the 1992 Olympic Games in Barcelona has so far met in Spain with only a vague,
30 smoky response.

———

Traductions erronées

1.   Les enfants réfugiés de Basque [...]
2.   [...] emmenés au Royaume-Uni en 1937 [...]
3.   [...] son spectacle de l'opéra Bizet.
4.   [...] la transition post-française de l'Espagne vers la démocratie [...]
5.   [...] en Bretagne [...]
6.   [...] la dictature française [...]
7.   [...] au fur et à mesure qu'ils pénétraient au cœur de la vie politique.
8.   [...] enfumé comme un poisson.
9.   [...] du EEC.

———

Exercice 2

Traduisez le Texte 14, «Spain Puffs On».

———

Exercice 3

Les extraits traduits ci-dessous renferment un contresens ou un non-sens. Faute d'avoir associé aux mots les bons compléments cognitifs, les auteurs de ces traductions n'ont pas été en mesure de rendre le sens du TD. Il leur manquait les connaissances générales nécessaires pour y arriver. L'exercice consiste à repérer les erreurs et à les rectifier.

1.   In 1972, Johannsen was awarded the Order of Canada.

    **En 1972, Johannsen a remporté le prix de l'Ordre du Canada.

                                  = décoration

2.   Nicotine causes narrowing of the blood vessels in the placenta and further reduces the supply of food and oxygen to the unborn baby. The placenta of the smoking mother tends to be slightly smaller than average. To prepare for breathing after birth, the unborn baby practices some motions of breathing by exercising certain chest muscles.

        **La nicotine provoque le rétrécissement des vaisseaux sanguins du placenta, ce qui a pour effet de réduire la quantité de substances nutritives et d'oxygène nécessaire à la croissance du fœtus. Le placenta des fumeuses a tendance à être légèrement plus petit que la normale. Pour se préparer à respirer à sa sortie du placenta, le bébé pratique des mouvements de respiration en exerçant certains muscles de sa cage thoracique.

3.   The problem emerged in acute form in the early part of 1987. Once the Japanese private investors had shown growing reluctance to keep throwing money down the gaping hole of the American budget and current account deficits, the U.S. dollar could only be propped up by international central banks.

        **La situation était déjà grave à son origine, au début de 1987. À partir du moment où les investisseurs japonais se sont montrés réticents à engloutir leurs capitaux dans le gouffre des déficits américains (budget et comptes courants), le dollar US a dû être soutenu par les banques centrales internationales.

4.   Just a few years ago, wife battering was still a laughing matter for some of Canada's political leaders. On May 12, 1982, when the problem of wife battering was raised in the House of Commons as a serious and widespread reality suffered by one out of ten Canadian women, laughter echoed through the House.

        **Il y a quelques années, parler des femmes battues déclenchait l'hilarité de certains élus canadiens. Le 12 mai 1982, lorsqu'on évoqua à la Chambre des communes cette grave réalité touchant une femme canadienne sur dix, on entendit des rires dans l'hémicycle.

5.   Down at the Sunoco station there was a full-sized cardboard poster of a lady in a bathing suit holding up a thing called a spark plug.

        **À la gare de Sonnoco [sic], il y avait une photo grandeur nature d'une dame en maillot de bain brandissant un objet appelé "bougie d'allumage".

6.   The next great leap forward in knowledge-acquisition did not occur until the invention of movable type in the fifteenth century by Gutenberg and others.

        **Le progrès suivant dans l'acquisition du savoir, nous le rencontrons avec l'invention de la machine à écrire mobile au quinzième siècle par Gutenberg et ses associés.

7.   Hathaway was a lacrosse player who had done ligament damage to his knee; [...]. He had been put out of the way, almost all by himself on the fourth floor of the annex, because of his irritating habit of flinging a lacrosse ball across his room and letting it carom off the wall.

**Hathaway était un joueur de hockey qui s'était déchiré un ligament du genou; [...]. S'il se trouvait relégué là, isolé au quatrième de l'annexe, c'était en raison de sa manie exaspérante de catapulter une balle de hockey à travers la pièce pour la faire ricocher sur le mur.

8.   In Provence, when beautiful ladies, carrying on courtly love affairs with troubadours, washed in bran and lemon water, little did they realize that they were using the same Toledan medicinal concoction used to counteract the calluses which formed on the rear end of the illustrious translators.

     **En Provence, les belles dames qui se montraient courtoises à l'égard des troubadours faisaient leurs ablutions dans de l'eau additionnée de son et de citron. Elles étaient bien loin, cependant, de se douter que cette même concoction servait à lénifier les callosités déparant le postérieur des illustres traducteurs de Tolède.

9.   The boardroom of Molson Breweries in Montreal is unlike any other corporate boardroom in Canada. As befits a company that has been in business for two centuries, it is a dignified room [...] and it is furnished with restraint. [...] The only modern ornaments are two miniature Stanley cups, reflecting ownership of The Montreal Canadiens by the nation's largest brewer.

     **La salle du conseil d'administration des Brasseries Molson à Montréal ne ressemble à aucune autre au Canada. Comme il convient à une compagnie vieille de deux siècles, cette salle est impressionnante de dignité et meublée avec austérité. [...] Comme décoration moderne, on trouve seulement deux tasses Stanley miniature, montrant que les Canadiens de Montréal appartiennent à la plus importante brasserie du pays.

10. When the eye focusses on a scene, millions of tiny, light-sensitive elements in the retina are continuously exposed to the image. Through hundreds of thousands of optic nerves, our brain comprehends all parts of the scene simultaneously.

     **Quand l'œil regarde un objet, l'image de cet objet excite une myriade de minuscules bâtonnets photosensibles à l'intérieur de la rétine. Grâce à des centaines de milliers de nerfs optiques, le cerveau reconstitue toutes les composantes de l'objet.

———

LA CRÉATIVITÉ DU TRADUCTEUR

On associe habituellement la notion de «créativité» aux artistes (peintres, sculpteurs, compositeurs, écrivains) et aux membres de certaines professions ayant une forte composante artistique (publicitaires, designers, concepteurs graphiques). Ces créateurs de «choses nouvelles et originales» (tableaux, pièces musicales, œuvres littéraires, annonces, vêtements) mettent en œuvre leur pouvoir d'invention. Ils ne se contentent pas de reproduire ce qui existe déjà en le copiant. C'est pourquoi on leur reconnaît un «esprit créateur», une «imagination créatrice», voire un «génie créatif».

Les traducteurs n'appartiennent pas à cette catégorie de créateurs. Du moins ils ne font pas preuve de «créativité pure» puisqu'ils travaillent sur un matériau existant, le texte original, qui est antérieur à leur propre production. C'est là une opinion solidement ancrée chez la plupart des gens. Mais la créativité est-elle vraiment l'apanage des artistes? Et qu'est-ce au juste que la créativité? Selon Hubert Jaoui, elle obéit à ses lois propres, distinctes de la réflexion analytique.

En effet, la Créativité c'est la logique de la découverte. Ce n'est pas l'absence de logique, c'est une multilogique. Alors que le mode habituel de fonctionnement de l'intelligence, celui qu'on a essayé de nous enseigner, est déductif, relativement linéaire et en tout cas unilogique. Le fonctionnement de l'esprit dans l'acte de création, d'invention, de résolution de problème est divergent. Il emprunte différents chemins logiques, sans limitation[1].

Le processus créateur serait donc la saisie d'une synthèse nouvelle à partir d'éléments déjà présents à l'esprit, et ce sont les chemins tortueux des processus associatif, analogique, onirique même qui conduisent à cette synthèse originale. Le talent créateur du traducteur ne se manifeste pas, comme celui de l'écrivain, par l'expression d'une subjectivité dans le discours esthétique. Il prend plutôt la forme d'une sensibilité exacerbée au sens du TD et d'une grande aptitude à réexprimer ce sens dans un autre texte cohérent et de même force expressive. Pour ce faire, le traducteur dispose d'une liberté relative quant au choix des *moyens* linguistiques. L'adéquation d'une pensée et d'une forme exige souvent de lui qu'il fasse preuve de créativité dans l'exploitation des ressources que lui offre la LA.

---

[1] *Manuel de créativité pratique*, p. 139.

L'analyse minutieuse de traductions réussies nous force à admettre qu'il entre indiscutablement une part de «créativité de réexpression» dans le travail du traducteur. Cette créativité du second degré s'exerce sur la forme et le fond, les deux étant indissociables. «La forme, ce n'est que le fond qui remonte à la surface» (Victor Hugo). D'où l'importance du mot précis, de l'image juste. «La question qui se pose en traduction comme en écriture, affirme la poète et traductrice québécoise Nicole Brossard est celle du choix. Quel signifiant privilégier, élire pour animer en surface les multiples signifiés qui s'agitent invisibles et efficaces dans le volume de la conscience[2].»

En simplifiant, on peut dire que, pour reformuler un passage dont il a compris le sens, le traducteur procède soit par *voie directe*, c'est-à-dire par réminiscence d'équivalences lexicales ou syntagmatiques plus ou moins obligatoires, soit par *voie indirecte*, c'est-à-dire par analogie avec des expressions existantes. Il n'est jamais un simple copiste, car traduire exige la mobilisation de grandes ressources expressives, une forte dose d'intelligence et de sensibilité, et la capacité de passer constamment de la pensée analytique à un mode de pensée plus associatif.

En effet, le raccordement des concepts d'une langue à une autre se fait souvent par associations successives, rapprochements analogiques. La compétence créative ou associative d'un traducteur repose, pour une bonne part, sur sa connaissance approfondie de la LA et sur son aptitude à raisonner pour déduire le sens le plus probable d'un texte donné. Pour réexprimer ce sens, il fait appel à son «imagination créatrice» ou, si l'on préfère, à son «imagination re-créatrice» chaque fois que le recours à la traduction par voie directe se révèle impossible. Nombreux sont les cas où il lui faut faire preuve de créativité. En voici quelques-uns.

1. La nécessité de s'écarter du TD lorsque la traduction littérale est impossible

a. In the United States itself, Northerners regard Southerners as slow-moving, and middle-class Negroes condemn working-class Negroes just up from the South **for operating on "C.P.T."—Coloured People's Time**. In contrast, by comparison with almost anyone else, white Americans and Canadians are regarded **as hustling, fast-moving go-getters**.

a. Aux États-Unis même, les gens du Nord considèrent ceux du Sud comme des lambins, et les Noirs de la classe moyenne accusent les ouvriers de leur race qui arrivent du Sud *d'avoir leurs montres synchronisées sur un autre fuseau horaire, celui des gens de couleur*. En revanche, les Américains de race blanche et les Canadiens font figures *d'hommes d'action ayant le feu aux trousses* par rapport à presque tous les autres habitants du globe.

b. In North America, people are used to the fresh pasteurized taste of milk beverages which must be sterilized in order to prolong shelf-life. But attempts to introduce sterilized

b. En Amérique du Nord, les gens sont habitués à la saveur du lait frais et pasteurisé qu'il faut toutefois stériliser pour prolonger sa durée de conservation; mais comme

---

[2] *Journal intime,* p. 23.

milk, which has a slight cooked or chalky flavor, **have met with considerable resistance.**

le lait stérilisé a une légère saveur de craie ou de lait cuit, *les consommateurs l'ont boudé.*

2.   La recréation ou l'atténuation d'une image intraduisible littéralement

a. The **mortality rate** of these programs is very high.

a. Le nombre de programmes *qui avortent* est très élevé.

b. A brilliantly conceived marketing strategy, executed with persistence and aggressiveness has put Sentrol **in the driver's seat in their marketing niche.**

b. Grâce à une brillante stratégie de commercialisation mise en œuvre avec ténacité et dynamisme, Sentrol *a pu se hisser au premier rang de son créneau commercial.*

c. **The very excitement** aroused by **the mushrooming growth** of the service sector has diverted professional attention from another shift that will deeply affect both goods and services in the future.

c. *La fièvre* qu'a suscitée *l'expansion en tache d'huile* du secteur tertiaire a détourné l'attention des spécialistes d'une autre mutation susceptible d'avoir dans l'avenir un impact tout aussi profond à la fois sur les biens et sur les services.

3.   La traduction des allusions et autres expressions typiques d'une culture

a. Brian Lutes tailors his concerts to the needs of the particular school he is visiting. He explains: "For some schools where there's good drug education programs, we'll do a **pep-rally type show** where **we pull out all the stops.**"

a. Brian Lutes adapte son spectacle aux besoins de l'école où le groupe se produit. Il s'explique : «Dans les écoles où il existe de bons programmes d'information sur les drogues, nous donnons un spectacle de type *«énergisant», totalement débridé.»*

b. The already overcrowded health curriculum is forced to compete with similarly packed curricula in other subject areas, as well as with the **"back-to-the-basics"** movement that wants more priority given to the "three Rs."

b. Le programme de cours en santé, déjà surchargé, doit concurrencer les programmes d'autres matières également surchargés, ainsi que le *mouvement prônant le «retour aux valeurs fondamentales»* et notamment aux *«trois clés du savoir»* (**c**alcul, **l**ecture, **é**criture).

4.   L'adaptation de jeux de mots et la déformation de titres ou d'expressions

a. TIME TO **BAC OFF**
Only time will lower the amount of alcohol in your blood. The more you drink, the longer it takes. The term "Blood Alcohol Concentration" or BAC refers to the amount of alcohol in a person's blood.

a. AVANT D'ÊTRE UN *CAS*, RÉAGISSEZ
Seul le temps vient à bout de l'alcool contenu dans votre sang. Plus vous buvez, plus il faut de temps. La «Concentration d'Alcool dans le Sang», qu'on appellera le CAS ou «taux d'alcoolémie», représente la teneur en alcool dans le sang d'une personne.

b. **A touch of silk...**
[Ligne d'accrochage d'une annonce de fleurs en soie]

b. *Ça va de soie...*

c. **Fighting over water**

The UN Environment Programme lacks resources to head-off international water disputes.

c. *L'eau, source de conflits*

Le Programme de l'ONU pour l'environnement n'a pas les ressources voulues pour régler les différends au sujet des étendues d'eau internationales.

5.   La création lexicale

a. **Crunchy Golden** Muesli

a. Muesli *croustidoré* (Kellogg)

b. The new **non-dairy creamer** from Carnation

b. Le nouveau *coupe-café non lacté* de Carnation

c. **Bus shelter advertising**

c. *Affichage-abribus*

d. **Coin Sorter.** [Tirelire dans laquelle les pièces roulent jusqu'au cylindre correspondant à leur valeur. Sur chaque cylindre transparent, on peut lire le montant accumulé.]

d. *Compte-sous*
[Var. *Tirelire grippe-sous*]

6.   L'emploi d'idiotismes non suggérés par la formulation du TD

a. The search for new ways to **"opt out"** or **"cop out"** that characterizes certain hippies may be less motivated by their loudly expressed aversion to the values of a technological civilization than by an unconscious effort to escape from a pace of life that many find intolerable.

a. La recherche de façons nouvelles de *«briser les amarres»* et de *«se tirer du jeu»* qui caractérise certains hippies est peut-être due moins à leur aversion véhémente pour les valeurs de la civilisation technologique qu'à une volonté inconsciente de se dérober à une cadence de vie que beaucoup d'entre eux trouvent intolérable.

b. The report is **blunt.**

b. Les auteurs du rapport *n'ont pas mâché leurs mots.*

c. Under the shadows of such heavyweights as IBM, Xerox and Exxon, the **outlook appears rather bleak.**

c. Compte tenu de l'emprise écrasante de IBM, de Xerox et de Exxon, *nous sommes encore loin des lendemains qui chantent.*

Plusieurs objectifs de ce manuel font appel à la créativité du traducteur. Outre celui-ci, il y a ceux consacrés aux «Locutions, clichés et idiotismes» (OS-51), aux «Allusions» (OS-52), aux «Métaphores» (OS-53) et au «Renforcement du caractère idiomatique du TA» (OS-56). Chaque fois que le traducteur établit une équivalence de type «création discursive», il fait preuve d'un esprit créateur (v. l'Objectif 7).

SUGGESTIONS DE LECTURE

Monique CORMIER, «La notion de "liberté" dans l'apprentissage de la traduction», dans *La Liberté en traduction*, Paris, Didier Érudition, 1991, p. 83-92.

Jean DELISLE, «De la théorie à la pédagogie : réflexions méthodologiques», dans *L'Enseignement de l'interprétation et de la traduction : de la théorie à la pédagogie*, coll. «Cahiers de traductologie», n° 4, Ottawa, Les Presses de l'Université, 1981, p. 135-151.

Christine DURIEUX, «Liberté et créativité en traduction technique», dans *La Liberté en traduction*, Paris, Didier Érudition, 1991, p. 169-189.

Christine PAGNOULLE, «Creativity in Non-Literary Translation», dans *Le linguiste / De Taalkundige*, vol. 37, n°s 3-4, 1991, p. 1-14.

Alicja PISARSKA, *Creativity of Translators. The Translation of Metaphorical Expressions in Non-Literary Texts*, Poznan Uniwersytet im. Adama Michiewicza W Poznaniu, Seria Filologia Angielska NR 23, 1989, 139 p.

EXERCICES D'APPLICATION

Exercice 1

Pour traduire les passages en gras ci-dessous, vous devrez exercer votre créativité.

1.   **Dig Into The Facts Before You Dig!**

Springtime calls for a lot of digging, but do not take unnecessary risks. Call Bell Canada.

Never start digging before you know exactly where underground cables lie buried. Underground telephone cables are neighborhood lifelines to the Police, Fire Department and Ambulance Services. [...]

[Début d'un dépliant de Bell Canada accompagnant les comptes de téléphone.]

2.
The New Dollar Solid Currency

An historic moment in Canadian currency

Practical and legal tender, this new dollar coin will gradually replace the one dollar bill.

The design of the new One Dollar Coin, like those of the five and twenty-five cent pieces, is inspired by our fauna. It depicts the Common Loon, that true and lasting symbol of the Canadian wilderness. It is, therefore, with much pride that the new Canadian Dollar Coin makes its historical entrance. [...]

[Début d'un dépliant distribué par la Monnaie royale canadienne.]

3.
Is It Worth The Risk?

The more you drink, the better your chances... of crashing. [...]

[Début d'un dépliant sur la sécurité routière.]

4.
Picture That

There was a time when the "box Brownie" was the answer to everybody's camera needs. It was simple, not complicated and it produced satisfactory results.

Today's cameras can produce much better results, but they are more complicated. It's probably the knobs, the gadgets and the dials that scare many people off from what can be a most satisfying, rewarding pursuit—photography.

So let's try to unscramble a few things for beginners and would-be beginners. If there is any interest, we'll get into more detail later. [...]

[Début d'une chronique de photographie destinée aux lecteurs d'une revue à grand tirage.]

5.
House making cracks about you?

[Annonce présentant la gamme des produits Polyfilla servant à boucher les fissures des murs de plâtre.]

6.
Tender Loving Fare

Whoever said, "...'tis love that makes the world go round," was probably eating chicken soup at the time. In particular, Campbell's Chicken Noodle Soup.

We've got history on our side. It's what mothers traditionally served when someone needed good old-fashioned comforting. And mother really did know best. [...]

[Annonce de la société Campbell.]

7.   **Prints Charming**

This is our fairy tale. At midnight this beautiful sofa turns into a surprisingly comfortable bed for a handsome prince and a beautiful princess.

Only Simmons makes a sofa that turns into a Hide-A-Bed Sofa*. And that's no fairy tale.

[Une magnifique illustration couleurs d'un canapé fleuri accompagne le texte de cette annonce de la société Simmons.]

8.   **Time for the Teeny Tinies?**

Small cars are nothing new. But how about one so tiny you can park it head-first against, not parallel to, the curb? Just imagine: a car that is so simple a 14-year-old may drive it without a permit. [...]

[Début d'un article de presse.]

9.   Certain habits which increase the risk of cardiovascular disease can be changed. There are: smoking, excessive alcohol intake, lack of physical activity and poor food habits. Here are some **"hearty ideas"** for improving food habits. [...]

[Extrait d'un texte intitulé «The Heart of the Matter», traitant des maladies cardiaques et de l'importance d'une saine alimentation.]

10.   **In the rush for position** in international markets, industrialized nations have placed "technological capacity" high on their political and industrial agendas. [Extrait d'un texte traitant d'économie.]

Exercice 2

Le Texte 15, «Operation Go Home», à la page suivante, se prête bien à un exercice sur la créativité en traduction. À titre indicatif, nous avons mis en italique les passages présentant un intérêt de ce point de vue. Avant d'entreprendre cette traduction, il sera bon de vous reporter aux objectifs consacrés aux mots *develop, control, involve* et à ceux qui traitent des faux comparatifs, des déictiques et des auxiliaires modaux *can/may*.

TEXTE 15

Auteur : Anonyme
Source : Organisme d'aide sociale à but non lucratif
Genre de publication : Dépliant
Date de parution : 1989
Domaine : Services sociaux
Public visé : Adolescents fugueurs et parents
Nombre de mots : 386

Operation Go Home

Adolescence is a difficult period. It is a time when young people strive *to develop their own individuality* and *seek greater independence from parental control.* This period can be a trying experience for both the parents and adolescents. During this stage of development the lines of communication may break down and the internal strife within the family unit may mount to an
5   intolerable level. *It may reach such a crescendo* that the son or daughter may feel that the only solution is to leave home.

However, after a few weeks, months or years away from home perhaps all the parties involved *may have second thoughts.* What impedes the two groups being reconciled? Parents, in general, have no idea where their offspring now are living. On the other hand, the son or
10   daughter fails *to make the first move* through shame, doubts that the home situation has changed, or fear that they would not be welcome. The fear of not being accepted should not be underestimated: it is a real and constant preoccupation with most of these young people.

This is what "*Operation Go Home*" *is all about.* Through it committed individuals, who have a sincere interest in their community, offer themselves as intermediaries between parents and
15   their offspring. The aim is to bring both parties together again and this is done *by opening up the lines of communication* and attempting to reconcile the parties involved.

How does "*Operation Go Home*" operate?

The initial steps of the journey home begin with the parents, or offspring, contacting one of the referral units* across the country.
20   It may be a parent who is worried and would like to know where his child is now living and let it be known that *the welcome mat is out.* In such a case the information is relayed across the country to the other referral units and contacts are made among the Street People** to see if anyone knows of the whereabouts. When the offspring's address is discovered, contact is initiated and the parents attitude is made known.
25   On the other hand, it may be the son or daughter *who wishes to return* but is unsure of the welcome at home. In this case contact is made with the parents to see what their attitude is toward their offspring's return.

----

*   Centre de relais
** Travailleurs de rue

V

CONVENTIONS DE L'ÉCRITURE

OBJECTIF 12

LES USAGES CODIFIÉS DE RÉDACTION

Nous avons vu (Objectif premier) qu'il est utile de distinguer trois niveaux de maniement du langage en traduction : les conventions de l'écriture, l'interprétation et la cohérence.

Le premier de ces niveaux, les conventions de l'écriture, est celui des usages de rédaction. Il englobe toutes les exigences de présentation formelle des textes, différant ou non d'une langue à l'autre. Et la liste est longue : sigles, symboles, abréviations, écriture des nombres, emploi des majuscules, des minuscules et de l'italique, division des mots, ponctuation (la «signalisation routière de l'écriture» — F. Cavanna), signes typographiques (guillemets, parenthèses, crochets, tirets, etc.), unités de mesure et de temps, toponymes, titres de civilité, raisons sociales, titres d'œuvres et de films, appellations officielles. Ce niveau comprend aussi les protocoles de la correspondance administrative ou commerciale, les conventions typographiques, les règles de présentation des textes de loi, règlements, notices d'entretien, polices d'assurance[1].

La grammaire et l'orthographe, que Sainte-Beuve considérait comme «la propreté du style», relèvent aussi de ce niveau. En principe la connaissance de l'un et l'autre devrait être acquise au moment de l'inscription à un cours universitaire de traduction. On sait, cependant, qu'il en va autrement dans les faits. Néanmoins, le cours d'initiation à la traduction n'est pas sa place d'un enseignement systématique de la grammaire. C'est à chaque étudiant qu'il revient de combler ses lacunes en la matière. Les programmes de formation de traducteurs incluent d'ailleurs des cours de consolidation des connaissances linguistiques de base.

Tous les usages susmentionnés sont consignés dans des codes (orthographiques, grammaticaux, typographiques) ou des manuels de rédaction. Ils sont arbitraires et conventionnels, tout comme les signes linguistiques, le code de la route ou les règlements d'un sport. Imposées par les exigences de la vie en société, les conventions de l'écriture sont, pour ainsi dire, «institutionnalisées», et donc contraignantes. S'y conformer c'est affirmer implicitement son appartenance à une collectivité et manifester son désir d'optimaliser le processus de la communication écrite.

Les conventions de l'écriture étant des usages «codifiés», on peut donc s'attendre à ce que les ouvrages de référence dans ce domaine abondent. L'important n'est pas de tout savoir,

---

[1] Antin Fougner Rydning regroupe logiquement les usages codifiés de rédaction en trois grandes catégories : 1) le système *typographique* (orthographe, ponctuation); 2) le système *formulaire* (abréviations, sigles, protocoles divers); et 3) le système *grammatical* (morphosyntaxe). *Qu'est-ce qu'une traduction en B?* Thèse de doctorat, Université d'Oslo, 1991, p. 147. [Inédite].

mais de savoir où trouver l'information. À cet effet, on consultera utilement la *Bibliographie du traducteur* cité à l'Objectif 2 de même que la bibliographie du *Guide du rédacteur* (2ᵉ éd. 1996, p. 283-290), le *Multidictionnaire des difficultés de la langue française*, de Marie-Éva de Villers, *Le Ramat typographique* (1994) et *Le Ramat de la grammaire* (1996) d'Aurel Ramat, le *Mémento typographique*, de C. Gouriou, des répertoires toponymiques, etc.

Les conventions de l'écriture sont des usages conventionnels qu'il faut *apprendre* et connaître pour les appliquer. Il peut cependant y avoir un certain flottement lorsque l'usage n'est pas encore fixé. C'est le cas, par exemple, en ce qui concerne la féminisation des titres et des fonctions ou la rédaction non sexiste.

Les exercices suivants permettront à l'étudiant de comparer un tant soit peu les usages propres au français avec ceux ayant cours en anglais. Bien que ce ne soit pas à ce niveau que résident les plus grandes difficultés de traduction, le traducteur est néanmoins tenu de respecter les conventions propres à la LA. La rigueur dont il fait preuve à cet égard témoigne de son application, de son souci du détail, de son respect des usages égablis en matière de langue écrite, en un mot de son professionnalisme.

———

EXERCICES D'APPLICATION

Exercice 1

Traduisez les passages suivants. Consultez au besoin le GRAF ou un autre ouvrage du même genre.

1.   A metric ton weighs 1,000 kilograms (kg) or 2,204.623 pounds (lb).

2.   Embassy hours are: 9 A.M. to 1 P.M. and 2 P.M. to 5 P.M.

3.   A Guide to Appliance Energy Consumption
        1992 ENERGUIDE Directory of Refrigerators & Freezers (Brochure)

4.   Models are also tested in the laboratory's outdoor 400-by-200-foot manœuvring pond.
        [*Manoeuvring pond* : bassin d'étude des manœuvres. Il s'agit de maquettes de bateaux.]

5.   In closing, I submit the following quote from the November-December 1964 issue of *ATIO Bulletin*, Vol. 3, No. 4. [ATIO : Association des traducteurs et interprètes de l'Ontario]

6.   Your living room is 11 feet 7 1/2 inches by 15 feet 9 inches. How many square yards of carpeting do you need to cover it? In metres that same room measures 3.54 m by 4.80 m.

7.   Unlike the Marshall Plan, the Colombo Plan did not give any financial aid itself. Rather, it coordinated—and still coordinates—assistance provided by developed member-states to developing member-states.

8.   On September 30, the Osaka Consulate General organized a highly successful Food Show which saw 10 Canadian companies walk off with orders for approximately $500,000.

9.   Some time ago, my wife sent my daughter, then twelve, to a supermarket a few blocks from our Manhattan apartment. Our little girl had been there only once or twice before. Half an hour later she returned perplexed. "It must have been torn down," she said, "I couldn't find it."

10.   In the four years from 1911 to 1914, Serge Diaghilev, the legendary impresario of the "Ballets Russes", added to his company's repertory four historic works by young Igor Stravinsky: the ballets *The Firebird, Petrushka* and *The Rite of Spring*, and an opera, *The Nightingale*. When the First World War broke out, Stravinsky settled in Switzerland, where he wrote several smaller stage pieces. [Extrait d'un programme de concert]

———

Exercice 2

    Corrigez la lettre d'affaires ci-dessous en justifiant chacune de vos corrections.

                                                      Le 21 Fév./1992.

M. Paul Ryan
23, Rouville
Hull, P.Q. J6T 6V3

                              RE: Offre d'emploi

Monsieur,

    Nous avons bien reçu votre demande d'emploi du 12 Février '92 et nous sommes heureux de vous informer, qu'après étude de votre dossier, nous avons retenu votre candidature. Par la présente, nous vous convoquons à une entrevue qui aura lieu le trois Mars prochain à 8 hrs. du soir. Auriez-vous l'obligeance de nous confirmer votre présence d'ici le 1er Mars.

    En réponse aux questions de votre lettre, je vous informe que le salaire de départ est de $25,000.00 avec augmentations annuelles pouvant varier de mille à 1,500 dollars selon le rendement. Quant aux heures de travail, nous maintenons une permanence de 8 hrs le matin à 9 hrs le soir. Nos employés sont tenus d'assurer une présence quotidienne continue de 7 hrs.

    En espérant que vous ferez bientôt partie de notre équipe, veuillez agréer, Cher Monsieur Ryan, l'expression de nos salutations les plus distinguées.

                                  Jean Gagnon,

                                            [*Signature*]

                              Directeur du personnel

JG/ad

Exercice 3

Donnez la forme française des toponymes ci-dessous. Consultez au besoin un dictionnaire des noms propres ou un atlas toponymique.

TOPONYMES ANGLAIS

Aachen (Germany)
The Aegean Islands (Greece)
Algiers (Algeria)
Antwerp (Belgium)
Azerbadzhan
Azores (Portugal)
Beirut (Lebanon)
Bethlehem (Israel)
Bucharest (Romania)
Canterbury (England)
The Channel Islands
Copenhagen (Denmark)
Corsica (France)
Czechoslovakia
Dar es Salaam (Tanzania)
Dover (England)
Dresden (Germany)
Dunkirk (France)
Frankfurt (Germany)
The Falkland Islands
Geneva (Switzerland)

Genoa / Genova (Italy)
Ghent / Gent (Belgium)
Guyana (South America)
The Hague (The Netherlands)
Havannah (Cuba)
Kashmir (India)
Kathmandu (Nepal)
Kuwait
Latvia
Manchuria (China)
Papua New Guinea
Sardinia (Italy)
Shanghai (China)
Singapore (South-East Asia)
Taipei (Taiwan)
Thames (River of G. B.)
Trier (Germany)
Tuscany (Italy)
Vesuvius (Italy)
Wales (United Kingdom)
Yangtze (River of China)

———

Exercice 4

Traduisez le Texte 16, «The Oldest Drink», en apportant une attention particulière aux conventions de l'écriture.

TEXTE 16

Auteur : Brian Dunn
Source : *Voyageur Magazine*
Genre de publication : Magazine d'un transporteur routier
Date de parution : 1984
Domaine : Bière
Public visé : Utilisateurs des autocars de la société Voyageur
Nombre de mots : 360

The Oldest Drink

Beer is the oldest drink made by man. An Assyrian tablet of 2000 B.C. lists beer among the provisions Noah stored on the Ark. Clay tablets and urns have been discovered from 500 B.C. showing parts of the brewing process in ... Iraq! Brewing spread to Egypt and Africa, then to Europe and finally the British Isles.

5   The word "beer" is used generally to mean both ale and lager. Although ale and lager are basically brewed from the same materials—malt made from barley, water, hops and proportions of other ingredients such as rice, corn, syrup and wheat—there is a difference in the brewing of ale and lager which accounts for the distinct difference in taste of the two types of beer. More hops are used in brewing ale than brewing lager and the fermentation is usually performed with 10   "top-fermenting" yeast at a temperature of 60° to 70°F (15°-20°C).

The name "lager" comes from the German word *lagern* which means to stock or store. Lager is usually lighter in taste than ale although it contains the same alcoholic strength. Because a "bottom-fermenting" yeast is used, the yeast settles to the bottom of the fermenter when fermentation is completed. The lager then must be drawn off, leaving the yeast in the tank, unlike 15   ale fermentation where the yeast is skimmed off the top. And lager fermentation is slightly longer than ale fermentation and done at a lower temperature—between 50° and 60°F (10°-15°C).

Canada is the world's 15th largest beer-drinking nation. In 1981, we downed an average of 85 litres of beer per person compared to 140 litres per person in West Germany, the world's greatest beer-drinking country. Our neighbors to the south like their grog slightly more, quaffing 20   90 litres per person. Although more recent figures are unavailable, industry experts say they would be roughly the same.

About 85% of beer sold in Quebec is ale, while the reverse is true in the rest of Canada where 85% of beer sold is lager. However, with the introduction of light beer in recent years, those figures are slowly changing and the gap between the two is decreasing.

———

VI

DIFFICULTÉS D'ORDRE LEXICAL

INTRODUCTION

Avec le sixième objectif général, nous abordons certains aspects lexicaux du langage. Ses dix premiers objectifs spécifiques (OS-13 à OS-23) portent sur l'interprétation de mots à haute fréquence et très polyvalents qui foisonnent dans les textes pragmatiques anglais.

Deux mots, l'un anglais, l'autre français, se ressemblant par la forme et le sens n'ont pas forcément la même fréquence dans leur système linguistique respectif. Par conséquent, l'emploi quasi systématique dans le TA d'équivalents morphologiquement comparables, ce que nous pourrions appeler «la traduction par réflexe morphologique», a pour effet de garder dans l'ombre le mot juste ou les tournures idiomatiques qu'emploieraient spontanément les usagers de la LA dans une situation de communication identique. La dizaine de termes suivants se prêtent bien à des exercices d'interprétation lexicale :

Available	*Involve*
Challenge	*Pattern*
Control	*Policy*
Corporate	*Problem*
Development	*System*

À cette liste, on peut ajouter les mots suivants : *affect, approach, appropriate, automatically, authority, background, design, device, equipment, facilities, identify, issue, major, minor, package, procedure, process, regular, scheme, type*[1]. Les traducteurs débutants trouveront utile de consulter le *Lexique analogique*[2] établi par un traducteur de métier, Jacques Dubé. Cet ouvrage, qui se présente comme un aide-mémoire, est conçu plus ou moins sur le modèle du *Dictionnaire des idées suggérées par les mots*[3] de Paul Rouaix et cherche à faciliter la tâche des traducteurs de textes administratifs. On consultera aussi de Pierre Daviault, *Langage*

---

[1] Dans sa thèse de doctorat (inédite), *Traduction technique et pédagogie*, (Université de la Sorbonne Nouvelle, Paris III, 1986, 459 p.), Monique C. Cormier consacre plusieurs pages à l'étude des termes *design, device, equipment, process* et *system* appartenant au vocabulaire technique fondamental.

[2] Ottawa, ministère des Approvisionnements et Services Canada, 1989, 257 p. Index français et anglais.

[3] Paris, Armand Colin, coll. «U», 31ᵉ éd., 1974.

et traduction[4]. Bien que cet ouvrage commence à dater, les articles que l'auteur a consacrés aux termes généraux précités restent encore utiles.

Examinons brièvement les cas de *automatically* et de *design*. Le traducteur qui restreindrait son expression à «automatiquement», équivalence tout à fait acceptable dans bien des cas, se priverait de nombreuses solutions synonymiques parmi lesquelles on peut citer les suivantes : nécessairement, forcément, spontanément, d'emblée, instantanément, d'office, ipso facto, du coup, inévitablement, inconsciemment, involontairement, sans hésiter, sur-le-champ, machinalement, mécaniquement, instinctivement, aussitôt, immédiatement, soudainement, d'entrée de jeu, systématiquement, etc. Il y a aussi tous les cas où une traduction implicite est possible et ceux où le recours à une tournure idiomatique éloignée de la formulation originale est souhaitable. Dans les traductions ci-dessous, le mot *automatically* semble mieux traduit, c'est-à-dire rendu par un mot plus juste et de façon plus idiomatique, que si on lui avait tout simplement substitué son quasi-homographe «automatiquement».

EXEMPLES DE TRADUCTION

a. Ask for menus including fixed price meals and menus with the prices clearly marked if they are not produced **automatically**. [Mention dans une brochure touristique]

a. Réclamez les menus à prix fixes et la carte chiffrée s'ils ne vous sont pas présentés *spontanément*.

b. A car with slick tires will skid **automatically**.

b. Une voiture chaussée de pneus lisses dérapera *inévitablement*.

c. The report will be sent **automatically** to each Branch of the Department.

c. Chaque direction du ministère recevra le rapport *d'office*.

d. He approved the idea **automatically**.

d. Il a accepté *d'emblée, sans hésiter, sur-le-champ*, etc.

e. Your name will be **automatically** entered for the contest when your contribution is received.

e. *Dès que* nous recevrons votre contribution, vous deviendrez admissible au concours.

[Var. *Il suffit* de nous faire parvenir votre contribution pour devenir admissible au concours.]

[Var. Le versement de votre contribution vous rend admissible au concours.]

f. Switch on, and the room will be **automati-**

f. La musique inondera la pièce *au simple* toucher du bouton.

---

[4] Ottawa, Secrétariat d'État, Bureau de la traduction, 1972, 397 p.

cally filled with music. [Publicité d'un radio-réveil à affichage numérique]

[Var. Appuyez sur le bouton et, *à l'instant même*, la musique inondera la pièce.]

La traduction de *automatically* par «automatiquement» n'est pas condamnable en soi; c'est l'abus de cette solution de facilité qui le devient. Et il en va de même pour tous les autres termes précités.

Le mot *design* vient facilement sous la plume des rédacteurs anglophones si l'on en juge par sa haute fréquence d'emploi comme substantif, verbe ou participe (*designing*). Les mots «concevoir, «conception» et «conçu» ne semblent pas avoir la même faveur chez les usagers francophones. Ce sont pourtant eux qui surgissent à l'esprit lorsqu'il faut traduire *design*. Claude Bédard s'est interrogé sur les tours qu'emploient spontanément les francophones pour traduire ce mot anglais[5]. Nous reproduisons ci-dessous les solutions qu'il propose afin de donner un aperçu de la variété des moyens d'expression dont dispose le traducteur qui sait s'affranchir de la forme pour rendre la notion de *design* en français. Et cette liste est loin d'être exhaustive.

EXEMPLES DE TRADUCTION

a. The carefully **designed** nozzles feature a very low resistance to flow.

a. Les tubulures, particulièrement *étudiées* [Var. *profilées* avec soin], offrent une résistance minimale à l'écoulement.

b. This analyzer is **designed** for various applications.

b. Cet analyseur est *destiné* à diverses applications.

c. The **design** of the cylinder head maximizes heat dissipation.

c. Le *dessin* de la culasse favorise la dissipation de la chaleur.

d. The Zener diode is **designed** to break down at a specified voltage.

d. La diode Zener *est faite pour* claquer à une tension préétablie.

e. The seat belt mechanism has been entirely **redesigned**.

e. Le mécanisme des ceintures de sécurité a été complètement *repensé*.

f. The pump is **designed** to operate between 4 and 30 gpm.

f. La pompe est *prévue* pour des débits de 4 à 30 gal/min.

g. The device is **designed** with new capabilities.

g. Ce dispositif *offre* de nouvelles possibilités.

h. This beautifully **designed** workstation ...

h. Ce nouveau poste de travail, à l'*esthétique très soignée*...

---

[5] *Entre Nous*, p. 218-219. On consultera aussi l'article de Jean Bourget, «Design», dans *L'Actualité terminologique*, vol. 16, n° 10, 1983, p. 7-8 et celui de Denis Miannay, «Design», dans *La Banque des mots*, n° 5, 1973, p. 9-20.

i. This product is **designed** to bring you the reliability you want.	i. Ce produit vous *apportera* la fiabilité que vous recherchez. [Ici, *designed* est rendu par un futur.]
j. The scientifically **designed** handle reduces operator's fatigue.	j. La poignée *ergonomique* réduit la fatigue de l'opérateur.

L'accumulation dans un même texte d'équivalences produites par «réflexe morphologique» (*control* = contrôle, *development* = développement, *system* = système) ou résultant de «tics de traducteur» (*available* = disponible, *design* = conçu, *involve* = impliquer) laisse transparaître l'original en filigrane dans le TA, ce qui heurte le principe même de la traduction de textes pragmatiques. Maurice Gravier a qualifié ce phénomène de «mal de la traduction» : «La multiplication de ces petits détails malencontreux [imprécisions de langue, sens erroné attribué aux mots] crée un malaise vague, difficile à définir, qui fait songer aux premières manifestations du mal de mer et que l'on pourrait appeler "le mal de la traduction"[6]» (v. l'Objectif 56).

Les exercices proposés ici n'ont pas pour but premier de faire apprendre huit, dix ou vingt façons de rendre en français les mots énumérés plus haut et caractérisés par une très haute fréquence d'emploi dans la langue anglaise. Ce sont d'abord et avant tout des exercices d'interprétation lexicale. Bien sûr, ils sont aussi l'occasion d'un enrichissement des ressources d'expression et peuvent faire découvrir la diversité des équivalences possibles en fonction des contextes. Mais il faut d'abord et avant tout les concevoir comme des *exercices d'analyse contextuelle du sens*.

Les termes choisis pour constituer la matière des exercices agissent plus ou moins en anglais comme des génériques au contour sémantique assez flou et auxquels correspondent souvent en français des spécifiques. Un linguiste belge spécialiste du bilinguisme a fait remarquer qu'en situation bilingue

> **les génériques de la langue dominante tendent à chasser les spécifiques qui leur correspondent dans la langue dominée[7].**

Personne ne contestera la force d'attraction qu'exerce la langue anglo-saxonne dans le monde moderne ni son influence sur le vocabulaire et même la syntaxe du français. Or, l'une des tâches primordiales du traducteur consiste précisément à dissocier les langues afin d'éviter les interférences, si subtiles soient-elles. Traduire signifie bien «dire la même chose que le texte original», mais cela ne signifie pas pour autant «dire les choses de la même façon». L'équivalence s'établit souvent dans la différence et en cela la traduction est un jeu d'équilibre.

SUGGESTION DE LECTURE

Danica SELESKOVITCH, «La traduction des hyperonymes et autres termes de grande extension sémantique», dans *Meta*, vol. 35, n° 1, 1990, p. 91-95.

---

[6] «La traduction des textes dramatiques», dans *Études de linguistique appliquée*, n° 12, «Exégèse et traduction», p. 42.

[7] *Cité par* Jean Darbelnet, «L'apport de la stylistique comparée à l'enseignement de la traduction», p. 135.

AVAILABLE

Les traducteurs d'expérience savent que l'aire sémantique du mot «disponible» ne recouvre pas intégralement celle d'*available*. N'ayant pas toutes les acceptions de son pendant anglais, «disponible» donne lieu à des emplois critiqués. Ce terme a fait l'objet d'une étude et d'un article par le Service des recherches et conseils linguistiques du Secrétariat d'État (v. les «Suggestions de lecture»).

Pour la présentation de cette difficulté, nous nous bornerons à reproduire des extraits de la conclusion qui résume l'essentiel du propos de l'auteur. Les doubles astérisques signalent des exemples d'emplois critiqués ou erronés.

«D'après les définitions et les exemples que nous avons vus dans les dictionnaires généraux et les mises en garde que contiennent les ouvrages de difficultés, l'adjectif **disponible** s'emploie pour faire ressortir l'idée que la personne dont on sollicite l'attention ou les services n'a pas déjà d'autre engagement [Il est disponible pour occuper ce poste. / Revenez plus tard, je ne serai disponible qu'en fin d'après-midi.], que la chose dont on voudrait avoir l'usage n'est pas déjà retenue par quelqu'un d'autre ou qu'elle n'est pas réservée à une autre utilisation [Toutes dépenses prévues, il reste une somme disponible de 2 000 $. / Il reste deux places disponibles dans l'autocar.].

«Les dictionnaires n'admettent pas, du moins à l'heure actuelle, le sens d'"accessible" pour les personnes [**Le ministre est disponible (pour dire qu'on peut l'approcher, le voir, le rencontrer facilement)] ni, pour les choses, les sens de "qu'on peut se procurer", "offert", "qui existe", "en vente" ou "à la disposition du public". Il convient de signaler, par ailleurs que **disponible**, employé comme simple épithète, peut souvent être omis : «Il ne reste plus aucune place (disponible) pour le concert de ce soir. [...]»

En somme, appliqué aux PERSONNES, s'il a le sens d'ACCESSIBLE, *available* ne se traduit pas par «disponible». Appliqué aux CHOSES, s'il a le sens de qu'ON PEUT SE PROCURER, *available* ne se traduit pas par «disponible». Exemples d'emplois incorrects, accompagnés de formulations admises :

**Des billets gratuits sont disponibles à la réception. (= On peut se procurer...)

**Cette voiture est disponible (= offerte) avec toit ouvrant.

**Nous aimerions avoir accès à toute la documentation disponible (= existante).

**Ce livre est disponible (= en vente) dans toutes les bonnes librairies.

**Des formulaires de demande de passeport sont disponibles (= à la disposition du public) dans les bureaux de poste. (ou On peut se procurer des...)

**Les produits suivants ne sont plus disponibles (= sont épuisés).

**Dans la plupart de ces villes, le métro ne sera pas disponible avant l'an 2000. (= La plupart de ces villes ne seront pas dotées d'un métro avant l'an 2000.)»

———

EXEMPLES DE TRADUCTION

a. **Available** light [Photographie]

a. Lumière *ambiante*

b. It is only when the results of the study are **available** to us that it will be possible to make a decision.

b. Tant que nous ne *connaîtrons* pas les conclusions de l'étude, nous ne pourrons pas prendre de décision.

c. Philips sets high standards for the products it makes **available** to the consumer. The quality of service can be no less.

c. Philips se fixe des normes de qualité très élevées pour les produits qu'elle *propose* au consommateur. La qualité du service après-vente ne saurait être inférieure!

d. Certified mail is **available** on all classes of mail.

d. La poste certifiée *s'applique* à toutes les classes de courrier.

e. Full service is **available** at this office six days per week.

e. Le bureau *est ouvert* six jours par semaine.

f. Before a postal system was **available**, anyone in New France who wished to send mail to Europe arranged with friends in Québec to take their letters to the captain of an outgoing ship.

f. Avant l'*établissement* du service postal, pour envoyer une dépêche de la Nouvelle-France en Europe, il fallait demander à des amis qui habitaient Québec de remettre les envois au capitaine d'un navire en partance.

———

SUGGESTIONS DE LECTURE

Line GINGRAS, «Disponible», dans *L'Actualité terminologique* (feuillet n° 8), vol. 25, n° 1, 1992, p. I-IV.

———

EXERCICE D'APPLICATION

Traduisez les passages ci-dessous, en évitant de traduire *available* par «disponible» lorsque ce correspondant n'est pas idiomatique en français.

1. The list of names and addresses is not available to anyone.

2. These products are available in all good stores.

3. The guest list must be restrictive due to the limited available space.

4. The earliest date available for the course would be the week of March 18.

5. Rapid transit in cities will not be available on a large scale prior to 1999.

6. The policeman always keeps his fire-arm readily available.

7. Please wait for the next available teller. (Dans une banque)

8. The president is not available for comment. (Au sens de : il ne veut pas répondre aux questions des journalistes)

9. Please provide me with the available data as soon as possible.

10. A careful and comprehensive search should be made in all directories available.

———

CHALLENGE

Peut-on toujours traduire *challenge* par «défi»? En français, «défier quelqu'un» c'est : a) l'inviter à venir se mesurer comme adversaire («Défier un ami aux échecs»); b) douter de sa capacité à faire quelque chose («Je te défie de lever ces haltères»).

«Défi» et «défier» ont aussi le sens de refus de se soumettre («Ce geste est un défi à l'autorité policière»). Pour que l'on puisse parler de défi au sens propre, il faut donc qu'il y ait un «agent» et un «patient», c'est-à-dire qu'il y ait un obstacle à surmonter et un rival à vaincre.

Dans son article sur le sujet, Paul Jinot recense certains cas particuliers (v. les «Suggestions de lectures»). L'enjeu du défi, par exemple, peut se situer non pas à l'échelle de l'individu, mais à celle de la société ou même de l'espèce humaine dans sa totalité : le défi scolaire, le défi américain, le défi nucléaire, les défis de l'an 2000.

Notons, enfin, que la langue des sports a repris à l'anglais le mot *challenge*. Un «challenge» désigne une épreuve sportive dans laquelle le vainqueur devient le détenteur d'un trophée ou d'un titre jusqu'à ce qu'un aspirant ou «challenger» (ou «challengeur») réussisse à le lui ravir.

Mais en anglais, *challenge, challenging* et *to challenge* servent aussi à mesurer tout simplement la difficulté des tâches à accomplir, le but à atteindre. Traduire alors ces mots par «défi» ou «défier» est souvent abusif, car ces derniers n'ont pas la même extension de sens. Certains automatismes de traduction peuvent entraîner un faux sens. Soit le passage :

> The greatest **challenge** today is getting all the blackflies and mosquitoes out of the cabin before you take off. [Pilotage dans le Grand Nord]

Si l'on y réfléchit bien, «the greatest challenge» ne dit rien de plus que «the most difficult task». La phrase anglaise n'insiste que sur la difficulté de l'opération. C'est donc cette notion qu'il convient de rendre en français. Il n'est pas question de lancer un défi aux insectes!

> De nos jours, *le plus difficile* est de chasser les mouches noires et les moustiques de la cabine de pilotage avant le décollage.

Dans les articles proposés comme «Suggestions de lecture», on trouvera des dizaines de mots et expressions pouvant traduire dans un français idiomatique *challenge* dans les contextes où il ne saurait être rendu par «défi». Mentionnons, entre autres, les possibilités suivantes :

pari, gageure, échéance, enjeu, dossier, menaces, risques, pressions, pièges, poussée, impératifs, exploit, tour de force, prouesse, problématique, bataille, difficultés à surmonter, tâche à accomplir, mission à remplir, cap à passer, exercice délicat, opération ardue, appel à l'action, combat qui peut être dur, être sollicité, goût du risque, difficulté à vaincre, attrait du danger, ne pas reculer devant l'obstacle, se dépasser, avoir du pain sur la planche, ne pas avoir froid aux yeux.

———————

EXEMPLES DE TRADUCTION

a. There still remains for women the **challenge** posed by the traditional prejudices which will take generations to eradicate completely.

a. La femme aura à *lutter* pendant plusieurs générations encore avant de réussir à faire disparaître les préjugés traditionnels.

b. He was given a more **challenging** assignment because he could easily meet the **challenges** of social and economic changes.

b. On lui a donné un poste *qui exigera davantage de lui*, car il pouvait facilement *s'adapter* aux changements socio-économiques.

c. What is HIV? It seems the more that is known about this retro-virus, the more it emerges as a highly unusual **challenge** to the scientific community.

c. Il semble que plus la communauté scientifique accumule des connaissances sur le VHI, plus ce virus lui apparaît *mystérieux*.

d. [Après avoir décrit les difficultés techniques que représentait l'observation d'une éclipse, un rédacteur conclut] : In essence, this was the **challenge** facing the Space Research Facilities Branch during the total eclipse of the sun which passed over central Canada last February.

d. C'est en quelque sorte *l'exploit* [Var. le *tour de force*, la *prouesse*] que la Direction des installations de la recherche spatiale devait réaliser lors de l'éclipse totale du Soleil qui a été visible dans la partie centrale du Canada, en février dernier.

e. The inaccessibility of much of our natural wealth is a **challenge** for the future.

e. L'inaccessibilité d'une grande partie de nos richesses naturelles nous offre l'occasion d'une *victoire* sur la nature. (P. Daviault)

———————

SUGGESTIONS DE LECTURE

Pierre DAVIAULT, *Langage et traduction*, Ottawa, Secrétariat d'État, Bureau de la traduction, 1972, p. 97.

Jean DELISLE, «Lancez-vous des défis aux mouches?», dans *Circuit*, n° 3, décembre 1983, p. 20-21.

Jacques DUBÉ, *Lexique analogique*, Ottawa, ministère des Approvisionnements et Services Canada, 1989, p. 82.

Paul JINOT, «L'anglais *challenge* : un défi pour le traducteur francophone?», dans *L'Actualité terminologique*, vol. 22, n° 4, 1989, p. 1-5.

_____

EXERCICES D'APPLICATION

Exercice 1

1. Removing old wallpaper is a challenge even to the handiest home decorator.

2. — It's a challenging question. [Dans une conversation familière.]

3. The challenge is to ensure that this happens as quickly and as peacefully as possible.

4. Imagination is another aspect of cerebral activity which will undoubtedly challenge investigators for many years.

5. Universities met the challenge and developed excellent training programs to meet Canadian needs. Indeed these initiatives proved so successful that now we have more qualified English teachers than we need.

6. Most health experts agree that early treatment of high blood pressure can reduce the incidence of serious complications. As a reflection of these strong opinions, private physicians are developing new ways of meeting the challenge of high blood pressure.

7. Our challenge is to provide excellent patient care to over 100,000 patients who come to the Ottawa Civic Hospital each year. [Extrait d'un dépliant promotionnel d'un hôpital.]

8. Then there is still the victim of the crime itself. The major challenge of the '90s is to find a way to remove the truly dangerous juveniles from society, provide a pound of flesh* to the victim of the crime and return the youth to society not determined to get even. [*indemniser]

9. Old age is no handicap to learning. The belief that people's memory and learning abilities decline with advancing age is increasingly being challenged.

10. Events in the developing world during 1983-84 continue to give cause for concern. The situation is serious, the problems intimidating, the challenges immense. But very real and significant progress is being made.

_____

Exercice 2

TEXTE 17

Auteur : Anonyme
Source : Gouvernement du Canada
Genre de publication : Exposé officiel sur une politique linguistique nationale
Date de parution : 1977
Domaine : Politique, langue
Public visé : La population canadienne, surtout les Québécois
Nombre de mots : 336

A Challenging Country

Canada is one of the most challenging countries of the world, a land of opportunity both physical and spiritual.

     The challenge in physical terms is as great as the country is huge; except to the Native peoples, this land which we call our country is still largely unknown. To be able to call our land
5   truly our own, we must come to know it. How impoverished we are if we conceive of Canada as though it were contained in the small part of it we have learned to know. [...] Canada is, as a storehouse of resources, as a source of the basic physical needs of human beings, one of the most favoured countries of the world. We have only begun to learn of its potential. The challenge, because of our climate and the size and complexity of our country, is beyond the brave efforts
10 of the few to master. [...]

     The challenge in spiritual terms is no less broad and demanding. There is a widespread tendency to fragmentation and division in the world today that can, if we permit it to determine our future, turn us in upon ourselves in bitter discord and sterile confusion. What is required of Canadians is a vision of life as large as the land itself. Our challenges do not cease with the
15 physical opportunities our country present to us. They extend into the search for those continuing means to live together in peace, security and mutual respect which are the essential conditions of a society of free men and women.

     We are the inheritors of a tradition that has provided us with a society as open, as free of inhibitions and restraints, as any in the world. [...] Our challenges, and the problems they entail,
20 are at the same time our opportunities. Canada is a country spanning a continent and stretching to the Arctic because people of vision and determination responded to the opportunities they saw beyond the four small colonies that formed the origin of their endeavours. [...]

———

CONTROL

Les mots *control* et «contrôle» sont proches et par la forme et par le sens. Ils se distinguent néanmoins par une nuance importante qu'avait bien décrite Pierre Daviault :

> L'anglais *control* se dit quand naît dans l'esprit l'idée d'une autorité exercée d'une façon quelconque, tandis que le terme français «contrôle» désigne «la vérification administrative et, au figuré, l'action de soumettre à un examen minutieux les actes de quelqu'un» (Hatzfeld et Darmesteter). Nous pouvons donc poser cette règle, un peu sommaire sans doute, mais qui suffit à résoudre presque tous les cas : l'anglais éveille l'idée de direction, d'autorité; le français celle de vérification, d'examen, de critique. Le *control* (anglais) s'exerce avant l'acte; le «contrôle» (français) après l'acte[1].

Dans les passages ci-dessous, les emplois de *control* et de «contrôle» sont conformes à cette règle.

CONTROL   a. He has no **control** over his actions.

                b. This officer **controls** his men.

                c. These things are beyond our **control**.

CONTRÔLE   a. Ce Bordeaux, vin d'appellation Bordeaux **contrôlée**, a été sélectionné et élevé selon les traditions séculaires du Bordelais. Ce millésime 1981 a été mis en bouteilles sous le **contrôle** attentif du maître de chais de la Maison Cruse.

                b. En Louisiane, la police **contrôle** la circulation de matières dangereuses, et les transporteurs en fraude sont souvent arrêtés et condamnés à des amendes.

                c. Envoi clos, peut être ouvert pour **contrôle** par le service postal.

La langue évoluant, il y a lieu de nuancer la règle générale énoncée plus haut, car le mot français s'est annexé une partie du sens anglais comme l'a bien vu Jean Darbelnet :

---

[1] *Langage et traduction*, p. 125.

On s'en aperçoit quand on essaie d'éliminer «contrôle», au sens de direction, de certains contextes, par exemple de la phrase suivante rencontrée dans *Le Monde* : «À Haïti le contrôle de la situation échappe peu à peu au président Duvalier.» Sans doute pourrait-on dire que le président est de moins en moins maître de la situation ou que son autorité s'affaiblit, ce qui serait correct et suffisant [...]. Je serais donc enclin à tolérer «contrôle» là où il rend service d'une manière discrète, ce qui est le cas dans l'exemple ci-dessus. Par contre, il faut rejeter comme étant du charabia la tournure suivante [...] : «pour des raisons au delà de notre contrôle». Car il existe un excellent équivalent français de «*beyond our control*» et c'est : «indépendant de notre volonté»[2].

Et il faut d'autant plus proscrire l'anglicisme sémantique que le risque d'ambiguïté est grand. Il est regrettable, par exemple, que les expressions «contrôle des naissances» et «contrôle des prix» calquées sur l'anglais tendent à s'imposer. Le double sens rattaché à ces calques est une source d'ambiguïté car, que veut dire «contrôler les naissances», en bon français, sinon vérifier APRÈS COUP les naissances, les dénombrer, par exemple, alors que le *birth control* signifie «régulation des naissances» (et s'exerce avant l'acte, dirait Pierre Daviault!).

Le «contrôle des prix et des salaires» (*price and wage control*) a été une source de confusion lorsque le gouvernement Trudeau l'a appliqué dans les années 70. Cette mesure réglementait (sens anglais de *control*) les hausses de prix et de salaires en imposant un plafond fixé à 5 et 6 %. Les patrons y voyaient un bon moyen de limiter les hausses salariales consenties à leurs employés, mais ils observaient moins scrupuleusement la loi lorsqu'il s'agissait d'augmenter le prix de leurs produits. Cela a donc amené les syndicats à réclamer vigoureusement un «contrôle des prix», au sens français du terme, c'est-à-dire une surveillance, afin de forcer les contrevenants à respecter la loi, puisque les prix augmentaient plus vite que les salaires. La confusion régnait du fait que patrons et syndicats employaient le même mot (contrôle), mais ne lui donnaient pas la même signification.

Comment ne pas être de l'avis de Jean Darbelnet lorsqu'il écrit : «Les trois quarts du temps, si on connaissait mieux sa propre langue, on n'éprouverait pas le besoin d'aller chercher ailleurs un ersatz de ce qu'on a déjà chez soi[3].» Il faut donc savoir que la langue française dispose de nombreuses ressources pour traduire le mot *control* signifiant commander, diriger, maîtriser, avoir autorité sur.

CORRESPONDANTS DE *CONTROL*

a.	controlled currency controlled economy	a.	monnaie dirigée économie dirigée
b.	to control the market	b.	dominer le marché

---

[2] *Regards sur le français actuel*, p. 30.

[3] *Ibid.*

c.	to control a fire		c.	maîtriser un incendie
d.	control panel		d.	tableau de commande
e.	to control the sea		e.	avoir la suprématie des mers
f.	to keep one's feelings under control		f.	contenir ses sentiments, se dominer
g.	I am not under his control.		g.	Je ne dépends pas de lui. Il n'a aucune autorité sur moi. Je ne suis pas sous sa tutelle, sous sa coupe, sous sa férule, sous son emprise.
h.	controllable expenditures		h.	dépenses compressibles
i.	Control yourself!		i.	Calmez-vous! Modérez-vous!
j.	to control crime		j.	réprimer les crimes; combattre [lutter contre] la criminalité
k.	to control one's tears		k.	retenir, contenir ses larmes

EXEMPLES DE TRADUCTION

a. In short, while face-to-face information exchange was open to all, the newer systems used for carrying information beyond the confines of a family or a village were essentially closed and used for purposes of social or political **control**.

a. Bref, si l'échange direct d'informations de personne à personne était ouvert à tous, l'infrastructure destinée à transmettre l'information au-delà des limites de la famille ou du village était pratiquement monopolisée et utilisée comme *instrument de domination* sociale ou politique.

b. Because television has become such a major force in our society, we must examine the issue of **control** over television. Six major camps share **control** over television broadcasting: government, private station owners, cable television companies, advertisers, the creative element and viewers.

b. Compte tenu de l'influence considérable que la télévision exerce sur notre société, ne devrions-nous pas essayer de savoir qui *en détient les leviers de commande*? Les principaux *codétenteurs du pouvoir* en matière de télédiffusion sont au nombre de six : le gouvernement, les radiotélédiffuseurs privés, les télédistributeurs, les annonceurs, les créateurs et le public.

c. Condominiums combine the advantages of a single family home with that of a co-operative. Residents have individual homes and do with them as they please, but some **control** is surrendered to the condominium.

c. Une copropriété réunit les avantages d'une maison familiale et ceux d'une coopérative. Chaque propriétaire possède son logement et est maître chez lui, mais il cède certains *droits* à des administrateurs.

SUGGESTIONS DE LECTURE

Maxime KOESSLER, *Les Faux Amis des vocabulaires anglais et américain*, Paris, Librairie Vuibert, 1975, p. 162-165.

Jacques VAN ROEY, Sylviane GRANGER et Helen SWALLOW, *Dictionnaire des faux amis*, 2e éd., Paris, Éditions Duculot, 1991, p. 164-165.

———

EXERCICES D'APPLICATION

Exercice 1

1.   *clorets combat/élimine*
      Control breath odours with CLORETS.
      HEAD & SHOULDERS shampoo controls dandruff.

2.   *a fini par stopper/enrayer*
      The company finally controlled the decline of prices.
      a fini par redresser

3.   *contrôlés/régler l'admission de*
      To get good pictures, you must control light. Light passing through the lens and onto the film is controlled by two things—the aperture, or the size of the hole—the shutter speed, or the length of time the aperture stays open. *la lumière ...*
      il faut régler le diaphragme

4.   The lack of control of one's own activities may be one of the most important areas to study when designing programs in prisons where inmates have little control over their activities. *le manque d'autonomie... des pouvoirs de leurs allées et venues / jouissent de peu de liberté d'action, de mouv.*

5.   In 1975, 1979 and 1983, World Health Organization expert committees released reports detailing possible governmental strategies for tobacco control. *lutter contre le tabagisme*

6.   Because the squad is such a powerful weapon, it will remain within civilian control.

7.   The group controls 51% of the stocks. [*Stock* = action]

8.   His control extended to the Nile.

9.   It is not only Quebecers who feel more in control of their own lives. [*Quebecers* = *Quebec people*]

10.   This manager has control over several departments. [*Department* = service]

———

Exercice 2

TEXTE 18

Auteur : Anonyme
Source : *Maclean's*
Genre de publication : Magazine canadien de grande diffusion
Date de parution : 1988
Domaine : Produits d'hygiène
Public visé : Consommateurs nord-américains
Nombre de mots : 237

With Dr. Scholl's deodorant insoles
you're more comfortable
with your shoes

Dr. Scholl's, the foot care experts, make insoles with a unique layered design that cushions your feet and absorbs the shock of every step you take. In every shoe you wear.

So no matter what you put your feet through they'll automatically be more comfortable with Dr. Scholl's.

5   But Dr. Scholl's deodorant insoles do more. They add odour protection to everyday comfort ensuring you unsurpassed protection against wetness and odour.

DEODORANT insoles protect against normal odour and wetness. HEAVY DUTY DEODORANT insoles control more stubborn problems. And new SNEAKER SNUFFERS^{tm} insoles offer superior control of the worst sneaker odour.

10   Add Dr. Scholl's FOOT SPRAYS and POWDERS and you have a complete odour and wetness control system that lets you feel completely comfortable about kicking off your shoes.

Visit the Dr. Scholl's footcare display at a store near you.

And discover all the ways that Dr. Scholl's make you feel more comfortable in your shoes. And in your mind.

15   DR. SCHOLL'S DEODORANT INSOLES provide the maximum control of foot odour and wetness.

DR. SCHOLL'S HEAVY DUTY DEODORANT INSOLES control those extra stubborn foot odour and wetness problems.

DR. SCHOLL'S NEW SNEAKER SNUFFERS insoles control the worst sneaker odour and
20   wetness better than any other insole.

DR. SCHOLL'S FOOT SPRAYS AND POWDERS provide an additional barrier against the toughest of foot odour and wetness problems.

————

CORPORATE [1]

Le déterminant *corporate* est venu combler un vide adjectival dans la langue anglaise qui ne disposait pas encore de mot simple et unique pour désigner «ce qui concerne une société de commerce», comme le français a le mot «social» (raison sociale). *Corporate* a donc servi à normaliser, sinon à uniformiser un secteur très important de la langue commerciale nord-américaine. Dans bien des cas, il faut le rendre par une périphrase ou une modulation.

Corporate peut revêtir les sens généraux suivants : central, vaste, général, grand (*corporate business = big business*), de société, d'entreprise, de grande entreprise, collectif, d'ensemble. Il peut signifier également : d'affaires ou des affaires, industriel, et même capitaliste.

Cette dernière acception peut sembler incongrue, mais, dans la langue courante, dans l'analyse économique et la critique sociale, *corporate* est devenu quasi synonyme de «concentration de capitaux», de «moralité douteuse», de «tripotages comptables», «d'État dans l'État». Ce terme en est venu à connoter l'image de «société multinationale», d'«entreprise tentaculaire» sous la pression de l'évolution économique en régime capitaliste et de la modification des structures commerciales et industrielles.

Dans certains contextes, *corporate* ne fait que désigner «une très grande quantité de». C'est le sens que, par extension, a acquis depuis longtemps l'adjectif français «industriel» (agriculture industrielle = grandes entreprises agricoles; production industrielle = production à grande échelle).

Quand *corporate* n'est plus relatif au commerce, à l'industrie, à la finance et au droit, il retrouve l'un de ses sens originels : qui a rapport à une profession, qui concerne un groupe social, syndical, municipal et parfois corporatif (relatif à un corps de métier).

Pour le reste, les emplois de *corporate* sont souvent abusifs et ne sont que du remplissage de journalistes, des usages tautologiques, de la pédanterie, voire de l'ignorance savante. À titre d'exemples, qu'est-ce qu'un *corporate plane*, sinon un «avion d'affaires»? Qu'est-ce qu'une *corporate wife*, sinon «l'épouse d'un président d'entreprise»?

---

[1] Nous reprenons l'essentiel de l'introduction d'une publication de l'Office de la langue française du Québec consacré au mot *corporate* et signée par Gilles Leclerc (v. les «Suggestions de lecture»).

Enfin, il est souvent possible, voire souhaitable en français, par souci de clarté ou d'élégance, de ne pas traduire *corporate* si le contexte est assez explicite et si ce mot n'ajoute rien au sens de l'énoncé original.

———

EXEMPLES DE TRADUCTION

a. Over 400 CIDA employees gathered on October 19 to hear the president announce the decisions and plans resulting from the extensive **corporate** review which had taken place within the Agency. Changes to the agency's structure were designed to streamline operations and eliminate duplications.

a. Plus de 400 fonctionnaires de l'ACDI étaient réunis le 19 octobre pour entendre le président leur faire part des mesures prises à la suite de la *révision en profondeur des structures* de l'Agence. Ces changements accroîtront l'efficacité des opérations et élimineront les chevauchements.

b. A Member of Parliament wanted to know if the Government was considering the formulation of a set of rules for good **corporate** behaviour coupled with sanctions in the event of non-compliance.

b. Un député a cherché à savoir si le gouvernement envisage de promulguer un *code d'éthique commerciale* assorti de sanctions pour les contrevenants. [Var. adopter des *règles de conduite pour les entreprises*].

c. The **corporate** assets soared up 3% in the last fiscal year.

c. L'actif *de la société* s'est accru de 3 % au cours du dernier exercice.

———

SUGGESTIONS DE LECTURE

Gouvernement du Québec, Office de la langue française, *Néologie en marche*, n° 3, 1974, 72 p. Introduction de Gilles Leclerc, p. 5-15.

«Les nébuleuses "corporatives", ou comment traduire *corporate*?», dans *Terminologie comptable*, vol. 2, n° 42, 1995, p. 1-7.

EXERCICES D'APPLICATION

Exercice 1

1.   [Titre et premier paragraphe du discours d'un ministre sur les devoirs sociaux des grandes entreprises]

To be or not to be ... socially responsible.
That is the question, Ladies and Gentlemen,
the corporate question of our day.

Our social problems seem insoluble ... deteriorating water and air, lack of decent housing, job discrimination, meaningless work. Our lives are dominated by economics. And economics is dominated by the corporation, growing ever-bigger and more powerful. Will that power be brought to bear on our social problems? The corporate answer may decide the fate of free enterprise.

2.   A common type of corporate fraud is income tax evasion.

3.   We are not concerned here with a corporate company image because this is brand advertising.

4.   Excaire offers to the discriminating businessman an exclusive total corporate aviation service. [Excaire = compagnie d'aviation]

5.   The process of imposing new yardsticks for corporate performance is bound to upset executives who are comfortable with the existing rules.

6.   In this corporate culture men trade their souls for money.

7.   By manipulation and persuasion, the "technostructure"—the scientists, engineers, lawyers and lobbyists who run the corporations—convinces the supposedly "sovereign" consumer that corporate and public policy are one and the same.

8.   We have several positions now available in the financial planning area of our corporate finance and accounting department.

9.   We are looking for an individual who is capable of working in a top corporate management environment. [Concours de recrutement]

10. Canada Post Corporation, in addition to issuing a commemorative stamp, has introduced a major corporate program consisting of a number of initiatives to promote literacy.

———————

Exercice 2

TEXTE 19

Auteur : Neville J. Nankivell
Source : *The Financial Post 500*
Genre de publication : Grand journal financier américain
Date de parution : 1989
Domaine : Économie
Public visé : Nord-Américains
Nombre de mots : 182

Corporate Canada Comes out Fighting

To describe corporate Canada in 1989, and how it differs from a quarter century ago, one single word will do: "confident." There is a growing sureness in the ability of major Canadian companies to compete effectively in the new global economy.

5   Typically, in the 1960s, and even the 1970s, there was an inward orientation to corporate strategy. Many sectors were sheltered in a cocoon of tariffs and restrictions against outside competition and outside ownership.

As the 1980s end, all that has changed. Canada's corporate landscape is undergoing enormous restructuring. Its sweep reaches into all large companies and is transforming whole sectors. New corporate alliances have been struck—inside and outside the country. The
10   spunkiness of corporate Canada is perhaps most visible in the business community's widespread support for free trade.

Twenty-five years ago, Canada was still seen largely as an exporter of raw materials, an importer of processed goods. Now, home-grown giants are reversing this. Many Canadian firms have discovered the joys of increased specialization and longer production runs. In short,
15   corporate Canada has come of age.

———

Exercice 3

TEXTE 20

Auteur : Anonyme
Source : *Time*
Genre de publication : Magazine américain de grande diffusion
Date de parution : 1980
Domaine : Les affaires, publicité
Public visé : Nord-Américains
Nombre de mots : 353

A Rage for Ties That Bind

bullish = en hausse

A time-honored British tradition—the old school tie—is now taking root in American business. In Britain, graduates of Oxbridge colleges, officers of army regiments and members of London clubs have long worn institutional ties as a way of recognizing other "old boys" without asking. Now Americans can pick out a colleague or a competitor at a sales convention according to the cravat
5   around his neck. Corporate neckties have recently become a bullish $12 million industry. Says A. Harvey Schreter, whose Baltimore-based company has made about 600 different company ties: "Last year our business grew by 30%, and it has trebled in the past five years."

grossier   *triplé*

. Far from being crass advertisements for the wearer's employer, company chokers tend to be stylish, subtle, discreet. Manufacturers Hanover Trust in New York celebrates its success
10   in international banking with cravats, designed by Pierre Cardin, that bear tiny symbols of various

ingot=lingot

European, Asian, and Middle Eastern currencies. Ties for Republic National Bank of New York, one of the nation's leading gold merchants, have a design showing little ingots. Brokers at E.F. Hutton can suit up with ties bearing the initials EFH. The letters are almost indecipherable at a distance of more than six inches.

15   Some companies now bring out a new corporate tie as regularly as they break out cigars after the announcement of a successful earnings report. They are used to introduce a new installation or a new product or sometimes a new logo, for company anniversaries or as part of a sales campaign. [...] Nestlé commissioned a tie in honor of the 50th birthday of the chocolate-chip cookie. The design of a company tie can be a topic important enough to require top-
20   management decision. [...]

        Collecting corporate ties has even become a new executive-suite game. They are like baseball cards for big kids. [...] The more subtle the tie and limited its distribution, the more prized it becomes. [...] Corporate ties are usually reserved for company directors, important clients and a few corporate friends. And for their women executives, many companies now have scarves that
25   bear the corporate tie design.

———————

DEVELOPMENT

Le verbe anglais *develop* et le nom *development* qui en dérive ont acquis un large éventail d'acceptions qui ne recouvrent que très partiellement celles des mots français dont ils sont issus. Il faut avoir recours à de nombreux termes français différents pour exprimer les idées concrètes que ces mots anglais assument dans des contextes différents. Ce sont en outre des mots à très haute fréquence d'emploi, car nombre d'auteurs de langue anglaise, par paresse intellectuelle, en usent et en abusent dans des contextes où ils seraient avantageusement remplacés par des synonymes plus précis. De nombreux Français se laissent cependant leurrer par ces «faux amis» et n'hésitent pas à utiliser «développer» là où l'anglais utilise *develop* [p. 83]. [...] D'indistinctions en indistinctions, le verbe «développer» se vide ainsi de tout contenu sémantique compréhensible[1].

Le mot *development* peut se traduire dans bien des cas par «développement», mais ses acceptions sont beaucoup plus nombreuses que celles de son quasi-homographe français. Il faut donc se méfier de l'association obstinée dans notre mémoire du mot anglais et de son correspondant morphologique. Comme le recours systématique aux dictionnaires bilingues n'est pas un procédé très économique en traduction, il vaut mieux s'interroger sur le contenu sémantique de *development* et chercher à savoir comment il est employé en contexte. Ce qui s'applique au substantif vaut également pour le verbe.

On peut dire que la très grande majorité des acceptions de *development* ont en commun les trois sèmes[2] suivants :

CHANGEMENT / ORIENTÉ / GRADUEL

Les multiples phénomènes décrits en anglais par le vocable *development* peuvent être répartis en trois grandes catégories selon qu'ils sont appréhendés à l'un ou l'autre des trois stades de l'action suivants : à son début, en cours de réalisation et à son aboutissement.

---

[1] Maurice Pergnier, *Les Anglicismes*, p. 85 (v. les «Suggestions de lecture»).

[2] «Dans la terminologie de l'analyse sémique, le *sème* est l'unité minimale de signification, non susceptible de réalisation indépendante, et donc toujours réalisée à l'intérieur d'une configuration sémantique ou sémème.» Jean Dubois (*et al.*), *Dictionnaire de linguistique*, Paris, Larousse, 1973. Sème est en fait synonyme de trait sémantique.

1.   **À son début**

Employé dans cette acception, *development*, souvent précédé du déterminant *new*, pourra correspondre à l'un des termes ci-dessous.

apparition, essor, naissance, création, mise en œuvre, mise en place, mise en service, mise en valeur, installation, innovation, préparation, entreprise, aménagement, découverte, fait (incident) nouveau, événement (nouveau), nouvelle formule, construction, découverte, etc.

a. The **development** of new energy sources, new materials, new transportation means, new foods—all these only begin to hint at the nature of the accelerating changes that lie ahead.

a. *L'apparition* de nouvelles sources d'énergie, de nouvelles matières, de nouveaux moyens de transport, de nouveaux aliments, tout cela laisse présager la nature des changements toujours plus rapides qui nous guettent.

b. One major project is the **development** of an international class botanical garden in the Annapolis Valley.

b. L'un des principaux projets est la *création* d'un jardin botanique de classe internationale dans la vallée d'Annapolis.

c. The federal government made an immense contribution to the **development** of transportation facilities in Quebec.

c. Le gouvernement fédéral a beaucoup contribué à la *mise en place* de l'infrastructure des transports au Québec.

2.   **En cours de réalisation**

Employé dans cette acception, *development* pourra correspondre à l'un des termes ci-dessous.

évolution, développement, progrès, intensification, amélioration, encouragement, réalisation, formation, amplification, élargissement, travaux, essor, agrandissement, approfondissement, etc.

a. Interest rate **developments** differed to some extent between the various international bond markets.

a. Les taux d'intérêt *n'ont pas évolué* de la même façon sur les divers marchés obligataires internationaux.

b. We're just as interested in professional **development** but the courses offered by our institutes are mostly for public practitioners.

b. Nous nous intéressons nous aussi à la *formation* professionnelle, mais les cours de nos instituts sont destinés pour la plupart aux praticiens.

c. Research, or knowledge **development**, is an important element of the National Strategy to Reduce Tobacco Use.

c. La recherche, ou *l'approfondissement* des connaissances, est un élément important de la Stratégie nationale de lutte contre le tabagisme.

3. À son aboutissement

Employé dans cette acception, *development* pourra correspondre à l'un des termes ci-dessous.

épanouissement, enrichissement, bouleversements, perfectionnement, mise au point, exploitation, revalorisation, résultat, progrès (réalisés), découverte, réalisation, etc.

a. It is remarkable that, with the tremendous **development** of chemistry, there is no single food-stuff produced industrially which can compete with what the farmers grow.

a. Il est étonnant que, malgré les *progrès* prodigieux de la chimie, pas un seul aliment fabriqué industriellement ne puisse rivaliser avec les produits des fermiers.

b. The government, through numerous programs, encourages the preservation of our multicultural nature and the **development** of artistic skills.

b. Le gouvernement, grâce à de nombreux programmes, cherche à préserver le caractère multiculturel du pays et à favoriser l'*épanouissement* des talents artistiques.

Il va sans dire que la connaissance du référent se révèle essentielle pour cerner l'acception pertinente de *development* ou pour lever les ambiguïtés. Prenons comme exemple le syntagme *development of weapons*. Hors contexte et sans autres indications de nature référentielle, nous serions incapables de préciser le stade du «développement des armes» : s'agit-il de leur mise au point? de l'augmentation de leur nombre? de leur perfectionnement? *The development of new weapons* serait déjà moins ambigu.

Comme toujours, il y a des cas où la meilleure équivalence n'est pas lexicale, mais prend la forme d'une reformulation idiomatique ou d'une traduction implicite, comme dans les exemples suivants :

a. A number of badland areas have **developed** in Alberta where spectacular surface erosion has occurred.

a. En Alberta, une très forte érosion a rendu une certaine partie des terres incultivables.

b. To **develop** a feel for antiques, make a habit of asking the dealer why he evaluates one piece of furniture at $3 000 and another at $1 000.

b. Pour apprendre à connaître les antiquités, demandez à un antiquaire pourquoi il évalue tel meuble à 3 000 $ et tel autre à 1 000 $.

Enfin, il est indispensable de connaître les multiples effets de sens que peut prendre en contexte le mot *development* lorsque celui-ci apparaît plusieurs fois dans une même phrase. Des phrases comme celle-ci, qui n'appartiennent pas au meilleur style, ne sont pas rares (v. l'Objectif 49 : «Les anaphores et les répétitions») :

These criteria include the **development** of new jobs, regional **development, development** of skills, benefits to local suppliers and the **development** of local technology.

Ces critères comprennent la *création* d'emplois, le *développement* régional, *l'amélioration* des compétences, les avantages accordés aux fournisseurs locaux et l'*exploitation* de la technologie locale.

_____

SUGGESTIONS DE LECTURE

Maurice PERGNIER, *Les Anglicismes*, coll. «Linguistique nouvelle», Paris, Presses Universitaires de France, 1989, p. 83-85.

_____

EXERCICE D'APPLICATION

1.   The mammoth James Bay development in Quebec will reach a capacity of 10 million kilowatts.

2.   Will we work fewer days per week, fewer weeks per year, or fewer years in a lifetime? There have been a number of interesting developments in this connection. A flexible daily timetable lets the individual worker determine his own hours of work.

3.   The unsufficient number of grain export facilities call for the development of more facilities elsewhere on the West coast.

4.   A training program for firefighters was developed and run in cooperation with the fire marshalls of several provinces. Additional training programs are being developed for other emergency services such as police, government inspection services, and industrial associations.

5.   The Assembly should provide a framework for fostering Europe's development into a confederation of free democratic states.

6.   Children have always needed the opportunity for continual interaction with adults in order to develop normally as human beings.

7.   During recent years the many changes and developments in the Canadian North have affected almost every aspect of the lives of the more than 18,000 Inuit living there.

8.   The third important new development being implemented at Alcan is improvements in the use of computers in modelling their hydroelectric system.

9. Canada faces a considerable challenge to develop such energy resources as the Athabasca oil sands.

10. Modern industrial society, as we have seen, developed a host of organizations, from labor unions and trade associations to churches, schools, health clinics, and recreational groups.

————

INVOLVE

Le verbe «impliquer» surgit spontanément à l'esprit lorsqu'il faut traduire *to involve*. Il se dit aussi bien des personnes que des choses. Mais est-ce le mot juste dans tous les cas?

Jusqu'à ces récentes années, lorsqu'on l'employait en parlant de personnes, «impliquer» ne suggérait rien de positif. Il avait une nuance péjorative et évoquait l'idée de responsabilité relativement à une erreur ou à une faute commise. Exemple : «Ce député, impliqué dans une affaire de mœurs, s'est vu forcé de remettre sa démission.» Sans doute sous l'influence omniprésente de l'anglais *to involve*, le verbe français a élargi son champ sémantique. Le *Grand Dictionnaire encyclopédique Larousse* (1983) consigne en effet cette nouvelle acception : «s'impliquer dans qqch (abstrait), mettre beaucoup de soi-même dans l'activité que l'on fait, les relations qu'on a avec les autres, etc.; investir : s'impliquer dans son travail.» Et le *Petit Larousse* de 1984 imite son grand frère, mais ajoute la marque d'usage «familier» : «(fam.) S'impliquer dans qqch, s'y donner à fond.»

«Impliquer» se dit aussi des choses. Il exprime alors un rapport de nécessité entre deux faits ou deux phénomènes, l'existence de l'un supposant celle de l'autre. Il est alors synonyme de comporter, supposer, nécessiter. Exemple : «La volonté de réussir implique celle de travailler ferme».

Le verbe «impliquer» est encore considéré comme un anglicisme lorsqu'il est employé au sens de «concerner», «intéresser», sens que peut avoir *to involve*. Exemple : «**Je m'intéresse aux programmes sociaux, mais ne me sens pas très impliqué.» Les dictionnaires de langue française n'ont pas encore consigné cette acception qui, à vrai dire, n'est pas indispensable. On gagne souvent en précision et en élégance à lui préférer un synonyme. Voici une liste de verbes et locutions verbales auxquels on pourra avoir recours, selon les contextes, pour éviter les emplois contestables d'«impliquer», qui ne saurait servir d'équivalent passe-partout à l'anglais *to involve*.

avoir affaire à, avoir pour conséquence, comporter (des risques), comprendre, compromettre (son honneur, sa fortune), engager, entraîner, nécessiter, occasionner (des dépenses), être en cause, être en jeu, être entraîné, être pris (dans quelque chose), être lié, être mêlé à, faire appel à, mettre en cause (des personnes), mettre en jeu (des influences), participer à, renfermer, s'occuper de, soulever (des questions), présupposer, s'étendre à, etc.

––––––––

EXEMPLES DE TRADUCTION

a. Because of the specific national interests **involved**, trade in uranium has frequently been the subject of political dispute.

a. En raison des intérêts nationaux *en cause*, le commerce de l'uranium a souvent été à l'origine de différends politiques.

b. Stewart, who has been actively **involved** with both developers and town council, pointed out that the community can influence developers by using property taxes as a bargaining tool.

b. M. Stewart, qui *a joué un rôle actif* auprès des promoteurs immobiliers et du conseil municipal, a indiqué que la collectivité peut se servir des taxes foncières pour faire pression sur les promoteurs.

c. The system **involved** in the study utilizes wave power to compress air for driving a turbine, which in turn is coupled to an AC generator.

c. Le dispositif *étudié* fait appel à l'énergie des vagues pour comprimer l'air et ainsi actionner une turbine reliée à une génératrice à courant alternatif.

d. For many years, industry has been faced with solving a broad spectrum of problems **involving** cleaning and surface preparation.

d. Depuis longtemps, l'industrie est aux prises avec des tâches très variées de nettoyage et de préparation des surfaces.

e. A timpanist has to be very flexible, phrase the way a string section does. It has to have a very warm sound. There's much more musicality **involved** than people realize.

e. Le timbalier doit faire preuve d'une grande souplesse et phraser comme la section des cordes. Le son produit doit être chaud. La timbale est un instrument dont la musicalité est beaucoup plus grande qu'on pense.

SUGGESTIONS DE LECTURE

Frèdelin LEROUX, «Impliqué», dans *L'Actualité terminologique*, vol. 18, n° 5, p. 9.

Madeleine SAUVÉ, *Observations grammaticales et terminologiques*, Montréal, Secrétariat général de l'Université de Montréal, fiche 177 «Impliquer» (3 février 1982, 7 p.) et fiche 178 «Implication» (17 février 1982, 5 p.).

EXERCICE D'APPLICATION

1.   Without minimizing the importance of the linguistic analysis involved in literary translation, it must be recognized that literary translation demands literary ability.

2.   Unlike interpretation, translation essentially involves working with written texts, and the method outlined in this book applies only to texts designed to be read, not spoken.

3.   The two cars involved in the accident were a total loss. [Collision]

4.   He is involved in a series of difficulties. [Non frauduleuses]

5.   Most of industry's innovations involve the common products that society uses and consumes: better hockey sticks, new drugs, superior crop harvesters, and so on.

6.   Our society seems to value only those involved in the production of goods and services.

7.   One exercise that should prove invaluable in helping students involves the preparation of texts for dictaphone translation. Such preparation obviously does not involve writing out a translation in extenso.

8.   Men are more likely to be involved in purchase decisions involving items that are either expensive or technologically intricate.

9.   Those of us who are involved with language policy and bilingualism on a daily basis may be inclined to assume that what French immersion is all about must be common knowledge to everybody.

10. You can't improve welding practice until you increase the knowledge level of the people involved.

––––––––––

PATTERN

Certains mots semblent ne pas avoir de frontières sémantiques bien définies. *Pattern* est l'un de ces mots. D'où l'intérêt particulier que présente sa traduction du point de vue de l'interprétation, de l'extraction du sens en contexte. Même les meilleurs dictionnaires bilingues ne donnent qu'un faible aperçu des multiples effets de sens de ce mot «fourre-tout». Ils proposent tout au plus une douzaine de correspondants. Un traducteur ne saurait se limiter à ces seules possibilités de traduction pour rendre en un français idiomatique toutes les nuances du mot *pattern*. La liste ci-dessous donne un tableau plus complet, mais non exhaustif, des nombreuses acceptions de ce mot. Elle pourra servir d'aide-mémoire en cas de panne d'inspiration...

CORRESPONDANTS DE *PATTERN*

agencement	cycle	marche	processus
aménagement	dessin	mécanisme	profit
arrangement	diagramme	méthode	reconnaissance
aspect	disposition	mode	régime
association	distribution	modelé	règle
broché	échantillon	modèle	répartition
cadre	équation	modulation	ritournelle
calibre	équilibre	motif	scénario
caractère	évolution	moule	schéma
caractéristiques	exemple	mouvement	schème
cheminement	façon	moyen	standard
circuit	figure	nature	structure
combinaison	filière	norme	style
comportement	forme	optique	système
composition	formule	ordonnance	systématisation
conception	gabarit	ordonnancement	tableau
configuration	galbe	ordre	tendance
conformation	genre	organisation	ton
conjoncture	grille	orientation	tournure
constante	groupement	ossature	tracé
constitution	habitudes	palette	trame
contexte	images	patron	type
contour	invariant	physionomie	typologie
coupe	ligne	plan	
courants	manie	principe	
courbe	maquette	procédé	

EXEMPLES DE TRADUCTION

a. Each of the deficiency diseases has its own epidemiological **pattern**.

a. Chaque maladie de [var. par] carence présente un *tableau épidémiologique* particulier.

b. We have watches whose works are **patterns** etched on tiny plastic chips, watches without any moving parts whatever.

b. Nous avons des montres dont les *circuits* sont gravés sur des puces de plastique; ces montres n'ont aucune partie mobile.

c. Perhaps there is more understanding and beauty in life when the glaring sunlight is softened by the **patterns** of shadows.

c. Il y a peut-être plus de compréhension et de beauté dans une vie, quand le soleil éblouissant est adouci par le *jeu* des ombres.

d. Much attention has been focussed on the changing consumption **pattern** in the United States.

d. On s'est beaucoup préoccupé des changements survenus dans les *habitudes* de consommation des Américains.

e. When shipping works of art framed under glass, make sure masking tape is placed over the glass in a grid **pattern** spaced not more than an inch apart horizontally and vertically.

e. Avant d'expédier des œuvres d'art sous verre, s'assurer que le verre est recouvert de bandes de ruban-cache disposées dans le sens de la longueur et de la largeur et espacées d'au plus un pouce.

EXERCICE D'APPLICATION

Remplacez les pointillés par une équivalence idiomatique.

1. Some candidates, either for individual, cultural, or other reasons might take more time to respond to questions than other candidates. These individual response **patterns** should be respected—so don't be afraid of the occasional silent pause.

    Certains candidats, que ce soit pour des raisons personnelles, culturelles ou autres, vont peut-être répondre plus lentement que d'autres aux questions. Il faut respecter .... et ne pas s'étonner d'un éventuel moment de silence. *façon de faire*

2. The extraordinarily rapid acceptance of immersion across Canada during the past fifteen years is an exception to the usual **pattern**.

    L'adoption rapide du programme immersif partout au Canada depuis quinze ans est ...... *exception à la règle*

3.   The authors construct various **patterns** for the future, based on consumption **patterns** (staying the same, increasing slightly, increasing markedly) and assuming population growth of 2 per cent a year.

Les auteurs ont préparé .... pour l'avenir en fonction .... de la consommation (stabilité, légère augmentation ou forte hausse) et d'une croissance démographique an- nuelle de deux pour cent.

4.   Whether it was unwillingness to respect the cyclical **pattern** of certain events, or inability to diminish the impact of natural forces, man was all too often a major influence in the multiplication of misery.

L'homme, par son comportement, n'a que trop souvent contribué à accroître la misère dans le monde, soit parce qu'il a refusé de se plier ...., soit parce qu'il s'est montré incapable d'atténuer les effets des forces naturelles.

5.   In 1980 the economy underwent a cyclical pause with real output showing no growth for the first time since 1954. The sluggishness of the economy reflected a world-wide **pattern** and compared with the slight decline in real GNP in the United States.

En 1980, il y eut une pause cyclique de l'activité économique et, pour la première fois depuis 1954, la production réelle n'a pas augmenté. La léthargie de l'économie reflète .... internationale et se compare à la baisse légère du PNB aux États-Unis.

6.   Each pre-pasted, strippable & scrubbable vinyl-coated bolt covers approximately 57 sq. ft. Choice of styles & **patterns**.

Chaque rouleau de papier vinylisé encollé, décollable et lavable couvre une surface d'environ 57 pieds carrés. Choix de styles et de ....

7.   These new trends did not alter the underlying **pattern** of world trade.

Ces nouvelles tendances n'ont pas fondamentalement changé .... du commerce mondial.

8.   We must understand the transmission **patterns** of AIDS and other diseases.

Il nous faut connaître .... du sida et des autres maladies.

9.   In 1985 the four western provinces, the Yukon and Northwest Territories experienced crime rates higher than the national average. The **pattern** was similar for 1976.

Les quatre provinces de l'Ouest ainsi que le Yukon et les Territoires du Nord-Ouest ont enregistré en 1985 des taux de criminalité supérieurs à la moyenne nationale. .... en 1976.

10. **Patterns** of participation in Quebec's minority language education programmes are distinctly different from those in the rest of Canada.

La participation aux programmes d'enseignement dans la langue de la minorité au Québec ne correspond pas du tout .... dans le reste du Canada.

———

POLICY

Le mot *policy* a toujours donné du fil à retordre aux traducteurs de l'administration publique. Ce mot à très haute fréquence d'emploi a un sens très élastique. Dans son *Lexique analogique*, Jacques Dubé en traite sur pas moins de dix-neuf pages (v. les «Suggestions de lecture»).

En simplifiant et en ramenant la notion exprimée par *policy* à ses éléments essentiels, on peut dire que ce mot désigne soit *a statement of intention*, soit *a pattern of conduct*. Dans le premier sens, il se rend par «politique», qu'il s'agisse ou non d'affaires publiques. Dans le second sens, il équivaut plutôt à «principes directeurs», «directives», «pratiques». C'est la distinction qu'avait bien vue Pierre Daviault :

> Ce mot désigne le programme d'un gouvernement et, en ce sens, il est légitime de dire politique, en français. Mais on s'en sert aussi pour désigner toute ligne de conduite adoptée par une personne, même dans les circonstances les plus humbles de la vie. La langue commerciale en fait un usage immodéré[1].

Dans la pratique, on pourra, aussi bien pour varier le vocabulaire que pour rendre la pensée de la façon la plus précise et la plus idiomatique possible, utiliser, outre le terme «politique», l'un ou l'autre des termes suivants :

action	méthode	principes directeurs
attitude (officielle)	mesures	programme d'action
conduite	objectifs	régime
consigne	orientations	règle
décision	plan	règlement
directive	position	système
ligne d'action	pratique	volonté
ligne de conduite	principes généraux	vues officielles

---

[1] *Langage et traduction*, p. 298 (v. les «Suggestions de lecture»).

EXEMPLES DE TRADUCTION

a. To prepare youth for the job market, educators designed standardized curricula. Men like Binet and Terman devised standardized intelligence tests. School grading **policies**, admission procedures, and accreditation rules were similarly standardized.

a. Les éducateurs élaborèrent des programmes standardisés pour préparer les jeunes à entrer sur le marché du travail. Un Terman, un Binet, inventèrent des tests d'intelligence standard. Les *critères de notation* des élèves, les modalités d'inscription et de délivrance des diplômes furent pareillement standardisés.

b. Occupational Safety **Policy**.

b. *Programme* de sécurité du travail.

c. Attack on inflation, a program of national action. **Policy** Statement tabled in the House of Commons by the Honourable Donald S. Macdonald, Minister of Finance.

c. Offensive contre l'inflation, un engagement national. *Déclaration de principe* déposée à la Chambre des communes par le ministre des Finances, l'honorable Donald S. Macdonald.

d. The choice of **policies** used to tackle regional imbalances is limited by fiscal constraint. The central bank faces a dilemma, too, because there is no mechanism to differentiate monetary **policy** among regions where economic performance diverges.

d. Faute de ressources financières, le gouvernement ne peut mettre en œuvre qu'un nombre limité de *programmes* afin de corriger les disparités régionales. La banque centrale n'a pas la tâche facile elle non plus, car il n'existe aucun mécanisme lui permettant d'adapter la *politique* monétaire en fonction des besoins économiques de chaque région.

e. The Communications Security Establishment is fully committed to the **policy** on employment equity and is actively seeking to recruit members of designated groups whose skills and qualifications continue to be underutilized in its workforce.

e. Le Centre de la sécurité des télécommunications est engagé à fond dans la promotion de l'équité en matière d'emploi et recrute activement les membres des groupes dont les aptitudes et qualités sont sous-représentées au sein de son effectif.

f. Financial columnist Sylvia Porter reported in the late fifties that "behind closed doors in the executive suites of giant corporations from coast to coast" the wisdom of pursuing **policies** of planned obsolescence was being argued.

f. La journaliste financière Sylvia Porter rapportait, à la fin des années 50, que «d'un bout à l'autre du pays, dans le secret des bureaux de direction des grandes entreprises», on pesait le pour et le contre de l'obsolescence calculée. [Traduction implicite]

SUGGESTIONS DE LECTURE

Pierre DAVIAULT, *Langage et traduction*, Ottawa, Secrétariat d'État, Bureau de la traduction, 1972, p. 298-299.

Jacques DUBÉ, *Lexique analogique*, Ottawa, ministère des Approvisionnements et Services Canada, 1989, p. 180-199.

Madeleine SAUVÉ, *Observations grammaticales et terminologiques,* Montréal, Secrétariat général de l'Université de Montréal, fiche 5 «Politique» (24 janvier 1975, 3 p.)

EXERCICE D'APPLICATION

1. Management shares information on a regular basis with employees to help employees understand decisions and policies of the company.

2. Unemployment today is largely a structural problem calling for structural policy responses.

3. Policy on Academic Fraud. Academic fraud occurs when a student commits plagiarism or cheating of any kind. [Annuaire de l'Université d'Ottawa]

4. In recent years, human resource development has become the underlying concept driving Canadian foreign aid. The Winegard Commission established to review Canada's overseas assistance policies, reported Canada should focus on human rights.

5. National development in the Caribbean has traditionally meant the formal schooling of young people. But a new approach to development has emerged in the last decade: educating adults outside of the formal education system. Patricia Ellis found this new policy didn't work unless those who taught adults were themselves trained in adult education techniques.

6. The Minister of Transport announced a change to the policy governing the allocation of international air rights to the two main airlines in this country.

7. If the aim of policy is to assist individuals to obtain an adequate income, new combinations of work and welfare would seem to be required.

8. The following chapter details CIDA's basic objectives, policies and practices in supporting Third World fisheries development. [CIDA = Canadian International Development Agency]

9. As many towns are saturated, the main firms are re-examining their policy of setting up in these traditional commercial centres.

10. Provigo buys foodstuffs from local producers. This policy has helped the producers to develop higher standards of quality and to become reliable sources of supply.

PROBLEM

Sous la plume de certains traducteurs pressés, le mot *problem* ne semble pas avoir d'autres équivalents que «problème». L'abus de cette solution de facilité dénote certes une pauvreté de vocabulaire, mais elle fait aussi du français une langue asservie au modèle original. Il incombe au traducteur de résister à cet «aplatissement» du vocabulaire en puisant dans les ressources du français. Pour traduire *problem*, ce ne sont pas les solutions qui manquent comme en font foi les possibilités de traduction ci-dessous.

CORRESPONDANTS DE *PROBLEM*

1.   Domaine général

achopper	élément frustrant	point sensible
affaire contentieuse	enjeu	position défavorable
aplanir les difficultés	ennui	problématique
aux prises avec	facteur	problème
avoir du mal à	faiblesse	question
cause	fléau	question épineuse
cause de conflit	inconvénient	qui demeure sans solution
cause de mécontentement	malaise	raison
conséquence	objet du débat	ravage
diagnostic	obstacle	risque
différend	panne	situation
difficile	pénurie	source de conflit
difficulté	phénomène	source de dispute
dilemme	pierre d'achoppement	sujet de controverse
écart	point controversé	sujet de désaccord
écueil	point faible	sujet de mésentente
effet secondaire	point litigieux	trouble
	point névralgique	

---

2.   Domaine médical

accident	aléa	carence
accroc	anomalie	complication
affection	besoin sanitaire	danger sanitaire

déficience	incommodité	péril (vénérien)
dérangement	inconvénient	perturbation
difficulté	indisposition	question
dysfonctionnement	insuffisance (rénale)	question sanitaire
effet secondaire	lacune	risque sanitaire
ennui de santé	mal	situation sanitaire
entrave à la santé	maladie	tiraillement
état pathologique	malaise	trouble
fatigue	mauvais état	trouble pathologique
fléau	obstacle à la santé	
gêne	pathologie	

EXEMPLES DE TRADUCTION

a. There is another **problem** with delegation.

a. La délégation [de pouvoir] comporte un autre *écueil* [Var. *danger*].

b. Heroin was introduced late in the 1970s and an approximative fivefold increase was observed between 1979 and 1983. In 1983, the **problem** peaked.

b. L'héroïne a fait son apparition vers la fin des années 70, et la consommation de cette drogue a presque quintuplé de 1979 à 1983, année où la courbe a atteint son sommet.

c. The **problem** is clear, the solution far less so.

c. Simple à diagnostiquer, le *mal* n'est pourtant pas facile à enrayer.

d. Participants are selected on the basis of specific criteria: an extensive history of drug **problems** and a persistent pattern of recidivism.

d. Les participants sont choisis à partir de critères précis. On tient compte de leurs antécédents en tant que *toxicomanes* et du caractère persistant de leur récidive.

e. For the nickel and copper industries the **problem** has been a lack of basic information on the chemical changes of these ores.

e. En ce qui concerne les industries du cuivre et du nickel, les métallurgistes *ne sont pas suffisamment renseignés* sur les changements chimiques que subissent les minerais.

EXERCICES D'APPLICATION

Exercice 1

1.   Federal-provincial conferences were called periodically only to deal with special problems.

2.   The problem of providing accessible housing for the disabled arises from the lack of coordination between resources.

3.   Several incidents have been quoted about women working with visual display terminals *écran cathodique* among whom there seems to have been an abnormal percentage of miscarriages, or of children with birth defects, or other problems. *pathologie*

4.   Hydro has line repair crews on call 24 hours a day. They can be dispatched to make repairs to distribution lines as soon as a problem is reported. *panne*

5.   There are many positive steps that I can take to reduce the problem of driving after *les risques* drinking too much.

6.   [Suite de la phrase précédente] A few of these positive steps are listed in the next section. Remember, our individual contributions add up and will help to reduce problems arising from driving after drinking.

7.   It is ironic that as Canadian society gears up its efforts to deal with this terrible problem, we will probably continue to see a rise in reports of family violence. But the federal government is not alone in addressing this problem.

8.   Twenty-two percent of respondents reported having a friend with drug problem, 14% reported having a relative or family member with a drug problem, and 11% reported knowing a coworker with a problem.

9.   The administration of insulin derived from cattle or pig pancreases can create new problems, such as adverse reactions.

10. All have had a court conviction or served a term in prison in the past. They are people with a variety of social and personality problems.

———————

Exercice 2

Avant de traduire le Texte 21, «Stress», consultez l'Objectif 49, «Les anaphores et les répétitions» et l'Objectif 50, «Les auxiliaires modaux *can/may*».

TEXTE 21

Auteur : Anonyme
Source : Ministère de la Santé et du Bien-être social
Genre de publication : Dépliant
Date de parution : s. d.
Domaine : Santé
Public visé : Population canadienne
Nombre de mots : 358

Stress

You may find yourself suffering from stress without really understanding what it is or what to do about it. Stress can affect you both physically and mentally. You are under stress any time you have to react to a new or challenging situation, whether it's pleasant or unpleasant. A reasonable amount of stress is, in fact, necessary—it keeps us alert and productive. But if you face a number
5   of stressful events in your life and you have difficulty dealing with them, you may become ill.

SIGNS OF STRESS

Stress causes "wear and tear" on the body. Some of the signs of too much stress are frequent headaches, stomach problems, sleeplessness, and tiredness.

Stress can also influence the way a person acts and feels. A person may feel tense,
10 become easily irritated or have trouble concentrating. Some people are depressed for no obvious reason. They may have trouble getting along with others and are unhappy at work. They just don't feel good about themselves. [...]

SUGGESTIONS FOR MANAGING STRESS

If stress is creating serious problems for you, there are some things you can do to ease
15 the stress:

— Begin by recognizing stressful events and situations;

— Talk things over with a close friend or relative. You may resolve the problem and will probably relieve the tension by getting feelings "off your chest";

— Take it easy. You may be expecting too much of yourself. Trying to juggle too many
20 responsibilities at once makes it hard to do any task well;

— Exercise regularly. Choose anything that is suitable for your fitness level;

— Get enough sleep and eat properly. People under stress often are tempted to skip meals or drink a lot of coffee, which may put them at an even greater disadvantage;

— Try not to deal with your problems by taking drugs. They won't relieve the cause of
25 stress. In the long run, they may worsen your health problem;

— Don't be afraid to turn to others for advice and assistance. There are many professionals who specialize in helping people who are under a lot of stress. A good place to start is your family physician.

———

SYSTEM [1]

Le rédacteur, obligé ou amené par son travail à lire de nombreux manuels et articles techniques, s'étonne souvent de l'emploi abusif du mot «*system*» dont le sens est très spécialisé.

En effet, on s'en sert souvent pour désigner un appareil ou un dispositif formé par une réunion d'organes ou d'éléments analogues; mais le lecteur attendait une autre désignation, car le mot «système» évoque plutôt en français un ensemble organisé d'éléments *intellectuels*.

Ainsi, les médecins parlent à juste titre de «système nerveux» (*nervous system*), car c'est une entité histologique, formée de tissus semblables, mais ils disent improprement : «système respiratoire» (appareil respiratoire : *respiratory system*), et «système urinaire» (voies urinaires, appareil urinaire : *urinary system*), qui sont des ensembles d'organes accomplissant la même fonction. *Le Petit Robert* note d'ailleurs : «en langage courant, on appelle aussi système divers appareils anatomiques.»

Nous allons passer en revue quelques-uns des correspondants du mot *system* tout en respectant de notre mieux le caractère abstrait de «système» et en tenant compte de l'extension de sens qui s'est produite dans le domaine concret. Nous distinguerons deux cas.

1.   Sens concret

Dans son sens concret, le mot *system* se définit comme étant «*a complex unity formed of often diverse parts, subject to a common plan, or serving a common purpose*». C'est dans ce sens que les scientifiques et les techniciens anglophones emploient en général *system*. Ce mot ubiquitaire tend à se substituer à *network, array, lattice, ring,* etc. En français, cette acception peut se rendre par les correspondants suivants :

appareillage, appareils, bassins, bloc, centrale, circuit, corps, dispositif, équipement, espace, fichier, filière, groupe, infrastructure, installation, instruments, machine, matériel, mécanisme, mélange, moyens, organes, outillage, réseau, service, unité et... système.

---

[1] Nous reprenons l'essentiel de l'article très détaillé de Claude Lécrouart, «Un Janus sémantique : le "système"». (v. les «Suggestions de lecture».)

CORRESPONDANTS DE *SYSTEM*
(sens concret)

accounting system
  comptabilité

cooling system
  dispositif de refroidissement

digestive system
  appareil digestif

electricity system
  réseau électrique

railway system
  réseau ferroviaire

remote system
  (dispositif de) télécommande

the system (of a person)
  l'organisme

system man
  analyste (informatique)

urinary system
  voies urinaires

biological system
  organisme (vivant)

bus system
  service (réseau) de transport

educational system
  secteur scolaire; enseignement

electrical system
  installation électrique (d'une
  maison); circuit électrique (d'une auto)

hi-fi system
  chaîne haute-fidélité

hospital system
  réseau hospitalier

humidity control system
  hygrostat

judicial system
  pouvoir (appareil) judiciaire

piping system
  tuyauterie; plomberie

social system
  édifice, corps social

temperature control system
  thermostat

urban system
  ensemble urbain

writing system
  alphabet

delicate system
  constitution délicate (santé)

Expressions concrètes pour lesquelles le correspondant français est le mot «système», soit parce qu'il est appelé par le sens, soit parce qu'il entre dans des expressions qui font partie du vocabulaire :

cloud system
  système nuageux (météo)

controlled system
  système asservi

frontal system
  système frontal (météo)

pressure system
  système de pression,
  système barique (météo)

mountain system
  système montagneux

solar system
  système solaire

————

1.   Sens abstrait

Dans son sens abstrait, le mot *system* se définit comme «*the structure or whole formed by the essential principles or facts of a science or branch of knowledge, or thought; a form of social, economic or other organization or practice... etc.*» Les scientifiques et les techniciens emploient *system* moins souvent dans ce sens que dans son sens concret, et l'on rencontre assez fréquemment les synonymes *arrangement, classification, hypothesis, method, orderliness, plan, regularity, rule, scheme,* etc. Les correspondants français de *system* dans son sens abstrait sont, par exemple :

constitution, ensemble de procédés, méthode, mode, ordre, organisation, régime, règle, agencement, échelle, hiérarchie, mécanisme, processus, structure, synthèse et... système.

CORRESPONDANTS DE *SYSTEM*
(sens abstrait)

system of conduct
  règle de conduite

monetary system
  système monétaire

Feudal system
  régime féodal

system analyst
  analyste de systèmes

to lack system
  manquer de méthode,
  d'organisation

systems approach
  approche systémique

rate system
  tarification

price control system
  réglementation des prix

system of support
  mode de soutènement

system of priorities
  échéancier; ordre de priorités

hospital system
  régime hospitalier (d'un pays)

prison system
  régime carcéral

management system
  mode de gestion

social and economic systems
  structure socio-économique

the system
  l'ordre établi

numbering system
  système de numération

tax system
  fiscalité; régime fiscal

operating system
  système, mode d'exploitation

metric system
  système métrique

On trouvera beaucoup d'autres possibilités de traduction dans l'article de Claude Lécrouart ainsi que dans les nombreuses publications que l'auteur cite en référence.

————

SUGGESTIONS DE LECTURE

Claude LÉCROUART, «Un Janus sémantique : le "système"», dans *L'Actualité terminologique*, 1974, vol. 7, n° 7, p. 1-4; n° 8, p. 2-4.

————

EXERCICE D'APPLICATION

Remplacez les pointillés par une équivalence appropriée.

1. We regard health promotion as an approach that complements and strengthens the existing **system** of health care.

    Nous considérons la promotion de la santé comme une démarche qui vient compléter et renforcer .... actuel(le).
    service de santé / réseau des soins de santé

2. Figure 4 is a diagram of the respiratory **system**, showing the two fundamental portions of this **system**: the air passages and the blood vessels of the lungs.

    l'appareil respiratoire
    La figure 4 représente le schéma .... constitué essentiellement de deux parties : les voies aériennes et les vaisseaux sanguins des poumons.

3. The continuing challenge of geography and climate has seen to the development of a first class electrical **system** in Canada.

    La nécessité de vaincre constamment les obstacles géographiques et la rigueur du climat a amené les Canadiens à se doter .... de tout premier ordre.
    réseau électrique

4. The final phase of any forest management **system** is the harvest of the mature crop.

    aménagement forestier/prog. de gestion forestière

    La dernière phase de tout .... est l'exploitation d'un peuplement mûr.

5. We are going to put money into a universal day care **system** across Canada.

    réseau de garderies

    Nous allons financer l'établissement .... universel d'un bout à l'autre du Canada.

6. I wanted to ensure that the situation was dealt with and, as a result, I introduced new management **systems**.

    Comme je tenais à régler cette question à tout prix, j'ai appliqué de nouvelles ....

7. In grain storage **systems** beyond the levels of farm storage, insects are a real problem.

    Dans les ...., autres que celles de la ferme, les insectes sont la source de graves ennuis.

8. Termium III provides a complete electronic mail program, including a "mailbox", which records messages received and sent. This **system** of communication among users of the Terminology Bank enables them to contact specialists in a given field directly.

    Termium III offre un service complet de messagerie électronique, dont une «boîte aux lettres» où sont enregistrés les messages reçus ou expédiés. .... permet aux utilisateurs de la Banque de terminologie de contacter directement les spécialistes d'un domaine particulier.

9. Unorganized plants have currently outperformed union plants, but this advantage tends to be due to the work **system**.

    Les usines où il n'y a pas de syndicat ont un rendement supérieur à celles où le personnel est syndiqué, mais cet avantage découlerait plutôt ....

10. CN expects to reduce its administrative and management ranks by some 1,020 positions **system**-wide. This is not a policy that applies in western Canada, it applies right across the **system**. [CN = Canadien National]

    Le CN a l'intention de supprimer environ 1 020 postes de cadres .... Ces compressions ne seront pas effectuées uniquement dans l'Ouest, mais ....

    _____

LES DÉTERMINANTS *-MINDED, -CONSCIOUS, -ORIENTED*

Les expressions formées de ces trois déterminants — qui abondent dans les textes pragmatiques — ne peuvent être traduites littéralement et elles sont souvent difficiles à rendre en français. Elles se prêtent bien, par conséquent, à un exercice d'interprétation et de reformulation en fonction du contexte. Le but visé ici est de s'habituer à se détacher des mots du TD lorsqu'il le faut et à reformuler l'idée en ayant recours à d'autres moyens linguistiques. La présentation sommaire de cette difficulté s'inspire d'une étude effectuée par Gilles Leclerc pour le compte de l'Office de la langue française du Québec (v. les «Suggestions de lecture»).

Pour indiquer une tournure d'esprit, un goût, une tendance, un désir très marqué chez les individus, la langue anglaise, du moins anglo-américaine, a recours, parmi d'autres moyens lexicaux, aux déterminants postposés *-minded, -conscious* et *-oriented*. Ce ne sont pas des synonymes, car chacun exprime une nuance particulière. Le premier met l'accent sur l'aspect psychologique, mental (*open-minded* : à l'esprit ouvert), le second, sur l'aspect moral (*pollution-conscious* : sensibilisé au problème de la pollution), le dernier, sur l'aspect matériel, physique et social (*computer-oriented* : automatisé; mordu d'informatique). Bien que proches par le sens, ces trois déterminants ne sont pas toujours interchangeables. On dit *open-minded*, mais non **open-oriented ou **open-conscious.

Il y a, bien entendu, des zones de recoupement sémantique. Nous illustrerons les nuances de sens exprimées par ces déterminants au moyen d'un exemple dans lequel le même mot «*music*» revient.

TO BE MUSIC-MINDED signifie «être sensible à la musique», «penser beaucoup à la musique»;

TO BE MUSIC-CONSCIOUS signifie «placer la musique au-dessus de tout», «être conscient de sa valeur ou de son utilité (en éducation, par exemple)»;

TO BE MUSIC-ORIENTED signifie «être un passionné de musique, vouloir en écouter ou en faire tout le temps».

La langue française ne manque pas de ressources pour rendre toutes les nuances exprimées par ces déterminants. Voici quelques possibilités parmi une foule d'autres :

— être enclin à, porté à, attiré par, disposé à;
— désireux de, visant à, soucieux de;

— au service de, voué à, consacré à, à but, lié à;
— à l'esprit, à préoccupation, à tendance, à visée, à orientation, à vocation, à caractère;
— être affecté par, conscient de, sensible à, ouvert à, axé sur, tourné vers, centré sur, porté vers, dominé par;
— d'inspiration, de tendance, d'allégeance;
— teinté de, marqué par;
— dans une perspective, en fonction de;
— prôner, prendre en compte, qui tient compte de;
— mettre l'accent sur, insister sur, accorder plus d'importance à;
— composé, formé en majorité de, faisant appel à;
— pro- (*Marxist-oriented* : promarxiste);
— une épithète :
> *conflict-oriented political party* : parti politique agressif, combatif, querelleur, provocant;
> *religious-oriented school* : école confessionnelle;
> *sex-oriented commercial* : annonce (publicité) érotique.

À ces solutions s'ajoutent, outre les traductions implicites, les compléments de nom, les périphrases, les relatives, les locutions figées, etc.

EXEMPLES DE TRADUCTION

a. A challenging position in the development of a community-**oriented** school. [Offre d'emploi]

a. Emploi idéal pour une personne désireuse de travailler au progrès d'une école *vouée au bien commun* [var. *qui se veut au service de la collectivité*].

b. Whether a federalist-**oriented** premier could live, politically, up to Ottawa's expectations is another matter.

b. Quant à savoir si un premier ministre *pro-fédéraliste* [var. *de tendance fédéraliste*] peut répondre à l'attente d'Ottawa, politiquement parlant, c'est une autre histoire.

c. One resolution passed during the weekend proposes the abolition of ideologically-**oriented** courses.

c. Une résolution adoptée durant la fin de semaine propose l'abolition des *cours partisans* [var. *tendancieux, teintés d'idéologie, prônant une doctrine politique, doctrinaires*].

d. This book is well written and easy to follow. It is laced with sufficient case examples to keep even the most clinically-**minded** practitioner interested.

d. Ce livre est bien écrit et facile à lire. Il offre assez d'exemples de cas pour retenir l'attention du praticien *intéressé surtout par les aspects cliniques.*

e. OECD governments are determined to continue to offer all feasible support to the countries of eastern Europe striving to

e. Les gouvernements des pays de l'OCDE sont résolus à continuer d'offrir tout le soutien possible aux pays d'Europe de l'Est qui

achieve market-**oriented** economic systems and pluralistic democracies.

s'efforcent de mettre en place des *économies de marché* et des démocraties pluralistes.

SUGGESTIONS DE LECTURE

Gouvernement du Québec, Office de la langue française, *Néologie en marche*, n° 2, s. d. Introduction de Gilles Leclerc, p. 7-13.

EXERCICE D'APPLICATION

1. Mitel is a producer of high technology telecommunication equipment. Heavily export-oriented, it has had considerable success in penetrating the U. S. and U. K. markets.

2. Iranians and Middle Easterners generally take a more relaxed attitude toward time than Americans or Western Europeans. [...] This difference to time can be maddening to those who are fast-paced and clock-conscious.

3. Some guidebooks, usually those aimed at young and budget-minded travellers, include sections on how to avoid becoming a victim of crime.

4. Lonrho Ltd. is a London-based African-oriented conglomerate.

5. Men seem to be more career-minded than women.

6. In our society—which is a male-oriented society—women are discriminated against from womb to grave.

7. The demise of *Life* and other picture-oriented magazines during the past several years has made things tough indeed for photo-journalists.

8. Shulman would set up a National Broadcasting Council to counteract the influence of entertainment-oriented TV.

9. Growth-oriented manufacturing firm has new position available for individual who possesses the following qualifications. [Offre d'emploi]

10. The ideal candidate should be people-oriented and able to deal with top management. [Offre d'emploi]

OBJECTIF 24

LA CARACTÉRISATION

On appelle «caractérisation» le fait d'apporter une précision à un nom, à un adjectif ou à un verbe au moyen d'un adjectif, d'une locution adjectivale, d'un adverbe, d'une locution adverbiale ou d'un substantif en apposition (mode printemps, destination soleil, clinique minceur, sac fraîcheur, avion radar, emballage cadeau, joueur étoile).

Il y a lieu de bien distinguer «adjectif qualificatif» et «adjectif de relation». L'adjectif *qualificatif* exprime une manière d'être, une qualité de l'être ou de l'objet désigné par le nom auquel il se rapporte, tandis que l'adjectif *de relation* sert à marquer, non pas une qualité inhérente, mais un rapport d'appartenance, de dépendance ou d'exclusion existant entre le substantif et le déterminant.

Dans le syntagme *a punctual employee*, le mot *punctual* est adjectif *qualificatif*; dans *a postal employee*, le mot *postal* est adjectif *de relation*. Il faut être conscient de cette différence, car elle a une incidence sur la traduction.

En français les adjectifs de relation ne sont jamais antéposés (**un postal employé), ne s'emploient pas comme attribut (**l'employé est postal) et ne prennent pas les degrés de comparaison (**l'employé est plus postal).

Jean-Paul Vinay et Jean Darbelnet ont observé que l'anglais se sert «des qualificatifs comme adjectifs de relation avec une facilité que le français n'a pas encore égalée. [...] Dans le français courant, l'adjectif de relation prend généralement la forme d'une locution adjectivale[1].»

EXEMPLES DE CORRESPONDANTS

a. a medical student

a. un étudiant en médecine
[mais : un avis médical]

b. the editorial silence

b. le silence de la rédaction
[mais : les pages éditoriales]

---

[1] SCFA, p. 124.

c. moon landing

c. atterrissage sur la lune
[mais : un paysage lunaire]

d. the French ambassador

d. l'ambassadeur de France
[mais : un vin français]

e. an industrial visit

e. une visite d'usine / d'entreprise
[mais : une ville industrielle]

f. a Bible translator

f. un traducteur de la Bible
[mais : un personnage biblique]

g. a criminal lawyer

g. un avocat au criminel / un criminaliste
[mais : une infraction criminelle]

Il arrive que le contexte soit indispensable pour déterminer si l'on est en présence d'un adjectif qualificatif ou d'un adjectif de relation. En effet, hors contexte, *a French teacher* peut signifier soit «un professeur français» (de nationalité française) soit «un professeur de français». Il en va de même de *an English book*, qui signifie «un livre anglais» et «un livre en anglais». Enfin, qu'est-ce qu'un *central banker*, sinon «l'administrateur d'une banque centrale». Comme on le voit, l'adjectif de relation peut être une épine dans le pied du traducteur qui ne prend pas le temps de réfléchir et qui écrit, par exemple, «**GATORADE, une boisson sportive» au lieu de «... une boisson pour les sportifs». Ou encore, «**Il s'est excusé de son comportement téléphonique» plutôt que «... son comportement au téléphone». Il faut se garder de confondre aussi «un livre d'histoire» et «un livre historique».

Certains écrivains ont tiré des effets humoristiques de l'adjectif de relation en le traitant comme un adjectif qualificatif. Dans un de ses romans[2], l'écrivain québécois Gérard Bessette écrit : «La claque patronale réclamait une réponse tangible.» (p. 69) On attendrait normalement «la claque du patron». Sous la plume du même auteur, on peut lire : «... l'exploration du faciès athanasien...» (p. 77) et «... interrompant ses flexions brachiales...» (p. 112). Nous dirions communément le «faciès d'Athanase» et les «flexions des bras», alors que l'on dit, sans produire d'effet comique, un «faciès indien» et un «muscle brachial».

Il arrive qu'en français l'adjectif de relation, par un effet de télescopage syntaxique, ait toutes les apparences d'un adjectif qualificatif. C'est notamment le cas dans le langage des sciences et des techniques, où l'on pratique abondamment l'ellipse pour des raisons d'économie et d'efficacité de la communication. Les exemples suivants, tirés du domaine du brassage de la bière, en font foi :

top-fermenting yeast : levure haute
bottom-fermenting yeast : levure basse

---

[2] *La Commensale*, Les Éditions Quinze, 1975, 156 p.

La levure de bière est un ferment du type «saccharomyces» qui produit la transformation classique du glucose en alcool éthylique. On distingue les *levures hautes* qui agissent à une température supérieure à 10 degrés et les *levures basses* qui agissent à une température inférieure à 10 degrés. Les premières produisent une fermentation active, rapide, accompagnée d'un fort dégagement de gaz carbonique, lequel les entraîne à la partie supérieure du moût (ce qui leur vaut leur nom). Avec les levures basses, au contraire, le dégagement gazeux est lent, aussi restent-elles vers le fond des cuves[3].

«Haute» signifie donc ici «qui agit dans le haut des cuves de fermentation», et «basse», «qui agit dans le fond des cuves de fermentation». Ces adjectifs ne sont évidemment pas des qualités inhérentes à la levure.

Comme le remarque Line Gingras dans la fiche *Repères T/R* n° 50 (v. les «Suggestions de lecture»), le NOM COMMUN en fonction de complément déterminatif ne peut se transformer en adjectif de relation s'il est actualisé. On peut dire «le cœur de l'Homme» ou «le cœur humain», mais «la journée du pape [Jean-Paul II] ne peut devenir «**la journée papale». Cette règle s'applique à tous les cas.

Le NOM PROPRE, quant à lui, appelle une réflexion plus poussée. Il faut chaque fois se demander si le complément décrit l'objet (tel écrivain peut avoir le «style de Proust», autrement dit un «style proustien»), ou s'il inscrit seulement cet objet dans un contexte («le retrait d'Israël»). Si nous hésitons entre les deux tours, c'est que la transformation n'est pas achevée, c'est que le complément n'a pas encore le pouvoir de décrire, et alors nous ne pouvons pas le remplacer par un adjectif.

En somme, choisir entre le complément déterminatif et l'adjectif de relation, ce n'est pas uniquement préférer un tour à un autre. Selon Jean-Marie Laurence, «Apprendre à déterminer, à caractériser (qualifier), à distinguer ou à découvrir les circonstances et les relations logiques, c'est apprendre à penser[4].»

EXEMPLES DE TRADUCTION

a. It was an ambitious and **imaginative** project, one that was never expected to be quickly realized.

a. C'était un projet ambitieux *qui faisait appel à beaucoup d'imagination* [var. *original*]; jamais on n'aurait pensé pouvoir le réaliser aussi vite.

---

[3] *Dictionnaire encyclopédique universel*, au mot «bière», p. 620.

[4] Jean-Marie Laurence, *Grammaire française*, p. 68.

b. There was the tedious business of living out of a suitcase 10 months of the year, the **interminable** hotels, restaurants, planes and trains. [Il s'agit d'une patineuse artistique qui participe à de nombreuses compétitions internationales.]

b. C'était devenu pour elle une corvée de vivre dans ses valises dix mois par année et de *changer constamment* d'hôtels et de restaurants, de prendre avion *sur* avion, train *sur* train.

c. After applying for a grant to develop a new product, the company received a **cautionary** note from the Department of Industry, Trade and Commerce.

c. Après avoir présenté une demande de subvention, la société reçut une note *de mise en garde* du ministère de l'Industrie et du Commerce.

d. There is abundant evidence that the provision of **public** old-age pensions has been a major factor in the reduction of poverty.

d. De toute évidence, le versement de pensions de vieillesse *par les pouvoirs publics* a largement contribué à réduire la pauvreté.

SUGGESTIONS DE LECTURE

Gouvernement du Canada, Secrétariat d'État, *Fiches Repères T/R*, n° 50, «L'adjectif de relation», 1985. Fiche établie par Line GINGRAS de la Division des recherches et conseils linguistiques.

Note : Les *Repères — T/R*, parus sous forme de fiches accordéon, ont été versés dans la banque de données linguistiques du Secrétariat d'État, TERMIUM. Pour les consulter, il suffit d'interroger la banque au moyen de la clé d'accès TFR. Les fiches se trouvent dans les dossiers de synthèse auxquels on accède par l'option «renseignements complémentaires».

EXERCICES D'APPLICATION

Exercice 1

Indiquez les correspondants français des expressions ci-dessous et précisez si ces expressions renferment un adjectif de relation ou un adjectif qualificatif.

1. the rural women
   a musical instrument
   a musical family

2. the presidential year (USA)
   the American Consul
   the presidential trip

3. an electrical engineer *ing électricien*
   an electrical failure
   a teaching hospital *hôpital d'enseignet*

4. heart surgery
   to describe the papal day
   a medical faculty

5. the periodical room
   a chemical plant *de prod. chim.*
   the Iraqi withdrawal

6. Women's Bookstore
   the sports news
   the local people *gens de l'endroit*

7. HÔTELLERIE

   single bedroom *ch. à un lit/individuelle*
   double bedroom *ch. à 2 lits/pour deux*
   single bed *lit à 1 place/individuel pour 1 personne*
   double bed *lit à 2 places/pour 2/grand lit*

8. RÉMUNÉRATION

   overtime *hres/trav. supp., surtemps*
   straight time overtime *au taux normal*
   time and half overtime *au taux et demi*
   double time overtime *au taux double*

9. MÉDECINE

   ambulatory inpatient *malade sur pied*
   general practitioner *omnipraticien/généraliste médecin de famille*
   graduate nurse
   late pregnancy *grossesse avancée/der. mois*
   exceptional youth *niers mois de gr. enfance inadaptée*

10. HABITATION

    detached house *maison isolée*
    semi-detached house *jumelée*
    row house/town house *en rangée*
    one-storey house *de plain-pied*
    two-storey house *(à l'étage, à 2 étages)*

Exercice 2

1. Much of the **angry** conflict in our schools, businesses, and governments actually centers on a half-dozen principles.

2. At the beginning of March the Montreal laboratory was finally ready. The equipment had arrived. The staff was increasing, and by May would total a hundred professionals. To assemble them the British and Canadian governments had scoured their **scientific** cupboards.

3. The question is not that simple. It is not just a question of **violent** attacks on foreigners, but a "**conservative** trend" left over from the former East German state.

4. A study of **Aboriginal** suicide in British Columbia concluded that **Aboriginal** suicides were often acts by young men having a personal and family background of alcohol abuse and violence.

5. When your **Canadian** investments do very well, your **foreign** investments may lag. But when the Canadian economy—or dollar—does poorly, those **foreign** investments should pay off.

6. The **Canadian** prime minister exercises more control over Parliament than do the leaders of other democratic governments in relation to their **national** legislatures.

7. Fur was the mainstay of Canada's **early** economy, and as this commerce grew in importance in the 18th and 19th centuries, hundreds of brigades of **freighter** canoes were seen on the Ottawa River.

8. These performers are a **traditional folk** band based in Ottawa, but they sing songs that celebrate all of Canada—from **steel** mills to **logging** camps to shipyards to farms.

9. Paul-Émile Borduas enrolled in the École des Beaux-Arts in Montreal in the fall of 1923. He had some difficulty in adapting to the strict rules of **academic** painting taught there, but graduated with his diploma four years later.

10. Because marijuana burns rapidly, it is generally shared amongst a group of smokers who pass around a single cigarette, making a maximum use of the available substance and engendering a **communal** feeling.

———

SENS PROPRE, SENS FIGURÉ

Les notions de «sens propre» et de «sens figuré» revêtent une importance particulière en traduction. En effet, les mots d'une langue n'ont pas tous un sens figuré, un mot de la LD peut avoir un sens figuré, mais pas son correspondant en LA, tel autre mot de la LD et son correspondant en LA pourront tous deux avoir un sens figuré, mais pas dans les mêmes contextes, etc. Dans un souci de simplification, nous avons dégagé trois règles élémentaires qui, croyons-nous, suffisent à résoudre la plupart des cas. Mais auparavant, définissons les deux notions clés du présent objectif.

SENS PROPRE

«En sémantique et stylistique traditionnelles, on parle de sens propre pour désigner le sens premier et/ou principal d'un mot qui admet plusieurs acceptions. Les autres acceptions du mot sont dites alors sens "dérivés" ou sens "figurés". Ex. : *flamme* est employé au sens propre dans un énoncé comme : *Les flammes de l'incendie ont détruit l'immeuble* et au sens figuré dans : *Pyrrhus déclare sa flamme à Andromaque*[1].»

SENS FIGURÉ

«On dit d'un mot qu'il a un *sens figuré* ou qu'il est employé avec un sens figuré, quand, défini par les traits "animé" ou "concret", il se voit attribuer dans le contexte d'une expression ou d'une phrase le trait "non-animé" (chose) ou "non-concret" (abstrait). Ainsi, dans *le chemin de la vie, chemin*, qui a le trait "concret" et se voit attribuer le trait "non-concret", est employé au sens figuré[2].»

Cet objectif est à rapprocher de celui qui est consacré aux métaphores, car une métaphore, tout comme certains mots figurés, exprime aussi une réalité abstraite au moyen de termes concrets (v. l'Objectif 53).

––––––––––

––––––––––

[1] Robert Galisson et Daniel Coste, *Dictionnaire de didactique des langues,* au mot «propre».

[2] Jean Dubois (*et al.*), *Dictionnaire de linguistique*, au mot «figuré».

Premier cas

**Dans un contexte donné, il se peut qu'un mot anglais revête
un sens figuré, tout comme son correspondant français.**

a. "My two seasons with the Canadien's farm team are forever **etched** in my memory: I always had to work harder...and harder still, to earn my place in the sun, i.e. in Montreal".
[Propos d'un joueur de hockey.]

a. «Le souvenir de mes deux saisons avec le club-école des Canadiens restera *gravé* dans ma mémoire : il me fallait toujours mettre les bouchées doubles, travailler d'arrache-pied pour gagner ma place au soleil, c'est-à-dire, Montréal.»

b. The war years have shown fiscal policy to be a powerful **weapon**.

b. Les années de guerre ont montré que la politique budgétaire peut être une *arme* très puissante.

Dans ces deux exemples, le verbe *to etch* et le substantif *weapon* sont employés au sens figuré et leurs correspondants français «gravés» et «armes» peuvent aussi avoir un sens figuré dans le même contexte.

Deuxième cas

**Il se peut qu'un mot anglais revête un sens figuré, tout comme
son correspondant français. Toutefois, le mot français peut ne
pas avoir un sens figuré dans les mêmes contextes que son
pendant anglais.**

The economy continued to suffer in 1984 from the **legacy** of the exceptionally severe 1981-1982 recession.

L'économie a continué, en 1984, à ressentir les *séquelles* de la dure récession de 1981-1982.

[Var. L'économie a continué, en 1984, à se ressentir des *effets* de la dure récession de 1981-1982.]

Le correspondant français de *legacy,* le mot «legs», peut avoir un sens figuré : «le legs du passé», «un riche legs de souvenirs», «cette loi est un legs de l'époque médiévale». Toutefois, il serait peu idiomatique de parler du «**legs d'une récession», d'autant plus qu'en français le mot «legs» s'emploie habituellement en bonne part. Or, dans le contexte ci-dessus, *legacy* revêt plutôt une connotation péjorative. Le sens figuré de *legacy* doit donc être rendu en français par un autre mot capable, lui, de porter à la fois le trait figuré et cette connotation. On peut songer à «séquelles», «contrecoups», «effets».

Troisième cas

Il se peut qu'un mot anglais revête un sens figuré, mais pas son correspondant français.

The meaning of the word "old" is under **renovation**. It used to be that young people were meant to feel sorry for old people, to offer them a seat on the bus and a kind word, loudly spoken. Now old age has been declared fun. Today's pensioner is expected to be busy with hobbies and volunteer work when not touring the world.

Le sens du mot «vieux» est en voie de *transformation*. Autrefois, on attendait des jeunes qu'ils aient de la compassion pour les personnes âgées, qu'ils leur cèdent leur place dans l'autobus en leur adressant un mot courtois d'une voix forte. De nos jours, le troisième âge est la période de la vie où l'on s'offre du bon temps. On s'attend à ce qu'un retraité s'occupe à des passe-temps ou fasse du bénévolat quand il n'est pas en voyage.

Étant porteur d'un sens figuré, le mot *renovation* ne peut pas avoir comme équivalents «rénovation, restauration, remise à neuf, réfection ou réparation», expressions qui ne s'emploient qu'au sens propre. Or, le sens figuré prévaut ici sur le sens propre et impose une contrainte au traducteur. Il fallait donc trouver un mot français proche de *renovation* par la signification et pouvant avoir un sens figuré. Le traducteur a choisi «transformation».

EXERCICES D'APPLICATION

Exercice 1

Traduisez les extraits ci-dessous dont les mots employés au figuré ont été mis en caractères gras. Pour chacun des cas, indiquez laquelle des trois règles énoncées plus haut s'applique.

1. Gas investors' money is currently giving **buoyancy** to the Nova Scotia economy.

2. The family has been called the "giant **shock absorber**" of society—the place to which the **bruised** individual returns after doing **battle** with the world. As the super-industrial revolution **unfolds**, this "**shock absorber**" will come in for some shocks of its own.

3. A number of players in the NHL have had to overcome real physical handicaps: Kevin Dineen (colon problems), Bobby Clarke (diabetes) and Jim Kyte (partial deafness) are just a few of them. All have had **to thumb their noses** at their difficulties in order to achieve their objectives and leave their **mark**. [*To thumb one's nose* : faire un pied de nez à qqn — *Robert-Collins.*]

4.   Although the family may serve as the place where moral values are learned and love is experienced, it may also be a place which isolates young people and a **breeding ground** for future problems.

5.   The financial community, **spurred** by competition, tried **to ignite** the national housing market by announcing lower mortgage interest rates. Even this very positive **impetus** failed **to spark** sales activity. Second quarter home buying was placed on the **back burner** because consumers felt that interest rates had not yet bottomed-out.

6.   The performing arts cannot earn enough money to meet expenses and depend on massive financial **transfusions** in grants and subsidies. This leaves them vulnerable to changing **economic winds**. Historically, in times of economic **retrenchment**, the arts have been the first to suffer funding **cuts**.

7.   Although language is important, the sense of community is even more so. That is why, without diminishing the importance or the rights of the Francophone community outside Quebec, we have to recognize the special nature of the Province of Quebec as the **crucible** of the French-Canadian culture.

8.   The solution was to **resurrect** the recession-stalled recreation centre and convert it to a convention centre.

9.   Some Westerners have probably never **bumped into** a francophone or heard a live word of French.

10. Singapore is the **hub** for the Asia Pacific region, the world's third largest market for aircrafts and services.

———

Exercice 2

Relevez dans le Texte 22, «Higher Education in Canada», sept mots ayant un sens figuré et inscrivez-les dans la colonne de gauche du tableau de la page suivante. Après avoir traduit le texte, remplissez les deux autres colonnes.

TEXTE 22

Auteur : Anonyme
Source : *Access to Excellence*
Genre de publication : Rapport administratif émanant du Secrétariat d'État
Date de parution : 1988
Domaine : Éducation
Public visé : Milieux universitaires
Nombre de mots : 319

Higher Education in Canada

Higher education is the great drivewheel of Canada's overall prosperity, potentially even more valuable to the economy than the country's vast store of natural resources (to which it anyway holds the master key). Its importance to Canada's economic, social and cultural well-being is incalculable. Higher education generates a more highly skilled work force, a better informed
5   marketplace, larger pay cheques, bigger corporate profits and improved living standards. It also stimulates creativity, encourages curiosity, enriches the mind and nourishes the soul. For the individual, a post-secondary education (PSE) represents an established pathway to achievement. For the country, PSE holds even greater promise: access to excellence on a global scale. It is little wonder that Canadians regard the quality and scope of their PSE system as being vital to
10 the national interest. [...]

During this century Canadians have developed one of the finest PSE systems in the world. The cost to the public purse has been high—in 1987-88 total PSE spending in Canada amounted to more than $10 billion—but the investment has paid great dividends.

Today the country ranks behind only the United States in the percentage of college
15 graduates within its work force. In 1984-85 some 1.2 million Canadians were enrolled in universities and colleges, again the second highest level of participation in the world (when measured as a percentage of national population). Of that total, 780,000 were full-time students and 420,000 were furthering their education on a part-time basis. Significantly, whereas PSE used to be almost exclusively a pursuit of young people, a much broader cross-section of the
20 population is now making use of the system. As well, according to a Statistics Canada survey, no fewer than 3.2 million Canadians go "back to school" each year by taking part in some form of adult education activity. The message is clear: the Canadian people believe in the value of advanced education.

———

TABLEAU

MOTS FIGURÉS DU TD	ÉQUIVALENTS DU TA	RÈGLE

———

LES MOTS FRANÇAIS DANS LE TD

On aurait tort de croire que la traduction de mots français présents dans les textes anglais n'exige aucun effort de réflexion et qu'il suffit de les «reporter» dans le TA. Comme tous les autres mots étrangers, les mots français qui ne sont pas encore intégrés au lexique de la langue anglaise seront habituellement signalés par des italiques ou des guillemets. Ceux qui sont «naturalisés» ou très connus des lecteurs anglophones seront imprimés en caractères romains.

Pour un rédacteur de langue anglaise, le mot français peut parfois être le mot juste ou encore une ressource stylistique. Il n'est pas rare, cependant, que ces emprunts relèvent d'une mode, d'un certain snobisme, voire de la pédanterie. Dans son ouvrage bien connu, sir Ernest Gowers recommandait aux auteurs de ne pas abuser du procédé et de résister à la tentation de faire étalage de leur connaissance des langues étrangères, qu'il s'agisse du latin ou des langues vivantes :

The safest rule about foreign words and phrases [...] is to avoid them if you can. This is partly because you may easily use them wrongly [...] and partly because even if your understanding and use of them are faultless your reader may be less learned than you and must not be made to feel inferior. Constant use even of familiar foreign expressions [...] gives the impression that the writer is trying to show off—which indeed is often just what he is doing.

If you are really certain that you need a particular foreign word to convey your meaning, and that your readers will take the meaning that you intend, you need not be frightened of that word. The important thing, particularly in official writing, is to put the reader's convenience before the writer's self-gratification[1].

Du point de vue qui est le nôtre, il importe assez peu de savoir si c'est par besoin, par mode, par paresse, par snobisme ou par pédanterie que les rédacteurs anglais, surtout les journalistes, truffent leurs textes de mots français. On peut dire qu'en général les mots français qui figurent dans les textes pragmatiques ne visent pas à produire un effet stylistique. Ils sont un moyen d'expression parmi d'autres. Trois règles s'appliquent à la traduction de ces emprunts très courants.

---

[1] *The Complete Plain Words*, p. 73.

Première règle

Le mot français peut être repris tel quel dans le TA.

EXEMPLES

a.   In Westerns, a *genre* he favored, Reagan enjoyed playing the brave loner facing a mob. (*Time*, 26 janvier 1987, p. 68)

b.   A Golden anniversary for America's *doyenne* of food writers. Mary Frances Kennedy Fisher is the *grande dame* of American food writers. Her passion for *cuisine* inspired a host of other writers to take up the craft of food criticism. (*Ibid.*, p. 62)

c.   The *cliché* goes something like this: Basketball (or fill in the sport of your choice) teaches young men about life. (*Newsweek*, 23 février 1987, p. 10)

d.   Adnan Khashoggi, the flamboyant Saudi *entrepreneur*, is in deep trouble at home because of his role as middleman in the Iran arms deal. (*Ibid.*, p. 7)

e.   Government officials charged that from the start *provocateurs* in the crowd were intent on creating a violent confrontation. (*Time*, 2 février 1987, p. 27)

———

Deuxième règle

Le mot français peut être repris dans le TA, mais, dans le TD, il est mal orthographié ou mal accordé en genre ou en nombre ou encore mal articulé dans la phrase.

EXEMPLES

a.   Part technological *tour-de-force*, part scholarly time-machine, the museum has been designed to present the history of Canada and her peoples with sweeping scope and dimension. [Tour de force]

b.   The great Queen's University historian raised the worship of soil to near-theology with his *cri de cœur*, "From the land... must come the soul of Canada." [Cri du cœur]

c.   This one, with a savory veal forcemeat, a garnish of chanterelles, and a Champagne sauce merging with a little veal *glace*, couldn't have been improved. [Glacé]

———

Troisième règle

> **Le mot français ne peut pas être intégré dans le TA, car l'auteur anglais lui donne un sens erroné ou archaïque, ou encore forge un barbarisme.**

EXEMPLES

a.   He plays Norman Dale, an ex-college coach mysteriously out of the game for a dozen years, who turns up in tiny Hickory, Indiana, a burg so bucolic it's not even on most state maps, to coach its nascent basketball team. Hickory may be small, but the problems it presents Coach Dale are *très formidable*. There are barely enough players to field a team.

Note : Le premier sens de «formidable» en français est «qui inspire une grande crainte», mais ce sens est donné comme vieilli. En français moderne, cet adjectif signifie «sensationnel, épatant». Dans le passage anglais ci-dessus, *formidable* (qui n'est pas accordé) a le sens de «considérable, énorme», mots qu'il convient d'employer dans la traduction. On peut aussi s'interroger sur la correction de «très formidable».

b.   A francophone tax lawyer who wanted to say in English that he felt *toutes en familles*—as if we were family—about some acquaintances he had just made at a party, said "We are all in a family way".

[Note : L'expression française exacte est «se sentir en famille».]

c.   Toller Cranston [patineur artistique] at home. Toller, too much. Too too much. Or as the French say, *de trop*, which means "enough already." Figure skater and painter, Toller Cranston revels in bare torsos and outrageous outfits. The pecs are great, big fella, but on the beach. The first rule of fashion: mind the context. There's a time and place for everything.

[Note : L'expression française exacte est «Trop, c'est trop».]

La comparaison de textes pragmatiques anglais et de leur traduction française révèle que les traducteurs ne semblent pas considérer que les rédacteurs de langue anglaise cherchent à produire un effet de style en employant des mots français dans ce type de textes.

En général, les traducteurs n'encadrent pas ces mots de guillemets dans leurs traductions et ne les mettent pas non plus en italique, estimant sans doute que, dans un texte français, un mot français n'est pas un mot étranger! Ils n'indiquent pas non plus par une note en bas de page «En français dans le texte», comme c'est l'usage en traduction littéraire.

EXERCICE D'APPLICATION

Indiquez si les mots français des extraits ci-dessous peuvent être repris tels quels dans votre traduction.

1. The early **vogue** of naming a team for a person seems to have come to an end with Paul Brown, the original coach of the Cleveland Browns.

2. **En route** from Perth in Australia, I made what was intended to be a short **detour** to Canberra to visit Fred.

3. Some bears were obsessed with **idées fixes**, usually centered, as most of the polar bears' ideas seem to be, upon the procurement of food.

4. That first trip to the scale after the holiday has convinced many men and women that it is time to shape up and slim down. However the **mélange** of reducing diets and weight reduction programs available often leaves consumers confused.

5. Setting out to restore the "special relationship" between Britain and the U.S., Macmillan liked to remind everyone that his mother was an American. He established a close *rapport* with President Eisenhower.

6. All observers have been struck by the sudden, overnight, **volte-face** in Japan after the Emperor's decision to agree to unconditional surrender.

7. Halban [un scientifique] had achieved a great deal of recognition. He was, plainly, a rising star and, as such, well placed to take on **protégés**; one such was Lew Kowarski, a refugee of a rather older vintage.

8. The women, descendants of the Norman and Breton settlers, converse in a **patois** that is almost unintelligible to outsiders and they still wear the starched, pleated white **calèche**.

9. To a large extent, relatively robust economic growth in Canada and a substantial appreciation of its currency **vis-à-vis** the European currencies in this period contributed to the adverse trade balance with these countries.

10. In the West, private property has been the normal arrangement since ancient times. Of course, rights of property have been regulated in a variety of ways in the past as they are today. But the libertarian ideology accepts no modification of its pure **laissez-faire** doctrine.

————

L'ÉCONOMIE

Il y a économie lorsque le TA réussit à exprimer avec des moyens lexicaux réduits les idées formulées dans le TD. Nous distinguerons trois types d'économie : la concentration, l'implicitation et la concision. L'idéal visé par le traducteur est de garder le froment du sens sans la paille des mots inutiles au nom de la clarté, du respect du caractère idiomatique de la langue d'arrivée et de l'efficacité de la communication.

CONCENTRATION

Il y a concentration lorsque, pour un signifié donné, les signifants de la LA sont moins nombreux que ceux de la LD. Exemples :

guillotine paper cutter : massicot
long distance call : interurbain
vacuum cleaner : aspirateur
four-colour process : quadrichromie
wall-to-wall carpet : moquette

Le contraire de la concentration est la DILUTION. Cette notion est définie et illustrée à l'objectif suivant.

La notion de «concentration», empruntée à la SCFA, ressortit à la langue (forme et description) et non au discours. Par conséquent, elle ne présente qu'un intérêt secondaire du point de vue de l'initiation à la traduction définie comme apprentissage du maniement du langage. Nous ne nous y attarderons pas, car elle met en cause tout simplement la connaissance préalable des vocabulaires anglais et français.

———

IMPLICITATION

Ce procédé de traduction «consiste à laisser au contexte ou à la situation le soin de préciser certains détails explicites[1]» dans le TD. Cette forme d'économie s'impose lorsque la logique le commande, qu'il faut éviter une redondance ou devant une évidence. À cet égard, les

———

[1] SCFA, p. 10.

auteurs de la SCFA parlent d'«économie par évidence» pour indiquer que le français n'éprouve pas toujours le besoin de tout préciser par le menu détail, comme on peut le constater dans les exemples suivants :

a. Be sure the iron is unplugged **from the electrical outlet** before filling **with water**.

a. Toujours débrancher le fer avant de remplir le réservoir.

b. Rules for safe operation. Before you vacuum, **read** Owner's Manual. **Follow instructions**.

b. Conseils de sécurité. Avant de passer l'aspirateur, lisez bien toutes les instructions.

c. We can **sit down** with police and talk about crisis intervention and a whole bunch of different things.

c. Nous pouvons [prendre le temps de] discuter avec les policiers d'intervention dans les conflits et d'un tas d'autres sujets.

Compte tenu de la démarche générale qui la caractérise, la langue française a moins tendance que l'anglais à décrire la réalité par le menu détail et n'éprouve pas le besoin d'expliciter ce qui tombe sous le sens. Le français se situe souvent sur un plan plus abstrait que l'anglais. La langue anglaise, en effet, filme l'action, calque de près l'ordre concret des faits, alors que la langue française se contente habituellement d'exprimer le résultat de cette action. Il s'agit donc pour le traducteur de respecter les habitudes linguistiques des locuteurs francophones. L'implicitation relève à la fois de la langue et du discours.

On fait de la SURTRADUCTION lorsqu'on explicite abusivement en français ce qu'il convient de garder implicite en passant d'une langue à l'autre. Exemples :

a. a cheque **in the amount of** $10

a. un chèque de 10 $

b. Do not run the oven empty **without food in it.** (Four à micro-ondes).

b. Ne pas faire fonctionner le four à vide.

Dans le premier exemple, il est superflu d'ajouter «au montant de» car le contexte est clair. Dans le deuxième exemple, la situation rend inutile de préciser «sans aliments à l'intérieur».

———————

CONCISION

La concision est la troisième forme d'économie. Elle résulte de l'élimination des lourdeurs, des répétitions inutiles, des pléonasmes ou de toutes autres maladresses de style dues à la négligence ou à l'incompétence du rédacteur du TD. La concision est essentiellement un fait de discours. Ne pas rechercher la concision, c'est risquer d'obscurcir le message original. Nous nous contenterons de donner deux exemples ici, car nous consacrerons un objectif à cette réalité du maniement du langage relevant des difficultés d'ordre rédactionnel (v. l'Objectif 46).

a. Throughout Canada in each year the first day of July is a legal holiday and shall be kept and observed as such except that in any year when the first day of July falls on a Sunday, the second day of July is, in lieu thereof, a legal holiday and shall be kept and observed as such.

a. Au Canada, le 1er juillet (le 2 si le 1er tombe un dimanche) est un jour férié.

b. The approximate cost of works is estimated at about $500.

b. On évalue à 500 $ le coût des travaux.

Le risque associé à la recherche de la concision est l'OMISSION. Cette faute de traduction consiste à omettre de traduire, sans que cela soit justifié, un élément de sens ou un effet stylistique du TD. Voici un exemple (les passages en gras du TD n'ont pas été traduits) :

Costly Coffins

In Rio de Janeiro, there's an undertaker who sells the world's most expensive coffins, **some topping $35,000.** They're designed just in case there's been a mistake and you're not actually dead when you're buried. So inside the coffin there's a **two-year** supply of oxygen and dehydrated food, a Sony Walkman, a **short-wave** radio and devices to bang your way out. And believe it or not, they're quite popular with **rich** South Americans.

Des cercueils de luxe

**À Rio de Janeiro, un entrepreneur de pompes funèbres vend les cercueils les plus chers qui soient. Ils ont ceci de particulier qu'ils sont livrés tout équipés au cas où l'on vous aurait enterré vivant par erreur. Ils renferment une réserve d'oxygène et d'aliments lyophilisés, un baladeur Sony, une radio et une panoplie d'instruments utiles pour se frayer un chemin jusqu'à l'air libre. Croyez-le ou non, ces cercueils font fureur auprès des Sud-Américains.

En résumé, l'économie peut être dictée par des contraintes inhérentes à la langue (concentration), par la logique et le caractère idiomatique de la LA (implicitation) ou par les règles de la bonne rédaction (concision). Dans le premier cas, l'économie est liée à la connaissance des vocabulaires anglais et français, dans le deuxième cas, elle repose sur la connaissance de la démarche de la LA, tandis que dans le cas de la concision, ce sont les aptitudes à la rédaction qui sont en jeu.

––––––––

SUGGESTIONS DE LECTURE

Jacqueline BOSSÉ-ANDRIEU, «L'emploi et l'omission du générique dans le nom des cours d'eau : une différence de cultures», dans *TTR*, vol. 2, n° 1, 1989, p. 139-152.

Pierre CALVÉ, «De l'économie des moyens linguistiques en français et en anglais dans l'usage standard contemporain», dans *La Revue canadienne des langues vivantes*, vol. 46, n° 1, 1989, p. 22-49.

Jean-Paul VINAY et Jean DARBELNET, *Stylistique comparée du français et de l'anglais*, p. 183-192.

EXERCICE D'APPLICATION

Traduisez les textes suivants en tenant compte de l'implicitation.

1. To preserve freshness, tightly close the inside package after use. [Inscription sur une boîte de céréales]

2. The 68 biggest arts groups in Canada attracted a full third of our population to spend money and time on attendance.

3. This wallpaper can be removed simply by peeling it away from the wall.

4. After use, be sure to unplug the AC Power from the wall outlet as this recorder is not fully disconnected from AC supply when the power switch is OFF.

5. Chill well. When ready to serve, slant the bottle at a 45 degree angle. Untwist and remove wire hood from bottle. Grasp cork firmly with thumb and forefinger. Twist bottle slowly in one direction; let pressure help push cork out. Never, in any circumstances, use a corkscrew when opening champagne.

6. When you travel, read about your destination and learn about local customs ahead of time.

7. The iron should always be turned to OFF before plugging or unplugging from outlet. Never yank cord to disconnect from outlet; instead, grasp plug and pull to disconnect.

8. If the Battery Check Indicator goes out or dims, replace all the batteries with new ones.

9.   To operate on battery power, unplug the AC power cord from the household AC power outlet and the AC Socket on the unit.

10.   Post Office will tell you the correct amount of postage to insure you against loss in the mail. (Philips responsible for one-way shipment only).

————

L'ÉTOFFEMENT

L'étoffement est un procédé de traduction qui consiste à employer plus de mots que le TD pour exprimer la même idée. C'est le contraire de l'économie (v. l'Objectif 27).

> L'étoffement est le renforcement d'un mot qui ne se suffit pas à lui-même et a besoin d'être épaulé par d'autres. C'est pour le français une nécessité d'étoffer par un substantif certains mots-outils qui en anglais se passent fort bien de cet appui [...]. Nulle part l'étoffement n'apparaît plus clairement que dans le domaine des prépositions[1].

Afin de simplifier le plus possible le métalangage de l'initiation à la traduction, nous n'avons pas retenu la distinction établie par les auteurs de la SCFA entre l'amplification («cas où la LA emploie plus de mots que la LD pour exprimer la même idée») et l'étoffement («variété d'amplification appliquée aux prépositions françaises»). Pour nous, l'étoffement est un générique s'appliquant à toute addition de mots liée à des contraintes de forme ou de sens imposées par la LA. Quand on traduit de l'anglais (langue synthétique) vers le français (langue plus ana-lytique — v. l'Objectif 55), l'étoffement se révèle souvent nécessaire pour éviter les ambiguïtés, combler une lacune lexicale dans la LA ou respecter la démarche générale du français.

Aux trois types d'économie que nous avons distingués à l'objectif précédent (concen-tration, implicitation, concision) correspondent trois types d'étoffement : la dilution, l'explicitation et la périphrase.

DILUTION

Il y a dilution lorsque, pour un signifié donné, les signifiants de la LA sont plus nombreux que ceux de la LD. Exemples :

> *as* : au fur et à mesure
> *urban sprawl* : étalement désordonné des villes
> *potato* : pomme de terre
> *to retire* : prendre sa retraite
> *clockwise* : dans le sens des aiguilles d'une montre

---

[1] SCFA, p. 109.

La notion de «dilution», empruntée à la SCFA, ressortit à la langue (forme et description) et non au discours. Par conséquent, elle ne présente qu'un intérêt secondaire du point de vue de l'initiation à la traduction définie comme apprentissage du maniement du langage. Nous ne nous y attarderons pas, car elle est liée avant tout à la connaissance des vocabulaires anglais et français.

———

EXPLICITATION

Procédé inverse de l'implicitation, l'explicitation consiste à introduire dans le TA des précisions qui ne figurent pas dans le TD, mais qui ressortent du contexte cognitif ou de la situation décrite. La traduction du passage anglais ci-dessous renferme plusieurs exemples d'explicitation (en gras) qui clarifient le sens et facilitent la compréhension du TD.

Uranium

Uranium was much sought after as a **strategic mineral** in the years after the war, because it was widely assumed that it was very rare in **recoverable** quantities. **This** proved not to be the case, though not until 1952 or 1953 was it obvious that uranium was a metal of abundance, not scarcity. Other radioactive substances that had until then been considered likely substitutes, such as thorium, precipitately declined in interest to **reactor designers**. Because of the large amounts of uranium discovered in Canada, the United States, Australia, South Africa, and elsewhere, its price has fluctuated downwards over time[2] [...].

L'uranium

Dans les années qui suivirent la guerre, l'uranium fut très recherché en raison de son **intérêt stratégique** car on pensait alors communément qu'il était très rare, en quantités **utilisables, dans la nature**. Cette **thèse** finit par être infirmée, mais ce n'est qu'en 1952 ou en 1953 qu'on dut se rendre à l'évidence que l'uranium était un métal abondant et non pas rare. Les autres substances radioactives qui, jusque-là, avaient été considérées comme des substituts possibles — le thorium, par exemple — perdirent rapidement de leur intérêt aux yeux des **physiciens qui dessinaient les réacteurs**. De vastes **gisements** de minerai uranifère ayant été découverts au Canada, aux États-Unis, en Australie, en Afrique du Sud et ailleurs encore, le prix de l'uranium suivit au fil des ans une courbe descendante[3] [...].

———

[2] Robert Bothwell, *Nucleus*, p. 133.   *confirmer ≠ infirmer*

[3] *Id., Nucléus*, traduit par Didier Holtzwarth, p. 150.

Les mots en gras dans le texte français sont l'indice de la réflexion qu'ont nécessitée la compréhension et la reformulation du TD. Par souci de clarté et d'exactitude, le traducteur a parlé de «physiciens qui dessinaient les réacteurs» plutôt que de «dessinateurs de réacteurs», expression qui, dans l'esprit d'un lecteur de langue française, aurait sans doute évoqué des architectes. De même, rien ne lui interdisait de substituer au mot *amounts* le terme précis de «gisements» pour décrire les réserves de minerai dans le sous-sol.

Il y a SOUS-TRADUCTION lorsqu'on omet d'introduire dans le TA les explicitations, ainsi que les compensations et les étoffements qu'exigerait une traduction fidèle et idiomatique du TD. Soit l'énoncé suivant :

Non-biological samples may be in the raw unprocessed form or as the final product, available either in bulk quantities or in small "**street amounts**". [Domaine de la drogue]

Sous-traduction

**Les échantillons non organiques peuvent être des produits bruts, non transformés, ou des produits élaborés, à leur stade final, et se présenter soit en vrac soit en petites *«quantités de rue»*.

L'absence d'étoffement nuit à la clarté de l'énoncé et crée même une ambiguïté. Cette sous-traduction aurait facilement pu être évitée grâce à une explicitation.

= Les échantillons non organiques peuvent être des produits bruts, non transformés, ou des produits élaborés, à leur stade final, et se présenter soit en vrac soit en petites *«quantités destinées à la vente dans la rue»*.

———————

PÉRIPHRASE

On entend par périphrase «un tour dont on se sert pour dire en plus de mots ce qu'on aurait pu dire en moins[4]». En rhétorique, la périphrase est un des procédés de style utilisés pour embellir le discours (V. l'Objectif 53). En traduction, elle est aussi un procédé consistant à utiliser plus de mots que le TD pour reformuler une idée dans le TA, ce développement étant dicté par des contraintes liées au sens (ex. : connotation à introduire dans le TA, ambiguïté à lever) ou au déroulement du discours (ex. : répétition à éviter). Concrètement, il arrive que, pour un mot anglais à traduire, il existe bel et bien un correspondant français, mais, pour diverses raisons, l'utilisation de ce terme est à éviter; c'est alors que la périphrase trouve son utilité. Un exemple que nous empruntons à Michel Ballard[5] servira à illustrer cette notion.

———————

[4] Henri Bénac, *Dictionnaire des synonymes.*

[5] *La Traduction : de l'anglais au français*, p. 107.

The sound of her words of complaint, reproach, or grief, evoked in the **hearer** only a certain physical discomfort. (A. Huxley)

Hearer a pour correspondant «auditeur» dans le *Harrap*, mais ce terme en français a des connotations trop techniques, il fait penser à la radio, à un discours public. Il vaut donc mieux recourir à une périphrase :

Le son de sa voix lorsqu'elle se plaignait, faisait des reproches, se désolait, n'évoquait pour *ceux qui écoutaient* qu'un certain malaise physique.

L'écueil à éviter en ce qui concerne les étoffements en général et les explicitations en particulier est celui de l'AJOUT. L'ajout, qui dans notre terminologie est toujours une erreur de traduction, consiste à introduire dans le TA des éléments d'information qui sont non seulement absents du TD, mais *superflus* et *non justifiés* par le contexte ou la situation décrite. Par exemple, le traducteur n'aurait été aucunement justifié d'ajouter à la première phrase de l'extrait cité plus haut («Uranium») les éléments de nature encyclopédique que nous indiquons en gras.

Dans les années qui suivirent la guerre, l'uranium, **découvert en 1789 par le savant Martin Klaproth, fut très recherché en raison de son intérêt stratégique; on pensait alors communément qu'il était **non seulement le plus lourd des éléments naturels**, mais très rare, en quantité utilisables, dans la nature.

Ces ajouts, qu'on pourrait aussi appeler des interpolations, sont des fautes de traduction, car le traducteur s'est permis d'intégrer dans le TA des précisions que l'auteur du TD n'a pas jugé utile de donner. Le traducteur, se substituant en quelque sorte à l'auteur, a fait étalage de sa connaissance du domaine. C'est ce qu'Irène de Buisseret appelle la «mirandolite», ou fièvre de Pic de la Mirandole (v. les «Suggestions de lecture»).

En conclusion, l'étoffement peut être dicté par des contraintes inhérentes à la langue (dilution), par un souci de clarification du sens (explicitation) ou par des exigences de nature stylistique (périphrase). Dans le premier cas, l'étoffement est lié à la connaissance des vocabulaires de l'anglais et du français, tandis que, dans les deux autres cas, ce sont les aptitudes à la rédaction qui sont en jeu.

Le tableau de la page suivante réunit les principales notions relatives à l'économie (OS-27) et à l'étoffement (OS-28). Les termes entre crochets désignent les erreurs de traduction correspondantes. En se déplaçant de la gauche vers la droite, on va de la langue vers le discours.

TABLEAU

ÉCONOMIE		
CONCENTRATION	IMPLICITATION [surtraduction]*	CONCISION [omission]*
(langue)	→	(discours)
ÉTOFFEMENT		
DILUTION	EXPLICITATION [sous-traduction]*	PÉRIPHRASE [ajout]*

* Erreur de traduction correspondante si la règle de l'IMPLICITATION, de la CONCISION, de l'EXPLICITATION ou de la PÉRIPHRASE n'est pas appliquée ou est mal appliquée.

––––––––

SUGGESTIONS DE LECTURE

Irène de BUISSERET, *Deux langues, six idiomes*, Ottawa, Carlton-Green, 1975, p. 93-117.

Jean-Paul VINAY et Jean DARBELNET, *Stylistique comparée du français et de l'anglais*, p. 109-114; 183-188.

––––––––

EXERCICES D'APPLICATION

Exercice 1

Traduisez les extraits suivants en utilisant le procédé de l'étoffement.

1.   We have a big blower and graders and trucks with V plows, but in two places the road fills in so fast we can't keep up. [Déneigement]

2.   Statistics can show how and where women workers are employed.

3.   Public transit has 75% of to-and-from work trips in metro Toronto.

4.   In Canada, soil erosion is costing farmers $1 billion a year in lost income. Reports from Europe and the United States tell a similar story.

5.   Slippery when wet. [Panneau routier]

6.   Women will be forced to burn trees for charcoal as long as other sources of renewable energy are not available.

7.   Health-care centres with beds to take care of complicated deliveries are also needed.

8.   Biology is the science of all living things.

9.   To be eligible for a summer job with the federal government, you must be registered full-time at a university, community college or CEGEP.

10.   The Citizenship Branch of the Department of the Secretary of State is concerned with strenghtening Canadian unity through increased participation by all citizens in their local and national communities.

———

Exercice 2

La traduction de chacun des extraits ci-dessous exige l'application du procédé de l'explicitation.

1.   For information regarding post-baccalaureate degrees, see the calendar of the School of Graduate Studies and Research. [Administration universitaire]

2.   The difficulties are enhanced when there is a failure to grasp the fact that all separation experiences are not the same. The quality of children's attachments will differ, as will their ego-strengths, support structures, and past experiences. [Séparation des parents. *Ego-strengths* : la force du Moi]

3.   Storage systems operate under a wide range of variables including the weather, crop type, moisture content, product utilization or marketing scenario, and power availability. [Entreposage de grains et de fourrages]

4.   When we consider the inter-ethnic conflicts shaking the world, we must admit that all Canadians, old or new, Anglophones or Francophones, manage quite well when it comes to respecting one another, developing common bonds and joining together in building a peaceful society open to the world.

5.   The evolution of the European Economic Community, with a population of 360 million people, effectively rendered Canada an outsider. So we faced the prospect of becoming an isolated market of 27 million people caught between the massive European, American and Asian markets.

6.   Thirty-eight States participating in the Conference on Security and Cooperation in Europe met in Moscow from 10 to 12 September in a major conference concerning human rights. U.S. Secretary of State James A. Baker urged support for democracy.

7.   This kit contains everything you need to help us deliver mail to your new home quickly. It contains Change of Address Cards, with which you can inform all your magazines, banks, friends, etc. of your new address. [Document de la Société canadienne des postes]

8.   Usually tranquillizers and sleeping pills are prescribed for a short time (about three weeks) although doctors sometimes prescribe them for longer periods if a patient is closely monitored.

9.   Even back then, it only took about two weeks to get a letter from Montreal to Lake Superior. By water. Special express canoe. [Document de la Société canadienne des postes]

10. There is a pamphlet for each equipment category which lists the specific items that are eligible for funding. [Domaine de la santé]

———————

Exercice 3

TEXTE 23

Auteur : Ford S. Worthy
Source : *Eastern Review* [Article reproduit de *Fortune*]
Genre de publication : Magazine d'un transporteur aérien
Date de parution : 1987
Domaine : Gestion du travail
Public visé : Gens d'affaires, cadres
Nombre de mots : 464

Are You Working Too Hard?

A while back, management consultant Bill Meyer spent three days as a fly on the nose of a hard-driving, bleary-eyed investment banker, watching him work. The investment banker, like so many of his fellow Wall Streeters, was an 80-hour-a-week man, a formidable worker who was constantly in action—barking out instructions on the phone, plotting strategy in tense meetings. "I remember
5   most that he had two briefcases," says Meyer. "They were the fattest, most imposing briefcases I'd ever seen." Meyer's assignment was to record in detail precisely how the man spent his time.

After three days, Meyer and his client sat down and replayed the hundreds of activities recorded in Meyer's notebook. Eighty percent of them—that's *80 percent* of everything the investment banker did over three days—turned out to be busy work that ultimately did nothing to
10 increase the man's productivity. Meyer's log overflowed with notes of unnecessary meetings, redundant phone conversations, and even the few minutes wasted each day in packing and unpacking those bulging briefcases. As Meyer's log suggests, the correct question isn't "How long do I work?" but "How effectively do I work?"

Most people equate time spent on a job with performance, but the correlation between the
15 two can be negative. Studies of army officers and oil rig workers, among others, indicate that

performance drops after a certain number of hours on the job. Just what that number is varies depending on the person and the occupation. But consider the conclusion reached by Cary Cooper, a professor of organizational psychology at the University of Manchester in England who has interviewed more than 1,000 executives in the U.S. and Britain about their work habits: "Any
20   manager who works over 50 hours a week in my view is turning in less than his best performance."

Unfortunately, hours and effort are still the standards by which all too many bosses judge their underlings. Ambitious executives, or execs who simply want to keep their jobs, understand this. With the decline in corporate loyalty—both of employees toward their companies and of
25   companies toward their employees—you might expect managers to be pouring less of themselves into their jobs. But that doesn't seem to be the case. Executives at large companies are working longer hours and taking less vacation than they did just seven or eight years ago. [...]

In what fields are the hours craziest? Investment banking, corporate law, and other occupations connected with the wave of takeovers during the past few years often top lists rating
30   jobs on the work they demand. Young investment bankers appear to work the most slavish schedules of all, driving themselves relentlessly for those six-figure salaries and monster bonuses. Not surprisingly, people tend to put in grueling hours when they figure on a big payoff.

————

LE DÉICTIQUE *THIS*

«Le français est moins déictique que l'anglais[1].»

On appelle «déictique» tout mot dont le sens référentiel ne peut être précisé que par renvoi à la situation ou au contexte. Déictique est dérivé du mot grec *deixis*, qui signifie «montrer du doigt». Parmi les nombreux mots qui remplissent cette fonction dans la langue, on peut citer les démonstratifs, les adverbes de lieu et de temps, les pronoms personnels, les articles. Leur traduction ne pose généralement pas de difficultés pour qui connaît les langues. Il y a un cas, cependant, qui présente un intérêt tout particulier du point de vue du maniement du langage en apprentissage de la traduction. Il s'agit du déictique *this*. Il convenait d'aborder cette difficulté (toute relative) après avoir vu les notions d'étoffement et d'explicitation, car elles sont utiles ici. Bien entendu, ce qui vaut pour *this* s'applique tout autant aux démonstratifs *those, these, that*.

Dans le corps d'un texte, et souvent placé en tête de phrase, *this* sert fréquemment en anglais à l'articulation des idées. Il renvoie à ce qui vient d'être dit et remplit alors une fonction comparable à celle d'une charnière de rappel. Les apprentis traducteurs qui dissocient encore mal les langues et ne maîtrisent pas encore toutes les ressources de leur langue d'arrivée, en l'occurrence le français, sont portés à traduire *this* ou *that* par «ceci», «cela». Cette solution banale aboutit souvent à une formulation naïve et peu idiomatique. Les traducteurs de métier, eux, ont tendance à remplacer ces déictiques anglais par des noms qui rappellent clairement ce dont il est question. Selon les contextes, ils emploieront des mots tels que «phénomène», «réaction», «idées», «initiative», «méthode», «solution», etc., précédés le plus souvent d'un adjectif démonstratif servant de rappel («cette attitude»).

Pour articuler le discours, il n'est pas toujours nécessaire de rendre *this* par une explicitation. Il suffit parfois de marquer l'enchaînement des idées au moyen de formulations neutres telles que «..., ce qui...»; «..., c'est là...»; «Telle est...»; «Il s'agit de...». Il faut toutefois se garder de recourir systématiquement à ces formules ou d'en abuser. Bien que françaises, employées à mauvais escient ou de manière abusive, elles peuvent, autant que le calque, «sentir» la traduction.

Par ailleurs, le tour *this is* peut servir à relier la chose désignée par le nom auquel il est joint. Soit l'énoncé *This is your receipt* : «Voici votre reçu[2]». Pour que cette équivalence soit acceptable, il faut que les interlocuteurs voient le reçu en question au moment de la formulation de l'énoncé. Une vendeuse dira à un client en lui remettant son reçu : «Voici votre reçu».

---

[1] Jean Darbelnet, «Systèmes oppositionnels en français et en anglais», p. 138.

[2] Exemple emprunté à Jean-Paul Vinay. Voir les «Suggestions de lecture».

Il en va autrement lorsque l'énoncé *This is your receipt* n'accompagne plus un geste de la main, mais est imprimé sur une facture tenant lieu de reçu. Ce message est alors moins déictique que le premier; n'étant plus prononcé dans une situation concrète de communication orale, il acquiert une valeur générale. Il ne s'adresse plus à une personne précise, mais à n'importe qui. Il convient donc de le traduire par une tournure plus abstraite : «Reçu du client».

Les comparatistes ont remarqué que dans le domaine de la spatialisation (situation du locuteur dans l'espace), il existe un net écart entre le dénuement (économie) du français et la richesse des moyens dont dispose l'anglais pour marquer ce genre de rapports. Citons à cet égard Jean Darbelnet :

> On peut rattacher à la spatialisation l'emploi que fait l'anglais du démonstratif là où il est structuralement possible en français, mais n'est pas conforme à la démarche de cette langue. «*No bicycling in this park*» se traduira par «Défense de circuler à bicyclette dans le parc». De même on dira «Défense de fumer dans la salle». «Cette salle» paraîtrait ici incongru, l'article suffisant à l'identifier comme étant la salle où l'on lit cet avis. Il ne viendrait pas à l'idée d'un francophone non contaminé par l'anglais de l'opposer dans son esprit à une autre salle. C'est un cas semblable que celui du directeur de banque qui, parlant de son établissement dit «*This Bank will do its part*». Il dira «la Banque» ou encore «notre Banque[2]».

On peut donc énoncer la règle suivante :

le français, contrairement à l'anglais, n'a pas recours en général à des déictiques trop actualisateurs.

Cette tendance à l'abstraction se manifeste entre autres dans l'affichage public, notamment sur les panneaux routiers.

———————

EXEMPLES DE TRADUCTION

a. You or your proxy voter must present an official application for a proxy certificate to the returning officer of your riding. **This** should be presented as soon as possible after the voters' list is posted.

a. Vous ou votre mandataire devez présenter une demande de certificat de procuration au président d'élection de votre circonscription. *Cette demande* doit être faite le plus tôt possible après l'affichage de la liste électorale.

b. Every situation also has certain identifiable components. **These** include "things"—a physical setting of natural or man-made objects.

b. Chaque situation comporte plusieurs constantes. *Il y a pour commencer* les «choses» — arrière-plan concret d'objets naturels ou fabriqués.

———————

[2] *Ibid.,* p. 137. Le possessif français peut avoir une valeur déictique, comme dans «Fontainebleau, son château, sa forêt».

c. The same giant wedge that split producer from consumer also split work into two kinds. **This** had an enormous impact on family life and on sexual roles.

c. Le même coin géant qui dissocia le producteur du consommateur, créa aussi deux formes de travail, *ce qui* eut des répercussions énormes sur la vie familiale et les rôles sexuels.

d. Expensive machines cannot be allowed to sit idly, and they operate at rhythms of their own. **This** produced the third principle of industrial civilization: synchronization.

d. Des machines qui représentent de coûteux investissements ne sauraient rester inactives et elles fonctionnent à un rythme qui leur est propre. *D'où* le troisième principe de l'industrialisme : la synchronisation.

e. **This** is CFMO-FM, Ottawa.

e. Vous écoutez CFMO-FM, Ottawa.

[Var. *Vous êtes à l'antenne de ...*]
[Var. *Ici* CFMO-FM, Ottawa]

f. The government will develop a National Sustainable Fisheries Policy and Action Plan. **This** will identify key issues and establish a national co-operative framework.

f. Le gouvernement élaborera une politique et un plan d'action sur la durabilité des pêches dans tout le pays. *Il pourra ainsi* cerner les principaux problèmes et établir un cadre national de coopération.

SUGGESTIONS DE LECTURE

Michel BALLARD, *La Traduction : de l'anglais au français*, Paris, Éditions Nathan, 1987, p. 76-81.

Jean-Paul VINAY, «Les déictiques», dans le *Journal des traducteurs*, vol. 1, n° 4, 1956, p. 91-94.

EXERCICE D'APPLICATION

1.   Not to be taken away from **this** area.
     [Mention inscrite sur la couverture d'un document]

2.   The extraordinary achievement of India in achieving cereal self-sufficiency reflects, above all, Indian determination and effort. **This** has been buttressed by internationally financed research into new varieties of cereals.

3.   We are accustomed to think of ourselves as producers or consumers. **This** wasn't always true. Until the industrial revolution, the vast bulk of all the food, goods, and services produced by the human race was consumed by the producers themselves and their families.

4.   The shift from a decentralized economy to an integrated economy led to new methods for centralizing power. **These** came into play at the level of individual companies, industries, and the economy as a whole.

5.   It's so difficult to park when **those** snow removal signs are up.
      [*Signs* : Panneaux de déneigement placés sur les bancs de neige.]

6.   **This** is an advertisement.
      [Mention au bas d'une annonce publiée dans un journal ou une revue.]

7.   Will **this** country ever learn the danger of the politics of hate?
      [Extrait du discours d'un ministre. Le pays en question est le Canada.]

8.   Despite hints of the industrial future, agricultural civilization dominated the planet and seemed destined to do so forever. **This** was the world in which the industrial revolution erupted.

9.   We are prepared to become one of the most environmentally sensitive countries in the developed world. And we have taken steps to ensure that **this** happens.

10.   We are committed to protecting the Arctic's delicate ecosystem as well as ensuring the sustainable use of its resources. **This** will take a firm hand.

————

VII

DIFFICULTÉS D'ORDRE SYNTAXIQUE

INTRODUCTION

Dans le cas des textes pragmatiques, il importe assez peu, en règle générale, que le moule syntaxique dans lequel sont coulées les idées traduites soit identique à celui de la langue originale. La nécessité de canaliser différemment les idées conduit parfois à rejeter les structures originales. Ce réaménagement syntaxique suppose une bonne maîtrise de la langue.

La LD tend à déteindre sur la LA. On connaît les exemples classiques de la linguistique différentielle qui s'est appliquée à démontrer que des constructions superficiellement comparables entre deux langues recouvrent souvent des relations sémantiques profondément différentes et que, d'une similitude de forme, il ne faut pas conclure à une similitude de sens. Les syntagmes et énoncés suivants renferment des pièges *pour qui ne maîtrise pas encore l'anglais ou le français* :

a. a good ten hours

a. dix bonnes heures
   [**un bon dix heures]

b. the last hundred yards

b. les cent derniers mètres
   [**les derniers cent mètres]

c. the last fifteen years

c. les quinze dernières années
   [**les derniers quinze ans]

d. No attention to be given to that matter.

d. Cette affaire ne mérite aucune considération.
   [**Aucune attention ne doit être donnée à cette affaire.]

e. How are you?

e. Comment allez-vous?
   [**Comment êtes-vous?]

f. I am going home for dinner.

f. Je rentre dîner chez moi.
   [**Je vais à la maison pour dîner.]

g. Your letter arrived too late to be answered.

g. Votre lettre est arrivée trop tard pour qu'on y réponde.
   [**Votre lettre est arrivée trop tard pour être répondue.]

h. I don't think much of her.

h. Je n'en pense guère de bien. / Je ne la tiens pas en grande estime.
[**Je ne pense pas beaucoup à elle.]

i. You can say that again.

i. À qui le dites-vous! / C'est bien vrai. / Vous avez bien raison.
[**Vous me le dites.]

j. There's nothing like a good meal.

j. Rien ne vaut un bon repas. / Il n'y a rien de tel qu'un bon repas.
[**Il n'existe pas de bons repas.]

k. That Italian family has not been in Montreal very long.

k. Cette famille italienne n'est à Montréal que depuis peu de temps.
[**Cette famille italienne n'a pas été à Montréal très longtemps.]

La linguistique différentielle s'est beaucoup intéressée aux difficultés structurales relevant de la stricte connaissance linguistique en vue d'améliorer l'enseignement des langues vivantes et de réduire la contamination d'un système linguistique par un autre. Elle se révèle utile tout particulièrement pour préciser où une langue finit et où une autre commence. Sa tâche essentielle est de «marquer la ligne de faîte et éclairer les versants[1]».

Cette démarche tend à supprimer le plus d'interférences possible. Fidèle à notre point de vue qui est de développer l'aptitude à manier le langage et non d'enseigner les langues, nous cherchons à exploiter l'aspect créateur et dynamique du maniement du langage en traduction, opération intellectuelle qui n'a rien d'un banal exercice de substitution. Traduire ne signifie pas utiliser le même nombre de mots ni les mêmes structures que la LD; c'est par rapport au sens tel qu'il a été compris qu'il ne faut pas en dire plus ou moins. Si l'on se détache de la gangue syntaxique anglaise, c'est pour se rapprocher du sens.

Nombreux sont les cas où il faut sacrifier la structure de la LD pour satisfaire aux exigences de la LA. La quinzaine d'objectifs qui suivent portent sur diverses formes de réaménagements syntaxiques. Les exercices qu'ils comportent peuvent être vus comme une gymnastique mentale visant à développer l'aptitude à canaliser des idées au moyen de constructions non parallèles aux structures originales anglaises.

---

[1] Jean Darbelnet, «Linguistique différentielle et traduction», p. 24.

OBJECTIF 30

LES FAUX COMPARATIFS

En français, il existe trois degrés de l'adjectif qualificatif : le POSITIF (ex. : agréable), le COMPARATIF d'égalité, d'infériorité et de supériorité (ex. : aussi, moins, plus agréable) et le SUPERLATIF, qui peut être RELATIF (ex. : le plus agréable) ou ABSOLU (ex. : très agréable).

Nous appelons «faux comparatif» un comparatif implicite qui n'est pas accompagné d'un second terme. Cette construction elliptique, idiomatique et d'un usage très courant en anglais, n'est pas toujours conforme à la démarche du français. Elle entraîne parfois des imprécisions et de l'ambiguïté. Un agent d'immeubles, par exemple, s'exprima ainsi dans un dépliant promotionnel : «Achetez mieux. Vendez plus vite.» Mieux que qui? Mieux que quoi? Plus vite que qui? Le flou qui enveloppe ces énoncés a quelque chose d'agaçant. Règle générale, en français, le second terme d'une comparaison peut ne pas être exprimé, mais à condition qu'il se dégage clairement du contexte. Ex. : «Il est maintenant plus renseigné.»

Rappelons que les grammairiens ont noté depuis longtemps que le comparatif anglais se traduit par un positif en français quand il existe une dualité ou une opposition entre deux catégories d'êtres, deux entités. Exemples :

the weaker sex : le sexe faible
the lower classes : les basses classes
it is my better ear : c'est ma bonne oreille
higher education : l'enseignement supérieur
Lower Canada / Upper Canada : le Bas-Canada / le Haut-Canada
the bigger end : le gros bout (d'un bâton)
the larger industrial towns : les grandes villes industrielles.

Déjà en 1964, René Étiemble constatait le recul de l'adjectif positif en français, notamment dans le domaine de la publicité, au profit du (faux) comparatif :

[...] le sabir atlantyck considère que le degré positif de l'adjectif qualificatif a fait son temps. Il a quelque chose de mesquin, de sordide et d'avaricieux. Essayez donc de lancer un restaurant avec pour devise «Chez Dupont tout est bon», ou encore une marque d'apéritif en jouant sur les mots «Dubo, Dubon, Dubonnet!». On vous rira au nez. En sabir atlantyck, tout est *mieux*, ou *le meilleur*. [...]
   Quand vous affirmez d'une marchandise quelconque qu'elle est *mieux*, comme vous vous gardez scrupuleusement de préciser : *mieux que ceci*, ou *que cela*, vous signifiez implicitement qu'elle est meilleure que tout, y compris le *très bon*, et que *le meilleur du monde*.

Devant la difficulté d'exprimer le superlatif, le sabir atlantyck a décidé judicieusement d'utiliser de préférence à cette fin le degré comparatif, à cause de ce vague précisément de la notion qu'il comporte. On dira donc, *en évitant toujours de préciser à quoi on compare* : vendre plus beau à meilleur prix; la lampe crypton éclaire mieux et plus blanc; une pastille pour une digestion meilleure; voulez-vous thermocopier mieux[1].

(particularité à propre)

Dans le domaine de la publicité, on retrouve en effet cette tendance très forte de l'anglais à employer des phrases comparatives là où le français recourt normalement au superlatif ou à un tour absolu. Ainsi, dans l'exemple *They taste better!* s'appliquant à une marque de cigarettes, il y a une comparaison implicite entre la marque, objet de la réclame, et toutes les autres marques concurrentes, d'où le comparatif *better*. Ce comparatif est idiomatique en anglais. En français, la supériorité relative est généralement explicitée, le second terme d'une comparaison n'est pas sous-entendu. C'est pourquoi les réclames françaises sont plus idiomatiques lorsqu'elles ne renferment pas de faux comparatifs et qu'elles sont construites autour d'un substantif abstrait, d'un adjectif positif ou superlatif, ou de toute autre formulation ayant une valeur comparative telle que «mettre les bouchées doubles», «redoubler d'effort». *They taste better* trouvera comme équivalents français des tournures du genre «Leur saveur est unique!», «Leur goût est incomparable!».

Mais la langue évolue et les publicitaires de langue française, sans doute par mimétisme, ne se privent pas de recourir aux faux comparatifs. Ils se privent en revanche des ressources très variées et très efficaces du français, qui est loin d'être dépourvu de moyens d'expression pour rendre les comparaisons implicites de l'anglais.

L'abus de faux comparatifs aboutit souvent à un style naïf, pauvre, répétitif, à la limite parfois de la correction, comme en fait foi l'exemple ci-dessous :

Lorsqu'un **meilleur cuisinier dans une **meilleure** cuisine peut servir de **meilleurs** repas **plus** rapidement, ou qu'un avocat peut traiter **plus** de cas grâce à une machine de traitement de texte, ou qu'une société aérienne, en utilisant un système de réservation informatisé peut vendre **plus** de sièges, on dit que la productivité est à la hausse. [V. le premier paragraphe du Texte 24, «The Productivity Slowdown», p. 256.]

Nombreux pourtant sont les procédés qui permettent de traduire les comparatifs anglais en un français élégant et efficace du point de vue de la communication. Les neuf procédés suivants sont parmi les plus couramment utilisés :

1.   Un verbe ou une locution verbale ayant une valeur comparative

Ex. : aviver, embellir, élargir, rajeunir, raccourcir, appauvrir, faciliter, alourdir, écourter, resserrer, aggraver, ralentir, atténuer, rétrécir, abréger, agrandir, allonger, multiplier, redoubler, grossir, etc.

---

[1] *Parlez-vous franglais?*, p. 179-180; 182. (V. les «Suggestions de lecture».)

a. For **longer** engine life...

a. *Prolongez* la vie de votre moteur...

b. Three ways to make life **easier**.

b. Trois façons de *se simplifier* la vie.

c. It is expected that this action will result in **faster** service.

c. Cette mesure devrait *accélérer* le service.

2.   Un substantif ayant une valeur comparative

Ex. : approfondissement, progression, élargissement, rajeunissement, appauvrissement, resserrement, aggravation, ralentissement, atténuation, rétrécissement, abrégement, allongement, multiplication, etc.

a. The problems of inflation, unemployment and **slower** growth examined by the Economic Council last year have deepened.

a. Les problèmes sur lesquels le Conseil économique s'est penché l'an dernier (inflation, chômage, *ralentissement* de la croissance) se sont aggravés.

b. Toys belonging to **older** brothers and sisters might be dangerous for **younger** children.

b. Les jouets des *aînés* [var. du *grand frère* ou de la *grande sœur*] peuvent représenter un danger pour leurs *cadets*.

c. Now I am **older**, perhaps **wiser**, certainly **more cautious**. I only talk to bears. I do not touch them any more.

c. Maintenant, *maturité* et *sagesse* aidant, je *redouble de prudence* [var. je suis plus prudent]. Je me contente de parler aux ours, je ne les touche plus.

3.   Des épithètes «publicitaires»

Ex. : parfait, total, étonnant, foudroyant, illimité, extraordinaire, grand, incomparable, maximum, éternel, unique, idéal, absolu, entier, mirobolant, incroyable, achevé, divin, énorme, excellent, indispensable, suprême, etc.

a. **Greater** safety

a. Sécurité *absolue*

b. **Better** road stability

b. Tenue de route *parfaite*

c. Enjoy **better** music at a **better** price with Tracs Plus Cassettes.

c. Les cassettes Tracs Plus : de la musique de qualité *exceptionnelle* à un prix *exceptionnel*.

[Var. Musique de qualité, prix *imbattable*. Voilà ce que vous offrent les cassettes Tracs Plus.]

4. Des épithètes positives

a. **Slower** traffic keep right
[Panneau routier]

a. Véhicules *lents* voie de droite
[France]
Véhicules *lents* à droite [Canada]

b. Installation is **faster**, **easier**, and **less expensive**. [Installation d'un téléphone]

b. L'installation est *rapide, facile* et peu coûteuse. [V. n° 7.]

c. Drink **more milk**

c. Le lait est *bon* pour la santé.

[Var. Buvez beaucoup de lait.]
[Var. Le lait, c'est «*vachement*» bon. V. n° 7.]

d. At **better** stores everywhere.

d. Dans tous les *bons* magasins.

5. Une locution, un dicton, un proverbe, un jeu de mots

a. We try **harder**
[Slogan de la société de location de voitures Avis]

a. *On y met du cœur*

b. The **heavier** the weight, the **better** we like it. The **bigger** the volume, the **better** the deal.
[Annonce du service de livraison porte à porte des Chemins de fer nationaux]

b. Les *poids lourds, c'est notre fort.* Nous *avons un faible* pour les grosses quantités.

c. It costs a little **more**. But what luxury doesn't.
[Annonce de chemises]

c. La différence *en vaut le coût.*

[Var. La qualité *n'a pas de prix.*]
[Var. Un luxe *qui vaut son pesant d'or.*]

d. Record Ford Sales are going even **higher**.

d. Ford *bat ses propres records* de vente.

6. Un préfixe ou un suffixe

Ex. : (préfixes) extra-, super-, sur-, ultra-, archi-; (suffixe) -issime.

a. Kraft peanut butter
   Now **smoother**

a. Le beurre d'arachides Kraft
   Maintenant *archi*-crémeux

b. The new Cortina is **more** Cortina.

b. La nouvelle Cortina est une *super*-Cortina.

7. **Un adverbe marquant un degré d'intensité** (peu, bien, fort, très, trop, assez), **une locution adverbiale** (des plus..., des mieux, on ne peut plus...) **ou un adverbe en -ment** (souverainement, infiniment, grandement)

a. Chemlawn guarantees a **thicker** and **greener** lawn.	a. Chemlawn vous garantit un gazon *bien fourni* et *bien vert*.
b. The latex insoles absorb perspiration to keep feet **drier**.	b. Les semelles au latex vous gardent les pieds *bien* au sec.

8. **Un superlatif**

a. We promised you **better** service and we're living up to that commitment. Letter delivery is becoming **more reliable** due to changes we're making. [Société des postes.]	a. Nous vous avions promis un service *de la plus haute qualité* possible. Nous avons tenu parole. Grâce aux améliorations apportées, nous avons *accru* [v. n° 1] la fiabilité de la livraison du courrier.
b. ORAL-B. The brand **more** dentists use worldwide. [Brosse à dents]	b. ORAL-B. La marque *la plus utilisée* au monde par les dentistes.

9. **Une appellation officielle, une formule consacrée**

Better Business Bureau	Bureau d'éthique commerciale

Ce qui vient d'être dit de la traduction des faux comparatifs anglais vaut également pour certains emplois de *different* en publicité. Ce mot implique une comparaison. *The jam with a different taste* n'est pas rendu complètement par «**La confiture au goût différent». Différent de quoi? On attendrait un autre adjectif : «La confiture au goût *unique* [var. *inégalable*]» ou encore «La *seule vraie bonne* confiture».

———

SUGGESTIONS DE LECTURE

René ÉTIEMBLE, *Parlez-vous franglais?*, coll. «Idées», Paris, Éditions Gallimard, 1964, p. 179-185.

Jean DARBELNET, «Caractérologie linguistique», dans *L'Actualité terminologique*, vol. 10, n° 4, p. 1-4, n° 5, p. 1-4, 1977.

Jean-Paul VINAY, «Vision comparative et vision absolue», dans le *Journal des traducteurs*, vol. 1, n° 3, 1956, p. 59-63.

———

EXERCICES D'APPLICATION

Exercice 1

1.   Joseph Duncan thinks more specialized computer software will rekindle personal computer sales.

     le perfectionnement des logiciels

2.   Make your trip go smoother. Book your flight and your Tilden rent-a-car at the same time.

     simplifier

3.   This discrepancy reflects a slower rise in domestic prices.

     stagnation

4.   Full-time positions were harder hit by the recession: in many cases, companies either eliminated jobs or converted to a shorter work-week.

5.   Canopy check. When your chute has blossomed look up at the canopy to check for tears. If you detect numerous holes in the canopy your rate of descent will be much faster and you can expect a harder landing. [*Canopy* : voilure; *chute* : parachute]   *accélère*

     atterrissage

6.   Introducing AZIZA. A simple way to make your eyes more beautiful. [Annonce d'un produit de maquillage]

     mettre vos yeux en valeur

7.   For $350 we could have given you more knobs and switches to play with. But we thought you'd prefer more sound. [Annonce d'une chaîne stéréophonique]

     pu ajouter

     avoir préféré miser sur ce son

8.   Lighter weight means lower shipping charges. [Publicité d'une entreprise de transport de marchandises] *les frais sont proportionnels au poids.*

     lumière accrue pour un minimum d'énergie

9.   A bulb that gives more light using less energy.

10. Johnson shampoos are different.

     uniques

———

Exercice 2

TEXTE 24

Auteur : Anonyme
Source : *Au Courant*
Genre de publication : Revue du Conseil économique du Canada
Date de parution : 1985
Domaine : Économie
Public visé : Économistes, gens d'affaires
Nombre de mots : 270

The Productivity Slowdown

When a better cook in a better kitchen can serve up better meals faster, or a lawyer is able to handle more cases with a word processor, or airlines using computerized booking systems can fill more seats, then productivity is on the rise. In more general terms, a reduction in costs per unit of output or an increase in output per unit of input equals productivity growth.

5   For the economy as a whole, this process is key to improvement in living standards. As the Economic Council of Canada puts it: "when the efficiency with which people, machinery, buildings, equipment, raw materials, and knowledge are combined to produce more goods and services improves continually, this inevitably results in higher real incomes and standards of living."

10   The problem in the recent past, not only in Canada but also in most major industrialized countries, was that productivity growth had been on the wane since the early 1970s and virtually dried up altogether during the early 1980s. While some improvement has been apparent recently, it is still too early to know whether it marks the beginning of a long-term trend. Consequently, for the first time in the lives of Canadians now in their forties, growth in living standards appears to
15   be seriously threatened.

         Returning to the old regime of sustained high growth in real per capita incomes will not be possible without renewed productivity growth. That in turn means determining the causes of the productivity slowdown and developing a strategy for action.

         An important first step in this undertaking is to arrive at an accurate understanding of the
20   concept of productivity. [...]

———————

LES STRUCTURES ORDINALES

La syntaxe anglaise admet les superlatifs relatifs de supériorité précédés d'un adjectif ordinal : *the second largest country, the fourth largest producer of gold, the world's third largest telescope.* Cette construction n'existe pas en français, mais il se peut qu'elle finisse par passer dans la langue française sous l'influence de l'anglais. Il est incorrect d'écrire : «**Le troisième plus gros télescope au monde». Pourquoi?

Le superlatif relatif de supériorité exprime une qualité à son degré le plus élevé, par comparaison avec un ou plusieurs autres êtres ou objets : «Elle est la plus généreuse de ses amies», «C'est le plus beau coucher de soleil que j'ai vu». Quant à l'adjectif numéral ordinal, il indique l'ordre, le rang d'un élément dans un ensemble ou une série : «Nous sommes le troisième jour.»

Pour un esprit cartésien, un élément (un être ou un objet) possédant une qualité à son plus haut degré (le plus grand) ne saurait être en même temps classé à un rang infériuur (troisième). Autrement dit, il conçoit mal qu'on puisse être simultanément en tête et au milieu du peloton. En français, le superlatif relatif de supériorité sert à désigner uniquement la tête du peloton : «La Chine est le pays le plus populeux». En anglais, les structures ordinales indiquent, quant à elles, le rang qu'occupe un être ou un objet dans un ordre de classement : parmi les pays les plus populeux, tel pays se classe au quatrième rang.

La langue française ne manque pas de tournures syntaxiques pour traduire les structures ordinales anglaises et préciser le rang d'un élément dans un ensemble. En voici quelques-unes :

a. X occupe le troisième rang des [pays] les plus [prospères]
   X se classe [var. arrive, se situe] au troisième rang ...

b. X est le quatrième [employeur en Europe]

c. X est la deuxième [province] par sa superficie

d. X est la troisième [banque] en importance [en France]

e. X est le [pays] le plus [peuplé], après Y
   X occupe la troisième place des [pays les plus peuplés], après Y et Z

f. X sont les mieux [payés], à l'exception de Y

g. Deuxième [producteur d'amiante au monde], la société...

EXEMPLES DE TRADUCTION

a. We had what was probably **the** world's **third largest** air force and **fourth largest** navy.

a. Nous disposions probablement de *la troisième aviation militaire au monde* et de *la quatrième marine de guerre*.

b. Tourism is a $25-billion-a-year industry in Canada, making it **the** country's **third largest** single foreign exchange earner.

b. Au Canada, le tourisme est une industrie qui rapporte 25 milliards de dollars par an; ce secteur *occupe* à lui seul *la troisième place* comme source de devises étrangères.

c. Calgary is now Canada's **second largest** municipality. Montreal continued to occupy top spot as Canada's largest municipality with just over one million people.

c. Calgary est maintenant *la plus grande municipalité* du Canada *après* Montréal dont la population s'élève à un peu plus d'un million d'habitants.

————

EXERCICES D'APPLICATION

Exercice 1

1.   Domtar is North America's third largest supplier of gypsum products. *est le 3ᵉ fournisseur de — en Am. du nord/se situe au 3ᵉ rang des ... le troisième producteur ... le neuvième fournisseur*

2.   Canada is the world's third largest producer of natural gas and the ninth largest producer of crude oil.

3.   The World Food Program is the second largest development agency in the world—only the World Bank is bigger. *l'agence de dévt la plus importante au monde après la Banque mondiale.*

4.   Chad—ranked by the World Bank as the third poorest country in the world—is taking some real steps towards development.

5.   Canada is the largest country in the Western Hemisphere and second largest in the world.

6.   Proportionately speaking, Canada is the fourth largest producer of carbonic gas in the world, thanks to our fossil fuel consumption. *4ᵉ producteur*

7.   Japan is Canada's second-largest trading partner, with two-way trade reaching close to $19 billion in 1989. In 1989, Korea grew to be Canada's fifth-largest trading partner worldwide. [Texte émanant du gouvernement canadien] *est arrivé en 5ᵉ place*

8.   Canada is the ninth-largest contributor, providing about $285 million to the World Bank Group in 1986-87.

9. Canada is the tenth-largest donor, contributing about 3 per cent of IFAD's resources (which totalled U.S. $1.9 billion in 1985). [IFAD : International Fund for Agricultural Development = FIDA : Fonds international de développement agricole]

10. The second largest cable television operator in Quebec, CF CABLE TV, serves the western part of Montreal and the western half of Laval.

———

Exercice 2

TEXTE 25

Auteur : Anonyme
Source : Comité permanent de la Chambre des communes, Parlement canadien
Genre de publication : Rapport administratif
Date de parution : 1989
Domaine : Arts
Public visé : Milieux artistiques et culturels
Nombre de mots : 456

Status of the Artist

A confident, mature society has an obligation to nurture its identity. It also has a responsibility to support its artists who play a large part in cultivating and reflecting that identity. [...]

Artists search, explore and experiment, just as scientists do, but in a different medium. Firmly rooted in the society around them, performers and creators reflect and build on the
5 underlying Canadian reality. In so doing, they express what makes Canada and Canadians unique, our distinctiveness. Artists and their works form the foundation of our cultural industries—publishing, film, recording, design, broadcasting and the performing and visual arts. In one way or another, they touch each of us every day of our lives. [...]

Government support of cultural activities is important given the economic significance of
10 the cultural sector. During the debate on the Address in Reply to the Speech from the Throne, the Minister of Communications stated, "In 1985, the cultural sector was the ninth largest manufacturing industry in Canada and earned more than $12 billion." Clearly this sector is not a burden on the economy; rather, it is a productive one. The Minister also mentioned that the sector is the fourth largest employer in Canada (providing 105,000 direct jobs) and that the labour force
15 is growing faster in the cultural sector than in any other area of the Canadian economy. [...]

Reflecting our cultural distinctiveness may well be satisfying for artists, but they must also make a living from their art. Considering the level of training and education required and the amount of time required to execute a work of art, are artists rewarded fairly compared to other groups in society? In his statement to the Members of the Standing Committee on Communica-
20 tions and Culture, the Minister of Communications gave testimony to the contrary:

"About 44 years old, and self-employed, in most cases they have acquired 17 years of experience in the artistic field, devote 35 to 45 hours a week to their art and, merely to subsist, spend another 10 to 15 hours on a job not directly related to art.

25   Recent statistics provide these examples of artists' net annual income, derived from their art: dancers, $13,000; authors, $11,079; visual artists, $11,444; actors, $15,210; musicians, $18,248."

The Minister then asked: "If this is the situation for experienced professional artists in this country, what is the situation for young artists, whose work, often daring, experimental and

30   provocative, is essential for the regeneration of culture?" Given their central contribution to society, and notwithstanding the income earned from other sources, the earnings of professional artists are indeed low. Further, artists can only be productive if they are working at their art, not at a secondary, but evidently necessary, employment.

———

WHEN

Certains mots simples et courants font trébucher les traducteurs, surtout quand ils sont pressés. *When* est un de ces mots. Au moins quatre de ses emplois en anglais présentent un piège pour celui qui traduit vers le français.

1. *When* à valeur causale (= par suite de)

Il y a tout d'abord le *when* à valeur causale qu'on a tort de traduire par «quand» ou «lorsque». Ex. : *Two workers were injured when a fork-lift fell over.* Une traduction mot à mot calquée sur l'original aboutirait à une distorsion du sens : «**Deux ouvriers ont été blessés lorsqu'un chariot élévateur s'est renversé.» La relation de cause à effet n'étant pas clairement exprimée, une personne non prévenue pourrait penser qu'il s'agit là d'une curieuse coïncidence. Il est pourtant facile d'expliciter ce rapport logique en français :

Deux ouvriers ont été blessés *par suite* du renversement d'un chariot élévateur.

[Var. Le renversement d'un chariot élévateur blesse deux ouvriers.]
[Var. Un chariot élévateur se renverse : deux blessés. (Manchette)]

Les traducteurs pressés ne prennent pas toujours la peine de marquer nettement les rapports logiques exprimés par la conjonction *when* liant deux membres de phrase et font ainsi une légère entorse à la syntaxe française.

2. *When* conjonction de coordination marquant la continuation (= et alors)

Dans le deuxième emploi problématique de *when*, la traduction littérale est encore moins possible que dans le cas vu précédemment. Soit l'énoncé : *They did not return home till nine o'clock, when they had a light supper.* Il serait étonnant qu'un traducteur propose la traduction suivante : «**Ils ne rentrèrent qu'à neuf heures lorsqu'ils prirent une collation.» Cela ne veut pas dire que le problème soit pour autant résolu.

Les conjonctions de temps «lorsque» et «quand» expriment la concordance ou la simultanéité de deux actions et ne peuvent pas rendre dans ce contexte le sens de *when*. L'emploi d'un mot en apposition est une façon de marquer un enchaînement : «Ils ne rentrèrent qu'à neuf heures, heure à laquelle ils prirent une collation.» Cette solution, cependant, présente l'inconvénient ici d'être inélégante.

Pour éviter l'écueil, il suffit de comprendre que, dans ce genre d'emplois, la conjonction *when* exprime la continuation d'une action et non pas la simultanéité de deux actions. Elle correspond en fait à *and then*. Afin de bien marquer que les deux actions se succèdent, on les coordonnera : «Ils ne rentrèrent qu'à neuf heures *et* prirent *alors* une collation.»

Par ailleurs, de nombreux rédacteurs, journalistes et traducteurs résistent mal à la tentation de rendre le *when* de coordination (ou de continuation) par «alors que». **«Soyez des nôtre⁵la semaine prochaine, alors que nous vous présenterons les gagnants du concours.» La locution conjonctive «alors que»

> indique que l'action du verbe qui suit sert de cadre à celle du verbe principal. Exemple : «Il fit cet achat alors qu'il était particulièrement démuni». «Alors que la nuit commençait à tomber, ils arrivèrent dans un village où...» Il est bien évident que l'action introduite par «alors que» est déjà en train quand commence celle du verbe principal. «Alors que» présente les circonstances de l'action. Mais le *when* employé ici s'accroche à une indication de temps qu'on vient de donner, et introduit une action qui suit celle du verbe principal au lieu de l'accompagner. La distinction entre «alors que» et le *when* de continuation est donc très nette. Dans un cas il y a contemporanéité et dans l'autre postériorité[1].

La locution conjonctive «alors que» indique une opposition et, plus rarement, un rapport de simultanéité teinté d'une légère contradiction. On ne peut donc pas coordonner au moyen de cette locution deux actions qui se suivent dans le temps.

3.   *When* pronom ou adverbe relatif (= où)

L'adverbe relatif «où» ne peut s'appliquer qu'à des choses. Ex. : She usually comes on those days **when** I am busy. = Elle vient habituellement les jours *où* je suis occupé.

4.   *When* venant après barely, hardly (= que)

Ex. : She had **hardly** gone up **when** the telephone rang. = Elle venait à peine de monter *que* le téléphone sonna.

On retiendra donc que l'on commet un anglicisme syntaxique chaque fois que l'on traduit par «lorsque», «quand» ou «alors que» la conjonction *when* marquant un rapport de causalité. En outre, *when* ne se traduit pas par «quand» s'il est pronom ou adverbe relatif (où), s'il est conjonction de coordination (*and then*) et s'il suit un adverbe tel que *barely, hardly* (que).

———————

———————

[1] Jean Darbelnet, *Regards sur le français actuel*, p. 53-54.

EXEMPLES DE TRADUCTION

a. Two killed **when** a car falls into a ditch. [Manchette]

a. Une voiture tombe [var. plonge] dans un fossé : deux morts.
[Var. La chute d'une voiture dans un fossé *cause* la mort de deux personnes.]

b. He lived in Toronto until 1988, **when** he moved to Vancouver.

b. Il a habité Toronto jusqu'en 1988, *année où* il déménagea à Vancouver.

c. The flextime movement began in 1965 **when** a woman economist in Germany, Christel Kämmerer, recommended it as a way to bring more mothers into the job market.

c. L'horaire à la carte est une idée de l'économiste allemande Christel Kämmerer qui, *en 1965*, a préconisé cette solution afin d'attirer un plus grand nombre de mères de famille sur le marché du travail.

d. Electric vehicles have been available since the 1890s and gave gasoline and steam-powered cars a run for their money until the 1920s **when** the conventional car pulled out and passed the electric car.

d. Les véhicules électriques existent depuis les années 1890 et ont tenu tête aux voitures à essence et à vapeur jusque dans les années 1920. *À partir de cette date*, l'automobile traditionnelle a déclassé ses concurrentes mues à l'électricité.

EXERCICES D'APPLICATION

Exercice 1

1.   Come and see me next week when I'll show you my new computer.

2.   The Library of Parliament dates from 1791 when John Simcoe wrote the President of the Royal Society requesting money for books which might be useful in the colonies.

3.   Between December 13, 1973, when Olympic Coins first went on public sale, and March 31, 1974, more than two million coins have been sold.

4.   The Prime Minister will arrive on Friday when he will address the House of Commons.

5.   Scarcely had the football team entered the field when shouts of applause broke out.

6.   The situation reversed again in November when the U.S. dollar appreciated substantially.

7.   Quebec's economy has participated in the national recovery since the beginning of 1990 when most economic indicators started to improve.

8.   Yeh Chien-Ying was appointed Defence Minister, a post that had been vacant since 1971 when Lin Piao died.

9.   It was not until 1600 B.C. when the chariot was invented that the maximum speed could be raised to roughly 32 km/h.

10.   From 1886 when Canadian Pacific completed an all-Canadian transcontinental rail link, the need for routing mail through the United States came to an end.

———

Exercice 2

TEXTE 26

Auteur : Len Coates
Source : *EnRoute*
Genre de publication : Magazine d'un transporteur aérien
Date de parution : 1985
Domaine : Automobile
Public visé : Clients d'Air Canada
Nombre de mots : 372

Big Is Beautiful ... Again

Remember back in 1973, the year of the Great Oil Panic, when the doomsayers were warning that we'd be out of oil by 1990? Remember the second Great Oil Panic of '78, when the very same folks were predicting that we would all be driving automobiles the size of roller skates by now?

5   Well, it hasn't happened.

Oil is still gushing out of the ground so fast that poor old OPEC is swimming in the stuff. Gas stations declare price wars every couple of days, it seems, and with all that octane to be had, Canadians are buying big cars again, just as if 1973 and 1978 had never happened. The rekindled love affair with big cars is even hotter in the U.S. Their gas is cheaper than ours and
10   there's a widespread belief that the whole energy crisis was just an oil cartel hoax all along.

These are the same big cars that were in serious disrepute just a few years ago. As well as being fingered for their petro-thirst, sucking up the last few gallons of gas left in the world, they were blamed for everything from urban blight to acid rain.

But it seems most folks have forgotten and big is beautiful again. We are buying big cars and
15   the auto industry is fighting like a tiger to make sure we can continue to get them, since the inescapable conclusion is that Canadians and Americans LOVE big cars. [...]

Future historians may note that 1986 was the year when car companies finally shed the paranoia produced by energy crises, government regulations and wild market fluctuations. Profits and confidence are running high, and they're strutting their stuff in 1986: big, powerful, luxurious
20 cars.

Meanwhile, one small, but strident voice is calling out a warning.

"The whole country was held hostage by OPEC in the 70s. Now, we're setting ourselves up to be hostages again in the 90s to somebody—I don't know who... Just because gas prices have dropped, some people want to go back to our wasteful ways of the 60s, which really got us into
25 trouble in the first place."

It might be wise to listen. Lee Iacocca has been right too often to be ignored.

————————

OBJECTIF 33

ON ... BASIS [1]

Beaucoup de rédacteurs s'interrogent sur la légitimité des tours «sur la base de» et «sur une base + adjectif». Peut-on écrire : «Les décisions sont prises sur la base des données recueillies» ou encore «Les employés travaillent sur une base rotative»? Voyons tout d'abord la signification du mot «base» au sens propre et au sens figuré.

BASE

(*Sens propre*) Appui, bas, fondation, pied, socle, support. Ex. : la base d'une colonne, la base d'une montagne.

(*Sens figuré*) Principe fondamental, point de départ servant à un calcul, élément qui sert d'appui, de soutien à quelque chose d'autre. Ex. : établir les bases d'un traité, fixer un salaire de base, bâtir sa vie sur des bases solides.

1. Sur la base de

Bien que plusieurs dictionnaires et ouvrages sur les difficultés du français recensent la locution «sur la base de» («On m'a engagé sur la base de 50 F l'heure.»), les ouvrages de traduction condamnent tous de façon plus ou moins explicite cette traduction littérale de *on ... basis*. Certains auteurs voient dans cette locution un calque de l'anglais. Pierre Daviault[2] propose les équivalents suivants :

d'après, selon, en tenant compte de, sur la base de, en proportion de, en fonction de, à raison de, sur le principe que.

L'auteur inclut dans sa liste l'expression «sur la base de», mais il ne l'emploie dans aucune des traductions qu'il cite. Ses formulations sont même assez éloignées de la forme

---

[1] Nous reprenons l'essentiel de la fiche *Repères — T/R* n° 67, «Base», établie par Denise Cyr (V. les «Suggestions de lecture»). [V. aussi la note de l'Objectif 24 sous la rubrique «Suggestions de lecture».]

[2] *Langage et traduction*, p. 59-60.

anglaise. Il semble plus conforme à la démarche du français d'éviter la locution «sur la base de». Comparons :

Inexperienced investors tend to buy or sell shares **on the basis of** emotional pressures.

**Les nouveaux investisseurs ont tendance à acheter ou à vendre leurs actions *sur la base de l'émotion*.

= Les nouveaux investisseurs ont tendance *à se laisser guider par leurs émotions* lorsqu'ils achètent ou vendent des actions.

Cet examen sommaire des faits nous amène à conclure que la locution «sur la base de» figure bel et bien dans bon nombre de dictionnaires, mais que les spécialistes de la langue et de la traduction rejettent ce tour, estimant qu'il est calqué sur l'anglais et que certains de ses emplois heurtent le caractère idiomatique du français. Cette locution tend néanmoins à passer dans la langue française, même si elle manque d'élégance et alourdit parfois la phrase.

2.   Sur une base + adjectif

Une seule source, en l'occurrence le *Grand Larousse de la langue française* (1971), relève l'expression «sur une base + adjectif» : «Les tarifs de la S.N.C.F. sont établis sur une base kilométrique.» Mais, une base peut-elle être kilométrique?

En accolant certains adjectifs au mot «base», on risque de produire des énoncés obscurs, voire cocasses. C'est le cas des expressions «sur une base limitée», «sur une base proportionnelle», «sur une base irrégulière». En toute logique, une base peut-elle vraiment être limitée, proportionnelle ou irrégulière? Pour éviter ce flou sémantique, on a tout intérêt à rejeter ce genre de formulations vagues.

La langue française dispose d'ailleurs de ressources qui rendent inutiles le recours systématique à la tournure «sur une base + adjectif» comme le prouvent les exemples ci-dessous.

———————

EXEMPLES DE TRADUCTION

a. New stamps can be purchased in packages of ten booklets **on an "as they come" or random selection basis**.

a. On peut acheter les nouveaux timbres en paquets de dix carnets, *sans choix*.

b. The uniforms and protective clothing are issued **on an exchange basis** and replacements will be issued when the garment becomes unserviceable through normal wear and tear occurring while the employee was on duty.

b. Les uniformes et les vêtements de protection devenus inutilisables par suite d'une usure normale survenue en cours de service *seront échangés* contre des neufs.

c. The program will be funded **on an annual basis**.

c. Le programme recevra une *subvention annuelle*.

d. How many hotel rooms are available **on a daily basis** in your region?

d. De combien de chambres d'hôtel votre région dispose-t-elle *chaque jour* [var. *quotidiennement*]?

e. The rapid obsolescence of knowledge makes it clear that the skills learned in youth are unlikely to remain relevant by the time old age arrives. Super-industrial education must therefore provide for life-long education **on a plug-in/plug-out basis**.

e. Étant donné l'évolution rapide des connaissances, il est évident que les techniques apprises au cours de la jeunesse risquent d'être rapidement dépassées. L'enseignement super-industriel doit donc être prévu pour se poursuivre toute la vie *selon un rythme périodique*.

f. The unemployment rate has never been less than 3% **on an annual basis** and by mid-1982 it had swollen to 8%.

f. Le taux *annuel* de chômage n'est jamais descendu sous les 3 % et a même atteint 8 % vers le milieu de 1982.

———

SUGGESTIONS DE LECTURE

Gouvernement du Canada, Secrétariat d'État, *Fiches Repères — T/R* n° 67, «Base». Fiche établie par Denise Cyr, de la Division de l'évaluation, Bureau de la traduction, 1987.

———

EXERCICE D'APPLICATION

Traduisez les énoncés suivants.

1.   Canadians and Americans share use of the satellite on a 50-50, alternate day basis.

2.   Most Canadians agree that immigrants should be chosen on a non-discriminatory basis without regard to race, creed or colour.

3.   In Great Britain, it has been shown that retraining is not as formidable as it was generally feared to be and that time and costs could be saved by teaching the worker on-the-job on a need-to-know basis.

4.   Employees will be paid on a two-week pay period basis.

5.   Members of this board are the Chairman of the Public Service Commission and two deputy ministers who serve on a rotational basis.

6.   The electrical energy is supplied on a flat fee basis.

7.   On a per capita basis, we provide more food aid than any country in the world.

8.   Any decision to kill wild animals must be justifiable on the basis of ethical considerations.

9.   It was decided that the stock of the Corporation would be changed by the subdivision of all common shares, on the basis of two common shares for one.

10. Applications are processed on a first-come-first-served basis.

———

WITH

La préposition, tout comme la conjonction, joue dans la phrase le rôle de jointure. Sa fonction est de marquer un rapport de lieu, de temps, de possession, de manière, d'accompagnement, d'opposition, d'instrument. Une même préposition peut indiquer plus d'une dizaine de rapports distincts. À force de servir, les prépositions se sont usées et ont perdu leur signification propre. Elles sont devenues de simples mots-outils servant à articuler les phrases. La difficulté de leur traduction réside dans le fait qu'elles n'expriment pas toujours les mêmes rapports d'une langue à l'autre, comme l'a bien montré la linguistique différentielle. C'est le cas de *with*.

Les prépositions *with* et «avec» peuvent marquer un rapport causal, mais celui-ci doit être évident en français, l'anglais étant ici beaucoup moins rigoureux. Dans l'énoncé «Avec mon bras cassé, je ne puis vous aider», on sent clairement le rapport de causalité. Mais comparons les deux versions de l'énoncé suivant :

With the Canadian economy apparently caught in a temporary backwater, it is important to look at the consumer.

**Avec l'économie canadienne qui semble tourner au ralenti, il importe d'observer l'attitude du consommateur.

= *À un moment où* l'économie semble tourner au ralenti, il importe d'observer l'attitude du consommateur.

La première de ces versions rend un son faux et manque de clarté par suite de l'emploi de la préposition «avec», qui ne rend pas la valeur temporelle de l'énoncé.

Ce même souci de clarté amènera le traducteur à rejeter aussi les faux rapports d'accompagnement qui peuvent donner lieu à des ambiguïtés. Ainsi, *Three Canadians with the American team* traduit par «Trois Canadiens avec l'équipe américaine» semble indiquer que trois Canadiens accompagneront l'équipe américaine, alors que le contexte indiquait clairement que trois Canadiens *feront partie de* l'équipe américaine.

Un des éléments de la clarté tient à la précision des rapports logiques, comme nous l'avons vu. En traduisant littéralement le *with* à sens vaguement causal ou marquant un faux rapport d'accompagnement, on crée une ambiguïté et on fait une entorse à la syntaxe française.

———

EXEMPLES DE TRADUCTION

a. **With** Confederation in 1867 the Canada Post Office was formed and took over the responsibilities of the provinces in postal matters.

a. *À la création* de la Confédération en 1867, l'administration du service postal passa des provinces au nouveau ministère des Postes.

b. **With** a shortage of food in their preferred habitats, wapiti herds then sought food in neighbouring ranch lands.

b. La pénurie de nourriture dans leur habitat naturel *força* les troupeaux de wapitis à aller brouter sur les terres d'élevage avoisinantes.

c. Gross domestic product in constant 1981 prices grew at an annual rate of about 3% during the first half of 1985 **with** the service sector outperforming the goods-producing sector for the first time in the upturn.

c. Le produit intérieur brut exprimé en dollars de 1981 s'est accru à un taux annuel d'environ 3 % au premier semestre de 1985. Pour la première fois depuis le début de la reprise, le secteur tertiaire a surclassé celui des biens.

d. **With** simplification, the steps have been cut from 26 to 10.

d. Le processus a été simplifié et le nombre d'étapes ramené de 26 à dix.

e. **With** the tightening of the purse strings across the federal government and the need to cut back and streamline, everyone needs to be able to make sound decisions related to accommodations.

e. Le gouvernement fédéral serre les cordons de la bourse. Il faut réduire les dépenses, les rationaliser. Il importe donc que tous prennent de bonnes décisions en matière de gestion des locaux.

f. **With** AMIS improving space management information, customer satisfaction will quickly overcome reluctance. [AMIS : Accommodation Management Information System = SIGL : Système intégré de gestion des locaux.]

f. *Comme* le SIGL améliorera l'information concernant la gestion des locaux, les clients seront satisfaits et leurs réticences tomberont.

EXERCICE D'APPLICATION

1. With the trend toward the development of large shopping centres in urban communities continuing, we felt that a detailed study of that phenomenon would be appropriate.

2. With the departure of Mr. Thomas to become Director of the zoo, a number of staff changes have been made.

L'accroissement continu / En raison de …

3. With the ever-increasing population in Canada, the Federal Government decided to modify its immigration policy.

Étant donné

4. With consumers relying on local supports [for people with mental illness], the distribution of services is crucial.

À mesure que

5. With the gradual easing of the housing shortage, the government drops the subsidies to housing.

6. Employment declined by 5.2% between August 1988 and December 1989, with the temporary elimination of some 570,000 jobs.

7. With hardening of the arteries, the walls of the blood vessels become rigid and they can no longer accommodate the volume of blood they should carry.

8. With demand spurred by uncertainties over the availability of future supplies, prices climbed to new highs in the early spring before receding in May and June.

9. With university enrolment across Canada growing less rapidly, appropriations for post-secondary education will increase at a slower rate than in preceding years.

10. With this political commitment for collective defence as the corner-stone of the foreign policies of its members, NATO has a solid basis for existence.

———————

WHILE

Ayant à traduire la conjonction *while*, très courante dans les textes anglais et souvent en tête de phrase, certains traducteurs ne semblent pas connaître d'autres équivalents que «bien que» ou «alors que». Ces solutions, correctes du point de vue strictement grammatical, aboutissent cependant à des phrases lourdes et peu naturelles en français. Ajoutons à cela que le mode subjonctif qui suit obligatoirement la locution concessive «bien que» est toujours délicat à manier et donne lieu à de fréquentes fautes de langue.

Il importe donc de distinguer les trois sens de *while* et d'apprendre à exploiter les ressources du français pour éviter de rendre systématiquement cette conjonction par «bien que» ou «alors que». Les traducteurs de métier ont souvent recours à l'ellipse ou à la conjonction «mais» pour éviter les encombrants subjonctifs.

1. La conjonction «mais»

a. **While** we have information on the age and sex of welfare recipients, we cannot provide a more detailed picture of the basic characteristics of Canadians on welfare.

a. Nous connaissons l'âge et le sexe des assistés sociaux au pays, *mais* nous ne disposons pas d'un tableau complet de leurs caractéristiques fondamentales.

b. While Canadians are well informed about the relationship between smoking and lung cancer, there is a need for more public education concerning some of the other health consequences of tobacco use.

b. Les Canadiens savent qu'il y a un lien entre la cigarette et le cancer, *mais* il faut les informer davantage des autres risques du tabagisme.

2. L'ellipse ou l'implicitation

a. **While** the world demand for grain products is expected to grow in the medium term, the price of such products will depend heavily on U.S. government policies.

a. Le prix des produits céréaliers, dont la demande devrait augmenter à moyen terme, dépendra pour une bonne part des politiques du gouvernement des États-Unis.

b. Each police force has different needs. A northern force recently asked to test how well ammunition works in extremely cold weather. **While** that kind of information will

b. Chaque corps policier a des besoins différents. Récemment, celui d'une ville du Grand Nord a demandé de tester les munitions sous un climat extrêmement froid. Ce

be passed on to other forces in the north, it probably won't be of much use to the police in such places as Vancouver.

genre d'information, qui sera communiqué aux autres forces de police situées à des latitudes semblables, ne sera probablement pas très utile à la police de Vancouver, par exemple.

c. The provincial chapters make up half of the Board, **while** the other half is drawn from the membership.

c. Les sections provinciales constituent la moitié du Conseil d'administration, l'autre moitié étant composée de membres.

La conjonction *while* peut introduire trois types de propositions.

1.   Une temporelle (pendant que, tant que, en, tout en)

a. Let's be happy **while** we are young.

a. Soyons heureux *pendant que* nous sommes jeunes.

b. He died **while** eating his dinner.

b. Il est mort *en dînant*.

c. The Howard Johnson Hotel has been able to maintain its historical uniqueness **while** providing an alternative to downtown hotel accommodation.

c. L'hôtel Howard Johnson a pu conserver son cachet historique, *tout en offrant* une solution de rechange par rapport aux hôtels du centre-ville.

2.   Une concessive[1] (bien que, quoique, même si, malgré, si)

a. This growth, **while** strong, was still below the national average.

a. *Bien que* forte, cette hausse se situait en deçà de la moyenne nationale.

b. The two governments concluded that, **while** the goal was right, the chosen method was not.

b. Les deux gouvernements en sont arrivés à la conclusion que *si* l'objectif est louable, la méthode retenue laisse à désirer.

c. **While** I sympathize with you, I am afraid there is little I can do.

c. *Malgré* ma sympathie à votre égard, je crains de ne pouvoir faire grand-chose pour vous.

---

[1] «The genius of English surely lies in its resistance to rules and its disdain of mere logic. Thus "while" we may argue that "while" is a temporal conjunction and therefore should not be used in the sense of "although" or "whereas," the fact is that good, respectable writers do so use it, and authorities like Gowers and Fowler recognize it.» Frederick Fuller, *A Handbook for Translators*, p. 60.

3.   Une opposition (tandis que, alors que, quant à, mais)

a. **While** a printed text may be used for convenience, the cautious researcher will always seek the format closest to the original.

a. Il est pratique d'utiliser une copie imprimée, *mais* un chercheur méticuleux cherche toujours le document qui se rapproche le plus de l'original.

b. Ontario farmers will benefit from better access to the U.S. market, **while** the interests of the dairy producers are safeguarded.

b. Les agriculteurs ontariens bénéficieront d'un meilleur accès au marché américain; *quant* aux intérêts des producteurs laitiers, ils seront protégés.

c. Space being at a premium within the fortifications, houses were built right out to the edge of the property line. The ground floor was designed for commerce, **while** the upper floors were residential.

c. L'espace étant compté à l'intérieur des fortifications, les maisons étaient construites à la limite de la propriété sur la rue. Le rez-de-chaussée servait au commerce, *et* on habitait les étages supérieurs.

EXERCICE D'APPLICATION

Traduisez les passages suivants et indiquez si la conjonction *while* a une valeur temporelle, concessive ou d'opposition.

1.   Partnerships are like marriages—some are sound and last for years, while others are troubled from the beginning. Some can be saved with a little tender loving care, while others are doomed to fail and end in breakup.

2.   Fasten seat belt while seated. [Consigne dans les avions]

3.   In reading the report, it is important to keep in mind that, while the government has a major role to play in ensuring the well-being of children, it cannot carry out this mission alone.

4.   The problems that we face, while certainly difficult, are for the most part a legacy of the excesses of an inflationary past rather than a signal of new turbulence ahead.

5.   While the debate rages on, the government's Council of Ministers has declared a ten-month moratorium on new hotel construction.

6.   While it would be premature to make a definitive assessment, the situation in Hong Kong has improved considerably, with fewer arrivals and an increased rate of voluntary repatriation.

7.   While summer was a very productive time of year, winter often brought the nomadic Indians of Quebec to the edge of starvation.

8.   Renovations in the lobby included the restoration and replacement of marble, while the brass accents and elegant cornices were restored to their original beauty.

9.   While the country is being overwhelmed by an avalanche of often contradictory proposals on our constitutional future, supporters of linguistic equality, who form a too-often silent majority, must consider how to preserve the achievements of language reform.

10. While the partnership is founded on mutual trust, this can change unless a conscious effort is made to keep the lines of communication open at all times.

————

AS

La conjonction *as* a pour fonction grammaticale de relier logiquement deux propositions, et ce sont les éléments qu'elle raccorde qui lui confèrent son sens. Dans le présent objectif, nous excluons d'emblée les cas où *as* introduit une comparaison (comparatif d'égalité), car ils ne présentent aucune difficulté particulière d'interprétation pour qui connaît les langues. Nous nous attarderons plutôt aux emplois de *as* dont la traduction exige un effort de réflexion et d'analyse contextuelle.

On a tendance, au Canada français tout au moins, à traduire abusivement *as* par «alors que». Voici deux formulations fautives manifestement inspirées de l'anglais :

**Hier soir, au Forum, Guy Lafleur a réussi le tour du chapeau alors que Montréal a vaincu Toronto 4-1.

**Les campeurs sont priés de ne pas faire de feu en forêt, alors que la moindre étincelle risque de provoquer une catastrophe.

La traduction de la conjonction *as* par «alors que» n'est acceptable que si l'on exprime un rapport de simultanéité de deux actions, comme dans l'exemple ci-dessous[1] :

The crowd was beginning to disperse **as** the guest of honour arrived*.	L'invité d'honneur est arrivé *alors que* la foule commençait à se disperser.

Paul Jinot écrit à ce propos :

Comme c'est généralement le cas de l'anglicisme, il y a équivalence sémantique partielle entre *as* et le français «alors que» dans le cadre général de l'expression de la simultanéité. Partielle, car le registre aspectuel de *as* est beaucoup plus vaste que celui de «alors que» : il recoupe en effet, à une extrémité, celui de *while*, dans l'expression de la durée, mais aussi, à l'autre, celui de *when*, dans

---

[1] Exemple emprunté à Paul Jinot, «Essai de logico-syntaxe comparée : la traduction de la conjonction anglaise *as*», p. 162; 164. Les extraits marqués d'un seul astérisque sont tirés de cet article. (V. les «Suggestions de lecture».)

l'expression de la simultanéité ponctuelle. Or, «alors que», dans son sens temporel, gouverne nécessairement une proposition d'aspect duratif, progressif et ne peut donc jamais traduire un *as* qui soit l'équivalent fonctionnel de *when* [...][2]

Les formulations fautives précitées, alignées sur le modèle anglais, ne respectent pas les règles de la logique structurale du français et constituent par conséquent des anglicismes syntaxiques.

Selon le contexte, la conjonction *as* peut indiquer une grande variété de rapports logiques : temps, conséquence, simultanéité, condition, finalité, causalité, explication, etc. Elle sert aussi à exprimer divers aspects dont l'aspect progressif, duratif, itératif. Enfin, elle peut aussi marquer un état, une qualité. Voyons des exemples de chacun de ces emplois qui peuvent donner du fil à retordre aux traducteurs débutants.

EXEMPLES DE TRADUCTION

A. PRINCIPAUX RAPPORTS LOGIQUES EXPRIMÉS PAR *AS*

1. Temps

As we enter free trade with the United States, we need more than ever institutions which reinforce our sense of place, being and community.

Au moment où nous libéralisons nos échanges avec les États-Unis, nous avons besoin plus que jamais d'institutions qui renforcent notre sentiment d'appartenance à une communauté.

2. Conséquence

Colombia lifts Medellín curfew **as** drug-related violence abates*.

Le recul de la violence liée au trafic de la drogue *permet* aux autorités colombiennes de lever le couvre-feu à Medellín.

3. Simultanéité

In 1985, Canada continued to support China's involvement in the Asian Development Bank and GATT **as** China moved to take an active role in these international organizations.

En 1985, le Canada a continué d'appuyer la participation de la Chine à la Banque asiatique de développement et au GATT, *alors que* ce pays commençait à jouer un rôle actif au sein des deux organisations internationales.

---

[2] *Ibid.,* p. 162.

4. Condition

The Syrians said they would withdraw **as** the Israeli withdrew*.

Les Syriens affirment qu'ils se retireront *si* les Israéliens en font autant.

5. Finalité

We are happy to present this album **as** part of the World Communications Year.

Pour souligner l'année mondiale des communications, nous sommes heureux de vous présenter cet album.

6. Causalité (introduisant une justification)

In the past two sessions, the government had spent its days fulfilling election promises and trying to avoid controversy **as** it prepared for an election.

Pendant les deux dernières sessions, le gouvernement s'est efforcé de tenir ses promesses électorales et d'éviter toute controverse *puisque* les élections approchaient.

7. Explication

a. Navigable streams are generally quite obvious **as** the public has been using them for many years.

a. De façon générale, la question ne se pose pas pour les cours d'eau navigables *car* le public les utilise depuis de nombreuses années.

b. Name-selling booms **as** mail advertisers seek likely prospects. [Manchette]

b. Montée en flèche des ventes de noms : les agences de publicité par la poste cherchent de nouveaux clients.

B. PRINCIPAUX ASPECTS EXPRIMÉS PAR *AS*

1. Progressif

As such information slowly shapes the public perception of our profession, so will it influence those making career choices.

À mesure que ces renseignements façonnent la perception du public à l'égard de notre profession, ils influencent aussi les personnes qui procèdent à leur choix de carrière.

2. Duratif

The California Police are going on a manhunt **as** they try to recapture escaped convict X*.

La police californienne se livre à une chasse à l'homme *au cours de laquelle* elle tentera de capturer X qui s'est évadé.

3. Itératif

"**As** I have already indicated, museums are important in our society."

«*Je le répète*, les musées jouent un rôle important dans notre société.»

C. *AS* EXPRIMANT UN ÉTAT, UNE QUALITÉ

a. I don't think much of him **as** a teacher.

a. Je n'en pense pas grand bien *en tant que* professeur.

b. The wealth of documentation accumulated by F. R. Scott in the course of his career **as** a constitutional lawyer, political activist and renowned poet attests to his notable contribution to our society.

b. La masse des documents accumulés par F.R. Scott, tout au long de *sa carrière d'avocat* constitutionnaliste, de militant politique et de poète réputé, témoigne de son remarquable apport à notre société.

Si l'on se place maintenant du point de vue des ressources lexicales et syntaxiques dont dispose le traducteur pour rendre la conjonction *as*, on est frappé par la très grande diversité des moyens que lui offre la langue française. En voici quelques exemples :

1. Une apposition

FIT is a strictly non-political organization of professional translators. **As** a non-governmental organization, FIT enjoys Category A status with UNESCO.

Organisation non gouvernementale de catégorie A reconnue par l'UNESCO, la FIT est une fédération de traducteurs professionnels, strictement apolitique.

2. Un participe passé

As established airlines encountered new competition and suffered deficits they began to fight back.

Les anciennes compagnies, *confrontées à* une nouvelle concurrence et se voyant déficitaires, rendirent coup pour coup.

3. Un participe présent

a. **As** the provincial Tories showed no indication of allowing the language package to pass, Mulroney repudiated their tactics. [Au Manitoba]

a. Les conservateurs provinciaux *ne se montrant pas* disposés à permettre l'adoption du projet linguistique, M. Mulroney répudia leurs tactiques.

b. During the 1980s, **as** governments cut back, museums turned more and more to the private sector.

b. Dans les années 80, les subventions gouvernementales *se raréfiant*, les musées ont fait de plus en plus appel au secteur privé.

4.   Un complément de nom

The country has been built with foreign investment and has a well-earned reputation **as** a safe place to do business.

Le pays a été bâti avec les investissements étrangers et il possède la *réputation d'être un lieu sûr* pour les affaires.

5.   Un complément d'agent

Our corporation is pleased to have Loomis Courier Services **as** a corporate sponsor.

Notre entreprise se réjouit d'être commanditée *par* le service de courrier Loomis.

6.   Un verbe

a. **As** a result, our public institutions, particularly those having to do with education and research, have been scandalously starved.

a. *Il en résulte* que nos institutions publiques, en particulier celles s'occupant d'éducation et de recherche, sont soumises à un scandaleux régime de famine.

b. A durable bedliner to help protect the cargo area finish is available **as** a Mopar accessory. [Camionnette]

b. Un recouvrement de caisse durable, pour protéger le fini du compartiment de charge, *fait partie* des accessoires Mopar.

7.   Une locution

a. This topic only received the most cursory treatment **as** time was running.

a. Ce sujet n'a été traité que très rapidement, *faute de* temps.

b. **As** it approaches its 50th birthday next year, the Royal Winnipeg Ballet is enjoying new conquests abroad.

b. *À la veille* du cinquantième anniversaire de sa fondation, le Royal Winnipeg Ballet fait la conquête de nouveaux publics à l'étranger.

c. **As** time passed, war scares dwindled.

c. *Au fil des mois* [var. *Avec le temps*], la crainte d'une nouvelle guerre s'estompa.

d. **As** to the supposedly secret Bureau of Criminal Identification (BCI) file, I was told that a number of the major investigating firms have contacts within, or access to, BCI.

d. *Quant au* caractère confidentiel des dossiers du Bureau de recherches criminelles, je me suis laissé dire qu'un grand nombre de services d'enquête, parmi les plus importants, y ont accès.

e. Ontario Hydro sells electric power two ways: through interruptible contracts and firm contracts. Interruptible sales, as the name suggests, can be interrupted **as** the need arises.

f. Unfortunately, school authorities fall into some of the same surveillance patterns that are practiced in business and in government **as** they try to cope with the increasing numbers of students placed in their charge.

e. Ontario Hydro a deux types de contrats de vente d'électricité : avec ou sans droit d'interruption. Les ventes avec droit d'interruption peuvent, comme leur nom l'indique, être interrompues *en fonction* des besoins.

f. *Face au* nombre croissant d'étudiants dont elles ont la charge, les autorités scolaires et universitaires ont malheureusement recours aux modes de contrôle adoptés par l'entreprise privée et par le gouvernement.

8.   **Un adverbe** (introduisant une conclusion)

With the stroke of a pen, 3,000 civil service jobs were created at over 1,600 new federal offices, **as** the federal government prepared to assume a measure of responsibility for Canada's unemployment problem.

D'un simple trait de plume, 3 000 postes de fonctionnaires sont créés au pays dans plus de 1 600 bureaux fédéraux tout neufs. Le gouvernement fédéral se préparait *ainsi* à faire face au chômage endémique qui sévissait au Canada.

9.   **La conjonction si**

You have probably given much thought to the year ahead, and now that you are in residence, we'd like to give you an idea of what is in store for you **as** a resident and, especially, **as** a roommate. [Résidence d'étudiants]

Maintenant que vous êtes en résidence, vous voudrez certainement savoir ce que vous réserve l'année qui vient, surtout *si* vous êtes cochambreuse ou cochambreur.

10.   **Une forme interro-négative**

As Winston Churchill said of democracy, it may be the worst of systems, with the exception of all the alternatives.

Winston Churchill *ne disait-il pas* de la démocratie que c'était peut-être le pire des systèmes, à l'exception de tous les autres?

11.   **Une traduction implicite**

a. **As** population rapidly increased, the city rapidly expanded over a wider area.

a. L'explosion démographique *provoqua* une expansion rapide de la ville.

b. Great horned owls make little effort to construct nests, or even to repair existing ones. The same nest is seldom used for more than one year. Hollow trees are occasionally selected **as** nest sites.

b. Le grand duc fait peu d'effort pour se construire un nid ou pour réparer ceux qui existent déjà. Il garde rarement le même nid plus d'une année et *niche* parfois dans le creux des arbres.

Ce ne sont là que quelques-uns des multiples sens que peut acquérir en contexte la conjonction *as*. Nous conclurons cette présentation en citant de nouveau Paul Jinot :

> Conjonction caméléon, outil polyvalent permettant de raccorder syntaxiquement deux propositions logiquement solidaires [...] *as* fait penser, par sa simplicité et sa souplesse d'emploi, au «que» passe-partout du français [...]. Pour le traducteur en tout cas, la leçon est claire : il doit éviter de rendre mécaniquement et aveuglément un terme aussi idiomatique, aussi fuyant, mais fondamentalement centripète, par un «alors que» naturellement centrifuge qui risque fort de trahir le message et, plus généralement, d'introduire un élément important de confusion dans le champ logico-syntaxique du français. La «clarté française» tant vantée depuis Rivarol n'est peut-être qu'un mythe, mais «le mythe de la clarté a du moins l'avantage de produire une éthique de la clarté[3]». Il serait quand même dommage de lui substituer une éthique de la facilité[4].

SUGGESTIONS DE LECTURE

Paul JINOT, «Essai de logico-syntaxe comparée : la traduction de la conjonction anglaise *as*», dans *Meta,* vol. 35, n° 1, mars l990, p. 162-176.

EXERCICES D'APPLICATION

Exercice 1

1. As the Albanian economy expanded, so did the stress on education and culture.

2. Paddle quietly through an early morning marsh and watch in silence as a great blue heron rises from among the cattails.

3. Francis R. Scott was born in Quebec City in 1899, and was educated at Bishop's University, at Oxford (as a Rhodes scholar), and at McGill University's Faculty of Law.

4. As one way of saving money and adding personnel, the United Kingdom might be involved in a second feasibility study.

---

[3] Claude Hagège, *Le Français et les siècles*, p. 170.

[4] Paul Jinot, *op. cit.*, p. 173.

5.   Two planes crash into the lake as thousands watch.

6.   Quebec hospitals on the verge of chaos as more staff walk out*. [Manchette]

7.   Ever seen the soldier who lost his leg because he directed a vehicle from behind as it
      hooked up to a trailer?

8.   All residences operate as independent units and an application to one WILL NOT
      automatically be sent to another residence if the first choice is full.

9.   The international political climate has improved as a consequence of resumed American-
      Soviet arms control and disarmament negotiations in Geneva.

10.   Most regular passengers share that uneasiness occasionally, as they feel the aircraft
      vibrate on takeoff and landing.

Exercice 2

TEXTE 27

Auteur : Leonard Burkat
Source : *Prélude*
Genre de publication : Programme de concert
Date de parution : 1991
Domaine : Musique
Public visé : Spectateurs
Nombre de mots : 329

**Robert Schumann
(1810-1856)**

Robert Schumann was one of the great figures of the Romantic era in Germany. He took his first
piano lessons as a young child and made his earliest efforts at composition when only eleven
years old. Like several other composers of the eighteenth and nineteenth centuries, he studied
law, but he gave it up early to pursue music. When accident or illness injured his hand, he
5   abandoned his hopes for a career as a pianist and earned his living as a composer, conductor
and editor of an important musical journal that he founded in 1844. In 1840, Schumann married
Clara Wieck, the daughter of his piano teacher, who was one of the great pianists of the era and
one of the first women to achieve prominence as a composer.

        Clara Schumann was of course the soloist when the Piano Concerto in A minor, Op. 54
10 had its first performance, in Dresden on December 4, 1845. Although it enjoyed some success
at this first performance, the new Concerto took a while to catch on with the public. This lack of
appreciation for her husband's music distressed Clara, but he assured her that in ten years all
would be changed. Within ten years the concerto won wide acceptance, but its composer was
dead.

15   This novel Romantic work was complicated and difficult for its first audiences. Unlike the classical works of Mozart and Beethoven, it does not treat the orchestra and the soloist as two independent elements in the musical proceedings. Instead they are joined into a single performing body, almost like a gigantic chamber music ensemble, and with the new kind of texture that resulted, the music was not easy to follow. There are other complications, too, especially some
20   rhythmic ones, almost imperceptible to the listening ear, which Schumann probably wrote into the score for no other purpose than to shock and surprise the players, thus giving a little nervous edge to music that might otherwise sound bland.

———

LES DISJONCTIONS EXCLUSIVES

Une disjonction exclusive est une proposition qui renferme un choix assorti d'une condition. Soit les options A ou B. Si telle condition est remplie, l'option A s'applique, sinon c'est l'option B. Le choix à faire est donc restrictif, conditionnel, exclusif. Ex. : Un contribuable devra payer 2 500 $ ou 2 % de ses revenus annuels, si ce montant est plus élevé.

Les disjonctions les plus courantes en anglais sont formées du pronom *whichever*, du verbe être et d'un comparatif de supériorité : *whichever is the lower, whichever is the higher, whichever is the earlier, whichever is the later, whichever is the longer*, etc. On rencontre aussi *whichever comes first, whichever occurs first, whichever may be the later, whichever is less*.

On distingue les disjonctions exclusives d'antériorité (*whichever is the earlier*), de postériorité (*whichever is the later*), d'infériorité (*whichever is the smaller*) et de supériorité (*whichever is the higher*).

Ces tournures sont employées fréquemment dans les écrits de nature juridique : polices d'assurance, contrats, garanties, conventions collectives, textes de loi, traités. On les rencontre aussi, quoique moins fréquemment, dans des textes généraux et, plus rarement, dans des annonces, caricatures ou textes humoristiques.

Cet idiotisme typiquement anglo-saxon présente un écueil de traduction du point de vue structural. On peut même affirmer que neuf fois sur dix il est mal traduit ou rendu par une formulation lourde et maladroite. Les exemples suivants, glanés dans divers documents, témoignent des difficultés qu'éprouvent les traducteurs à transposer cette construction en français.

> **INTERVALLES D'ENTRETIEN : Lecture du compteur kilométrique ou mois, **à concurrence du premier facteur se présentant**. [*Manuel du propriétaire 1989, Toyota*]

> **Les droits et privilèges rattachés à cette carte expirent le 31 décembre 1992 ou après 10 entrées, **selon la première éventualité**. [Inscription sur une ciné-carte valable pour dix films.]

> **FIN DE L'ASSURANCE — La couverture offerte par le présent contrat prend fin d'office **à la première des éventualités suivantes** : 1. à minuit, le jour où la personne assurée revient à son point de départ; 2. à minuit, le jour du retour

indiqué dans la demande d'adhésion; 3. à minuit, 180 jours après la date du départ indiquée dans la demande d'adhésion. [Assurance-voyage «Multirisque»]

«**À concurrence du premier facteur se présentant» est du charabia. Quant au mot «éventualité», il s'applique à un événement qui peut ou non se produire; cet événement est contingent, hypothétique, imprévisible, incertain (*cf.* parer à toute éventualité). Or, la condition (ou la circonstance) qui détermine le choix à faire dans une disjonction exclusive n'est aucunement hypothétique ni imprévisible. Elle est connue d'avance et doit se réaliser. Pour reprendre l'exemple du premier paragraphe, il suffit de comparer 2 500 $ et le montant obtenu en calculant 2 % du revenu annuel du contribuable pour savoir si c'est l'option A ou B qui s'applique.

La traduction de disjonctions exclusives donne lieu à des formulations obscures, imprécises ou maladroites du genre de celles-ci : «**selon l'antériorité de ces deux dates», «**selon le plus élevé de ces deux montants», «**selon celui de ces deux montants qui sera le plus élevé».

On relève, enfin, des formulations qui, bien qu'elles ne soient pas fausses, présentent l'inconvénient d'être lourdes et inélégantes : «le délai le plus long étant celui à considérer», «en prenant celle des deux dates qui est postérieure à l'autre», «suivant que l'une ou l'autre circonstance se produira la première», «selon que cette somme sera moins élevée dans le premier ou le second cas».

Pour rendre une disjonction exclusive tout en respectant la syntaxe française, l'une ou l'autre des solutions suivantes devrait permettre au traducteur de tirer son épingle du jeu.

1.   Si ou **lorsque**
C'est la solution la plus usitée et sans doute la plus facile à manier.

[date A] ou [date B], si cette date est postérieure.
[montant A] ou [montant B], si ce montant est plus élevé.
[somme A] ou [somme B], lorsque cette somme est inférieure.
[valeur A] ou [valeur B], si la valeur est supérieure au prix.

Ex. :   Les délais accordés aux intéressés pour le dépôt de leurs demandes de prêts sont de six mois à compter de la date de la présente loi ou de la date de démobilisation, *si elle lui est postérieure. (Journal officiel)*

2.   **L'inversion**
Cette solution, tout comme les quatre premières du n° 3 ci-dessous, se révèle utile lorsque le choix restrictif porte sur des termes longs ou sur plusieurs éléments.

Ex. :   a. Les assujettis sont tenus de payer le plus élevé des montants suivants : [montant A], [montant B] ou [montant C].

b. Les intérêts commenceront à courir à la plus rapprochée des dates suivantes : [date A] ou [date B].

3. Des tournures diverses

[date A] ou [date B], en prenant la date la plus proche.
[montant A] ou [montant B], en choisissant le plus élevé des deux.
[heure A] ou [heure B], en retenant l'heure la plus avancée.

[période A] ou [période B], la plus longue de ces périodes étant retenue.

[montant A] ou [montant B], selon que l'un ou l'autre est le plus élevé.

au plus tard deux heures après [condition A] ou [condition B]

dès que [condition A] ou que [condition B] (solution économique pour traduire *whichever comes first*)

Ex. :   a. [...], until the certificate becomes valid or until six days have elapsed, whichever is the lesser. / [...], jusqu'au moment où le certificat deviendra valide ou jusqu'à l'expiration d'un délai de six jours, la période la plus courte étant retenue.

b. *Question* — De quels abattements les enfants bénéficient-ils sur les biens dépendant de la succession de leurs parents?

Réponse — Lorsqu'un héritier a au moins 3 enfants vivant au moment du décès, il bénéficie d'une réduction de *100 % qui ne peut toutefois excéder 2 000 F* par enfant pour les successions en ligne directe[1].

EXEMPLES DE TRADUCTION

a. The warranty period is limited to twelve months or 20,000 km from the warranty registration date, **whichever occurs first**. [Voiture Hyundai]

a. Le véhicule est couvert pour une période de 12 mois à compter de la date d'enregistrement de la garantie ou pour 20 000 km, *s'il atteint ce kilométrage avant 12 mois.*

b. If it should prove that Great Britain has actually to make a cash payment to the Reparation Commission, France will provide cash payments or pay in cash to Great Britain the price of the ships, **whichever shall be less**. [Société des Nations, Recueil des traités]

b. S'il est établi que la Grande-Bretagne doit effectuer un paiement en espèces entre les mains de la Commission des Réparations, la France effectuera ce paiement en espèces, ou versera en espèces à la Grande-Bretagne le prix des navires, *selon que cette somme sera moins élevée dans le premier ou le second cas.* [... *si ce prix est moins élevé*].

---

[1] «Whichever is the later, the earlier, the lower», dans *L'Actualité terminologique*, vol. 3, n° 1, janvier 1970, p. 3.

c. In proceedings commenced after the expiry of five years from the date of registration of a trade mark or from the 1st day of July 1954, **whichever is the later**, no registration shall be expunged or amended or held invalid ... [Texte de loi]

c. Dans des procédures ouvertes après l'expiration de cinq ans à compter de la date d'enregistrement d'une marque de commerce ou à compter du 1er juillet 1954, *en prenant celle des deux dates qui est postérieure à l'autre*, aucun enregistrement ne doit être rayé, modifié ou jugé invalide...

d. Employees who wish to count their service with the Province of Quebec have 6 months from the date of the agreement (October 1, 1970) or within one year of becoming a superannuation contributor, **whichever is later**, to submit relevant documents. [Document administratif]

d. Les employés qui désirent faire reconnaître leurs années de service auprès de la Province de Québec sont tenus de soumettre les documents pertinents *au plus tard* six mois après la date de la signature de l'entente (1er octobre 1970) *ou* un an après avoir commencé à cotiser au régime de retraite.

EXERCICES D'APPLICATION

Exercice 1

1. The postmaster should deposit at the bank daily returns one half hour before closing of either the post office or the bank, whichever is earlier. [Directives administratives]

   si celui-ci ferme seul tôt

2. Newspapers will be sorted into lock boxes within two hours of counter service opening or *au plus tard deux heures avant* of receipt, whichever is later. [Directives administratives. *Lock boxes* : cases à serrure; *counter service* : guichets] *ou suivant leur réception*

3. Change oil every 6 months or at 12,000 km intervals, whichever comes first. Every 3 *tous les 6 mois ou tous les 12,000, mais dans les conditions* months or 4,800 km, whichever occurs first, if the vehicle is driven under any of the following operating conditions. [Manuel d'entretien d'une voiture] *ci-dessous, faites-la tous les 3 mois ou tous les 4800 km.*

4. (Humour. Légende d'une caricature parue dans *Time*) Le trésorier d'une université informe le père d'un futur étudiant des frais de scolarité à payer pour une année universitaire.

   «Tuition is sixty-five hundred dollars a year or thirty percent of your income, whichever is more.» *le plus élevé des montants suivants : 6 500 $ ou 30 % de votre revenu*

5. For sea delivery, price will be the German export price f.o.b. German ports, or the British export price f.o.b. British ports, whichever may be the lower. [Traité de Versailles]

6. Upon expiration of the 12 months/20,000 km Hyundai New Vehicle Warranty, the powertrain warranty will continue to cover the following components up to a total 24 months or 40,000 km, whichever occurs first. [Voiture Hyundai. *Powertrain* : groupe propulseur]

7. The maximum amount payable for loss of jewellery, watches, silver, gold or platinum articles, cameras and photographic equipments shall be $250 per item or 25% of the maximum amount chosen, whichever is the lesser. [Assurance-voyage «Multirisque»]

8. The amount of the grant shall not exceed *a*) 20% of the approved capital expenditures, or *b*) $5,000,000, whichever is the lesser amount. [Document administratif]

9. Enter $180 or occupancy cost, whichever is less. [Sur une formule de déclaration de revenus]

10. Repairs not usually associated with the replacement of parts are covered for 12 months or 20,000 km whichever comes first.

Exercice 2

TEXTE 28

Auteur : Anonyme
Source : *BODYWORK—Anti-Corrosion Protection Guide*
Genre de publication : Garantie (Brochure)
Date de parution : 1982
Domaine : Automobile
Public visé : Propriétaires de voitures Renault
Nombre de mots : 289

Anti-Corrosion Code

1. Every new vehicle sold or offered for sale in Canada shall remain free from surface corrosion resulting from defects in design or manufacture for a period of 18 months or 60,000 km, whichever occurs first, from the date the vehicle is first put into service.

2. Every new vehicle sold or offered for sale in Canada shall remain free from perforation, under
5   normal operating conditions, during the first 60 months or 200,000 km, whichever occurs first, from the date the vehicle is first put into service.

3. Every new vehicle sold or offered for sale in Canada shall remain free from structural damage, under normal operating conditions, during the first 72 months or 240,000 km, whichever occurs first, from the date the vehicle is first put into service.

10 4. The provisions of this Protection shall apply only to a vehicle which is presented to a dealer or other agent duly authorized by the manufacturer or importer, for inspection for corrosion at intervals of approximately 12 months from the date the vehicle is first put into service.

a) Such inspections shall be performed at no cost to the vehicle owner.

15
b) It shall be the obligation of the inspecting agent to provide a copy of a written evaluation of such inspection to the owner of the vehicle, including reasonable repairs which the agent deems necessary to maintain the vehicle's resistance to corrosion.

5. If, following any inspection described in section 4, the vehicle owner fails to have the repairs referred to in subsection 4 (*b*) carried out to professional standards and within a reasonable period of time, the affected area of the component of the vehicle body shall no longer be covered
20   by the Code.

6. The provisions of this Code remain applicable to a vehicle notwithstanding any transfer of its ownership.

———

OBJECTIF 38

LES DÉTERMINANTS JUXTAPOSÉS

L'un des traits les plus caractéristiques de la langue anglo-américaine est sa capacité d'accumuler devant le substantif, par simple juxtaposition, une longue suite de déterminants qui le modifient. Il ne semble pas y avoir de limite au nombre de déterminants antéposés qui forment avec le substantif une unité syntagmatique complexe.

a. The Walkyrie is a rigid-wing single-surface tailless mono-plane hang-glider.

a. Le Walkyrie est un deltaplane monoplace et monocoque à voilure fixe et sans queue.

b. Toshiba's fully electronic quartz digital-synthesized tuning system is available in a selection of styles, sizes, features and price range. [Chaîne stéréo]

b. Le syntonisateur électronique numérique Toshiba à synthétiseur piloté au quartz est offert dans toute une gamme de styles, de tailles, de modèles et de prix.

Cette forme de composition par juxtaposition directe des composants existe évidemment en français. Les écrivains tirent de cette construction des effets stylistiques parfois saisissants, comme cette description très évocatrice d'un paysage d'hiver, extrait d'un roman d'Anne Hébert :

«La plate, longue, large, vague, poudreuse étendue neigeuse[1].»

De tels groupes nominaux hypertrophiés se rencontrent aussi dans la langue courante. Toutefois, les déterminants juxtaposés y dépassent rarement le nombre de trois : «eau minérale naturelle gazéifiée», «concert de musique vocale polyphonique française», «la dépopulation agricole active masculine». Dans les langues de spécialité, leur nombre peut s'élever à quatre ou même à cinq : [Informatique] «code décimal codé binaire étendu»; [Patinage artistique] «L'Hamil Camel est une pirouette sautée allongée passée assise».

L'accumulation d'un si grand nombre de déterminants juxtaposés demeure cependant assez exceptionnelle en français, car elle va à l'encontre du caractère analytique de cette langue et nuit parfois à la clarté et à l'intelligibilité des énoncés en raison de l'imprécision des rapports unissant déterminants et déterminé. En règle générale, la langue française a plutôt tendance à exprimer clairement les rapports syntaxiques au moyen de mots-outils (conjonctions, prépositions) ou de pronoms relatifs, et répugne à laisser au lecteur le soin de rétablir les liens logiques unissant les membres de la construction. Exemple :

---

[1] *Kamouraska*, Paris, Éditions du Seuil, 1970, p. 92.

Gas ejection space ship attitude control   Réglage du degré d'inclinaison d'un vaisseau
                                                  spatial par éjection de gaz

La précision des rapports syntaxiques, si elle allonge quelque peu les énoncés, présente l'avantage non négligeable d'éviter les ambiguïtés et les équivoques résultant de la juxtaposition de déterminants en cascade. Ainsi, que faut-il entendre par *private apprentice workshops*? S'agit-il d'«ateliers privés où travaillent des apprentis»? d'«ateliers privés employant des apprentis»? d'«ateliers privés dirigés par des apprentis»? d'«ateliers privés tenus par des apprentis[2]»? Le sens ne se dégage pas clairement de la formulation anglaise et il pourrait arriver que le contexte ne soit d'aucun secours pour lever l'ambiguïté.

Existe-t-il des règles en français qui régissent la place des déterminants? En cette matière comme en bien d'autres en traduction, il n'existe pas de règle absolue. Selon Grevisse, «c'est l'oreille surtout qui doit juger de la place à donner à l'adjectif épithète». Mais l'oreille n'est pas abandonnée à sa pure fantaisie et se guide sur un certain nombre de principes. Nous n'en citerons que quatre : 1) Le français désigne avant de qualifier, contrairement à l'anglais (*Chinese foods* : mets chinois). 2) Une caractérisation essentielle (qui contribue à la définition du déterminé) doit précéder une détermination accessoire (précision complémentaire), mais non indispensable : «projets de relance spéciaux», «clinique dentaire mobile». «Spéciaux» est accessoire par rapport à «relance», tout comme «mobile» par rapport à «dentaire». 3) Plus la cohésion liant les mots d'un syntagme est forte, moins il est possible d'intercaler des déterminants entre les mots qui forment ce syntagme : «robe de chambre», «la vie humaine». 4) Enfin, il est impossible d'insérer un déterminant entre les éléments d'un synthème, tel que «pomme de terre». Dans la terminologie d'André Martinet, un synthème est un segment d'énoncé fonctionnant comme une unité syntaxique minimale.

Du point de vue de la traduction, l'interprétation d'un syntagme hypertrophié dépendra de la capacité du traducteur à le reformuler selon sa structure sous-jacente. Soit la manchette *Post office pay dispute inquiry chairman named* qui correspond à la formulation «explicite» suivante : *The chairman in charge of the dispute concerning salaries at the Post Office has been named.* Le linguiste Pierre Calvé, à qui nous empruntons cet exemple de même que les deux suivants, écrit :

Cette structure sous-jacente de l'anglais correspond exactement à la façon dont le francophone devra normalement exprimer la même idée : *Le président chargé de l'enquête concernant les salaires au ministère des Postes a été nommé.* On peut donc dire que, dans de tels cas, la structure française est plus près de la structure sous-jacente (la structure d'interprétation de la phrase) que la structure anglaise qui, en plaçant tous les modifiants devant le nom, réussit à éliminer les

[2] Exemple emprunté à Line Gingras, auteur de la fiche *Repères — T/R* n° 51, «Place de l'adjectif épithète se rapportant à un nom accompagné de son complément». [V. la note de l'Objectif 24 sous la rubrique «Suggestions de lecture».]

mots de fonction. C'est dans ce sens qu'on peut dire que, grammaticalement, le français est parfois plus «clair» et plus explicite que l'anglais[3].

La presse écrite et la publicité font un grand usage des déterminants juxtaposés en fonction adjectivale. Ex : «The new Facelle Royale pocket size pack of facial tissue», «For sale: large Victorian tastefully furnished 4 bedroom house». Avec un minimum de signifiants et en faisant l'économie des mots-outils qui normalement explicitent les relations entre les mots, les publicitaires, rédacteurs et journalistes communiquent un maximum de signifiés. C'est au lecteur (et au traducteur) qu'il incombe de rétablir la relation logique entre les éléments ainsi juxtaposés, ce qui n'est pas sans comporter le risque d'une fausse interprétation.

Signalons, enfin, que les déterminants juxtaposés donnent lieu en anglais à des créations qui relèvent de l'enflure verbale, du jargon pseudo-technique, voire de l'ignorance savante. Dans la mesure du possible, le traducteur n'est pas tenu de suivre les contours flous et sinueux du *gobbledygook*. Il peut prendre l'initiative de simplifier les formulations alambiquées lorsque, dans les textes pragmatiques, elles ne revêtent pas une valeur stylistique particulière et ne sont que maladresses de rédaction (v. l'Objectif 46). Voici quelques exemples de désignations ultra-emphatiques :

GOBBLEDYGOOK	TRADUCTION
a. a manually powered fastener-driving impact device	a. un marteau
b. an hexiform rotatable surface compression unit	b. un écrou
c. a portable hand-held communication inscriber	c. un crayon
d. a wood interdental stimulator	d. un cure-dents
e. the negative patient-care outcome	e. la mort

Pour traduire de façon articulée une enfilade de déterminants juxtaposés anglais et éliminer du même coup tout risque d'ambiguïté, le français dispose de plusieurs moyens. Parmi les plus courants, on peut citer les suivants :

1.   La répartition des déterminants avant et après le déterminé

The three-year government-wide telework pilot project started in September 1992.	Inauguré en septembre 1992 et d'une durée de trois ans, le projet pilote de télétravail s'étend à tous les organismes gouvernementaux.

---

[3] «De l'économie des moyens linguistiques en français et en anglais dans l'usage standard contemporain», p. 27-28.

2.   Les mots-outils

A plump, rosy-cheeked wholesome apple-faced young woman.

Une jeune femme dodue *aux* joues roses, *au* visage rebondi *comme* une pomme *et* resplendissant *de* santé.

3.   L'étoffement

Now you can have nice, supple, smooth, healthy skin all over.
[Lotion hydratante]

Plus rien ne vous empêche d'avoir une peau souple et soyeuse *alliant* beauté et santé.

4.   L'apposition

He is a tall, bulky, bearded, tireless, likable 36-year-old, with the natural instincts of a pioneer.

Grand, costaud, barbu, infatigable et *sympathique*, cet homme de 36 ans est pionnier dans l'âme.

5.   Une proposition relative

Last week our school greeted six foreign-born, non-English language background children.

La semaine dernière, notre école a accueilli six enfants d'origine étrangère *qui ne sont pas de culture anglaise*.

6.   La juxtaposition

a. Each van's 16 six-volt lead-acid heavy duty batteries propel it at about 64 km/h.

a. Grâce à ses 16 batteries *plomb-acide* de 6 V à grand rendement, chaque fourgonnette peut atteindre 64 km/h.

b. The new, resealable ZIP-IT^tm fresh-lock bag keeps your last RITZ cracker as fresh as the first.

b. Le nouveau *sac fraîcheur* refermable ZIP-IT^md gardera tous vos biscuits RITZ bien frais, du premier jusqu'au dernier.

7.   Des substantifs

The rugged, reliable, rather thirsty triple expansion engine first appeared in the 1880s.

Les moteurs à triple détente, connus pour leur *robustesse*, leur *fiabilité*, mais aussi leur forte *consommation de carburant*, remontent aux années 1880.

8.   Un complément de nom

PARTICIPaction has developed a six-part fitness awareness package which is aimed at working Canadians and their families.

PARTICIPaction a élaboré un programme en six volets *de sensibilisation* à la santé physique qui s'adresse aux Canadiens sur le marché du travail et à leur famille.

9.   Répartir les déterminants sur deux phrases

Best-lok Pavers are a non-skid, economical, durable precast concrete surface material, ideal for loading docks, cycle paths, shopping malls, patios, private driveways, etc.

Les pavés *prémoulés en béton* Best-lok Pavers présentent une surface *anti-dérapante*. *Durables* et *économiques*, ils sont idéals pour les aires de chargement, pistes cyclables, centres commerciaux, patios, entrées de garage, etc.

EXERCICES D'APPLICATION

Exercice 1   *phage < bactériophage : virus qui infecte des bactéries*

1.   *En parlant* Talking with air traffic controllers, you get the impression they're special, tough-minded, *on ne manque pas de constater* alert, extraordinary people. *hors du commun, aux nerfs d'acier et à l'* *esprit vif* ** téréphages amorphes + paresseux*

2.   The American family has turned into a collective, lazy, non-communicative couch potato, spending up to 40 hours a week watching television.

3.   Discover a fascinating 500 acre drive-through *parc faunique* wildlife park, with complete recreational facilities. *et dans lequel on circule en voiture*

4.   Denise Biellmann, 19 years old, brown eyes, blond hair, 5'2" tall, disco music fan and «Spinning Queen» is the new World Ladies Champion. [Patinage artistique]

5.   Dependable heavy duty bag-type upright vacuum cleaner.

6.   New dermatologist-approved brush-on, peel-off, beautifying facial mask.

7.   This newly-developed, 14-metre intercity coach offers complete accessibility to travellers who are elderly or disabled. It has a number of innovative features including a self-contained modular hydraulic wheelchair lift and four wheelchair tie-down positions.

8.   The Consumers' Association tested eight of the most popular automatic two-slice pop-up toasters.

9.   We have been informed that IRC/NRC have purchased new compatible state-of-the-art infrared thermographic equipment for laboratory use. They are prepared to support us by developing and carrying out laboratory infrared thermographic diagnostic procedures for us to adopt in future field work. [IRC/NRC = IRB/CNR (Institut de recherche en bâtiment du Conseil national de recherches). *They* = The Institute]

10.   An average 16 cubic foot chest-style manual defrost freezer costs approximately $60/year to operate and consumes about 1,000 kWh of energy. A 16 cubic foot upright manual defrost freezer costs $76.80/year and uses 1,280 kWh.

Exercice 2

TEXTE 29

Auteur : Geoffrey Kingscott
Source : *Language International*
Genre de publication : Magazine des professions langagières
Date de parution : 1991
Domaine : Langue et culture
Public visé : Traducteurs, professeurs de langue, terminologues, linguistes
Nombre de mots : 316

Language and Identity

As readers know, I normally write about weighty topics such as missing accents or missing apostrophes, or solecisms of foreigners when writing English. But I would like to turn now to something of less immediate importance than these to linguists, namely the future of the world.

5   It is becoming more and more apparent that the day of the sovereign nation state, the basis of the world order since the Middle Ages, is coming to an end. Whether it is a question of Kurds in Iraq, Francophone Quebeckers in Canada, or Georgians in the Soviet Union, everyone these days sees themselves as members of a cultural community, not as citizens of a state formed for historical reasons. And the main elements of cultural identity are language, religion and race, probably in that order.

10   Some of the early enthusiasts for the European Community envisaged the creation of a United States of Europe, a unitary state which would be a superpower to rank alongside the United States of America and the USSR. But it now seems perverse to try to impose homogeneity on communities as diverse as Italy, Denmark and Greece, at a time when Lithuania and even the Ukraine are seeking disassociation from the Soviet Union, and Serbia and Croatia are coming 15   apart in little Yugoslavia.

Indeed, one of the problems about Europe is that it is based on nation states, with no official status for regional community identities such as those of the Catalans or Basques, let alone the Welsh or Bretons, Flemings and Walloons.

Linguists have a part to play in urging a new basis of world order which will identify, 20   protect, strengthen and promote local identities, often based on language. Local monolinguals must not be disadvantaged, left behind by an international, intrinsically shallow, Coca-Cola-and-Dallas culture run by a rootless, jet-travelling, Hilton-hopping English-speaking elite. Big is not beautiful, and true richness lies in diversity.

————

OBJECTIF 39

LES STRUCTURES RÉSULTATIVES

Cet objectif porte sur un autre aspect du maniement du langage : l'expression de la modalité. Nous verrons que la démarche de l'anglais diffère de celle du français à cet égard et que le procédé de traduction, appelé chassé-croisé, se révèle particulièrement utile au moment de la restitution des structures résultatives. Cet objectif sera aussi l'occasion d'approfondir les notions d'implicitation, de présupposé extradiscursif et de surtraduction.

Une structure résultative est une construction syntaxique dans laquelle la langue anglaise indique d'abord les «modalités» d'une action ou d'un phénomène, puis le «résultat» produit ou escompté. Les modalités (cause / moyen / manière) sont exprimées par le verbe, tandis que le résultat est indiqué soit par un adjectif (*to lick clean*), soit par une préposition[1] (*to crawl out*), soit par un adverbe (*to creep upstairs*), soit par l'expression *one's way* (*to bluff one's way out*), soit par un groupe prépositionnel (*to swim across the river*), soit par un syntagme nominal (*to drive s.o. home*). Dans la description des actions, l'anglais a donc tendance à suivre l'ordre logique, chronologique selon la séquence MODALITÉ → RÉSULTAT.

La langue française suit de préférence l'ordre inverse RÉSULTAT → MODALITÉ. Il semble, en effet, plus courant et plus naturel en français de mentionner le résultat auquel une action a abouti avant de préciser comment ou pourquoi ce résultat a été atteint. Ex. : «Elles sont arrivées en courant», «Il sortit à pas de loup», «Il se dirigea à tâtons vers le fauteuil».

CHASSÉ-CROISÉ

Pour traduire en français une structure résultative, on procède généralement à un chassé-croisé. Ce procédé de traduction, cas particulier de transposition, consiste à permuter le sens de deux signifiés en opérant un changement de catégorie grammaticale.

---

[1] Lorsqu'elle accompagne un verbe, la préposition peut avoir l'une ou l'autre des trois fonctions suivantes : 1) introduire un complément (*to walk into the room*); 2) préciser l'aspect du verbe auquel elle se rattache sans toutefois en changer la signification fondamentale (*to sew on a button*); 3) former avec le verbe une locution verbale dotée d'un sens propre (*to come across*). Lorsque les prépositions sont liées au verbe (fonctions 2 et 3), elles sont parfois désignées du nom de «postpositions» et forment les «verbes à particule» appelés en anglais *two-word verbs* (*to cut in*) ou *three-word verbs* (*to put up with*). Notons que le français forme habituellement ses locutions verbales, non pas au moyen de prépositions, mais par l'adjonction d'un substantif au verbe : donner lieu, mettre bas, faire part, avoir l'air, donner prise, faire appel, tirer parti.

The child *ran* **across** the street.

L'enfant **traversa** la rue *en courant*.

Dans cet exemple, le verbe anglais est devenu un gérondif (complément circonstanciel de manière), tandis que la préposition s'est transformée en verbe. Ce jeu de permutation peut parfois nécessiter un étoffement.

Saddam Hussein *purged his way* **to power**.

Saddam Hussein **s'est hissé au pouvoir** *en procédant à des purges*.

Cette tendance de l'anglais à donner préséance aux modalités se remarque aussi dans le déroulement des phrases, l'enchaînement des idées. C'est la «sensibilité linguistique» du traducteur qui lui dictera quand il convient de changer la séquence anglaise M → R pour adopter la démarche française R → M. Exemples :

We identified the problem areas (M), and improved the service (R).

Nous avons amélioré le service (R) en en corrigeant les faiblesses (M).

Cette formulation satisfait en outre le besoin qu'éprouve la langue française de subordonner les idées, de faire ressortir les rapports et les liens logiques qui les unissent, alors que la langue anglaise préfère la coordination et la juxtaposition (v. l'Objectif 55). Autre exemple :

The government borrows funds (M) to finance (R) its programmes.

Le gouvernement finance (R) ses programmes au moyen d'emprunts (M).

Il ne faudrait toutefois pas faire de cette observation générale une règle absolue. En effet, il serait difficile de critiquer les versions «Le gouvernement contracte des emprunts (M) pour financer (R) ses programmes» ou même «Le gouvernement emprunte de l'argent (M) pour financer (R) ses programmes», versions qui suivent la séquence de l'anglais.

Dans les extraits suivants, les traducteurs ont spontanément choisi d'inverser l'ordre original de présentation des faits et des idées afin d'indiquer le résultat obtenu (ou souhaité) avant les modalités.

a. If conditions are wet around the switch box, stand on a dry board and use a dry stick **to turn off the switch**.

a. Si le plancher est mouillé, tenez-vous sur une planche sèche et *actionnez le commutateur* au moyen d'un bâton sec.

b. Do not block the ventilation slits provided at the back of the unit **to prevent overheating**. [Machine à écrire électronique]

b. *Pour écarter tout risque de surchauffe*, veillez à ne pas obstruer les orifices de ventilation à l'arrière de la machine.

c. At the present time, ordinary road asphalt is used **to repair potholes**.

c. Actuellement, *on répare* les fondrières avec de l'asphalte ordinaire utilisé pour les routes.

d. Turn the feed knob counter-clockwise **to tighten the ribbon** in the new cassette. [Machine à écrire]

d. *Pour tendre le ruban* de la nouvelle cassette, tournez le bouton d'avancement du ruban dans le sens inverse des aiguilles d'une montre.

Par ailleurs, il faut se garder d'appliquer systématiquement le procédé du chassé-croisé dans la traduction de toutes les structures résultatives. Le français a tendance à omettre la modalité des actions lorsqu'elle paraît évidente comme dans la phrase «*The fish swam across the pond* : Le poisson traversa le bassin[2]». Il serait superflu et même plutôt cocasse de préciser que cette traversée s'est effectuée «à la nage»! Sauf, bien entendu pour produire un effet comique. De même, *The bird flew in through the window* trouvera comme équivalent français «L'oiseau est entré par la fenêtre», puisque normalement un oiseau se déplace en volant. Si l'animal est entré en sautillant, le locuteur français pourra alors sentir le besoin de préciser ce détail et la langue lui offre toutes les ressources nécessaires pour le faire : «L'oiseau est entré par la fenêtre en sautillant» (*The bird hopped through the window*).

PRÉSUPPOSÉ EXTRADISCURSIF

Il y a lieu d'introduire ici la notion de «présupposé extradiscursif». Il s'agit d'informations extralinguistiques ou situationnelles tenues habituellement pour acquises ou évidentes par les locuteurs de la LA et qu'il est par conséquent superflu d'expliciter dans le TA (le fait, par exemple, que les oiseaux se déplacent en volant). À l'égard de ces évidences, le traducteur applique le procédé de l'implicitation (v. l'Objectif 27).

Ainsi, lorsque l'on persuade ou dissuade quelqu'un de faire quelque chose, c'est normalement en parlant avec cette personne. Il ne viendrait jamais à l'esprit d'un locuteur de langue française de traduire littéralement les expressions *They talked me into it* ou *I was talked out of it*[3]. La modalité («en parlant») est ici non pertinente et doit donc rester implicite. *She smiled and bowed and slid the door shut*. L'action se déroulant au Japon il est inutile de préciser qu'il s'agit d'une porte coulissante. C'est un autre exemple de présupposé extradiscursif.

---

[2] Exemple emprunté à Françoise Grellet, *"The word against the word". Initiation à la version anglaise*, p. 156. Cet ouvrage renferme de nombreux exemples de structures résultatives aux pages 43 à 45 et 156 à 162.

[3] Ces exemples, de même que les suivants, sont tirés de l'article de Geneviève Quillard, «Quelques problèmes d'interférence» (v. les «Suggestions de lecture»).

Selon Geneviève Quillard, cette tendance du français à omettre les modalités évidentes est presque systématique dans l'expression du déplacement. Des phrases qui ne violent pourtant pas le code linguistique telles que «Je suis allée en avion à Moscou avec mon fils cet été» ou «Lorsqu'elle marcha vers le bureau pour prendre son manteau, je me remis à maudire Clyde» ont l'air curieuses. Un francophone se contenterait de dire : «Je suis allée à Moscou...», «Lorsqu'elle se dirigea vers le bureau...». La modalité est présupposée tout comme dans la traduction de cet extrait d'un texte d'histoire :

In 1825, four Wyandot chiefs **sailed to** London to present their case.	En 1825, quatre chefs hurons *se rendent à* Londres pour soumettre leur requête.

Il semblerait donc qu'en français le moyen de locomotion ou de transport n'est linguistiquement représenté que s'il «sort de l'ordinaire» : lorsqu'on vit en Amérique du Nord et que l'on décide d'aller passer ses vacances en Europe, on a généralement recours aux services d'une compagnie aérienne. Ce fait constitue un présupposé extradiscursif qui n'a pas lieu d'être explicité. Par contre, si l'on a l'intention de prendre le bateau, on fournira sans doute cette précision à l'interlocuteur[4].

Ce qui vient d'être dit pour les déplacements s'applique aussi aux gestes et aux attitudes. «Collant au réel», l'anglais éprouve le besoin de préciser par des verbes la façon dont les personnes ou les objets occupent l'espace : *Let's sit down and talk about it. The door stood wide open. The snow lay deep in those woods. Don't stand there.* Ici encore nous sommes en présence de présupposés extradiscursifs pour un locuteur francophone. À cette tendance générale de l'anglais à tout dire, à tout décrire jusque dans les moindres détails, le français oppose une vision de la réalité plus «élaguée».

SURTRADUCTION

Nous avons vu à l'Objectif 27, «L'économie», que la surtraduction consiste à expliciter abusivement dans le TA ce qu'il convient de garder implicite, qu'il s'agisse d'une information linguistiquement représentée ou extradiscursive. Ayant à traduire une structure résultative, le traducteur non prévenu risque de tomber dans ce piège. La surtraduction, qui est en fait une erreur d'interprétation des éléments constitutifs du sens — certains éléments sont jugés pertinents alors qu'ils ne le sont pas —, aboutit à des formulations lourdes et non idiomatiques. Cette interférence fait que les traductions sonnent faux.

Une faute courante consiste à surtraduire le complément *one's way*, ce qui produit souvent un contresens : *The burglars forced their way into the building* : Les cambrioleurs se sont introduits dans l'immeuble par effraction (et non : **Les cambrioleurs ont utilisé la force pour se frayer un chemin jusque dans l'immeuble).

---

[4] Geneviève Quillard, «Quelques problèmes d'interférence», p. 771-772.

Une autre erreur consiste à voir deux unités de sens là où il n'y en a qu'une. *She shrugged away the thought* se rend en français par «Elle écarta cette pensée». Ce serait surtraduire que d'ajouter «avec un haussement d'épaules», car la locution *to shrug away* est figée et signifie tout simplement «repousser négligemment», idée que rend très bien le verbe «écarter».

En conclusion, on retiendra que les structures résultatives mettent en évidence la divergence entre la démarche de l'anglais et celle du français en ce qui concerne l'expression de la modalité des actions; que le chassé-croisé est la technique à appliquer pour traduire la plupart des structures résultatives; qu'il faut éviter l'écueil de la surtraduction en gardant implicite en français les modalités lorsque celles-ci sont, pour un locuteur francophone, des présupposés extradiscursifs qu'il ne serait pas idiomatique d'expliciter.

SUGGESTIONS DE LECTURE

André CHASSIGNEUX, «Avant la charrue, les bœufs. La mise en relief du sujet et/ou du prédicat dans la traduction de textes économiques», dans *Palimpsestes*, n° 5, vol. 1, 1991, p. 71-76; vol. 2, Annexe I, p. 5-6.

Geneviève QUILLARD, «Quelques problèmes d'interférence», dans *Meta*, vol. 35, décembre 1990, n° 4, p. 769-774.

Irène VACHON-SPILKA, «Que faire des post-positions?», dans le *Journal des traducteurs*, vol. 6, n° 1, janvier-mars 1961, p. 3-7.

Jean-Paul VINAY et Jean DARBELNET, *Stylistique comparée du français et de l'anglais*, Paris, Didier, 1958, p. 105-107; 202-204.

EXEMPLES DE TRADUCTION

a. The sheep had already pattered out of sight.

a. Les moutons avaient déjà disparu dans un bruit de piétinement.

b. The herd stampeded past him.

b. Il vit passer le troupeau qui fuyait à la débandade [Var. en proie à une peur panique].

c. He talked himself out of jail.

c. Il persuada ses gardiens de le libérer.

d. She danced her way into the hearts of the spectators.

d. Elle conquit le cœur des spectateurs en dansant avec brio.

EXERCICE D'APPLICATION

1. *On a tourné le projet de l'orateur en ridicule.*
   The speaker was laughed out of his project[5].

2. *Il a obtenu le poste qu'il briguait en sachant se mettre en valeur.*
   He put in for the job and he talked his way into it.

3. *Georges buvait tellement que sa femme l'a quitté.*
   George drank his wife out of the house.

4. The convict has bribed his way to freedom.

5. The wedding cortege is Mendelssohned out of the church. (Kipling)

6. Taylor talked his way into a Detroit woman's house, then raped and robbed her. [...] He insisted to a Houston Justice of the peace that the police had beaten confessions out of him; the police called the charges nonsense.

7. The automobile ruthlessly honked the bike from the road.

8. Using acetylene torches, the men burned their way into the safes and filing cabinets.

9. No adult can sign away the legal rights of a child.

10. The university decides to economize the department out of existence.

––––––––

––––––––

[5] Les trois premiers passages à traduire sont tirés de l'ouvrage de Jacques Duron, *Langue française, langue humaine*, p. 109.

OBJECTIF 40

VERBES DE PROGRESSION, VERBES D'ABOUTISSEMENT[1]

Il est important de faire la distinction entre les verbes de progression et les verbes d'aboutissement, car cela permet d'expliquer pourquoi «Les prix ont monté de 5 à 10 $» peut prêter à équivoque et pourquoi «**Le prix est augmenté à 50 $» est un solécisme. En anglais, cette distinction est sans objet parce que c'est la préposition ou l'adverbe accompagnant le verbe qui indique s'il y a progression ou aboutissement. En français, la valeur sémantique des prépositions étant presque nulle, ces mots-outils ne sont pas aptes à remplir cette fonction qui est assurée par les verbes.

Pour indiquer les variations d'une quantité quelconque, d'une somme d'argent, d'un pourcentage, nous pouvons écrire par exemple : (Hausse) «Le cours des actions a augmenté [var. s'est accru, est monté, a progressé] de 20 %.» (Baisse) «Le vendeur a réduit [var. a diminué, a baissé] de 20 $ le prix des chaussures.»

Toutefois, si nous voulons exprimer non pas la variation elle-même, mais le point d'aboutissement, le résultat auquel aboutit ce changement, bon nombre des verbes cités au paragraphe précédent sont à écarter. Les phrases suivantes sont correctes : (Hausse) «Le cours des actions est monté [var. est passé] à 60 $.» (Baisse) «Le vendeur a réduit [var. a ramené] à 80 $ le prix des chaussures.» Il serait cependant contraire au bon usage d'écrire : «**Le cours des actions a augmenté à 60 $. **Le vendeur a diminué à 80 $ le prix des chaussures.» Pour expliquer pourquoi il en est ainsi, il faut faire appel à la notion d'aspect.

L'ASPECT

Le temps d'un verbe indique à quel moment de la durée se situe le fait ou l'action dont il s'agit : passé, présent, futur. L'aspect, lui, est la manière dont l'action exprimée par un verbe se situe dans la durée, ou l'angle particulier sous lequel le déroulement de cette action est envisagé, ou la phase à laquelle cette action est rendue dans son déroulement.

Parmi les principaux aspects, citons l'aspect PONCTUEL (exploser), DURATIF (réfléchir), INCHOATIF (commencer), ITÉRATIF (déchiqueter), PROGRESSIF (pourchasser un voleur), TERMINATIF (attraper un voleur). Ces deux derniers aspects nous seront utiles pour distinguer les verbes de progression et les verbes d'aboutissement.

---

[1] Cet objectif reprend l'essentiel de la fiche *Repères — T/R*, n° 64, 1986, établie par Lucie Boisvenue. [V. la note de l'Objectif 24 sous la rubrique «Suggestions de lecture».]

Nous pouvons classer les verbes qui indiquent des variations numériques en trois catégories (les listes d'exemples ci-dessous ne sont pas exhaustives).

1.   Les verbes de progression

Leur aspect est progressif et graduel. Ils donnent la mesure du changement, l'importance de la variation. Ils sont suivis de la préposition «de».

(Hausse) accroître, augmenter, hausser, majorer, progresser, relever, monter, faire un bond, grimper.

(Baisse) abaisser, baisser, diminuer, reculer, régresser, décliner, accuser une baisse, subir une baisse, fléchir, chuter, réduire.

2.   Les verbes d'aboutissement

Leur aspect est terminatif et ponctuel. Ils indiquent le but atteint, le résultat du changement numérique. Ils sont suivis de la préposition «à» et sont moins nombreux que les précédents.

(Hausse) porter, passer, se fixer, s'établir, se situer, s'inscrire.

(Baisse) ramener, se fixer, s'établir, revenir, tomber, chuter.

3.   Les verbes à double fonction

Ils ont un aspect soit progressif, soit terminatif et peuvent être suivis de la préposition «de» ou «à».

(Hausse) élever, monter.

(Baisse) descendre, tomber, chuter.

Alors que l'anglophone peut, par un simple changement de préposition, préciser tantôt la valeur d'une variation numérique (*increased by 5%*), tantôt le résultat de cette variation (*increased to $20,000*), le francophone doit choisir un verbe de progression dans le premier cas ou un verbe d'aboutissement dans le second. Suivant le contexte, il peut aussi employer un verbe à double fonction.

Employé avec un verbe d'aboutissement, le couple «de...à» sert à préciser à la fois le point de départ et le point d'arrivée d'une variation numérique : «Le salaire de Paul est passé de 20 000 à 23 000 $.» Toutefois, employée avec un verbe à double fonction, cette combinaison de prépositions peut prêter à équivoque. Pour que soit bien comprise une phrase comme «Hier, la température est montée de 5 à 10 °C», le rédacteur doit l'entourer d'un contexte qui écarte tout risque d'ambiguïté. Sinon, le lecteur se demandera si la température «est passée de 5 à 10 °C» ou si elle «a augmenté de 5, 6, 7, 8, 9 ou 10 °C».

Avec un verbe de progression, le couple «de... à» indique la variation approximative d'un changement, c'est-à-dire les limites minimales et maximales de l'écart, et non la progression. Si l'on nous dit que «le salaire de Paul a augmenté de 20 000 $ à 23 000 $», il faut comprendre que la hausse salariale obtenue par Paul est *de l'ordre de* 20 000 à 23 000 $. Il serait inexact d'entendre par là que de 20 000 $ qu'il était, son salaire est passé à 23 000 $. Étant uniquement un verbe de progression, «augmenter» ne peut exprimer une idée d'aboutissement.

Signalons que par négligence, ignorance ou désir de concision, certains rédacteurs se permettent des ellipses abusives du type «**La production s'est accrue de 8 % à 150 millions de tonnes». Pour éviter ce genre d'impropriétés, il suffit d'étoffer le verbe de progression en le faisant suivre d'un verbe d'aboutissement : «La production s'est accrue de 8 % *pour atteindre* 150 millions de tonnes.» Pour marquer successivement une progression et un aboutissement, on peut utiliser plusieurs combinaisons de verbes, dont voici quelques exemples :

(Hausse)	progresser de [...] pour se fixer à [...] grimper de [...] pour s'établir à [...] augmenter de [...] pour se situer à [...]
(Baisse)	régresser de [...] pour se fixer à [...] chuter de [...] pour s'établir à [...] reculer de [...] pour se situer à [...]

De cette étude sommaire de l'aspect des verbes de progression et des verbes d'aboutissement, il ressort que le respect du bon usage favorise la clarté. Les rédacteurs de textes économiques, en raison de la nature des phénomènes qu'ils ont à décrire, font un grand usage de structures progressives et terminatives. Les exemples ci-dessous tirés de la presse économique témoignent de la façon dont ils tirent parti des ressources du français afin d'introduire un élément de variété dans l'expression des hausses et des baisses survenant dans l'activité économique.

a.   Les taux se sont tendus et sont maintenant à 10,58 % sur l'échéance d'un mois.

b.   La production industrielle s'est accrue de 0,8 % en mars, se situant à 8 % au-dessus du niveau de mars 1988.

c.   De 5 % antérieurement, le taux a été fixé à 6 %.

d.   Le titre s'inscrit à 119 après un sommet de 159 cette année.

e.   Les biens d'équipement quant à eux, partant d'un niveau élevé, n'enregistrent que 3 % d'accroissement, la construction mécanique réalisant un bond de 10 %.

f.   La montée des prix a été très vive : 1,2 % — après 0,9 % en janvier et 0,6 % en décembre.

g.   La pression parafiscale est demeurée stable et a même légèrement reculé : 17,5 % du PIB en 1990, puis 17,4 % en 1991.

h. La consommation privée s'est remise à croître mais sans dépasser 3,5 % en volume; en 1990, elle a frôlé les 4 %, taux encore nettement inférieur à celui des années antérieures à 1983.

i. Le nombre brut de chômeurs est revenu à 875 000 en avril, contre 958 000 en mars.

j. Un chiffre d'affaires de 717 millions, en progression [en hausse] de 15 %.

Ajoutons, enfin, que ce qui vient d'être dit des verbes de progression et des verbes d'aboutissement vaut également pour les verbes de mouvement et les verbes de destination. Ainsi, *to walk in the park* indique un mouvement à l'intérieur d'un lieu, alors que *to walk to the park* suggère une destination à atteindre. Le jeu des prépositions anglaises permet de faire cette distinction tout en conservant le même verbe.

En français, la majorité des verbes de mouvement (marcher, courir, bouger, déménager, voler, etc.) ne peuvent pas indiquer la destination. Quant aux verbes de destination (retourner, aller, gagner, se rendre, se ruer, se précipiter, etc.), ils ne peuvent pas exprimer un mouvement sans destination. Le locuteur est donc obligé d'utiliser deux séries de verbes selon qu'il veut exprimer un mouvement avec ou sans destination. C'est pourquoi il faut dire : «Je me rends à pied au bureau» pour éviter l'anglicisme «**Je marche au bureau» (*I walk to the office*).

EXEMPLES DE TRADUCTION

a. As the labour force **declined by** 4,000 during this period, the number of unemployed **increased by** 160,000 and the unemployment rate **rose from** 7.3% in July **to** 8.6% in December.

a. La population active ayant *diminué* de 4 000 personnes pendant cette période, le nombre de sans-emploi *a augmenté de* 160 000, ce qui a fait *passer* le taux de chômage *de* 7,3 %, en juillet, *à* 8,6 %, en décembre.

b. The emission of sulfur dioxide **can be reduced** through desulphurization of fuel oil **from** the present 3% contained sufphur **to** 1% or even 0.5%.

b. On peut *réduire* l'émission d'anhydride sulfureux *en ramenant à* 1 % ou même *à* 0,5 % la teneur en soufre du mazout (*actuellement de* 3 %).

c. The federal funds rate **fell from** a peak of 11% in August **to** 8% in January, the discount rate **was lowered to** 8% and the three-month treasury bill rate **was at** 7% by year end, compared with the 1990 **high of** 10%.

c. Après *avoir atteint* un maximum de 11 % en août dernier, le taux des fonds fédéraux *est tombé à* 8 % en janvier; le taux d'escompte *a été ramené à* 8 % et le taux des bons du Trésor à trois mois *s'établissait à* 7 % en fin d'année, après *être monté à* 10 % en cours d'année.

SUGGESTIONS DE LECTURE

Theodore E. D. BRAUN, «Motion and Change of Place in French and English Verbs», dans *The French Review*, vol. 49, n° 3, février 1976, p. 388-392.

John (*sic*) DARBELNET, *Pensée et structure*, New York, Charles Scribner's Sons, 1969, «Mouvement et déplacement», p. 91-97.

J. DELATTRE, et G. de VERNISY, *Le Vocabulaire baromètre dans le langage économique; dictionnaire anglais-français*, Genève, Librairie de l'Université, 1967, 155 p.

Geneviève QUILLARD, «La destination : étude contrastive du "mouvement" en français et en anglais», dans *La Revue canadienne des langues vivantes*, vol. 36, n° 1, octobre 1979, p. 92-96.

———

EXERCICES D'APPLICATION

Exercice 1

1.   Overall expenditure is estimated to rise by 9% or $4.3 billion.

2.   Mortgage loans jumped by $883 million to $17.3 billion.

3.   Growth in real GNP will slow to 3% in 1991 from 7.4% in 1990. [*Real GNP* : PNB réel]

4.   The financial activity has continued to grow at a rate of some 17%, in spite of a slowdown in Gross National Product.

5.   Capital expenditures by the petroleum industry in Canada increased last year by 23.3% to $5.8 billion. [*Capital expenditures* : dépenses en immobilisations]

6.   The investments in coal and uranium declined to $66 million from $115 million a year earlier.

7.   The budgetary deficit will edge up to the $24 billion mark by mid-1991 and then will narrow moderately to $22 billion by end of 1992.

8.   In Japanese television industry, total employment fell from 48,000 to 25,000 between 1972 and 1976, despite an increase in output of 25% in the same period.

9.   Personal income tax revenue rose only 4.8% in 1991, compared to 4.1% in 1990 although personal income grew by 6.2% in 1990 and 7.0% in 1991.

10.   Business savings fell from $11.5 billion in 1929 to $3.2 billion in 1933, and did not regain their pre-Depression level until 1941.

———

Exercice 2

TEXTE 30

Auteur : Anonyme
Source : Banque Royale
Genre de publication : Note de conjoncture
Date de parution : 1984
Domaine : Économie
Public visé : Banquiers, économistes, courtiers, investisseurs
Nombre de mots : 289

Retail Markets to Register Sluggish Growth

During 1983 and 1984, the household sector significantly expanded its purchases of goods and services in the face of sluggish income growth by reducing the proportion of its earnings allocated to savings. The personal savings ratio dropped from 15.3% in 1982 to an estimated 12.5% this year. In large part, this reflected a sharp increase in outlays on durable goods, for which the
5   demand had built up during the previous three years.

For instance, between 1979 and 1982, per capita purchases of consumer durables dropped 14%. With much of the backlog in such demand satisfied in 1983 and 1984, further strong increases in such outlays are highly unlikely in the next two years. We expect sales of passenger cars, for instance to decline to 946,000 units in 1985 from 984,000 units this year. Only a modest
10   improvement to 950,000 units is expected for 1986.

Outlays on consumer durables will also be dampened by the decline in residential construction this year and the continued weakness expected for this sector in 1985. Housing starts are forecast to average only 140,000 units this year and next, before improving moderately to 155,000 units in 1986.

15   With this sector operating well below potential, sales growth of home furnishings and appliances will likely slow significantly during the next two years. Large swings in the purchases of consumer durables have dominated the performance of total spending during the past few years and will likely continue to play a leading role. For instance, weak sales of durable items are expected to reduce the real growth in total consumer spending from 3.7% in 1984 to 1.9% in
20   1985, and 2.4% in 1986.

———

LA NÉGATIVATION DU DISCOURS FRANÇAIS

La fréquence relative des tours négatifs en anglais et en français n'a pas fait l'objet jusqu'ici de nombreuses études comparatives. Deux auteurs, cependant, se sont intéressées à cet aspect particulier du discours[1]. Leurs travaux tendent à confirmer la prédilection de la langue française pour les constructions négatives. Les textes français renferment, en effet, un plus grand nombre de tours grammaticalement négatifs que les textes anglais, qui privilégient pour leur part les constructions affirmatives. Cette tendance se vérifie aussi dans les traductions. Dans les écrits bilingues dépouillés, la proportion de formes négatives en français correspondant à des structures affirmatives en anglais variait de 12 à 35 p. 100, soit une moyenne de 17,5 p. 100, ce qui est statistiquement très significatif.

Ce phénomène discursif a donc sa place dans un manuel d'initiation à la traduction générale, car traduire littéralement certaines formes affirmatives anglaises peut produire des énoncés français qui sonnent faux. Pour prévenir ces subtils cas d'interférence, il convient d'attirer l'attention des apprentis traducteurs sur ce phénomène. Sachant mieux dissocier les langues, ils pourront donner à leurs traductions toute l'authenticité des textes rédigés spontanément en français.

Les bons traducteurs d'expérience ont tendance à reprendre instinctivement les formes que privilégie la LA. Il est fréquent de voir, dans leurs traductions, un grand nombre de structures négatives, alors que la formulation dans le TD anglais est affirmative.

Après analyse des nombreux exemples de leur corpus, Suzanne Pons-Ridler et Geneviève Quillard ont classé en six grandes catégories les structures négatives extraites de divers textes pragmatiques traduits (circulaires, notes de service, brochures, bulletins d'information, etc.). Ce sont :

1.   Les formes interro-négatives

Ces formes sont surtout employées pour les questions de la vie courante ou les questions rhétoriques, ou pour éviter un impératif qui risquerait d'être perçu comme un ordre.

---

[1] Ce sont Suzanne Pons-Ridler et Geneviève Quillard. Le présent objectif se fonde essentiellement sur leurs travaux, dont on trouvera la référence complète sous la rubrique «Suggestions de lecture». Tous les exemples cités sont tirés de leurs articles. Nous remercions les auteurs de nous avoir autorisé à utiliser le fruit de leurs recherches.

a. How about a doghouse for your next creation? [Jeu Lego]

a. *Pourquoi ne pas construire* une niche à chien maintenant?

b. We asked the students if they had any questions for us.

b. Nous avons demandé aux étudiants s'ils *n'avaient pas* quelques questions à nous poser.

2.   Les litotes[2]

Figure très fréquente dans le parler de tous les jours : «Il n'est pas mal», «Ce n'est pas mauvais», «Elle n'est pas bête». Les anglophones utiliseront de préférence la forme affirmative tempérée par un modificateur *quite, fairly, rather* : *He is quite good-looking. It's quite good. She is quite smart.*

a. But it soon turned out to be the best thing that ever happened.

a. Mais on a vite constaté qu'*on n'aurait pu désirer mieux.*

b. Pushing it up and down the sides of knotty trees all day was hard work.

b. Passer cet instrument le long d'arbres noueux toute la journée *n'était pas une sinécure.*

3.   Les tournures impersonnelles

D'un usage très courant, elles permettent d'articuler le discours et de garder une distance par rapport à ce qui est dit : «Il n'en demeure pas moins que», «Il n'en faut pas plus pour que», «Il n'en est pas moins vrai que».

a. The trend has turned into reality. The question now is what's the magnitude of the reality.

a. La tendance s'est concrétisée et *il ne nous reste plus qu'à mesurer* l'ampleur du phénomène.

b. The Belgian model proves to be a "separate-but-equal" recipe for non-communication.

b. Le modèle belge *n'en demeure pas moins* un régime de langues «séparées mais égales», un régime de non-communication.

---

[2] «La litote (d'un mot grec signifiant *faiblesse*) est la figure par laquelle, au lieu d'affirmer positivement une chose, on nie absolument son contraire. [...] Il existe deux types de négation, la négation grammaticale et la négation lexicale. La première oppose deux contradictoires : aimer / ne pas aimer. La seconde oppose deux contraires : aimer / haïr. Nier un terme ne signifie pas affirmer son contraire mais pose seulement une contradiction. *Ne pas aimer* ne signifie pas *haïr, ne pas haïr* ne signifie pas *aimer*. La figure vient remplir l'espace existant entre le contradictoire et le contraire, c'est-à-dire entre un terme et la négation du terme opposé. *Ne pas haïr* devient *aimer, pas mauvais* devient *excellent.*» Christine Klein-Lataud, *Précis des figures de style*, p. 94-95.

4. Les locutions formées d'un marqueur négatif

Exemples : n'empêche que, sans compter que, non sans raison

a. In spite of all this, there is considerable skepticism abroad concerning the CFL's future. [CFL : Canadian Football League]

a. *N'empêche que* l'avenir de la Ligue suscite beaucoup de scepticisme.

b. That's why whitewater kayaking is one of the fastest growing outdoor sports in Canada, and for many good reasons.

b. Le kayak en eau vive gagne de plus en plus de popularité au Canada, *non sans raison.*

5. Les expressions idiomatiques plus ou moins figées

You are welcome : Il n'y a pas de quoi. *Make yourself at home* : Ne vous gênez pas. *Come back soon* : Ne tardez pas à revenir. *He keeps telling me...* : Il n'arrête pas de me dire... *I am staying here* : Je ne bouge pas. *Please walk in* : Entrez sans frapper. *I understand that...* : Sauf erreur,...

a. As soon as I saw Hawaii, I thought to myself this is out of this world.

a. Dès le premier regard sur Hawaï, j'ai su que *je n'avais jamais rien vu de pareil.*

b. Tourism officials also realize that vacation trends change with the times.

b. Les responsables du tourisme se rendent bien compte que les vacanciers *ne sont plus ce qu'ils étaient.*

6. Les semi-négatifs

Il s'agit des couples «ne ... que», «ne ... guère» et du «ne» explétif. Ces semi-négatifs contribuent à donner au discours français une apparence négative, apparence souvent trompeuse, car la forme dite restrictive possède assez fréquemment une valeur d'insistance.

a. Listening to her lovely voice, I longed for home and my island.

a. En écoutant sa jolie voix, je *n'avais qu'une envie*, rentrer chez moi dans mon île.

b. Few reminders of Gilbert remain.

b. Il *ne reste guère* de traces de Gilbert.

Dans leur article «Pédagogie de la négation», Suzanne Pons-Ridler et Geneviève Quillard poussent plus loin leur analyse et examinent en détail le phénomène de la négativation du discours du point de vue de trois catégories grammaticales importantes :

a)   Les VERBES. *They lose their trust in people* : Ils n'ont plus confiance en personne. *Remember ...* : N'oublions pas ... *Keep tuned to your newsletter* : Ne manquez pas de lire votre communiqué.

b) Les ADVERBES. *It is very easy to do* : Rien de plus facile. *Students can easily meet with professors* : Les étudiants n'ont aucun mal à rencontrer leurs professeurs.

c) Les ADJECTIFS. *Envisaging the future means different things to different people* : Sonder l'avenir est un exercice qui n'a pas le même sens pour tous.

De leur étude se dégage un nombre impressionnant d'occurrences «fiables», c'est-à-dire d'emplois que l'on peut considérer comme idiomatiques et véritablement inscrits dans les habitudes d'expression des locuteurs de langue française. Cela dit, il ne faudrait pas croire que l'inverse ne se rencontre jamais. Il y a aussi, mais en nombre beaucoup moins élevé, des expressions négatives anglaises qui sont mieux traduites par une formulation affirmative en français comme *Don't make me laugh* : Laissez-moi rire; *I don't mind* : Ça m'est égal.

La forte récurrence des tours négatifs en français nous force donc à admettre que le discours français est, pour ainsi dire, imprégné de cette façon d'envisager le monde. Étant conscient de cette réalité discursive, le traducteur cherchera à couler sa traduction dans le moule de la pensée française. En appliquant les ressources de la négativation (formes interro-négatives, tournures impersonnelles négatives, litotes, idiotismes et locutions à sens négatif), il atténuera au besoin les affirmations trop directes ou adoucira les impératifs. C'est encore une fois sa connaissance de la LA et surtout sa «sensibilité linguistique» qui lui dicteront les modulations à faire pour respecter les habitudes des locuteurs de langue française.

SUGGESTIONS DE LECTURE

Suzanne PONS-RIDLER et Geneviève QUILLARD, «Pédagogie de la négation», dans *TTR*, vol. 5, n° 1, 1992, p. 113-143.

_____, «Quelques aspects de la négation : comparaison de l'anglais et du français», dans *La Revue canadienne des langues vivantes*, vol. 47, n° 2, janvier 1991, p. 327-340.

_____, «Stylistique comparée : la forme interro-négative en français et en anglais», dans *La Linguistique*, vol. 27, fasc. 1, 1991, p. 111-118.

EXERCICES D'APPLICATION

Exercice 1

Les passages en gras des extraits suivants ont été spontanément traduits en français par une tournure négative. Tentez de les traduire de la même façon et demandez-vous si une structure affirmative, calquée sur le modèle anglais, aurait été tout aussi idiomatique.

1. Iron wood, a wood so heavy it **will sink** in water. [*Iron wood* : sidéroxylon]

2. John Steele **tried to promote** his company **in every way possible**. [Transporteur aérien]

3. Let's say a bomb goes off in Mecca. That might seem like a religious story. But it **would also be bound to** affect the energy-exporting countries.

4. We're **continually** investing in developing products. [Société canadienne des postes]

5. The demand for translation is grow**ing constantly**. [Bureau de la traduction]

6. Yes, it is **unusual** when a company president encourages customers to use less of his product. [Ontario Hydro]

7. These federal offices are **smoke free**. [Affiche]

8. For there is still a vast majority in this country for whom success means far **more than** the dollar and cheap shot. [*This country* : Canada]

9. Traffic technicians are concerned with **more than** just aircraft loading.

10. Football fans had been staying away from games in droves, and **with good reason**.

———

Exercice 2

Même exercice que le précédent.

1. When someone suggests you have another drink "just to keep me company," bear in mind that some people can drink more than others.

2. Along some of the more popular recreational waterways, boaters and property owners can sometimes get on each other's nerves.

3. Remember cottage property is private property, and you need permission to enter it or you are trespassing.

4. Unable to compete with domestic livestock for food and over-hunted, bighorns were soon eliminated from all but the most rugged and remote portions of their range.

5. The bighorn ewe is somewhat smaller and finer-boned than the ram. Her horns remain small and goat-like throughout life, and for this reason ewes and lambs are sometimes mistaken for Rocky Mountain goats.

6. Buyers of new refrigerators often move the old unit to basement and keep it running for the extra capacity it provides. Think twice before you do this: it usually takes a lot less energy to operate one large refrigerator than two smaller ones [...].

7. Having a life beyond the home, the working woman has her share of problems as well.

8.   Beyond its traditional responsibilities for reconsidering legislation previously passed by the Commons, the Senate is also involved in other, earlier stages of the parliamentary process.

9.   In addition to their duties in the Chamber itself, and intensive committee work, Senators are also engaged in governmental, parliamentary and even diplomatic activities. The Government Leader in the Senate is normally a member of Cabinet and other Senators often serve as ministers.

10.   Our yards are our own personal parks. We have complete control over them and we can make them into "pockets of paradise."

———

Exercice 3

TEXTE 31

Auteur : Diane Hartwick
Source : *Canadian Consumer*
Genre de publication : Revue de consommation
Date de parution : 1984
Domaine : Médico-hospitalier
Public visé : Consommateurs canadiens
Nombre de mots : 272

The Hospital Hierarchy

Recently a major newspaper, regularly chock-full of stories about nurses accused of murdering babies, outlined another less dramatic—but equally disturbing—hospital experience. A young mother was resting comfortably after giving birth when a nurse appeared with a large needle and prepared to administer the medication.

5   The patient immediately balked. She knew her doctor would never prescribe medication without carefully discussing it with her first. The nurse was asked to double-check. The hypodermic was found to have been ordered for another patient.

        It takes confidence to question a hierarchical system such as a hospital's where employees, as well as clients, are conditioned to follow "orders." And it's hardly regular for anyone
10 in that system to take "orders" from patients lying on their backs.

        But more and more patients are demanding to become fully informed partners in the health care system.

        At the same time, most patients hardly wish to alienate the hospital staff and risk receiving resentful care at a time when they're least physically capable of asserting appropriate demands.
15 Still, the rise of patient ombudsmen in hospitals indicates a growing recognition that reasonable

queries have too often not been answered, to the detriment of hospital reputations as well as the well-being of the people in care.

The question then becomes one of how best to assert yourself in a hospital setting. How can you ensure that you're receiving the best possible treatment when you don't personally know
20   anyone around you? How can you get certain troublesome details of your health care changed?

Naturally the most successful patients in such circumstances are those who understand the idiosyncrasies of the hospital system.

———

Exercice 4

TEXTE 32

Auteur : Edgar A. Collard
Source : *Ordre des comptables agréés du Québec*
Genre de publication : Ouvrage historique
Date de parution : 1980
Domaine : Histoire sociale, éducation
Public visé : Comptables, historiens
Nombre de mots : 435

Should Women Be Admitted?

When the Ordre des comptables agréés du Québec was founded in 1880 no one could then have foreseen a day when women would seek admission to the profession. The Legislature of Québec, reflecting the prevailing attitude in the province, was opposed to any change in the status of women. Women's place was in the home; their role was as wives and mothers. If they were to
5   venture outside the home, to do "men's work," as in the professions, they would be disrupting the social order, and even violating its moral standards.

How deeply entrenched this attitude was appeared in the long refusal even to grant to women the right to vote. The very idea that women might become involved in politics seemed subversive of the peace and unity of the home. Husband and wife might no longer remain
10   domestic partners if they became political opponents. The right to vote was not granted to women in Québec until 1940.

Women in the professions were considered sadly out of place. Though McGill University, under its progressive principal, Sir William Dawson, was among the first in Canada to offer higher education to women, the intention was limited to making them a more elevating influence in their
15   homes. Principal Dawson referred to those "older countries, where, from unhealthy social conditions, great numbers of unmarried women have to contend for their own subsistence. But it is opposed to all the healthier instincts of our humanity; and in countries like this, where very few women remain unmarried, it would be simply impracticable."

20   Almost all "male" professions were closed to women. The Medical Faculty of Bishop's University had graduated a few women as medical doctors in the 1890's. But the faculty was later merged with that of McGill University; and McGill would have nothing to do with women who wanted to be doctors. Dr. Francis J. Shepherd, one of the most eminent professors in the McGill Medical Faculty remarked: "There is much maudlin sentiment on the subject; marriage would probably be the natural solution to it." McGill did not graduate its first women doctors until 1922.

25   Women had an even harder time trying to make their way into the legal profession. In 1915 the Superior Court repulsed the attempt of a woman to compel the Québec Bar to admit her. Mr. Justice Henri Berryer St-Pierre declared that "to admit a woman as a barrister would be nothing short of a direct infringement of public order and a manifest violation of the law of good morals and public decency." Women were not admitted to the Québec Bar until 1941.

———

PARTICIPES PRÉSENTS ET RAPPORTS LOGIQUES

solécisme : faute de langue due à une construction syntaxique erronée

La proposition participiale est d'un emploi très fréquent en anglais, sans doute plus fréquent qu'en français, où les formes nominalisées, les infinitifs et les participes passés font concurrence aux tournures verbales et adjectivales qui se terminent par «-ant».

Les cas qui retiendront notre attention ici sont les emplois du participe présent anglais qui donnent lieu à des solécismes ou à des interférences par suite d'une mauvaise interprétation des rapports logiques les reliant à la proposition principale. Au moyen d'une même forme (en -*ing*), la langue anglaise exprime une variété de relations logiques que le français ne peut pas rendre avec la même économie de moyens. Conformément à la tendance générale qui la caractérise, tendance déjà observée dans des objectifs antérieurs, la langue française oblige le traducteur à indiquer clairement et explicitement les rapports syntaxiques liant la principale et la participiale en -*ing*. Rappelons que «comme forme verbale, le participe présent exprime généralement une action simultanée par rapport à l'action marquée par le verbe qu'il accompagne[1]».

Commençons par corriger des erreurs assez grossières qu'on relève souvent dans les textes pragmatiques publiés au Canada français :

> *******Dépendant de* votre décision, je partirai ou resterai.
> *******Advenant*[2] un accident, prévenez le directeur.
> *******Parlant de* cinéma, as-tu vu le dernier film de Truffaut?

Ces trois participes présents ne fonctionnent jamais comme locutions prépositives. On évite les solécismes auxquels ils donnent lieu en utilisant les prépositions ou locutions prépositives appropriées :

> *Selon* votre décision, je partirai ou resterai.
> *En cas d'accident* [var. *Si* un accident *survient*], prévenez le directeur.
> *À propos* (de cinéma), as-tu vu le dernier film de Truffaut? [var. *Au fait*, ...]

Le participe *including* est aussi à l'origine de solécismes. Soit l'énoncé «The actual price of the share is $120, *including* risk premium» que l'on ne traduira pas en français par «******Le prix effectif de l'action est de 120 $, incluant une prime de risque», mais par une tournure telle que «Le prix effectif de l'action est de 120 $, prime de risque incluse».

---

[1] Maurice Grevisse, *Le Bon Usage*, § 767.

[2] Selon le *Multidictionnaire des difficultés de la langue française*, de Marie-Éva de Villers, «advenant» est correct en langue juridique.

Ce n'est là qu'une des façons de traduire l'omniprésent *including* introduisant une proposition sans verbe. Il y en a de nombreuses autres : y compris, compris, dont, entre autres, si, en comprenant, par exemple, pas même (dans un énoncé négatif), X est de ceux-là, etc. Toutes ces solutions ne sont pas interchangeables, évidemment (v. les trois premiers extraits de l'exercice plus bas).

Sur un plan plus général, le participe présent anglais peut exprimer, avec la valeur d'une proposition subordonnée circonstancielle, les rapports logiques suivants :

1. La conséquence

Firms passed on their increased costs to consumers in the form of higher prices, thus **prompting** wage-earners to escalate their demands.

Les entreprises ont refilé aux consommateurs la hausse de leurs coûts de production en augmentant le prix de vente de leurs produits, *ce qui a amené* les salariés à accroître leurs revendications.

2. La condition, la supposition

Taking into account inflation in the US, no significant fall in interest rates can be expected.

Si l'on tient compte [Var. *Compte tenu*] de l'inflation aux États-Unis, on ne peut s'attendre à aucune baisse substantielle des taux d'intérêt.

3. La finalité

Three other groups involved in the hearing joined us in **writing** to Ms. MacDonald, **demanding** that she withdraw her letter.

Trois autres groupes ayant participé aux audiences se sont joints à nous *pour écrire* à Mme MacDonald et *exiger* qu'elle retire sa lettre.

4. La causalité

Among regions, growth in real output is estimated to have been the strongest in the Prairie region, **reflecting** a sharp increase in grain crops.

Parmi les régions, ce sont les Prairies qui auraient bénéficié de la plus forte croissance réelle, *grâce à* une forte hausse des productions céréalières.

5. Le temps

Stonehenge attempts to provide a gradual treatment program which will ease the addict back into the mainstream of society, **leaving** the antisocial lifestyle behind.

Stonehenge essaie d'offrir une thérapie graduelle qui facilite la réinsertion du toxicomane dans la société, *une fois* que celui-ci a abandonné son comportement antisocial.

Il importe de savoir interpréter correctement ces rapports logiques afin de les expliciter en français, la traduction littérale au moyen d'un participe présent n'étant pas possible. Et pourtant, des phrases comme celles qui suivent ne sont pas rares. Calquées sur la structure anglaise, elles ne respectent pas les règles de la syntaxe française et manquent de clarté.

**Votre cotisation, déduite sur le salaire, passera à 3,75 $ par paye, *commençant* avec la paye de février.

**Près de 21 500 livres furent vendus aux prix incroyables de 25 et 50 cents, *réalisant* ainsi des ventes de plus de 7 000 $.

**Tous les fils doivent être raccordés selon le schéma de raccordement sinon un court-circuit peut se produire, *endommageant* le thermostat et *annulant* la garantie.

Ces formulations sont incorrectes parce que la proposition participiale n'est pas l'expansion d'un constituant précis de la principale, alors que c'est le cas dans la phrase suivante : «Le dollar américain, *réagissant* à une augmentation de l'indice composé de l'économie américaine, s'est raffermi hier aux dépens de la plupart des autres devises.» Dans cette phrase, il est clair que c'est le dollar qui a réagi.

Dans le premier exemple précité, ce ne sont ni la «cotisation» ni le «salaire» ni la «paye» qui commencent, mais l'augmentation de la cotisation qui sera effective «À partir de» la paye de février. Dans le deuxième exemple fautif, ce ne sont pas les «livres» qui réalisent des ventes de 7 000 $, mais le fait qu'il s'en est vendu 21 500. Deux solutions sont possibles : une proposition relative marquant la conséquence «[...], ce qui a permis de réaliser des ventes de 7 000 $» ou une proposition indépendante coordonnée «[...] et les ventes atteignirent 7 000 $». Dans le troisième exemple, il faut faire ressortir la conséquence : «[...], ce qui endommagerait le thermostat et entraînerait l'annulation de la garantie».

Ajoutons, enfin, que la coordination de la principale et de la proposition participiale s'impose lorsque deux actions non simultanées, indépendantes l'une de l'autre, se succèdent dans le temps.

a. The lager must be drawn off, **leaving** the yeast in the tank.

a. Il faut soutirer la lager *et laisser* la levure dans la cuve.

b. The small group must act together, **sharing** information and responsibilities.

b. Les membres de ce petit groupe doivent se serrer les coudes *et partager* l'information ainsi que les responsabilités.

EXERCICE D'APPLICATION

Les dix extraits de cet exercice renferment un ou plusieurs participes présents en gras. Indiquez si ces participes introduisent une proposition sans verbe, une proposition subordonnée circonstancielle (le cas échéant, précisez le rapport logique), ou s'il faut coordonner les deux propositions.

1.   There were strong gains in the interest-sensitive sectors **including** consumer durables, inventories and housing.

2.   Acknowledging that no country, **including** Canada, is blameless, my government declares its willingness to do its part to remove these obstructions in the international marketplace.

3.   Elevated levels of aluminum have serious effects, **including** clogging of the gills, **causing** fish to gradually suffocate and die.

4.   Of all the inhabitants of Brunei, the richest by far is the 40-year-old sultan, Sir Muda Hassanal Bolkiah. His daily income is estimated at $155 million, **making** him the richest man in the world.

5.   Bell collects the charges, **keeping** part of the proceeds and **remitting** the balance to the company. [*Charges* : frais d'appel]

6.   **Assuming** labour force growth also advances at a fairly robust pace, there will be only marginal reductions in the unemployment rates of both countries.

7.   Their production capacity is 16 000 canoes a year, **meaning** they can easily meet the growing demand from canoeing and rafting enthusiasts.

8.   In the wake of the recession in the host countries, the period of massive emigration came to an end, **exacerbating** the problem of unemployment.

9.   Ministers agreed that OECD countries should further strengthen co-operation with developing countries, **contributing** to their economic recovery and renewed development progress.

10.   The gradual strengthening of the bond market activity toward the end of the third quarter continued in October, **reaching** an all time monthly issue record of Sw. Frs. 3 billion.

———

LA STRUCTURE *BE* + PRÉDICAT[1]

Rappelons, tout d'abord, qu'un prédicat est ce qui est dit à propos d'un autre terme appelé sujet. Dans un énoncé dont le syntagme verbal est constitué du verbe être ou d'un verbe assimilé (rester, paraître, sembler), le «prédicat» est l'adjectif, le syntagme nominal ou le syntagme prépositionnel qui constituent le syntagme verbal. Ex. : «Elle est *fatiguée*. Elle est *médecin*. Christiane est *au cinéma*.» En grammaire traditionnelle, on réserve la notion de «prédicat» au seul adjectif en position d'attribut du verbe être. Ainsi dans «Marie est jolie», «jolie» est le prédicat de la phrase.

Selon Michel Ballard, le verbe *to be* peut exprimer trois types de rapports entre le sujet et son prédicat :

1.   Un rapport d'équation

Today is Monday.   Aujourd'hui, c'est lundi.

2.   Un rapport de localisation

John is in his room.   Jean est dans sa chambre.

3.   Un rapport d'attribution

Ce rapport indique que le sujet possède tel aspect, tel trait décrit par le prédicat.

John is a teacher.   Jean est professeur.

«Or, remarque Michel Ballard, il se trouve que certains aspects exprimés par le prédicat sont purement **statiques** alors que d'autres ont une **implication dynamique**, c'est-à-dire qu'ils correspondent à un procès exprimable par un verbe. Il semble que l'emploi de la structure *BE* + Prédicat pour faire référence à un procès soit plus fréquente que celui de la structure : ÊTRE + Prédicat. On peut alors être obligé de recourir à un verbe en français lors de la traduction[2].»

---

[1] Cet objectif s'inspire des travaux de Michel Ballard, qui a étudié le phénomène *BE* + PRÉDICAT dans deux de ses publications (v. les «Suggestions de lecture»).

[2] *La Traduction de l'anglais. Théorie et Pratique*, p. 119-120. (En gras dans le texte.)

Ne retiendront notre attention que les cas obligeant le traducteur à appliquer le procédé de la transposition ou celui de la modulation, là où une restitution calquée sur l'anglais est impossible. Du point de vue du maniement du langage, ces cas présentent un intérêt particulier du fait qu'ils risquent de donner lieu à de subtils anglicismes de structure.

Mises à part les correspondances figées (*Don't be a fool* : Ne fais pas l'idiot), on rencontre de nombreux cas où les équivalences, calquées sur la structure anglaise, aboutissent à des traductions défectueuses comme dans l'exemple suivant :

We **were curious** and **frightened**, but totally **ignorant**, about the ozone layer. At that time one concern was that the exhaust fumes of high-flying jet aircraft might somehow be damaging the ozone layer.

Nous **étions intrigués et **effrayés**, mais totalement **ignorants** au sujet du problème de la couche d'ozone. [...]

= Le problème de la couche d'ozone nous **intriguait** et nous **effrayait**, mais nous **ignorions** totalement de quoi il s'agissait. Nous craignions alors que les gaz d'échappement des avions à réaction volant à haute altitude n'endommagent la couche d'ozone.

Les exemples suivants, empruntés à Michel Ballard, illustrent bien le fait que tous les prédicats, qu'il s'agisse d'un syntagme adjectival, nominal ou prépositionnel, peuvent nécessiter une restructuration.

a. Nowadays, young people **are poor readers**.

a. De nos jours, les jeunes *ne savent plus lire*.

b. I **won't get in your way**.

b. Je ne vous *gênerai* pas.

c. Unless you stop worrying, **you'll** never **be a success**.

c. À moins que vous ne cessiez de vous inquiéter, vous *ne réussirez jamais*.

d. My uncle **used to be a ready tipper**.

d. Mon oncle *avait le pourboire facile*.

e. Taking out her handkerchief she said: **I'm a great sniffer**.

e. Elle sortit son mouchoir et dit : *j'ai la larme facile*.

En somme, bien qu'il existe en français une construction parallèle à la structure *BE* + PRÉDICAT (*He is a heavy eater* : C'est un gros mangeur), on rencontre bon nombre de cas où le passage d'une langue à l'autre exige une formulation qui s'écarte de ce modèle structural pour être plus conforme à la démarche du français. Il n'est pas rare que le sémantisme de *BE* et de son PRÉDICAT soit combiné, fusionné, pour ainsi dire, et prenne en français la forme d'un verbe, d'une locution verbale ou d'une expression idiomatique.

————

SUGGESTIONS DE LECTURE

Michel BALLARD, *La Traduction de l'anglais. Théorie et Pratique. Exercices de morphosyntaxe.* Presses Universitaires de Lille, 1980, p. 119-126.

_____, *La Traduction : de l'anglais au français,* Paris, Éditions Nathan, 1987, p. 157-170.

———————

EXERCICES D'APPLICATION

Exercice 1

1. "Girls are more fluent verbally; boys are better at math." But is it true? Studies of sex differences show that males and females are alike in more respects than is commonly supposed.

2. Cooking is a big energy consumer, but there are some excellent money-saving options.

3. Are you up to the challenge of a career as an air traffic controller?
    — Are you in good health?
    — Can you handle stress?
    — Are you decisive?

4. These publications are also available on microfiches or in hard copy at a reasonable cost from Micromedia.

5. If you are currently enrolled at a university or are a university graduate, you may be eligible for admission to a Second Degree programme.

6. Very often men are unaware of this nervous aspect of menstruation. It is a good idea to explain it to your husband so that he, too, will make allowances for unusual behavior at this time.

7. Section 57 of the Constitution Act, 1982 stipulates that the French and English versions of the Charter of Rights are equally authoritative.

8. The Kodiak bear and the grizzly of the tundra are different enough to be considered third and fourth North American subspecies by some scientists.

9. You should be more thoughtful about your future career.

10. Once present in the environment, dioxins appear to be highly persistent. Aquatic ecosystems are the ultimate sinks, but not enough studies of dioxin impact on fish and bird populations have been done to properly assess the level of contamination.

———————

Exercice 2

Le Texte 33, «Acid Rain: Time Is Running Out», renferme une dizaine d'occurrences de la structure *BE* + PRÉDICAT. Dans certains cas, la traduction exigera une restructuration.

TEXTE 33

Auteur : Anonyme
Source : Ministère des Pêches et Océans
Genre de publication : Brochure d'information générale
Date de parution : 1987
Domaine : Écologie, pollution
Public visé : Grand public
Nombre de mots : 377

Acid Rain: Time Is Running Out

Acidic precipitation is the deposition of strong acids from the atmosphere in the form of rain, snow, fog or as dry particles. The acid in the rain is the result of man-made pollution caused primarily by the discharge of oxides of sulfur and nitrogen (i.e. SO_2 and NO_2) into the atmosphere with the burning of coal and oil by electric utilities, in the operation of plants which smelt nickel
5   and other metal ores, and by transportation (cars, trucks, trains, buses, and airplanes). In the atmosphere these gases combine with water vapour to form sulfuric acid (similar to the substance in car batteries) and nitric acid. These pollutants are carried hundreds and even thousands of kilometers, crossing state, provincial and international boundaries, and return to earth. [...]

If you're an angler, you should be aware that south of James Bay, running east from the
10 Ontario/Manitoba border, 148,000 lakes and some rivers in eastern Canada now have pH less than 6, a level at which the fisheries resources are adversely affected leading to a total loss of fish if the trend is not reversed.

If you're a sports fisherman you should be aware of the loss of valuable Atlantic salmon runs in Nova Scotia.

15 If you're a cottage owner in a popular sportfishing area, you face possible severe losses in the quality of your values as fish disappear.

If you're involved with some part of the sportfishing industry, marinas, tackle stores, tourist lodges, guiding or other services you should know that hundreds of these businesses could collapse if acid rain continues.

20 These dangers are not theoretical. Although many adverse consequences of acid rain are only now being discovered, effects on fish are thoroughly documented. [...]

Whether acid rain is an immediate threat to fish depends primarily on the geological characteristics of the area. Lakes and rivers set in land rich in limestone and other natural acid-neutralizers will never be in danger. In areas lacking these natural defences, acidification is progressive. Over a period of time, acid rain can cause the natural buffers in water bodies to be used up. The rapidity with which this happens increases with the acid content of the rain. The result is a decline in the pH levels of receiving waters.

———

VIII

DIFFICULTÉS D'ORDRE RÉDACTIONNEL

INTRODUCTION

«All translation problems finally resolve themselves into problems
of how to write well in the target language[1].»

Il arrive un moment où l'apprentissage de la traduction se confond avec celui de la bonne rédaction. On aurait tort de dissocier ces deux activités qui sont en réalité deux formes d'une même opération intellectuelle. Michel Tournier a écrit à ce sujet :

> Traduire de l'anglais en français, ce n'est pas un problème d'anglais, c'est un problème de français. Certes la connaissance de l'anglais est indispensable. Mais il s'agit pour le traducteur d'une connaissance passive, réceptrice, incomparablement plus facile à acquérir que la possession active, créatrice impliquée par la rédaction en français[2].

Tous les traducteurs professionnels reconnaîtront que la reformulation d'un texte exige des aptitudes manifestes pour la rédaction. C'est pourquoi, compte tenu de l'importance de l'aspect rédactionnel qui entre dans la pratique de la traduction, nous avons consacré ce huitième et dernier objectif général à ce qui, dans le maniement du langage, relève des techniques de rédaction.

Par techniques de rédaction, nous entendons l'ensemble des procédés régissant la formulation des textes pragmatiques et se rapportant à :

a)   la connaissance des vocabulaires, conventions, formules et usages propres à ce type de textes;

b)   l'aptitude à choisir le style et la tonalité les mieux adaptés aux sujets traités;

c)   l'exploitation des ressources stylistiques de la langue afin d'optimaliser l'efficacité de la communication et la lisibilité;

---

[1] Peter Newmark, *Approaches to Translation*, p. 17.

[2] *Le Vent Paraclet*, p. 159-160.

d)   l'application des règles de composition permettant d'éviter les défauts de rédaction que sont l'imprécision du vocabulaire, les structures syntaxiques boiteuses, les pléonasmes, les solécismes, les métaphores incohérentes, les lourdeurs, l'abus de la voix passive, etc.

Les treize objectifs spécifiques qui se rattachent à ce huitième et dernier objectif général portent, d'une part, sur des aspects liés à l'efficacité de la communication, comme le traitement à réserver aux passifs, aux tournures nominales et verbales, à la recherche de la concision, à l'élimination des propositions relatives encombrantes, à la dépersonnalisation du message et, d'autre part, sur des aspects stylistiques ou rhétoriques comme les métaphores, la fausse question, la cohérence et le renforcement du caractère idiomatique du TA.

C'est dans l'aptitude à mener une réflexion rigoureuse (interprétation) et à appliquer les techniques de rédaction qu'il faut chercher l'originalité de l'activité traduisante. Nous concevons la traduction de textes pragmatiques comme un art de réexpression reposant sur la connaissance préalable de deux langues et sur l'aptitude à dégager le sens des textes et à appliquer les techniques de rédaction. «Au traducteur s'impose une double tâche, également nécessaire, d'intelligence et d'éloquence[3].»

————————

————————

[3] Roger Zuber, *Les «Belles Infidèles» et la formation du goût classique*, p. 44.

LA VOIX PASSIVE

Lorsqu'il est question de style, les auteurs d'ouvrages sur l'art d'écrire ou de manuels traitant des techniques de la rédaction professionnelle ont coutume de multiplier les mises en garde contre l'abus de la voix passive en français. Certains professeurs de traduction ou de rédaction leur font écho et vantent les mérites de la voix active en français. L'anglais affectionnerait le passif, tandis que le français, ami des tournures actives, chercherait à l'éviter à tout prix.

En réalité, la question n'est pas aussi tranchée. L'emploi de la voix passive se justifie en français comme en anglais par le désir de mettre en évidence l'agent de l'action ou de donner à certains écrits (législatifs, administratifs, techniques) un caractère impersonnel. En s'ingéniant à substituer l'actif au passif, on s'expose à alourdir la formulation ou à ne pas respecter le style et les conventions de l'écriture des documents traduits.

Comme le remarque fort judicieusement Claude Bédard, le passif sert principalement au «positionnement des mots dans un énoncé» et se révèle très utile «pour présenter les mots dans un ordre plus logique, plus commode, plus facile à lire ou permettant une mise en relief[1]». Le recours au passif se remarque notamment dans la très grande majorité des écrits techniques contemporains. Ex. : «Le nickel **est** surtout **utilisé** sous forme d'alliage. *Spinal nerves* **are composed** *of all types of sensory and motor fibers of the nervous systems.*» Il est loin d'être absent également des textes non techniques.

All these signs of *rapprochement* between the Moslem world and the West **are viewed** with satisfaction everywhere but in Israel.	Tous ces signes de rapprochement entre l'Islam et l'Occident *sont vus* partout d'un bon œil, sauf en Israël.

Employée à bon escient, la voix passive recèle des ressources dont le traducteur ne saurait se priver. Il lui faut cependant apprendre à l'utiliser judicieusement.

Cela dit, il reste que la voix passive est plus fréquente en anglais qu'en français comme l'ont constaté, entre autres, Jean-Paul Vinay et Jean Darbelnet :

> La fréquence du passif en anglais tient en partie à la structure de la langue. Le verbe anglais n'a pas besoin d'être transitif pour se mettre au passif. Il reste accompagné de sa préposition à l'une et l'autre voix :

---

[1] *Entre Nous*, p. 174. (V. les «Suggestions de lecture».)

— *The doctor was sent for* : On envoya chercher le docteur.
— *The bed had not been slept in* : Le lit n'avait pas été défait.

Elle s'explique aussi par une attitude de la langue vis-à-vis de la réalité. Il y a une certaine objectivité anglaise qui se plaît à constater un phénomène sans l'attribuer à une cause précise, ou qui ne mentionne la cause ou l'agent qu'accessoirement[2].

Selon ces auteurs, le français, qui ne jouirait pas de la même souplesse syntaxique que l'anglais, ferait un moins grand usage du passif. Cette observation, bien qu'elle n'ait pas été étayée par des relevés statistiques, se révèle néanmoins exacte. En effet, des études récentes portant sur les caractéristiques du discours scientifique confirment que la proportion de verbes à la voix passive est effectivement plus élevée dans les textes originaux anglais que dans leurs traductions ou que dans des textes originaux français. Selon quatre études statistiques citées par Juan C. Sager et David Dungworth, cet écart serait de l'ordre de 26 à 32 p. 100[3]. D'après Sager, la fréquence d'emploi du passif dans les écrits techno-scientifiques anglais serait en partie attribuable au fait qu'il n'existe pas, dans cette langue, d'autre choix :

Whereas French, German and Russian, for example, use reflexive verbs, impersonal active clauses and predicative adjectives with passive force, English has no equivalents apart from a few impersonal constructions, since any more than occasional use of the impersonal pronoun one makes even a text written in formal style sound stilted. In English therefore, the impersonal quality so characteristic of technical writing is achieved largely by the use of the passive[4].

Cette explication vaut tout autant pour les textes non scientifiques. Elle est corroborée, en effet, par Régine Soudieux qui a fait une démonstration *a contrario*, pour ainsi dire, du phénomène (v. les «Suggestions de lecture»). Sa recherche a porté sur un corpus de 5 532 constructions passives relevées dans des textes anglais traduits et de leurs 5 532 formulations originales françaises. Ce corpus se composait de romans, de nouvelles, de pièces de théâtre, d'articles de presse et de textes scientifiques et médicaux.

Sur la totalité des passifs relevés dans les traductions anglaises, 28,7 p. 100 seulement avaient comme origine dans le TD français une construction passive. Cela signifie donc que tous les autres passifs, soit 71,3 p. 100, étaient en français des constructions actives, des structures impersonnelles («on», «il faut»), des verbes pronominaux, des adjectifs qualificatifs, des participes passés passifs, etc. Ces résultats éloquents autorisaient l'auteur à conclure que l'anglais employait beaucoup plus de passif que le français.

---

[2] SCFA, p. 136.

[3] *English Special Languages*, p. 209. Ces résultats se rapprochent de ceux auxquels arrive Ginette Demers dans son étude *Textes scientifiques anglais et traductions françaises : constantes et variantes*. Thèse de doctorat, Québec, Université Laval, 1989, xxiii + 576 p.

[4] *Ibid.*, p. 209-210.

Le traducteur de l'anglais vers le français se trouve donc souvent dans l'impossibilité de traduire par une tournure passive. La langue française lui offre de nombreuses ressources (autres que le passif lui-même) pour traduire cette voix lorsqu'une traduction littérale du passif anglais serait lourde ou non idiomatique.

1.   La voix active

1.1   Le pronom indéfini «on»

a. Time **can be conceived** as the intervals during which events occur.

a. *On peut* définir le temps comme une succession d'intervalles durant lesquels des événements se produisent.

b. Today, the process **has been telescoped**.

b. Aujourd'hui, *on brûle* les étapes.

1.2   Une restructuration, l'agent devenant le sujet d'une phrase active

a. Sleepers **are disturbed** by nightmares.

a. Les cauchemars *troublent* le sommeil des dormeurs.

b. The results of attempts at cost containment **have been felt** keenly by both the hospital and community sector.

b. L'hôpital et les secteurs communautaires *ont* fortement *ressenti* les effets de ces tentatives de compression des dépenses.

1.3   Un verbe impersonnel

To make one pound of aluminum, approximately 7 kWh **are needed**, an amount of electricity that would supply an average household for several hours.

Pour produire une livre d'aluminium, *il faut* près de 7 kWh, soit une quantité d'électricité suffisante pour combler les besoins d'une famille moyenne pendant plusieurs heures.

1.4   Une locution verbale à sens passif

Very fruitful developments **were made** in this area.

Des progrès très fructueux *ont vu le jour* dans ce domaine.

1.5   Le «nous» d'auteur

This does not mean that Inuit art **is ignored**.

Nous n'excluons pas pour autant l'art inuit.

1.6   Le verbe «voir», «se voir»

New scientific discoveries **are being made** every day.

Chaque jour *voit* de nouvelles découvertes scientifiques.

2. La voix pronominale

The theoretical study of the firm's growth **can be approached** from two different points of view.	L'étude théorique de la croissance de la firme peut *s'effectuer* selon deux points de vue.

3. Le verbe «se faire» suivi d'un infinitif

My neighbors **have been robbed** of all their money.	Mes voisins *se sont fait voler* tout leur argent.

4. Un adjectif marquant la possibilité

The fruitfulness of these hypotheses **cannot be questioned**.	La fécondité de ces hypothèses est *indéniable*.

5. La nominalisation du verbe

How your husband **is regarded** is something important.	La *réputation* de votre mari est une chose importante.

_____

SUGGESTIONS DE LECTURE

Claude BÉDARD, «Point de vue sur le passif», dans *Entre Nous*, Montréal, Linguatech, 1987, p. 173-176.

Régine SOUDIEUX, *Le Passif dans des textes anglais traduits du français contemporain : étude d'un problème de traduction*. Publication linguistique du Groupe de Traduction Automatique, n° 17, Cahier CRAL, n° 27, Université de Nancy, 1974, 141 p.

Jean REY, *Dictionnaire sélectif et commenté des difficultés de la version anglaise*, Paris, Éditions Ophrys, 1973, Appendice 5 — «La voix passive. Ses équivalents français», p. 268-270.

Harrap's Shorter French and English Dictionary, Londres/Paris, Harrap Books Limited, 1991, p. A53-A54; C36.

_____

EXERCICES D'APPLICATION

Exercice 1

1. After returning to his own country, he was given various senior posts in his party in connection with political education, his favourite field.

2. Approximately 600 Canadian children between birth and 14 years of age are killed annually by traffic accidents.

3. Before a conservation project is started its objectives should be defined.

4. The year 1979 has been set aside by the United Nations as the International Year of the Child.

5. At Mirabel and Dorval, the shops were moved into the international departure rooms, allowing passengers to take their purchases with them from the shop to the plane.

6. Upon completion, the airports at the smaller communities are transferred to the territorial governments which may turn them over to the settlements to be run and maintained by local residents.

7. The Seaway should be operated as efficiently as possible with the lowest possible cost to its users because it is, in itself, a tremendous Canadian development tool.

8. The evolution of the nature of the volunteer's role in mental health has been demonstrated by the experience of the students of Harvard working in a large state mental hospital.

9. A long line of devices has been developed for children and adults alike by a scientist (blind since childhood himself) to assist the blind in almost every area of daily living.

10. Another 10,000 pioneers are already equipped with artificial heart valves made of dacron mesh.

————

Exercice 2

TEXTE 34

Auteur : Anonyme
Source : Disque de Gheorghe Zamfir
Genre de publication : Pochette de disque
Date de parution : s. d.
Domaine : Musique
Public visé : Grand public
Nombre de mots : 321

The Pan-pipe

There was once a strange creature with a beard and horns, half-man and half-beast. He was covered with hair, had feet like those of a goat and lurked in the thick copses of Arcadia, where he waylaid and pursued the nymphs. One of them, terrified by the appearance of the monster, threw herself into the Ladon and was changed into reeds. The monster cut a reed into several pieces, bound them together and made an instrument which he named "Syrinx" in memory of the nymph of that name.

This is how Greek mythology describes the god Pan, who watched over the flocks, protected the pastures and was a personification of the whole of Nature. He was glad to appear in the retinue of Dionysus and traverse hill and dale, pursuing and directing the dance of the
10   nymphs to the accompaniment of the pastoral flute which he had invented (Syrinx—also called the "Pan-pipe").

References to the use of this instrument in Rumania date back to very ancient times. It is still in use today in folk music, under various names and in different sizes.

Today the instrument is called the "naï", and usually has twenty pipes of varying lengths,
15   joined together in order of size; they are open at one end and joined together at the other by a gently curved piece of wood. The variety of sounds is determined by the length of the pipes, which are arranged in a diatonic scale.

The sounds thus obtained are complemented by all the intermediate chromatic sounds as the musician adjusts the position of his lips.

20   The "naï" produces sounds which are similar to those of the flute, but the resonance of the reeds from which it is made lends it a richer and fuller quality. Furthermore, because the design of the "naï" is extremely simple, it can render a variety of melodies—slow airs, as well as folkdances with very fast rhythms.

———

Exercice 3

TEXTE 35

Auteur : Anonyme
Source : *Cholesterol in Perspective*
Genre de publication : Brochure d'information générale
Date de parution : 1988
Domaine : Santé
Public visé : Grand public
Nombre de mots : 356

Cholesterol:
Sorting Fact From Fiction

Cholesterol. It's a subject that many people are concerned and confused about, particularly when the question of heart disease arises. Should they be concerned? Cholesterol is a very complex issue that has been the focus of much recent medical research. It may surprise you to learn that:

— 80% of the cholesterol found in your body is manufactured there. Only 20% is
5   influenced by diet.

— A high *blood* cholesterol level is a condition usually associated with heart disease.

Cholesterol found in the foods you eat has only a small effect on this condition.

— The single most important factor in high blood cholesterol levels is heredity.

— When it comes to diet, excess fat and caloric intake have the greatest effect on your blood cholesterol level.

— A high blood cholesterol level is only one of many leading factors in heart disease.

Cholesterol is a waxy substance found in every living cell of your body. It serves many necessary functions. It:

— helps produce hormones;

— is required to make Vitamin D;

— helps in the construction of cell membranes;

— is essential for the production of digestive juices. [...]

Research indicates that dietary cholesterol has a limited effect on the amount of cholesterol in the blood of most people. Generally your liver will compensate for any changes in your dietary cholesterol intake. It produces more or less cholesterol and gets rid of more or less cholesterol, as needed.

Cholesterol's double identity

Cholesterol and blood can be compared to oil and water—they simply don't mix. In order to travel through the blood-stream, cholesterol combines with protein to form lipoproteins. The so-called "good cholesterol" is a high density lipoprotein (HDL). This substance is thought to pick up cholesterol from the cells and artery walls and take it back to the liver for removal from the body. "Bad cholesterol" is a low density lipoprotein (LDL), and an excess of it may result in deposits on your artery walls, allowing less blood through the arteries. If the arteries become too narrow, and a number of other factors are present, a heart attack can occur.

———

TOURNURES NOMINALES, TOURNURES VERBALES

Un autre aspect du maniement du langage dont doit tenir compte un manuel d'initiation à la traduction de l'anglais vers le français est la nécessité de rendre fréquemment une structure verbale anglaise par une structure nominale en français.

Lorsqu'Alexandre Calder, l'inventeur des sculptures mobiles, est mort en novembre 1976, la revue *Time* a titré : *Calder: The Mobile Stops* et le magazine français *L'Express* : «Mort d'un mobile». Le titre français n'est pas la traduction de l'anglais. Tout naturellement le journaliste français a choisi une tournure nominale, contrairement à son collègue américain. On pourrait multiplier ce genre d'exemples. Sur des feuillets servant à laisser des messages, on peut lire *While you were out* et en français «Pendant votre absence» (on aurait pu inscrire aussi tout simplement «Message»). À l'entrée d'une bibliothèque universitaire, une affiche indique *ASK ME* en anglais et RENSEIGNEMENTS en français. Un lecteur de nouvelles à la télévision introduira le reportage d'un journaliste par la formule : *Paul Fisher reports*, tandis que son homologue de langue française dira : «Reportage : Jean-Marc Lépine». À une station-service, l'anglophone dira au pompiste : *Fill her up, please*, le francophone, «Le plein, s'il vous plaît».

À partir d'observations de ce genre, les auteurs de la SCFA ont conclu que «l'outillage de la langue révèle à chaque instant [la] primauté du substantif» en français parce que

a)   «bon nombre de verbes simples ne peuvent se traduire que par des locutions verbales» (*To pillory* : clouer au pilori);

b)   «un verbe anglais subordonné se rend plus naturellement en français par un substantif» (*Ever since the Supreme Court was created, a third of the judges have come from Quebec* : Depuis la création de la Cour suprême, le tiers des juges proviennent du Québec);

c)   «l'adjectif anglais se rend souvent par une locution adjectivale construite autour d'un nom» (*a hopeless undertaking* : une entreprise sans espoir);

d)   «la locution adverbiale est une caractéristique du français par rapport à l'anglais» (*movingly* : en termes émus);

e)   «la préposition anglaise aboutit souvent à une locution prépositive et il n'est pas rare que cette locution soit construite autour d'un nom» (*within two weeks* : dans un délai de deux semaines);

f)   «la répugnance du français à employer "ceci", "cela" pour renvoyer à une phrase
          précédente aboutit à l'introduction de substantifs» (*This proved very helpful* : Cette mesure
          a grandement facilité les choses)[1]. (V. l'Objectif 29.)

Ces observations ne sont pas fausses, loin de là. Peut-on pour autant conclure que le
substantif occupe une place privilégiée en français, que les tournures nominales y sont plus
fréquentes qu'en anglais, en un mot que la langue française est l'amie de la nominalisation,
tandis que la langue anglaise aurait une préférence marquée pour les formes verbales? Les
affirmations d'autorité en ce sens ne manquent pas en tout cas :

> Il est certain que notre langue marque quelque prédilection pour l'espèce
> nominale. La langue française tend de plus en plus à envisager le monde sous
> l'espèce du procès. Cette tendance à exprimer les événements et même des
> actions, par des noms plutôt que par des verbes s'est particulièrement accentuée
> au cours du XIXe siècle. Elle se manifeste surtout dans la langue écrite[2].

> Le rôle prépondérant du substantif en français a été constaté maintes fois, aussi
> bien par les hommes de lettres que par les linguistes. Dans ses *Querelles de
> langage*, André Thérive fait remarquer que l'accent de la phrase tend à porter sur
> le substantif plutôt que sur le verbe [...]. Charles Bally note que le caractère
> statique du français se reflète dans la prédominance du substantif sur le verbe
> [...][3].

> Langue du raisonnement, le français tendra donc tout naturellement à rendre les
> états terminés, les formes arrêtées, qui traduisent une prise de position. La rançon
> d'une telle attitude est un certain statisme, dont les manifestations pratiques vont
> d'une prédilection pour le substantif à l'emploi statique de certains verbes de
> mouvement[4].

Toutes ces affirmations — et il serait facile d'allonger la liste — ne semblent pas reposer
sur des relevés statistiques. Or, une étude récente, menée par Ginette Demers, professeur à
l'Université Laval, a montré que la partie du discours où s'observe le taux minimal de différences
entre le français et l'anglais est précisément le nom, qu'il s'agisse de textes techno-scientifiques
ou de textes généraux[5]. L'auteur a relevé une fréquence équivalente des noms, des verbes et
des adjectifs en français et en anglais dans le corpus étudié. Les chiffres montrent que, dans tous
les échantillons analysés (dix-sept textes anglais de trois cents mots et deux traductions de
chacun de ces textes), la fréquence des parties du discours est équivalente. De fait, le taux de

---

[1] Jean-Paul Vinay et Jean Darbelnet, SCFA, p. 102-104.

[2] Georges Galichet, *Physiologie de la langue française*, p. 117-118.

[3] Jean-Paul Vinay et Jean Darbelnet, SCFA, p. 102.

[4] Henri Van Hoof, *Traduire l'anglais. Théorie et pratique,* p. 62.

[5] *Textes scientifiques anglais et traductions françaises : constantes et variantes*, p. 168.

substantifs est très légèrement supérieur dans les textes anglais — 1 p. 100 en moyenne. Toutefois, comme les textes français étudiés sont des traductions, l'influence possible de la LD sur le TA ne peut être écartée. Le type de textes soumis à l'analyse peut aussi avoir une incidence sur les résultats.

La prudence est donc de mise en la matière et il faut se garder de formuler des hypothèses intuitives à propos de la supposée prédominance du substantif en français, car ces hypothèses risquent fort d'être infirmées par des recherches statistiques. D'ici à ce que de telles recherches fassent la lumière une fois pour toutes sur le sujet, on ne peut que constater que la transposition d'une tournure verbale anglaise en une tournure nominale française est parfois obligatoire, souvent facultative. Inversement, la transposition d'une structure nominale anglaise en une formulation verbale française est elle aussi tantôt obligatoire, tantôt facultative. C'est la sensibilité linguistique du traducteur qui lui dictera la plupart du temps s'il y a lieu ou non de procéder à une transposition pour rester fidèle aux habitudes d'expression des locuteurs de la LA.

Cela dit, rien n'empêche de remarquer que, fréquemment, une proposition subordonnée se traduit mieux par une tournure nominale en français. En voici quelques exemples :

a. We keep our customers informed on what we **are doing**, what we **expect to do** and what we **are achieving**.

a. Nous tenons nos clients au courant de nos *activités*, de nos *projets* et de nos *réalisations*.

b. This program is an effort to stimulate young Canadians **to appreciate** and **participate** in physical activities.

b. Ce programme vise à donner aux jeunes Canadiens le *goût* de l'*exercice physique*.

c. When we **are threatened** and when we **become afraid**, the normal scope of our intellect is diminished.

c. Les *menaces* et la *peur* diminuent nos facultés intellectuelles.

Dans ces trois exemples, la tournure verbale était possible, évidemment, en français. Voyons ce qu'aurait donné une version calquée sur l'anglais.

a. Nous tenons nos clients au courant de ce que nous faisons, de ce que nous comptons réaliser et de ce que nous avons accompli.

b. Ce programme vise à amener les jeunes Canadiens à apprécier l'exercice physique et à leur donner le goût d'en faire.

c. Lorsque nous sommes menacés ou lorsque nous avons peur, nos facultés intellectuelles diminuent.

On constate que les tournures nominales paraissent plus naturelles et sont moins lourdes que les tournures verbales. S'il y a des cas où la transposition est une quasi-servitude, il y en a d'autres en revanche où elle est purement facultative.

a. This volume **was** widely **distributed** to provincial health and hospital authorities.

a. Cet ouvrage a fait l'objet d'une large *diffusion* auprès des administrations sanitaires et hospitalières des provinces.

Cet ouvrage *a été* largement *diffusé* auprès des administrations sanitaires et hospitalières des provinces.

b. The card expressed what I **felt** about her.

b. Cette carte exprimait mes *sentiments* à son égard.

Cette carte exprimait *ce que je ressentais à son égard*.

c. The members of the editorial committee would like to thank Arthur Eastham without whose financial support this fourth issue **could not have been produced**.

c. Les membres du comité de rédaction tiennent à remercier Arthur Eastham dont l'appui financier a rendu possible la *réalisation* de ce quatrième numéro.

Les membres du comité de rédaction tiennent à remercier Arthur Eastham pour son appui financier, sans lequel ce quatrième numéro *n'aurait pu être réalisé*.

Il y a un cas où la traduction ne peut se modeler sur l'anglais et où la transposition PARTICIPE PASSÉ → SUBSTANTIF s'impose presque toujours. C'est celui où les participes passés à valeur adjectivale expriment non pas une qualité, mais un procès. Ainsi, the *imported oil* se traduit bien par «le pétrole importé», le déterminant «importé» qualifiant le déterminé «pétrole», mais the *increased activity* exige la transposition «l'intensification de l'activité» afin d'éviter le calque «**l'activité intensifiée». Ces transpositions obligées se rencontrent très fréquemment dans les textes d'économie comme l'a observé également Élisabeth Lavault[6].

a. **Increased international trade** is netting healthy returns for Canada by stimulating competition in the marketplace.

a. L'*intensification* des échanges internationaux, du fait qu'elle stimule la concurrence, se traduit par des gains importants pour le Canada.

---

[6] «À force de traduire et de comparer les traductions aux textes originaux, on acquiert des réflexes qui s'appuient sur les différences de fonctionnement des deux langues en présence. Ainsi, dans un texte d'économie générale, on a pu vérifier que, très souvent le couple adjectif-substantif en anglais se rend par deux substantifs en français : *an attempted coup* devient "une tentative de coup d'état", *improved lifestyles* devient "l'élévation du niveau de vie", *stepped-up inflation rate* devient "la hausse du taux d'inflation".» *Fonctions de la traduction en didactique des langues*, p. 66.

b. Establishing conditions favourable to **renewed growth** has been the main thrust of policy in the majority of OECD countries.

b. La politique économique de la majorité des pays de l'OCDE, au cours des trois ou quatre dernières années, a surtout visé à créer les conditions favorables à une *reprise de la croissance.*

c. Many people will recall the sharp increases in the price of energy in the 1970s as being the prime source of **generalized inflation**. In fact, the sharp rise in the price of oil was not the cause of inflation, but a product of the **overheated economic atmosphere.**

c. Beaucoup ont vu dans l'escalade du prix des ressources énergétiques, au cours des années 70, la principale cause de la *propagation de l'inflation.* En fait, le vif renchérissement du pétrole n'a pas été la cause de l'inflation, mais plutôt une conséquence de la *surchauffe de l'économie.*

Enfin, il ne manque pas de cas où des tournures nominales anglaises ne peuvent se rendre en français que par des tournures verbales.

a. A few minutes later there was a **knock** at the door.

a. Quelques minutes plus tard *on frappa* à la porte.

b. She had a strange **experience** in a haunted house.

b. *Il lui est arrivé* quelque chose de bien étrange dans une maison hantée.

c. That's no **concern** of yours.

c. Cela *ne te regarde pas.*

En somme, on aurait tort de croire que le «style substantif» est une des grandes caractéristiques de la langue française. Les statistiques tendent à démontrer que, à tout le moins, la proportion des parties du discours est sensiblement la même en français qu'en anglais. Du point de vue du maniement du langage, et en l'absence de toute règle absolue, il importe d'apprendre à reconnaître les cas où il faut procéder à une transposition VERBE → SUBSTANTIF ou l'inverse.

Il faut prendre garde à ne pas abuser du «style substantif», car il peut en résulter des ambiguïtés et des lourdeurs comme dans l'exemple suivant : «L'inscription à l'ordre du jour de l'Assemblée générale de la crise du Proche-Orient est probable.» L'emploi d'un verbe contribue à alléger la phrase et à la rendre plus compréhensible : «Il est probable qu'on inscrira la crise du Proche-Orient à l'ordre du jour de l'Assemblée générale.»

Les trois exercices suivants visent à montrer ceci : en franchissant le pont de la traduction, tantôt ce sont les constructions nominales qui se révèlent plus naturelles, moins lourdes et plus idiomatiques en français, tantôt ce sont les constructions verbales. Encore une fois, le choix à faire est d'ordre rédactionnel. Il repose moins sur des servitudes de la langue que sur la sensibilité linguistique et les qualités de rédacteur du traducteur.

EXERCICES D'APPLICATION

Exercice 1

(A) VERBE → (F) SUBSTANTIF

L'ascension de la montagne leur parut beaucoup plus

1.   They didn't find it difficult at all to get up the mountain but coming down was much more difficult. *facile que la descente.*

la flambée des prix / l'escalade

2.   Prices continued to advance sharply throughout 1992 for most industrial and agricultural products.   *s'est poursuivie tout au long de 1992*

Faire en sorte / s'assurer

3.   To see to it that children discover the secrets of the craftsman is to ensure that, from generation to generation, knowledge will be handed down, the traditions of ordinary folk will be maintained and the originality of the culture will be safe-guarded.

4.   The fear that resources would run out proved in many ways to be a healthy one, and people's behaviour changed. Will these good habits last?

5.   The Standing Committee on Transport met at 3 o'clock p.m. this day, in Room 253-D, Centre Block, the Chairman, Patrick Nowlan presiding.

6.   A Geriatric health service can be developed and organized under a variety of administrative arrangements.

7.   Throughout the first forty years in which the UN has existed, Canadians have been ardent supporters of the UN.

8.   The government has developed a program which will encourage as many Canadians as possible to promote peace in the International Year of Peace.

9.   What is it, exactly, that motivates those who work on site with refugees? I tried to identify the source of their motivation during my trip to Central America, but with little success.

10.   When you read this report you'll realize our recommendations will cost money.

Exercice 2

(A) PARTICIPE PASSÉ → (F) SUBSTANTIF

1.   The fight against both price and wage inflation, a prime objective of economic policy, was buttressed last year by reduced external pressures and improved productivity performance.   *relâchement*   *amélioration*

étayer,
renforcer

2. Growth in business investment has strengthened markedly in response to improved business conditions and enhanced corporate liquidity. [*Liquidity* : trésorerie]

3. Heightened takeover activity has had an important impact on the growth of bank loans in recent years. [*Takeover* : prise de contrôle]

4. In the industrial countries, the latter half of the 1970s was marked by high inflation, high unemployment and weakened productivity growth.

5. Rising U.S. interest rates through the first half of the year reflected the strength of growth in real output in the U.S. and the continued antiinflationary monetary policy stance of the Federal Reserve.

6. By far the main determinant of increased foreign direct investment is the willingness of the recipient country to improve its own domestic investment climate.

7. Sinai believes that the only realistic source of renewed growth would be a cutback on imports or an increase in U.S. exports.

8. Real personal disposable incomes were largely unchanged for almost two years, so that this additional consumption was largely associated with increased borrowing.

9. For some time now, department stores and other retailers have registered increased sales in high-priced foods—both domestic and imported.

10. Limited growth in market size, increased competition, and relatively small price increases will necessitate very close control of costs.

———

Exercice 3

(A) SUBSTANTIF → (F) VERBE

1. These problems must be capable of **solution** without **resort** to war.

2. The matter is of more than French **concern**.

3. The major **contributors** to increased levels of heavy metals in the environment are industrial activities and the use of products by the public.

4. Teachers must provide **guidance** for monitors in the **selection** of activities which they can organize, while at the same time allowing monitors to develop new ideas.

5. Brush regularly with *Close-up* as **part** of your dental health program.

6. The **prevention** of global warming is proving more difficult.

7.   Even vendors admit the validity of concerns about poor return on **investment** in PCs.

8.   **Plans** are underway to start a Sports Cards Collectors Club, and as a **fund-raiser** the teens will paint the hockey rink.

9.   We need to promote more student **participation** in the field of Canadian Studies.

10. The **price** of the directory is $29.95 plus tax.

———

LA CONCISION

«Pour faire une sculpture, je prends un bloc de marbre et j'enlève
ce qu'il y a de trop.»

trait d'esprit, plaisanterie

Cette boutade d'Auguste Rodin nous introduit assez bien dans ce que l'on peut appeler l'«esthétique du dépouillement». La concision est un fait de discours, non de langue : c'est l'usager qui est plus ou moins concis, plus ou moins verbeux dans l'expression de ses pensées quand il les met par écrit.

Il arrive souvent que les textes traduits soient plus longs que les originaux. Dans le cas des textes pragmatiques (il en va autrement pour la traduction littéraire ou biblique), cela tient à plusieurs causes, dont les principales sont les suivantes :

a)   Ignorance du sujet. Un traducteur qui ne domine pas son sujet a tendance à employer des circonlocutions au lieu du terme propre. Il décrit au lieu de désigner.

b)   Interprétation insuffisante. Suivant la loi du moindre effort, le traducteur s'accroche trop aux formes du TD, et il en résulte des longueurs excessives.

c)   Souci de fidélité. Craignant de ne pas rendre tout le sens de l'original, le traducteur pèche par «excès de traduction», il surtraduit (v. l'Objectif 27).

d)   Méconnaissance des ressources de la LA (fonds de clichés, idiotismes, formules figées, etc.) (v. les Objectifs 51 et 56).

e)   Faiblesse du texte original.

f)   Manque de temps. Quand il faut traduire vite, on n'a pas le temps de resserrer les idées, de ramasser son style. «On n'a pas le temps de faire court», comme dit Sénèque.

La recherche de la concision n'est pas une fin en soi. Elle se justifie par un souci d'exposer les idées du TD de la façon la plus claire et la plus cohérente possible. Un des devoirs du traducteur de textes pragmatiques est d'éviter de diluer la pensée d'un rédacteur sous un fatras de périphrases, de redondances et de circonlocutions, même si ces défauts de rédaction entachent l'original. Tendre vers la brièveté ne signifie pas résumer le TD. L'effort de renfermer une idée dans le moins de mots possible se confond avec la recherche d'une pensée plus serrée et plus articulée. «Quand les signes sont clairs, moins il y en a, plus ils sont vifs[1]», a écrit l'abbé Charles Batteux au XVIIIe siècle.

D'aucuns pourraient contester le droit du traducteur d'améliorer le TD, de le «clarifier» en y rectifiant les faiblesses de rédaction, notamment en le présentant sous une forme plus concise. Lorsque ces défauts ne visent pas à produire des effets stylistiques délibérés ou à masquer une réalité, mais sont le résultat d'une rédaction défectueuse, bâclée ou encore le reflet d'une inaptitude manifeste à écrire, le traducteur n'éprouvera aucun scrupule à retravailler la forme de l'original. George Sand reconnaissait ce droit (ce devoir?) aux traducteurs de textes «utiles» (pragmatiques). L'auteur de *La Petite Fadette* n'est pas tendre envers les mauvais rédacteurs :

> [...] si j'étais forcée de traduire un ouvrage utile, mais obscur et mal écrit, je serais tentée de l'écrire de mon mieux, afin de le rendre aussi clair que possible; mais il est bien probable que l'auteur vivant me saurait très mauvais gré du service que je lui aurais rendu, car il est dans la nature des talents incomplets de préférer leurs défauts à leurs qualités[2].

À la suite d'une étude expérimentale portant sur la traduction de textes pragmatiques, une traductologue contemporaine, Candace Séguinot, en arrive à considérer l'amélioration du TD comme une «fonction» inhérente du processus de la traduction :

edit : corriger

> In this particular study, the translated text was found to incorporate improvements over the source text. The question is then whether there were improvements because the source text was obviously badly written or whether the translation process naturally leads to a certain reworking of the original if the translator is competent. It is clear that a definite answer to this question will have to wait until there are more studies of many more translators working on many different kinds of texts. Nevertheless, there are indications that *editing is a function of the translation process*, and that it takes place both when inconsistencies are detected and in the reading and rereading of the source text. In the process of understanding the material to be translated, the translator draws on all kinds of knowledge; this means that *the logical connections will very likely be clearer to the translator than the meaning overtly expressed in the text*[3].

Si le traducteur a des devoirs évidents à l'égard de l'auteur du TD, il en a aussi envers les futurs lecteurs de sa traduction. Ce n'est pas trahir le sens d'un texte pragmatique que de

---

[1] *Cité par* Lieven D'Hulst dans *Cent Ans de théorie française de la traduction : de Batteux à Littré (1748-1847)*, p. 30.

[2] *Œuvres autobiographiques*, tome II, p. 278.

[3] «The Translation Process: An Experimental Study», p. 39. C'est nous qui soulignons.

tenter de le reformuler dans une autre langue en faisant une économie de mots (inutiles). «À valeur communicationnelle égale, a écrit Henri van Hoof, la traduction la plus courte sera la plus pertinente[4].»

Au réflexe périphrastique, il convient de substituer l'habitude de la désignation. Et pourquoi le traducteur ne pourrait-il pas donner des leçons de clarté à un rédacteur? Le risque d'erreur que comporte cette initiative du traducteur est de loin préférable à la certitude de l'opacité découlant de sa passivité.

En condensant une idée dans une expression nette et en ramassant les concepts dans une forme serrée, la concision accentue la cohérence et la cohésion d'un message (v. l'Objectif 55). Pour nous en convaincre, comparons l'original et la version française du passage suivant, extrait d'un texte d'informatique :

The magnetic disk pack is made up of six platters arranged one on top of the other. There is a space of approximately 1/2 inch between each platter. The platters are separated one from the other vertically with a metal rod passing up through the center of all six platters.

Éléments condensables

platter (4 fois), *other* (2 fois) : DISQUES
arranged one on top of the other / vertically : SUPERPOSÉS
there is a space... between / separated one from the other : ESPACÉS
passing up through the center : CENTRALE

Reformulation

Le chargeur magnétique se compose de six disques superposés et espacés d'environ 1/2 pouce sur une tige métallique centrale.

En condensant ainsi une formulation trop redondante, le traducteur applique les techniques de la bonne rédaction, comme le ferait un auteur écrivant dans sa propre langue. Il tient compte des règles élémentaires de composition, ce que le rédacteur du texte original n'a pas su faire, faute de temps ou de talent. Comparons l'exemple ci-dessous, cité par le traducteur, chroniqueur et ardent défenseur de la langue française, Pierre Beaudry, dans un article de presse consacré au français de nos lois[5]. L'extrait de gauche provient de la *Loi sur l'assurance automobile*, celui de droite est la reformulation simplifiée qu'en propose Pierre Beaudry.

---

[4] «Recherche d'un modèle d'analyse en traduction», p. 94. Par «valeur communicationnelle», l'auteur entend le degré d'invariance dans le message.

[5] «Le "français" de nos lois : la loi sur l'assurance automobile (suite encore!)», p. B-2. Cet article est le cinquième sur le même sujet.

Le contrat d'assurance est renouvelé de plein droit, pour une prime identique et pour la même période, à chaque échéance du contrat, à moins d'un avis contraire émanant de l'assuré ou de l'assureur; lorsqu'il émane de l'assureur, l'avis de renouvellement ou de modification de la prime doit être adressé à l'assuré, à sa dernière adresse connue, au plus tard le trentième jour précédant et incluant le jour de l'échéance.	Le contrat d'assurance est à reconduction tacite, l'assureur ne pouvant ni refuser de le renouveler ni augmenter la prime sans préavis d'au moins trente jours adressé à l'assuré à sa dernière adresse connue.

(= renouvelle, (= reentendu))

C'est sans doute en songeant à de tels exemples que Peter Newmark a pu écrire : «A translation is never finished, and one has to keep paring away at it, reducing the element of paraphrase, tightening the language. The shorter the translation, the better it is likely to be[6].» À la condition bien sûr de rendre tous les éléments d'information de l'original.

La verbosité ne crée pas seulement des lourdeurs, sources d'incohérences, elle dilue aussi le sens du message, et cela risque d'émousser l'intérêt des lecteurs. Qu'ajoutent au sens les formules impersonnelles retranscrites en gras ci-dessous?

It is important to add that the department's performance has been exceptional this year.

It is interesting that the task force has not yet found a solution.

It is significant that most staff members participated in the fund raising campaign.

It may be recalled that Mr. Smith managed the office efficiently during Mrs. Black's three-week absence.

It should be noted that applicants must sign the attached form to have their file processed.

Comparables aux calories vides, ces tours inutiles entraînent des lourdeurs adipeuses...

Cela dit, il reste que ce serait une erreur de clarifier un message qu'un auteur a délibérément formulé dans des termes «nébuleux» pour une raison particulière. Il peut avoir été poussé à agir ainsi pour des motifs d'ordre économique, politique, diplomatique ou autre. Nous ne donnerons qu'un exemple.

Une loi canadienne oblige l'industrie du tabac à informer les consommateurs de la nocivité de ce produit pour la santé. Deux de ces mises en garde imprimées sur des paquets de cigarettes sont ainsi libellées en anglais : *formulées par écrit*

---

[6] Peter Newmark, *Approaches to Translation*, p. 17.

SMOKING REDUCES LIFE EXPECTANCY

SMOKING IS A MAJOR CAUSE OF HEART DISEASE

Voici les versions françaises correspondantes

L'USAGE DU TABAC RÉDUIT L'ESPÉRANCE DE VIE

L'USAGE DU TABAC EST UNE CAUSE IMPORTANTE DE LA CARDIOPATHIE

Pourquoi avoir choisi une notion statistique abstraite comme *life expectancy*? Pourquoi parler de «cardiopathie»? Ce terme technique est sans aucun doute fréquent dans la bouche des cardiologues, mais il dit peu de chose au commun des mortels. On comprend qu'un fabricant ait quelque réticence à signaler les dangers du produit qu'il vend. On peut deviner qu'il ait voulu atténuer (camoufler?) le plus possible l'impact négatif des messages anti-tabac en évitant d'être trop clairement explicite, comme il l'aurait été s'il avait retenu les traductions suivantes :

FUMER ABRÈGE LA VIE

FUMER EST MAUVAIS POUR LE COEUR

Ainsi rédigées, les notices auraient eu le mérite d'être concises et claires pour tout le monde, mais elles auraient trahi les intentions non avouées de l'industrie du tabac, qui ne désire pas voir chuter les ventes de cigarettes.

        Enfin, la concision peut être rendue nécessaire par des contraintes d'ordre purement matériel. Certains textes pragmatiques devant tenir dans un espace prédéterminé imposent au traducteur une exigence supplémentaire. À titre d'exemples, citons les formulaires bilingues, les légendes, les bandes dessinées, les articles de catalogues, les étiquettes commerciales, les messages publicitaires, les sous-titres de films, etc.

        Les exercices qui accompagnent cet objectif visent à faire prendre conscience des économies de mots qu'il est possible de réaliser grâce à un léger surcroît de réflexion. La réduction des propositions relatives est sûrement la façon la plus simple d'éliminer les longueurs inutiles d'un texte, et les bons traducteurs ne manquent pas de recourir à ce procédé (v. l'Objectif 47).

———————

EXEMPLES DE TRADUCTION

a. He reduced the time period which must elapse before a decision is made.

a. Il a hâté les décisions.

b. The general approach is to take the transport system as it is today and use that as a basis from which to develop various scenarios: those which are possible, those which are probable and those which are desirable.

b. Grosso modo, la méthode consiste à prendre le réseau de transport tel qu'il est et à élaborer des scénarios possibles, probables et souhaitables.

c. Regional officials conducted an enquiry into this delay but, infortunately, were unable to come up with an explanation.

c. Les fonctionnaires de notre bureau régional ont vainement cherché la cause de ce retard.

d. How safe, how good and how effective are the drugs Canadians take?

d. Les médicaments vendus au Canada sont-ils de qualité?

e. To give some examples, the committee recommended that the following fees be prohibited: fees to close an account which had been open for more than a year and fees levied when customers failed to make transactions on an account.
[Révision de la Loi sur les banques]

e. À titre d'exemple, le comité a recommandé d'interdire les frais de fermeture de comptes ouverts depuis plus d'un an et les frais prélevés pour comptes inactifs.

———

SUGGESTIONS DE LECTURE

Ernest GOWERS (Sir), *The Complete Plain Words*, Londres, Her Majesty's Stationery Office, 1973, p. 42-90.

———

EXERCICES D'APPLICATION

Exercice 1

1.   *Alimentation*
Power source. Insert six batteries into the battery compartment making sure that the proper polarities are maintained and that the batteries are installed in the specified numerical order.

2.   *Un dossier incomplet...*
Failure to provide complete information or submit the required documents might affect or delay consideration of your candidacy.

3.   The room will be dimensionally capable of accommodating the computer.

4.   Translators transfer the meaning of a text from one language into the corresponding idiom of another language in such a way that the translated version conveys all the information of the original without distortion. The original text and the translated version should have virtually the same impact on readers.

5.   Delegates who wish to take part in winter sports may bring their own equipment; however, it will also be possible to rent sports equipment, with the exception of skates.

6.   I think it is really important that these children be provided with the means to do as much for themselves as they can and to be as independent as possible.

7. For residents of Canada, the United States and Mexico, the cost of an annual subscription to the Canada Gazette is $25.00 and single issues, $2.00. For residents of other countries, the cost of a subscription is $35.00 and single issues, $3.00.

8. The economy of Canada has undergone many changes which are revealed in the changing composition of the labour force. In 1971, only 8.3 percent of the total labour force in Canada was engaged in primary activity, while nearly 55 percent of the national labour force worked in tertiary activities. Manufacturing activities, on the other hand, employed about 28 percent of the nation's labour force.

9. Unless otherwise specified, it is the supplier's responsibility to satisfy the inspection authority that the commodity conforms to the specifications. This may be accomplished by either performing the tests specified in the specifications or by demonstrating, to the satisfaction of the inspection authority, that manufacturing processes and techniques are so controlled that conformity to the specifications is ensured.

10. Each student is required to carry out a research project in a public or private organization. Such projects are normally individual efforts; however, in exceptional cases, two students may work together on a project. The research project must help solve a public administration problem. The project may be organized in various ways; for example, it may be carried out under the direction of an administrator or as part of a task force.

Exercice 2

Pensées et maximes

La force d'un trait d'esprit tient en partie à sa forme ramassée. On cherchera donc à donner aux pensées et maximes ci-dessous l'effet maximal au moyen de la brièveté et du mot juste et percutant.

1. A foot is a device for finding furniture in the dark.

2. Monday is an awful way to spend one-seventh of your life.

3. All you need to grow fine, vigorous grass is a crack in your sidewalk.

4. Tact is the art of making a point without making an enemy.

5. Best time to do a tough job is the day before tomorrow.

6. "I must do something" will always solve more problems than "Something must be done."

7. The difference between a career and a job is about twenty or more hours a week.

8. What counts is not the number of hours you put in, but what you put into the hours.

9.   An open mind is a fine thing to have provided you can keep something in it.

10.   It is usually the man who is wide awake who makes his dreams come true.

11.   The easiest way to figure the cost of living is to take your income and add ten percent.

12.   "You cannot push anyone up the ladder unless he is willing to climb himself." (Andrew Carnegie)

13.   There is a four-word formula for success that applies equally well to organizations or individuals—*make yourself more useful*.

14.   A pedestrian is a man who has two cars, a wife, and one or more teenage children.

15.   One thing common to most success stories is the alarm clock.

———————

Exercice 3

TEXTE 36

Auteur : Eliah M. James
Source : *Macroeconomics. Basic Concepts. Questions and Answers.*
Genre de publication : Manuel d'initiation à la macroéconomie
Date de parution : 1979
Domaine : Économie
Public visé : Universitaires
Nombre de mots : 422

Chapter 12

Central Banking and Monetary Policy

Changes in the money supply can affect income, employment and prices. In this chapter, we shall look at the functions of the central bank and examine the methods that it uses to control the money supply. In England, the central bank is the Bank of England. Here in Canada, it is the Bank of Canada, and in the United States, it is called the Federal Reserve System.

5   **Functions of a central bank**

A central bank performs four main functions. These are:

1) *To distribute currency*. The central bank is responsible for seeing that the country has an adequate supply of currency. In performing this function, the central bank must ensure that its issue of new bank notes is not too great. Irresponsible increases in currency can have serious
10   adverse effects on the economy.

2) *To act as banker to the government.* The government keeps its chequing account with the central bank just as you and I keep our accounts at a commercial bank. In our discussion of fiscal policy, we noted that the government often borrows funds to finance its programmes. Some of these loans come from the central bank. The central bank makes loans to the government by
15 buying government securities and paying for them by increasing the government's deposit account by the value of the securities.

3) *To act as banker to the commercial banks.* The cash reserves of the commercial banks are held in the form of deposits at the central bank and currency in their vaults. If the commercial banks need to borrow money, they borrow from the central bank, and we have already seen that
20 the central bank plays an important role in the cheque clearing operations of commercial banks. The function of lending money to the commercial banks when they need it is often referred to as the *lender of last resort* function.

4) *To conduct the country's monetary policy.* The central bank is charged with the responsibility of conducting the government's monetary policy. Monetary policy works through changes in the
25 money supply and the interest rate. Below, we examine the instruments which the central bank uses to conduct monetary policy. Monetary policy can be defined as changes in the money supply and the rate of interest designed to influence the economy. The primary objectives of monetary policy are to maintain a high level of employment and relative price stability. We shall see how the central bank uses monetary policy to reduce inflation and to stimulate the economy.

———

Exercice 4

TEXTE 37

Auteur : Anonyme
Source : *Encyclopedia Americana*
Genre de publication : Article d'encyclopédie
Date de parution : 1977
Domaine : Alimentation, techniques de conservation
Public visé : Grand public
Nombre de mots : 286

Freeze-Drying

Although the process of freeze-drying has been known since the 18th century, it was used primarily for preserving biological and pharmaceutical products until the mid-1900's.

Freeze-drying is a process of preserving food by freezing and then removing most of the moisture. The foods that are freeze-dried most readily and with the best results are liquids, such
5 as coffee and juices, thin slabs of meat, and small objects, such as peas, mushrooms and berries.

In the freeze-drying process, the food to be dried may be fresh or cooked and then cut into the desired size. It is then quick-frozen and placed in a vacuum chamber, where it is heated under very low pressure. The temperature inside the chamber is carefully regulated so that the
10   ice crystals in the food change into a vapor without first passing through the liquid state. The entire process generally takes about 12 hours, and when the food is completely dried, it usually has the same shape and volume as the fresh food but has been reduced to about 1/3 or 1/5 of its original weight. After drying, the food is carefully packaged to protect it from the air, but once packed, it can be stored at any temperature for an indefinite length of time.

15   Although freeze-drying is a relatively slow and expensive process the decreased weight of the food reduces shipping costs. Another advantage of freeze-dried foods is that they can be rehydrated in a few minutes and then cooked very quickly. Berries and other foods that do not require cooking are ready to eat when placed in water or milk. There is little or no change in food value or palatability of freeze-dried foods.

———————

LA RÉDUCTION DES PROPOSITIONS RELATIVES

L'art d'écrire se manifeste, entre autres, par l'aptitude à procéder aux substitutions opportunes. Grâce à des solutions équivalentes bien choisies, on peut varier l'expression, alléger ses phrases et leur donner un tour aisé et idiomatique.

La suppression des propositions relatives est une façon de renforcer la cohérence d'une traduction et d'atteindre la concision (v. les Objectifs 46 et 55). Il est toujours souhaitable d'éliminer les encombrants pronoms relatifs. L'abus des «qui» et des «que», des relatives en cascade, alourdit singulièrement un style. Il est facile de s'en convaincre en lisant ces extraits :

> Ce fut pour lui une grande joie lorsqu'au soleil levant, il attela ses chevaux à la semeuse mécanique **qu**'il avait louée d'un fermier des environs et **qu**'il confia au sol **qu**'il venait d'ouvrir la semence de blé **qui** devait assurer sa subsistance.

> Il a eu tant de misère **qu**'il a oublié les noms de ceux **qui** furent ses fils et **qu**'il ne peut se rappeler la figure de celle **qui** fut la compagne de sa jeunesse.

Si les pronoms relatifs sont éloignés de leurs antécédents, leur substitution devient obligatoire pour éviter les équivoques et les effets bouffons du genre «**Grand-père a apporté une citrouille à grand-mère qui était trop mûre».

Rappelons brièvement qu'on peut réduire les propositions relatives en leur substituant :

1. Un nom en apposition

Victor Hugo, qui a composé *Les Misérables* Victor Hugo, *auteur* des *Misérables*

2. Une épithète

Une hostilité qui ne se déclare pas Une hostilité *sourde*

3. Un participe passé

Une foire qui doit avoir lieu le 5 mai Une foire *prévue* pour le 5 mai

4. Un adjectif possessif

L'exploit qu'il a réalisé *Son* exploit

5.   Un complément de nom

Un écrivain qui a du talent   Un écrivain *de talent*

6.   Une proposition indépendante

On a pendu ce meurtrier qui avait assassiné   On a pendu ce meurtrier *: il avait assassiné*
son enfant.   *son enfant.*

7.   Un infinitif

On voit le soleil qui se lève à l'horizon.   On voit le soleil *se lever* à l'horizon.

8.   Une locution suivie d'un complément

Un timbre qui représente la reine   Un timbre *à l'effigie de la reine*

9.   Un groupe prépositionnel

Les arbres qui sont dans la forêt   Les arbres *de la forêt*

On peut aussi substituer aux propositions subordonnées suivantes :

10.   Un complément d'objet direct

Je désire qu'il réussisse.   Je désire *sa réussite.*

11.   Un adverbe

Il m'a aidé sans que rien ne l'y obligeât.   Il m'a aidé *spontanément.*

12.   Un gérondif

Il chantait pendant qu'il marchait.   Il chantait *en marchant.*

13.   Une incise

Elle croyait qu'elle était à mi-chemin.   Elle était, *croyait-elle*, à mi-chemin.

EXERCICES D'APPLICATION

Exercice 1

Éliminez les propositions relatives ci-dessous.

1.   Un peuple qui se gouverne par ses propres lois :

2.   Les nations qui font la guerre :

3.   Des intérêts qui se contrarient :

4.   Des débiteurs qui répondent l'un pour l'autre :

5.   Un tribunal qui n'a pas le droit de juger telle cause :

6.   Une exécution qui n'est précédée d'aucun jugement :

7.   Un ennemi qui ne se déclare pas :

8.   Un fonctionnaire qui va vite en besogne :

9.   Une maladie qui se prolonge :

10.   Des moyens qui tendent à faire gagner du temps :

11.   Des monnaies qui représentent Charles X :

12.   Des frais qui incombent au propriétaire :

13.   Des soldats qui n'ont à craindre aucun danger :

14.   Un ennemi qui ne peut plus nuire :

15.   Un infirme qui manque de tout :

16.   Un empire qui doit avoir les plus hautes destinées :

17.   Un cultivateur qui doit payer des impôts exorbitants :

18.   Un insecte qui a un aiguillon :

19.   Un étudiant qui n'aime pas faire d'effort :

20.   Une hirondelle qui annonce le printemps :

———————

Exercice 2

1.   Those who do a good job in educating are those who are caring people, those who are committed people, those who are not afraid to take risks, and most of all, those who are self-sacrificing and derive the greatest pleasure from the achievement of others.

2.   The ice ages are a good example of how animals and plants respond to geological upheavals that extend over long periods of time.

3.   The examples which follow are representative of the multitude of experiments which have been tried or are ongoing.

4.   Brain cells that are deprived of ample oxygen do not perform their functions efficiently.

5.   The parents' ideas and values have little influence over the young, who are swayed much more by their friends' standards.

6.   Since the ways in which this apparatus may be used have virtually no limits, the list of client industries, universities and laboratories is impressive.

7.   The hovercraft crews are always finding new ways to prove the versatility of their craft that is part airplane and part boat.

8.   The terminal, which enables one to have a two-way communication, is a time-saving apparatus.

9.   Patients who wish to have their lesions treated can see a dermatologist.

10. After only a year's effort, the firm offered the first line of wallpaper that was both easy to apply and later could be removed simply by peeling it away from the wall like the skin of an orange.

———

Exercice 3

1.   A Canadian baby food company has completed a study of infant nutrition that ranges the period from birth to 18 months of age. The results pose some interesting questions about recent nutrition theories.

2.   Biologists are working on a technique for converting cellulose from plants into methane. The conversion process relies on the activities of two types of bacteria, one that digests cellulose into simpler materials such as sugars, acetic acid, hydrogen and carbon dioxide, the other, which converts some of these products into methane.

3.   Various left-wing organizations which had already gathered under the banner of the People's Rally issued a call to Frenchmen on June 21, 1935 to organize "a gigantic rally of all persons who are determined to defend freedom." (*People's Rally* : le Rassemblement populaire)

4.   In 1976, women who were the sole supporters of families had an average income of $6,462.

5.   As a consumer, the airport buys more than $100 million annually in necessary supplies. Local farmers help provide much of the produce that goes into the millions of meals that are prepared in Toronto International Airport kitchens each year for restaurant service and for in-flight meals.

6.   Lung cancer is one of the causes of death which is on the increase in the 45-54 age group.

7. Although the divorce rate, which has been growing more rapidly since 1960, is undoubtedly affected by the legal changes which have taken place, the law has most often been a response to changes in actual behaviour.

8. Share the beauty of these flowers that are so closely associated with the natural environment of all sections of our country. [Il s'agit d'un entier postal, les domesto-grammes à motif floral.]

9. There was a time when Canadian chartered banks, which operate nationwide, did their major business in Alberta at head offices in Toronto and Montreal.

10. The original plan was to sail around Alaska and through the Panama Canal, which is usually the most promising route, considering Arctic ice and weather conditions.

———

LA DÉPERSONNALISATION DU MESSAGE

Il est fréquent que les rédacteurs anglo-saxons s'adressent directement à leurs lecteurs, là où un auteur de langue française préférera rester impersonnel. C'est au moyen du pronom personnel *you* que les auteurs de langue anglaise donnent à certains de leurs écrits un ton qui peut paraître familier à un lecteur francophone.

En français, le style personnel est d'un usage courant dans plusieurs genres de textes pragmatiques, mais tout particulièrement en publicité. Exemples :

a. So your widest choice is Gerber.

a. Avec Gerber, vous avez l'embarras du choix.

b. Air Canada the airline that treats you like a guest not just a passenger.

b. Air Canada, la ligne aérienne qui vous traite comme un invité, pas seulement comme un passager.

c. But don't take our word for it. Come in and compare for yourself.

c. Mais ne nous croyez pas sur parole! Venez faire les comparaisons vous-même.

Si elle est fréquente en français publicitaire, la forme impérative peut parfois produire des messages d'une brutalité choquante en français, comme c'est le cas de l'exemple suivant : «*Put cocktails back into your cocktail parties* : **Vous promettez un cocktail. Alors servez-en.»

Les notices d'entretien, les instructions et les modes d'emploi font aussi un grand usage de l'impératif et de la deuxième personne du pluriel. Ces deux modes d'expression font concurrence à l'infinitif. Extrait d'instructions sur l'utilisation et l'entretien des échelles portatives :

Check the Condition of the Ladder
— Watch for split or cracked side rails, missing or broken rungs.
— Faulty ladders shall not be used.
— Be sure that all ladders are equipped with safety feet.

1.   Style personnel

Vérifiez l'état de l'échelle
— Vérifiez si les montants sont fendus ou brisés et s'il manque des échelons.
— N'utilisez pas une échelle en mauvais état.
— Assurez-vous que toutes les échelles sont munies de pieds antidérapants.

2. Style impersonnel

Vérifier l'état de l'échelle
— Vérifier si les montants sont fendus ou brisés et s'il manque des échelons.
— Ne pas utiliser une échelle en mauvais état.
— S'assurer que toutes les échelles sont munies de pieds antidérapants.

Dans ce genre de textes, le style personnel et le style impersonnel s'équivalent. La seule règle à respecter est d'éviter, dans un même texte, de passer d'un style à l'autre.

L'impératif français peut aussi avoir une valeur impersonnelle, comme dans cette phrase d'Édouard Montpetit : «Homme pratique aux yeux du public, l'exploitant d'une usine est un théoricien que l'expérience a formé. **Voyez**-le à l'œuvre. Il commande avec prudence; même ses audaces, il les a pensées et pesées; il porte en soi le sort de son œuvre [...][1].

Mais les cas qui nous intéressent ici tout particulièrement sont ceux où il faut dépersonnaliser du message en passant de l'anglais au français. La substitution du pronom *you* par une formule impersonnelle s'impose généralement lorsque l'énoncé où il figure a une portée générale, est une abstraction ou lorsque ce pronom n'a pas véritablement d'antécédent et surgit au milieu d'un paragraphe comme «un cheveu sur la soupe», pour ainsi dire, ce qui est l'indice de sa valeur impersonnelle. Dans un souci de cohérence et d'uniformité de ton et de style, on le remplace alors par une tournure impersonnelle.

EXEMPLES DE TRADUCTION

a. When **you** think of wheat, **you** may think of endless fields of grain under a hot summer sun. But when **you** take a close look at those golden shafts of grain, **you** find that wheat has a lot of the basic nutrition **you** need as part of a good diet. [Inscription sur une boite de céréales]

b. Le blé *évoque* souvent l'image de vastes prairies ondulant sous le chaud soleil d'été. Mais *en examinant* de plus près ses riches épis dorés, *on* découvre qu'il regorge d'éléments nutritifs *essentiels* à un régime équilibré.

b. **You** need up to two dozen sub-culture, one after another and each with its own selection procedure, to derive one stable, productive cell culture. Trial and error is the only way **you** learn what it takes to create a healthy culture. [Revue de vulgarisation scientifique]

b. *Il faut* préparer et trier successivement jusqu'à deux douzaines de sous-cultures avant de réussir à isoler une culture stable et productive. Ce n'est qu'à force d'essais que l'*on* apprend à produire des cultures saines.

---

[1] *La Conquête économique*, p. 49.

c. **You** can get an approximation of the heart's electrical activity by taping six sensors to the skin above it. [Revue de vulgarisation scientifique]

c. *Il est possible* de déterminer l'activité électrique cardiaque d'un sujet à l'aide de six électrodes disposées sur le torse.

d. A few moments of **your** time to complete the attached declaration card will help to speed you through Customs and Agriculture inspection by reducing the number of oral questions the inspector will have to ask when you arrive in Canada. [Formule de déclaration de douane]

d. *Il suffit* de quelques minutes pour remplir la présente déclaration. Cette formalité réduira le nombre de questions que vous posera l'inspecteur à votre arrivée au Canada, et vous pourrez ainsi passer rapidement l'inspection des Douanes et de l'Agriculture.

La préférence marquée du français pour les formules impersonnelles (là où l'anglais emploie le pronom *you*) se manifeste clairement dans les proverbes, dictons et locutions diverses comme en font foi les exemples ci-dessous :

a. **You** could have heard a pin drop.

a. *On* aurait entendu voler une mouche.

b. When **you** can't get what **you** like, **you** must like what **you** have.

b. Quand *on* n'a pas ce que l'*on* aime, *il faut* aimer ce que l'*on* a.

c. **You** must hear both sides.

c. *Qui* n'entend qu'une cloche, n'entend qu'un son.

d. **You** can't have **your** cake and eat it too.

d. *On* ne peut pas être et avoir été.

[Var. *On* ne peut pas avoir et la pomme et le paradis.]

[Var. On ne peut pas avoir l'oseille et l'argent de l'oseille.]

[Var. *On* ne peut pas tout avoir : le beurre et l'argent du beurre.]

e. **You** cannot please everybody.

e. *On* ne peut contenter tout le monde et son père.

f. **You** don't have to rub it in.

f. *Inutile* de tourner le fer dans la plaie.

Dans ce genre d'expressions toutes faites, la forme personnelle se rencontre en français, mais beaucoup plus rarement : Là où est *votre* trésor, là aussi est *votre* cœur. Aide-toi et le ciel t'aidera. Chassez le naturel, il revient au galop. Connais-toi toi-même. En avril ne te découvre pas d'un fil. Fais ce que tu dois, advienne que pourra.

En somme, le pronom *you* ayant une valeur impersonnelle trouve de nombreux équivalents qui contribuent à dépersonnaliser le message lorsqu'il convient en français de rester à un niveau d'abstraction plus élevé qu'en anglais pour ne pas donner à la traduction un ton trop familier, ou lorsqu'il faut respecter les conventions de l'écriture de certains genres de textes. Voici quelques équivalents impersonnels du *you* :

— la traduction implicite (*When you think of wheat* : Le blé évoque l'image);

— le gérondif (*When you take a close look* : En examinant de plus près);

— le pronom indéfini «on» (*You find that* : On découvre que);

— un verbe impersonnel tel que «il suffit», «il est possible» (*You need up to...* : Il faut jusqu'à...);

— une locution (*Whether you like it or not* : Bon gré mal gré);

— le pronom interrogatif «qui» (*You never can tell* : Qui sait?);

— un adjectif (*You need* : essentiel);

— le pronom indéfini «nul» (*You can't expect anybody to do what is impossible* : À l'impossible, nul n'est tenu).

———

SUGGESTIONS DE LECTURE

André CLAS, «Le système du pronom indéterminé "on". Problèmes de traduction», dans *Lebende Sprachen*, vol. 15, n° 1, janvier-février 1970, p. 13-16.

———

EXERCICES D'APPLICATION

Exercice 1

1.   You don't say! [Exclamation]

2.   If you wish to ride far spare your steed. [Proverbe]

3.   Believe it or not, recessions offer great opportunities to increase your personal wealth—if you know how to take advantage of them.

4.   Explore a part of Canada and you'll discover a part of yourself. [Inscription sur un sachet de sucre]

5.   "You can fool some of the people all the time and all the people some of the time, but you cannot fool all the people all the time." [Remarque attribuée à Abraham Lincoln]

6. Contrary to general belief, heraldry is a simple and enjoyable science. You need only master a few basic rules and about a hundred heraldic terms to be at ease with it.

7. We help a lot of people. Many mothers are very grateful—they know that you can't get back the lost time with your child.

8. "I like to think of my company as a ship—one that doesn't take six months to turn around if you decide to change course."

9. There are few things more frustrating than that first sign of corrosion on your new car.

10. Almost everybody watches great quantities of television, if you believe the market-research surveys—five, six, seven hours a day, depending on class or age.

———

Exercice 2

Le Texte 38, «Osteoporosis», est l'introduction d'un ouvrage rédigé par une femme, atteinte d'ostéoporose, qui relate son expérience et donne des conseils aux femmes souffrant ou non de cette maladie. La traduction de cet extrait, qui renferme onze pronoms *you* et sept adjectifs possessifs *your*, nécessitera un dosage de formes personnelles et impersonnelles. Il serait bon également de faire une recherche documentaire préalable sur l'ostéoporose.

TEXTE 38

Auteur : Pamela Horner
Source : *Osteoporosis: The Long Road Back*
Genre de publication : Ouvrage de vulgarisation relatant une expérience personnelle
Date de parution : 1989
Domaine : Santé
Public visé : Femmes souffrant ou non d'ostéoporose
Nombre de mots : 469

Osteoporosis

Introduction

If you are a post-menopausal woman, the chances are one in four that you harbour within your body a bone robber, called osteoporosis, which for years has been undermining the foundations of your skeletal system. Osteoporosis is a major medical problem that affects millions of people, particularly women over the age of 50. It is estimated that more than 800,000 Canadian women have been diagnosed as osteoporotic, and that some 20 million women in the United States who are 50 or over are likely to have radiographically detectable evidence of osteopenia (decreased bone mass). The annual medical costs incurred in the United States for treatment of osteoporosis and related fractures exceed $6 billion.

The bone robber may remain undetected in your body until, by slowly depleting the
10   mineral content, it has reduced your bone mass by as much as 30 per cent. And you, the victim,
left with the brittle bones of the osteoporotic, will be subject to fractures of wrist or hip at the
slightest trauma. You may also suffer wedge or crush fractures of one or several vertebrae (often
five will collapse to a point where they occupy the space formerly taken by three). This causes
the unsightly "dowager's hump" and an attendant height loss and realignment of bodily structures
15   which can have devastating results. The accompanying pain, usually associated with the back
area, can be completely incapacitating.

Now, suppose a robber were repeatedly breaking into your home and stealing your
valuables. You would at once take countermeasures. You'd make sure you kept your doors
locked, perhaps even install a burglar alarm. But if that same robber went undetected, if you didn't
20   miss the valuables being stolen, you would have no cause for increased vigilance. This is the
dilemma that confronts potential victims of the bone robber—the need to take precautionary
measures long before the damage becomes apparent.

It was with the dual purpose of convincing women, particularly young women, that they
should look to their defences, and of helping those already suffering the ravages of attack, that
25   I embarked on this project. I have tried to write in an optimistic vein, stressing the positive, so that
other sufferers in search of information may not meet with the discouraging blank wall I initially
encountered.

I sincerely hope that my readers, be they known or potential victims of the bone robber,
will take the message to heart. I do not claim you can banish the culprit, but I am convinced that
30   by following the relatively simple preventive and curative measures outlined here, you can do
much to hogtie him. If even a few readers are helped to this end—if the potential victim looks to
her defences, if the acute sufferer finds cause to hope and courage to persevere—then I will have
achieved my goal.

———————

Exercice 3

Avant de traduire le Texte 39, «The Importance of Praise», on se reportera à l'Objectif 55
consacré à la cohérence et à la cohésion. Ce texte présente en outre des caractéristiques
semblables à celles du Texte 53, «You Can't Lead by Pushing».

TEXTE 39

Auteur : Marvin G. Gregory et Arthur Zito
Source : *Bits & Pieces*
Genre de publication : Brochure
Date de parution : 1979
Domaine : Psychologie, relations de travail
Public visé : Grand public américain
Nombre de mots : 332

The Importance of Praise

When you tell people they have done a job well—you create a special kind of pride. The natural reaction is to try even harder. People thrive on praise.

Too many supervisors don't praise enough. They "take for granted" a job well done. Too often they overlook the person who consistently does his assignments right.

5   Why do supervisors fail to praise more than they do? Well, they're expected to keep their eyes out for errors, then to correct them. So the natural tendency is to be critical ... to crack down on those who do things wrong.

But the fact is criticism just doesn't motivate people as much as praise. With criticism, if they try harder, it's because they *have* to. With praise, people try because they *want* to. And they do
10   much more.

Even when criticism is called for, successful supervisors try to work in some praise. To set the stage, they bring up the good things a person has done. *Then* they focus on the weak spot that needs improving.

People have a natural need to feel that they're wanted ... that their efforts are appreciated.
15   Sincere praise fills this need. That's why it's such an effective tool for getting better results. [...]

Napoleon once observed, "An Army's effectiveness depends on its size, training, experience and morale ... and morale is worth more than all the other factors combined."

It's the same in every organization. No matter how capable the people, when morale sags, so does performance.

20   It's not hard to spot low morale. The zest goes out of a person's work. Loss of interest and enthusiasm shows in less effort and poorer results. [...]

No leader can give people *everything* they want *all* of the time. But he or she can be *aware* of what people want, show them that they know how they feel, and satisfy their needs whenever they can. Doing this, on a daily basis, and with a sincere attitude, is what good morale is made
25   of.

———

OBJECTIF 49

LES ANAPHORES ET LES RÉPÉTITIONS

«Bis repetita placent»

«Les choses redites plaisent.» Cet aphorisme formé d'après un vers d'Horace[1] s'applique-t-il vraiment à toutes les répétitions? Aux répétitions d'idées comme aux répétitions lexicales? Toutes les répétitions sont-elles «légitimes», justifiées? Précisons tout d'abord les termes.

On entend par répétition la reprise d'un mot ou d'une structure syntaxique à proximité de la première occurrence. L'anaphore, cas particulier de la répétition, est un procédé rhétorique consistant à reprendre un même mot ou un même groupe de mots au début d'énoncés successifs afin de mettre en relief l'expression ainsi répétée.

Les lecteurs, les rédacteurs et les écrivains n'ont pas tous la même tolérance vis-à-vis de la reprise des mêmes termes. Il entre incontestablement une part de subjectivité dans l'appréciation du phénomène. Chez les écrivains, les avis sont partagés. Certains, comme Paul Léautaud voient dans la répétition une façon d'être vrai, naturel, de donner au style un caractère spontané, authentique. D'autres, comme son ami André Billy, considèrent la modulation des répétitions comme une façon de nuancer la pensée. Léautaud écrit :

> Je ris des gens qui fuient les répétitions. On les voit suer à cela, jusqu'à déformer ou changer le sens de ce qu'ils voulaient écrire. Une répétition, dix répétitions, voilà bien ce qui ne m'embarrasse pas. Tout bien préparé dans ma tête, j'écris comme cela vient, je ne m'occupe que d'être clair et vrai. Il m'est arrivé d'écrire tout naturellement des phrases dans lesquelles il y a deux ou trois fois le même mot. Elles me ravissent. Elles sont vraies[2].

André Billy, avec qui Léautaud a entretenu une correspondance pendant plus de quarante ans, voyait les choses d'un tout autre œil : «La peur des répétitions nous oblige à nuancer, à rendre plus vraie, plus concise notre pensée.» «Vous en avez de bonnes, réplique Léautaud. Tout le contraire, absolument tout le contraire. Plus on raffine sur le style, plus on s'éloigne du vrai.» Et André Billy de revenir à la charge : «J'ai mon point de vue qu'il faut respecter la syntaxe et la

---

[1] «Haec decies repetita placent», *Art poétique*, v. 365. (Certaines choses, même répétées dix fois [var. souvent], plaisent toujours.)

[2] *Cité par* Louis Chantigny, *Silhouettes très parisiennes et l'art d'écrire.* p. 173.

grammaire et le vocabulaire pour être compris du plus grand nombre... Éviter de répéter un mot vous conduit neuf fois sur dix à nuancer votre pensée et à serrer de plus près la réalité[3]...»

En matière de répétition, comme on le voit, les avis sont partagés. Il y a lieu de distinguer les répétitions qui relèvent du procédé rhétorique et celles qui sont abusives. Les premières peuvent contribuer à donner à la phrase plus de force, plus d'émotion. Un mot judicieusement répété fixe l'attention sur l'idée. Lorsque la reprise d'un mot est nécessaire à la compréhension, on aurait tort de se mettre en quatre pour éviter de le répéter sous prétexte que le «beau style» est ennemi des répétitions. Dans les textes spécialisés, par exemple, la profusion de termes synonymes ou quasi synonymes risquerait de semer la confusion chez le lecteur et de nuire à une bonne intelligence du texte. L'efficacité de la communication doit l'emporter sur les qualités esthétiques.

En revanche, les répétitions (d'idées ou de mots) sont abusives lorsqu'elles ne sont pas stylistiquement justifiées. Ces répétitions dites «vicieuses», ces redites inutiles dénotent une indigence de vocabulaire. On peut se demander si les deux paragraphes ci-dessous, extraits de textes administratifs traduits sont un effet de l'art et de nature à plaire :

> **Vers la fin de l'année, on a fusionné les **programmes d'habitation** pour Indiens et pour Esquimaux et l'on en a fait un **programme d'habitations** à louer dans le Nord et un **programme** d'achat **d'habitations** dans le Nord. Grâce à cette initiative, les Indiens des Territoires du Nord-Ouest peuvent profiter des **programmes d'habitation** dont seuls les Esquimaux pouvaient jouir jusqu'ici.

> **Le **programme de développement communautaire** a permis de faire participer les Indiens et les Esquimaux à la planification et à l'exécution des **programmes communautaires** dans le Nord. Il s'agissait d'une entreprise de recherche sur place, en vue de déterminer les possibilités de **développement communautaire**, et ensuite d'un **programme** de formation en matière **de développement communautaire** à l'intention du personnel sur place et du personnel de l'administration centrale. Les fonds de la Caisse de **développement communautaire**, destinée à amener les autochtones à prendre des initiatives et à gérer eux-mêmes leurs activités **communautaires**, se sont maintenus à 216 000 $. L'administrateur local peut engager des dépenses inférieures à 1 000 $ pour des améliorations **communautaires** d'ordre général, moyennant l'approbation du conseil de la localité en question.

Les traducteurs n'ont manifestement pas tenu compte des possibilités synonymiques de la langue française et ont suivi la voie de la facilité. L'abus de compléments rattachés les uns aux autres par la préposition «de» relève aussi du mauvais style et est un exemple de répétitions maladroites.

---

[3] Cet échange de vues sur la question est rapporté par Louis-Paul Béguin dans *Parcours parallèles. Pages de journal*, p. 25.

Des études ont été menées dans plusieurs lacs **du parc **de** Banff afin **de** déterminer les résultats **des** opérations **de** peuplement **de** truites effectuées au cours **des** dernières années. [8 occurrences]

Le gouvernement est intervenu dans la gestion **d'Air Canada pour ce qui est **de** l'achat **d'**avions, **des** normes **de** service, **de** la consommation **de** carburant et **des** négociations **des** contrats **de** travail. [10 occurrences]

Mais la palme revient à la phrase suivante qui, dans son genre, atteint un sommet qu'on ne souhaite pas voir dépasser :

On poursuit **des études **des** parasites **des** poissons **du** parc national **de** Terre-Neuve, **de** ceux **des** becs-scie **des** provinces Maritimes et **de** ceux **des** fous **de** Bassan **de** l'île Bonaventure. [12 occurrences]

La formulation ci-dessous n'aurait-elle pas été plus lisible et plus élégante?

= Des études sont en cours sur les parasites qui s'attaquent aux poissons du parc national de Terre-Neuve, aux becs-scie des provinces Maritimes et aux fous de Bassan de l'île Bonaventure.

Du point de vue de la traduction de l'anglais vers le français, plus d'un traducteur, plus d'un professeur de traduction ont observé que l'anglais n'éprouve pas la même répugnance que le français à l'égard de la répétition. «L'anglais tolère mieux que le français la répétition lexicale, même dans les textes de style soutenu[4].» «Les répétitions sont beaucoup plus courantes en anglais qu'en français, ce qui pose au traducteur un problème constant : doit-il éviter ces répétitions en français, langue dans laquelle elles sont souvent ressenties comme peu naturelles, ou bien les conserver pour rendre un effet voulu par l'auteur? Ici encore, [...] c'est l'intention de l'auteur qui doit être respectée. Il faut essayer de déterminer si la répétition est voulue; si elle contribue à un effet stylistique. Si c'est le cas, il sera préférable de la conserver en français, à moins que le même effet ne puisse être rendu à l'aide d'un procédé français différent mais convenant mieux dans le contexte[5].»

Pour sa part, Geneviève Quillard explique pourquoi «l'anglais est plus prédisposé aux répétitions que le français». C'est, selon elle, parce qu'«il ne dispose pas d'un système de genres lexicaux. Les pronoms du français sont donc souvent remplacés par des noms [...]. Mais ces contraintes linguistiques, cette nécessité d'éviter des ambiguïtés, n'expliquent pas tout. L'anglais pourrait fort bien en effet avoir recours à des synonymes ou à des structures phrastiques plus complexes pour éviter la reprise des mêmes termes. Pourquoi ne le fait-il pas? Pour deux raisons : d'abord parce que l'anglophone ne craint pas la répétition autant que le francophone,

---

[4] Michel Ballard, *La traduction : de l'anglais vers le français*, p. 232. (V. les «Suggestions de lecture»).

[5] Françoise Grellet, *"The word against the word"*. *Initiation à la version anglaise*, p. 186.

comme le montre cette observation de Newmark : "The translator [...] should not be afraid of repetition[6]"; ensuite parce que, à en juger par les manuels de rédaction et de stylistique anglais, l'anglais préfère les phrases courtes et coordonnées aux phrases complexes[7]» (v. l'Objectif 55).

D'ici à ce que des études statistiques comparatives viennent confirmer (ou infirmer) ces constatations issues de la pratique de la traduction et de son enseignement, nous nous bornerons à énumérer quelques procédés utiles pour éviter les répétitions non souhaitables. Parmi les nombreuses solutions possibles, on peu songer aux synonymes, aux périphrases, aux pronoms personnels, aux déictiques, aux remaniements de structures, aux tournures elliptiques, aux propositions relatives ou aux pronoms adverbiaux «en» et «y», qui n'existent pas en anglais.

_____

EXEMPLES DE TRADUCTION

Dans les exemples ci-dessous, glanés dans diverses publications, les traducteurs ont évité les répétitions. Ils semblent avoir fait primer en français tantôt le jeu des collocations, tantôt le mot juste. Souvent ils ont eu recours aux synonymes, à l'ellipse, aux pronoms. La comparaison de nombreux textes pragmatiques anglais avec leur traduction nous a fait constater que les traducteurs ne se sentent pas toujours tenus de rendre en français les anaphores, pourtant très fréquentes en anglais.

1.   Primauté des collocations

Industrialism **broke** society into thousands of interlocking parts—factories, churches, schools, trade unions, prisons, hospitals, and the like. It **broke** the line of command between church, state, and individual. It **broke** knowledge into specialized disciplines. It **broke** jobs into fragments. It **broke** families into smaller units. In doing so, it shattered community life and culture.

L'industrialisme *fractionna* la société en une mosaïque d'éléments enchevêtrés — usines, Églises, écoles, syndicats, prisons, hôpitaux et tutti quanti. Il *cassa* la série hiérarchique Église-État-individu. Il *morcela* le savoir en disciplines distinctes. Il *émietta* le travail. Il *fit éclater* la famille en cellules plus petites. Et, ce faisant, l'industrialisme pulvérisa la vie et la culture collectives.

2.   Emploi d'un pronom adverbial

There will not be fewer job **opportunities** ... there will be more **opportunities** and better **opportunities**, to continue to do the fine work that all of you have done, and that I have been so proud of ...

Il n'y aura pas moins de possibilités d'emploi... il y *en* aura davantage et de meilleures pour poursuivre l'excellent travail que vous faites tous et dont je suis si fier...

_____

[6] *A Textbook of Translation*, p. 60.

[7] «Traduction et esprit de la langue», texte d'une communication inédite présentée au 5e congrès de l'Association canadienne de traductologie, Charlottetown, mai 1992, p. 4-5.

3.   Recours aux synonymes

Clearly, obsolescence **occurs** with or without "planning." With respect to things, obsolescence **occurs** under three conditions. It **occurs** when a product literally deteriorates to the point at which it can no longer fulfill its functions. Obsolescence also **occurs** when some new product arrives on the scene to perform these functions more effectively than the old product could. [...] But obsolescence also **occurs** when the needs of the consumer change, when the functions to be performed by the product are themselves altered.

De toute évidence, il n'est pas besoin de «provoquer» la désuétude pour qu'elle *se vérifie*. Dans le domaine des objets, elle peut *survenir* de trois façons. Un article par exemple *devient* caduc lorsqu'il se détériore au point de ne plus pouvoir remplir sa fonction. *Il y a* aussi désuétude quand sort un nouvel article qui joue le même rôle que l'ancien, mais plus efficacement. [...] Elle peut enfin *résulter* d'un changement des besoins du consommateur, d'une transformation des fonctions que le produit doit remplir.

4.   L'ellipse

Zaitun had three, maybe four, choices: she **could** process harvested rice, she **could** join a Food-for-Work program, she **could** serve as a domestic for her richer neighbors, or she **could** stand by the side of the road and beg. [Zaitun : veuve indigente du Bangladesh]

Trois ou quatre options s'offraient à Zaïtun : décortiquer du riz, participer à un programme «Vivres contre travail», se placer comme domestique chez des voisins aisés, ou mendier sur le bord de la route.

5.   Les pronoms

Change is essential to man [...]. **Change** is life itself. But **change** rampant, **change** unguided and unrestrained, accelerated change overwhelming not only man's physical defences but his decisional processes—such **change** is the enemy of life.

Le *changement* est essentiel à l'homme [...]. *Il* est la vie elle-même. Mais quand *il* se déchaîne et secoue brides et contraintes, quand sa vitesse brise à la fois les mécanismes de défense de l'homme et sa capacité de décision, *il* est l'ennemi de la vie.

6.   La reformulation

While **there is** a great deal being **done**, **there is** obviously much more that can and must be **done** in the future.

Malgré les *progrès accomplis*, il reste, bien entendu, encore beaucoup *à faire*.

En conclusion, on retiendra que les répétitions «ne plaisent pas» toutes. Les seules qui soient connotées positivement sont celles qui ont une valeur rhétorique. Les autres sont habituellement perçues comme des maladresses de style, le signe d'un relâchement de l'expression. Elles sont le fait des mauvais rédacteurs ou des auteurs pressés. Les textes pragmatiques sont loin d'être dépourvus de répétitions rhétoriques. Les rédacteurs anglais semblent moins sensibles que les auteurs de langue française aux répétitions et redondances, si l'on en juge par les nombreux procédés qu'usent ces derniers pour les éviter et introduire des variations dans leurs textes. Rappelons, enfin, que les traducteurs rendent assez librement les anaphores si chères aux auteurs anglais. Généralement, ils ne les transposent telles quelles en français que lorsque l'effet stylistique leur paraît digne d'être conservé. Les quatre textes des exercices d'application offrent l'occasion d'exercer son jugement à cet égard.

SUGGESTIONS DE LECTURE

Michel BALLARD, *La Traduction : de l'anglais au français*, Éditions Nathan, 1987, p. 231-243.

Camille HANLET, *La Technique du style*, 12ᵉ éd., Liège/Paris, H. Dessain, 1969, p. 86-104.

EXERCICES D'APPLICATION
Exercice 1

1. In any one year, glacier runoff may be greater or less than that year's **precipitation** because glacier runoff increases if **precipitation** is deficient, and decreases if **precipitation** is greater than normal. [*Glacier runoff* : écoulement glaciaire]

2. A willingness to take chances and to take **risks** should be a way of life. I mean anything from a financial **risk**, to a change in lifestyle **risk**, to an "I can do it" kind of **risk**.

3. If the trend of the 1971-1981 period were to continue, **employment** in the high-tech sector would continue to grow faster than **employment** in the overall economy; its share of jobs would thus increase and so, correspondingly, would its total addition to national **employment**.

4. The efforts tended to focus on improving **job** satisfaction and morale. Thus programmes of **job** redesign, involving the rotation, or the enrichment of individual **jobs**, were increasingly popular in the 1970s.

5. In 1953, the U.S. Weather Service began to use women's **names** to designate tropical storms but in 1979 adopted men's and women's **names**, alternately. Preference is for short **names** because they are less prone to error. **Name** lists are repeated every five years.

6. Canadians, throughout the first forty years in which the **UN** has existed, have been ardent supporters of the **UN**, its aims and its activities. Polls show they support **UN** peacekeeping activities and the strengthening of the **UN** to act as an effective global overseer in keeping the peace. While disappointment with the performance of the **UN** is prevalent, the difficulties the **UN** faces seem to be the result of the lack of commitment and cooperation among member states.

7.   There's a quiet revolution underway in the compact **camera** market. Until a few years ago, buying a small and "goofproof" **camera** meant settling for the questionable quality of disc and instamatic formats. **Cameras** in these formats are inexpensive, costing as little as $20, but they have definite drawbacks.

8.   Mattel, makers of Barbie, also sells a complete wardrobe for her, including **clothes** for ordinary daytime wear, **clothes** for formal party wear, **clothes** for swimming and skiing.

9.   The child soon learns that "mealtime" is neither a one-minute nor a five-hour affair, but that it ordinarily **lasts** from fifteen minutes to an hour. He learns that going to a movie **lasts** two to four hours, but that a visit with the pediatrician seldom **lasts** more than one. He learns that the school day ordinarily **lasts** six hours.

10.   **Only** during the last seventy lifetimes has it been possible to communicate effectively from one lifetime to another—as writing made it possible to do. **Only** during the last six lifetimes did masses of men ever see a printed word. **Only** during the last four has it been possible to measure time with any precision. **Only** in the last two has anyone anywhere used an electric motor.

Exercice 2

TEXTE 40

Auteur : Alvin Toffler
Source : *Future Shock*
Genre de publication : Best-seller américain
Date de parution : 1970
Domaine : Histoire sociale
Public visé : Grand public
Nombre de mots : 327

Knowledge As Fuel

The rate at which man has been storing up useful knowledge about himself and the universe has been spiraling upward for 10,000 years. The rate took a sharp upward leap with the invention of writing, but even so it remained painfully slow over centuries of time. The next great leap forward in knowledge-acquisition did not occur until the invention of movable type in the fifteenth century
5   by Gutenberg and others. Prior to 1500, by the most optimistic estimates, Europe was producing books at a rate of 1000 titles per year. This means, give or take a bit, that it would take a full century to produce a library of 100,000 titles. By 1950, four and a half centuries later, the rate had accelerated so sharply that Europe was producing 120,000 titles a year. What once took a century now took only ten months. By 1960, a single decade later, the rate had made another
10   significant jump, so that a century's work could be completed in seven and a half months. And, by the mid-sixties, the output of books on a world scale, Europe included, approached the prodigious figure of 1000 titles per *day*.

15   One can hardly argue that every book is a net gain for the advancement of knowledge. Nevertheless, we find that the accelerative curve in book publication does, in fact, crudely parallel the rate at which man discovered new knowledge. For example, prior to Gutenberg only 11 chemical elements were known. Antimony, the 12th, was discovered at about the time he was working on his invention. It was fully 200 years since the 11th, arsenic, had been discovered. Had the same rate of discovery continued, we would by now have added only two or three additional elements to the periodic table since Gutenberg. Instead, in the 450 years after his time, some
20   seventy additional elements were discovered. And since 1900 we have been isolating the remaining elements not at a rate of one every two centuries, but of one every three years.

Exercice 3

TEXTE 41

Auteur : Anonyme
Source : *Time*
Genre de publication : Magazine américain de grande diffusion
Date de parution : 1986
Domaine : Drogues et stupéfiants
Public visé : Grand public
Nombre de mots : 345

The Battle Against Drugs

Until recently, many companies have been slow to respond to their growing drug dilemmas. They did not realize how widespread the abuse was and had no idea how to combat it. Managers were not sure how to recognize the signs of drug use and were often afraid to confront workers who appeared to be high. Many executives doubted that the problem was serious enough to warrant
5   a crackdown that might generate bad publicity.

    But the smoking, snorting and dealing on the job eventually became so blatant and the results so tragic that companies could no longer afford to ignore what was going on. [...]

    Last year, according to Dr. Robert Wick, corporate medical director for American Airlines, a computer operator who was high on marijuana failed to load a crucial tape into a major airline's
10   computer reservations system. Result: the system was out of service for some eight hours, costing the company about $19 million. Says Wick: "That was an awfully expensive joint by anybody's standards."

    Such revelations have broken down corporate resistance to taking a strong stand against drugs. Psychiatrist Robert DuPont, who helps companies set up antidrug programs, says that
15   employers "have gone through a mental barrier that was blocking them before. What was that barrier? The barrier was that it was a private matter. The barrier was that it was not very important. The barrier was that there was not anything to be done about it anyhow. The barrier was that it was a societal problem and not a work-related problem. There was a whole series of barriers that kept the companies from moving, and they are all falling down."

20   Employee attitudes toward drugs are slowly changing as well. Workers have long been reluctant to turn in their colleagues for drug use. They have been afraid of ruining their co-workers' careers and of being ostracized for snitching. In addition, they could not be sure that management would believe them or back them up. But more and more employees are becoming fed up with working alongside people who are stoned.

———

Exercice 4

TEXTE 42

Auteur : Derek Stevenson
Source : *Canadian Consumer*
Genre de publication : Revue de consommation
Date de parution : 1988
Domaine : Alimentation
Public visé : Consommateurs canadiens
Nombre de mots : 385

Frozen Pizzas

If you have a craving for pizza, it probably won't go unsatisfied for long. There are almost as many ways to get your pizza "fix" as there are toppings to go on it. You can have a pizza delivered to your door, make one yourself from scratch or from a mix, or pick one up at the deli counter of your favourite supermarket.

5   Most convenient of all, however, are frozen pizzas. With a package of these in your freezer, you'll always be ready when the craving hits. Their single-portion size makes them ideal if you don't have the appetite for a full-sized pizza. Impatient types can even stock up on microwave pizzas that are ready in half the regular time.

    Because of their convenience, frozen pizzas have chalked up big sales to consumers with
10 little time to cook. In fact, the growth in sales of frozen pizzas has now out-stripped that of all other products from your frozen food section. But do frozen pizzas actually taste good? And aren't they just so much "junk food"? To find out, we tested 21 brands of frozen pizza, including four microwave brands. We found that they may not satisfy the true pizza fan. A panel of taste-testers gave most brands a lukewarm reception and dismissed one as completely inedible. That's
15 too bad, since pizza can be a surprisingly nutritious snack. Dieters, however, had better beware: two pizzas apparently aimed at waist-watchers were comparative heavyweights when it came to counting calories. [...]

    Pizza perfectionists say that true pizza is only available at pizzerias, where it's baked on the floor of a very hot (up to 300°C) oven. Since we didn't include any pizzeria or home-made
20 pizzas in our test, we can't say how frozen pizzas stack up against the from-scratch variety. But our panel of volunteer taste-testers didn't think much of the frozen pizzas. [...]

    Common complaints about the test pizzas included bland sauce, tasteless, soggy vegetables, hard, rubbery cheese, and dried-out meat. Toppings were often unevenly distributed,

25 with meat and vegetables that clumped together and cheese that slid off the pizza while it was
still in the package. But the biggest problem with the toppings was that there just weren't enough.
Our panelists wanted pizzas with plenty of meat, cheese, and sauce. Instead, they got mostly
crust.

———

Exercice 5

TEXTE 43

Auteur : Alvin Toffler
Source : *The Third Wave*
Genre de publication : Best-seller américain
Date de parution : 1980
Domaine : Histoire sociale
Public visé : Grand public
Nombre de mots : 195

The Civilizations

The "civilized" world was that part of the planet on which most people worked the soil. For
wherever agriculture arose, civilization took root. From China and India to Benin and Mexico, in
Greece and Rome, civilizations rose and fell, fought and fused in endless, colorful admixture.

5 However, beneath their differences lay fundamental similarities. In all of them, land was
the basis of economy, life, culture, family structure, and politics. In all of them, life was organized
around the village. In all of them, a simple division of labor prevailed and a few clearly defined
castes and classes arose: a nobility, a priesthood, warriors, helots, slaves or serfs. In all of them,
power was rigidly authoritarian. In all of them, birth determined one's position in life. And in all of
10 them, the economy was decentralized, so that each community produced most of its own
necessities.

There were exceptions—nothing is simple in history. There were commercial cultures
whose sailors crossed the seas, and highly centralized kingdoms organized around giant irrigation
systems. But despite such differences, we are justified in seeing all these seemingly distinctive
civilizations as special cases of a single phenomenon: agricultural civilization [...].

———

LES AUXILIAIRES MODAUX *CAN/MAY*

Les auxiliaires modaux servent à exprimer le point de vue du locuteur à l'égard de son sujet. Ces verbes défectifs remplacent souvent le mode du subjonctif qui, comme on le sait, sert à exprimer un ordre, une exhortation, une défense, un souhait, un désir, un regret, une concession, une supposition, une éventualité, une hypothèse, etc. En anglais, les auxiliaires modaux sont *can (could), may (might), shall (should), will (would), must, ought to* et en français «devoir», «pouvoir», «savoir», «vouloir», «falloir». Le présent objectif porte uniquement sur le couple *can* et *may*, dont la fréquence dans les textes pragmatiques est particulièrement élevée, ce qui force le traducteur à nuancer son expression et à éviter les répétitions abusives.

Comparons : *It rains* : Il pleut (constatation objective) et *It may rain* : Je pense qu'il va pleuvoir (appréciation subjective du même phénomène). Le correspondant français de ces deux auxiliaires, «pouvoir», exprime aussi plusieurs modalités : la probabilité (Il pouvait bien être 5 heures du matin), une simple approximation (Elle peut avoir 40 ans), une action permise (Vous pouvez entrer), une action qu'on est en état d'accomplir (Il est blessé, mais il peut marcher), une éventualité (Un accident peut survenir). Jacques Olivier Grandjouan écrit :

> Le verbe «pouvoir» couvre plusieurs sens, pour lesquels les langues germaniques ou le latin, par exemple, emploient des mots différents. «Vous pouvez descendre» signifie soit que vous en avez le droit, la permission, soit que vous en avez la force et le moyen; de plus, «le thermomètre peut descendre» ou «le train peut être déjà arrivé» exprime une possibilité. De là une série de tournures plus longues qui rendent ces différentes nuances[1].

L'auteur énumère des tournures permettant de nuancer l'expression de la possibilité en français :

être autorisé à	être habilité à	être capable de
avoir la permission de	avoir la qualité pour	avoir la capacité de
avoir le droit de	avoir le pouvoir de	être assez [fort] pour
être en droit de	avoir les moyens de	être susceptible de
il [vous] est loisible	être en mesure de	être bien capable de
il [lui] appartient de	être en état de	il est bien possible que
il [vous] est permis	être à même de	il n'est pas exclu que
il n'est pas interdit de	pouvoir se permettre de	

---

[1] *Les Linguicides,* p. 97-98.

Par ailleurs, les rédacteurs anglophones font un usage quasi immodéré des auxiliaires modaux *can/may*, *could/might* pour marquer une possibilité d'ordre physique, moral ou juridique. Mais il n'est pas toujours nécessaire de rendre cette modalité de façon explicite en français. Les auteurs de la SCFA avaient déjà remarqué qu'avec les verbes de perception, *can* ne se traduit pas et que son passé *could* se rend par l'imparfait : «*I can hear him* : Je l'entends. *I could see the lights of the city in the distance* : Je voyais au loin les lumières de la ville[2]. De même, l'expression de la possibilité restera implicite en français dans le cas des verbes dont le sens réfléchi est presque effacé : «*The child can dress himself* : Cet enfant sait s'habiller».

En raison même de la grande fréquence des auxiliaires modaux *can/may*, le traducteur est souvent amené à recourir à diverses formulations, soit pour éviter des répétitions abusives, soit pour respecter le caractère idiomatique de la langue française (sa démarche naturelle) qui n'explicite pas toujours la modalité exprimée par les défectifs *can/may*. Le paragraphe ci-dessous en fournit un exemple. En traduisant par le seul verbe pouvoir les neuf auxiliaires *can/may*, le traducteur (ou la traductrice) de ce passage a produit une version française médiocre et laborieuse. L'anglais transparaît sous la formulation française.

Allergens **can** pose a great problem for children. Pollens, dust, moulds, pet dander and certain foods **may** be triggers. As with adults, allergies differ from child to child and **may** take years to show up. While it's known that psychological factors don't cause asthma, emotional stress **can** be a trigger for children just as it is for adults. It's not surprising that many parents become very protective when a child has asthma, but this **can** cause the child additional anxiety. Nor is it surprising that some children use a chronic condition to get special treatment, which means parents **may** have to take a firm stand. The best solution is to have the whole family learn all it **can** about the disease and its treatment so that both the emotional and physical aspects **can** be handled with confidence. A talk with the child's doctor **may** be a good place to start.

La présence d'allergènes **peut se révéler très problématique chez les enfants. Les pollens, la poussière, les moisissures, les pellicules d'animaux et certains aliments **peuvent** déclencher une crise. Comme c'est le cas chez l'adulte, les allergies diffèrent d'un enfant à l'autre et **peuvent** prendre des années à se manifester. Bien qu'on sache maintenant que les facteurs psychologiques ne sont pas à l'origine de l'asthme, le stress émotionnel **peut** déclencher une crise chez les enfants, comme chez les adultes. Il n'est pas surprenant que beaucoup de parents deviennent très protecteurs lorsqu'un enfant souffre d'asthme, mais cela **peut** provoquer une anxiété additionnelle chez l'enfant. Il n'est pas surprenant non plus que certains enfants se servent de cette affection chronique pour obtenir des faveurs spéciales, ce qui veut dire que les parents **peuvent** devoir se montrer

---

[2] Jean-Paul Vinay et Jean Darbelnet, SCFA, p. 139-140. Les auteurs donnent plusieurs autres exemples dans lesquels l'idée de possibilité est implicite en français et explicite en anglais, dont *You never can tell* : On ne sait jamais.

fermes. La meilleure solution est que la famille apprenne tout ce qu'elle **peut** concernant la maladie et son traitement, de façon à ce que tant les aspects émotionnels que les aspects physiques **puissent** être traités avec confiance. Une discussion avec le médecin de l'enfant **peut** être une bonne manière de commencer.

Pourtant, la langue française ne manque pas de moyens pour nuancer l'expression de la possibilité. Aux tournures déjà citées, nous ajoutons les solutions suivantes.

EXEMPLES DE TRADUCTION

1.   Une traduction implicite

How **can** property be privatized while the concept of ownership has not been clearly defined, and property rights have not been fully guaranteed?

Comment envisager la privatisation sans que la notion de propriété soit clairement définie et ses droits pleinement garantis?

2.   Un adverbe : «peut-être», «parfois», etc.

a. Some scholars **may disagree** with this pessimistic assessment of the state of our knowledge.

a. Certains spécialistes ne seront *peut-être* pas d'accord avec ce bilan pessimiste de nos connaissances.

b. Unions **may find it hard** simply to pin down a proper negotiating partner, since the real power **may lie** in the home base country thousands of miles away.

b. Les syndicats *ont parfois du mal* à trouver le bon partenaire de négociation dans une organisation où tout le pouvoir *est concentré* dans le pays de la société-mère, à des milliers de kilomètres de distance.

3.   Un adjectif se terminant par le suffixe «-able»

Macro-economic stabilisation and price decontrol **cannot be dissociated** from each other. How **can** the economy **be stabilized** when subsidies amount to 10% of GDP?

Stabilisation macro-économique et libération des prix sont *indissociables*. Comment stabiliser en effet lorsque le montant des subventions atteint 10 % du PIB?

4.   Le verbe «risquer» et autres verbes de sens proche tels que «avoir une chance de», «faillir», etc.

The collection of data is a difficult task. The validity of the information collected is affected by a number of factors. Bias **may be introduced** by failure to recall some foods.

La collecte de données est une tâche difficile. La valeur de l'information recueillie est influencée par un certain nombre de facteurs. Elle *risque d'être* faussée si les participants oublient certains aliments.

5.   Une tournure impersonnelle : «il est possible», «il y a... qui»

The future **cannot be known** with accuracy.

Il est impossible de prévoir l'avenir avec exactitude.

6.   Les verbes «paraître», «sembler», etc.

a. The Council of Europe **may be** the appropriate forum to explore the ways and means of future relations between the countries of Eastern Europe and those of the West.

a. Le Conseil de l'Europe *paraît être* le cadre approprié pour explorer le contenu et les modalités des futures relations entre les pays de l'Europe de l'Est et ceux de l'Ouest.

b. Certain initial conclusions **can** seemingly **be drawn**.

b. D'ores et déjà, certaines conclusions *semblent* se dégager.

7.   Des locutions verbales telles que «réussir à», «arriver à», «être amené à», «parvenir à», «être capable de», etc.

a. If we **can show** that our relationships with the outer world are, in fact, growing more and more transient, we have powerful evidence of the assumption that the flow of situations is speeding up.

a. Si nous *réussissons à démontrer* que nos relations avec le monde extérieur deviennent de plus en plus éphémères, nous aurons la preuve manifeste de la justesse de notre hypothèse sur l'accélération des situations.

b. Most of the time we **can resolve** the problem ourselves—through discussion and compromise and without the help of law. Sometimes, though, we **cannot**.

b. D'habitude, nous *parvenons à régler* le litige par la discussion et le compromis et sans l'aide de la justice. Mais pas toujours.

8.   Des expressions telles que «destiné à», «être sujet à», «d'une capacité de», etc.

We offer a new service that **can make** life easier for hard-pressed business travellers.

Nous proposons un nouveau service, *destiné à* simplifier les déplacements des hommes d'affaires à l'emploi du temps chargé.

9.   Le mode conditionnel

It is felt that a narrowing of the internal auditory canal **may cause** pressure on the main auditory nerve.

Un rétrécissement du canal auditif interne *causerait* une pression sur le principal nerf auditif.

Ces quelques exemples sont loin d'épuiser les possibilités de traduction des auxiliaires modaux *can/may*. On retiendra que «pouvoir» est un verbe bien français, mais il n'est pas le seul qui puisse exprimer la possibilité dans cette langue. Le recours à d'autres tournures est souvent nécessaire pour éviter des répétitions abusives, éliminer un passif non idiomatique ou nuancer une idée (v. l'Objectif 49).

SUGGESTION DE LECTURE

Harrap's Shorter French-English Dictionary, Harrap Books Limited, Londres/Paris, 1991, p. A38;
A55-A59; C36-C37.

———

EXERCICES D'APPLICATION

Exercice 1

1. Somewhat more than 25 percent of the earth's population can be found in the industrialized societies.

2. Two hours in the life of a four-year-old may be the felt equivalent of twelve hours in the life of her twenty-four-year-old mother. Asking the child to wait two hours for a piece of candy may be the equivalent of asking the mother to wait fourteen hours for a cup of coffee. There may be a biological basis as well, for such differences in subjective response to time.

3. Managers who can easily turn responsibility over to subordinates tend to be stronger and more self-reliant people than their more authoritarian colleagues.

4. How can global energy resources be shared without contaminating the atmosphere and the oceans beyond repair? How can nuclear technology be controlled so as to prevent its use for explosive purposes by states or groups in desperate circumstances?

5. The people of the future may suffer not from an absence of choice, but from a paralyzing surfeit of it.

6. Left untreated, gingivitis can lead all too easily to periodontitis. Which means that the gums recede or pull away from the teeth. Teeth can become loose and even fall out. [*Gingivite* : inflammation des gencives. *Périodontite simple* ou *périostite alvéolo-dentaire* : inflammation de la membrane alvéolo-dentaire succédant presque toujours à la carie dentaire.]

7. It is now commonly declared by East and West alike that a nuclear war cannot be won.

8. The oil well fires, raging since late February in Kuwait, may create a global "nuclear winter."

9. For long-term economic reasons it may seem desirable to plant slow-maturing trees for timber.

10. In some provinces as many as five different courts may handle family problems.

———

Exercice 2

Le Texte 21, «Stress», de l'Objectif 21 renferme une douzaine d'occurrences des auxiliaires modaux *can/may* et se prête bien à un exercice portant sur cette difficulté de traduction.

————

Exercice 3

TEXTE 44

Auteur : Anonyme
Source : Ministry of Health (Ontario)
Genre de publication : Dépliant
Date de parution : s. d.
Domaine : Santé
Public visé : Citoyens de l'Ontario
Nombre de mots : 471

Depression

What is depression?

At times we all feel "down," "blue" or sad and become discouraged by life, but normally these temporary mood changes soon give way to more optimistic feelings. However, when the depressed mood persists for several weeks, deepens and eventually starts interfering with
5　everyday living, it is likely to be the sign of a serious state of depression that requires the qualified help of a physician.

What are the symptoms?

Depression may begin gradually or suddenly, but it is a persistent feeling lasting several weeks that is accompanied by a loss of interest in things that were formerly pleasurable. There
10　may be a loss of appetite and lack of interest in sex. A sense of guilt and worthlessness may prevail, with a preoccupation with past failures and inadequacies. Sometimes anxiety is also present in the form of agitation and restlessness. Physical complaints such as recurrent headaches, constipation, indigestion, weight loss or gain, insomnia or too much sleep are common. These symptoms may vary in intensity depending on the time of day. Some feel more
15　depressed in the morning and wake early, whereas others feel more depressed at night and cannot fall asleep. As depression progresses these psychological and physical feelings can worsen and totally incapacitate the person. At that point preoccupation with the depressed feelings may become so intense that objectivity is lost and the thought of suicide may occur.

Why do people wait before consulting?

20　Depression, like many other illnesses, can occur without people realizing that they have it. This lack of awareness explains why some people may not seek treatment. Furthermore, in

some persons guilt feelings may be present to such an extent that the depression is perceived as a punishment for previous mistakes or sins. Another factor which prevents people from seeking help is the prejudice which exists toward depression and psychiatric illness in general. Family
25 members are ashamed to admit that a relative has a psychiatric disorder. In contrast, no one is ashamed to say that a relative is being treated for high blood pressure.

maladies mentales

Whom does it affect?

     Depression is common and can affect people of all ages. During their lifetime about 5% of men and 10% of women will have an episode of depression. There are some periods when we
30 may be more vulnerable to depression. Periods when family or work pressures are high may trigger depression. The 3-month period following childbirth and the time of menopause in women, when changes in fertility and hormones occur, are also vulnerable periods. For others, it may be retirement for which many are not prepared psychologically or financially. At an age when physical limitations are present, loneliness and death of a loved one may occur or be feared.
35 Normal people would experience a period of sadness; individuals with a genetic predisposition to depression may become depressed.

———

LOCUTIONS, CLICHÉS ET IDIOTISMES

Les locutions, clichés et idiotismes sont les plus courts chemins entre deux idées. Nous pourrions appliquer également à l'anglais ce que Charles Bally dit de la langue française : «Le français est une langue où il est extrêmement facile de parler et d'écrire en enfilant les clichés. [Cette langue] a le goût des formules définitives, des maximes frappées comme des médailles [et souvent] à base d'antithèse[1].» Les expressions figées abondent dans toutes les langues. Avec la syntaxe, elles constituent la spécificité d'un idiome par le découpage particulier qu'elles pratiquent de la réalité. Un traducteur de talent se reconnaît, entre autres, par sa maîtrise des expressions toutes faites. Il n'est pas inutile de rappeler les distinctions à faire entre locution, cliché et idiotisme.

LOCUTION

En grammaire traditionnelle, une «locution» est un groupe de mots fixé par la tradition ou correspondant à un mot unique (unité lexicale). Ces groupes de mots ont une syntaxe particulière qui leur donne un caractère figé. Ainsi, «faire grâce» est une locution verbale correspondant à «gracier»; «mettre le feu» équivaut à «allumer».

CLICHÉ

En stylistique, on appelle «cliché» toute pensée ou expressiÁn peu originale figée dans une formule et banalisée par l'emploi trop fréquent qui en a été fait. Le mot «cliché» a habituelle-ment une connotation péjorative, tout comme ses synonymes «poncif» et «lieu commun». Les auteurs de manuels de style en déconseillent fortement l'emploi aux auteurs :

Il ne suffit pas, écrit René Georgin, d'éviter en écrivant les impropriétés et les répétitions. Il faut encore bannir de son style les termes vagues, plats, usés et incolores, et chercher des mots précis, vigoureux et pittoresques. [...]

Il faut aussi se garder des clichés, des formules et associations de mots toutes faites, banales et usées, qui reviennent presque automatiquement au bout de la plume ou de la langue. Si nous ne nous surveillons pas, nous sommes tentés de les reprendre à notre tour, par répugnance à chercher un tour personnel pour nous

---

[1] *Linguistique générale et linguistique française*, n° 571.

exprimer. Excusables dans l'improvisation orale, ils le sont moins dès qu'on tient une plume, soit dans une correspondance soignée, soit dans un article ou un livre, où ils donnent l'impression de négligence paresseuse.

Les clichés abondent dans la langue des parlementaires, dans celle de l'administration, dans les reportages de faits-divers et dans les conversations courantes. Ils portent soit sur deux noms associés : les leviers de commande, un brandon de discorde, le maquis de la procédure [...], soit sur le groupe nom-adjectif : une joie exubérante ou délirante, la chaleur communicative des banquets, un courage stoïque, une répulsion instinctive, la pierre angulaire, une macabre découverte, une douce somnolence [...], soit encore sur les locutions verbales : offrir ou présenter un aspect, prodiguer ses soins, réserver un accueil favorable, procéder à un échange de vues ou à un tour d'horizon, combler une lacune, attenter à ses jours[2] [...].

En ce qui concerne le travail du traducteur, il y a lieu de nuancer ces mises en garde. Il n'appartient pas au traducteur de renouveler à tout prix l'expression des pensées, ce qu'on attend normalement des bons écrivains. C'est à un autre niveau que s'exerce sa créativité, comme nous l'avons vu antérieurement (v. l'Objectif 11). Au lieu de bannir systématiquement tous les clichés, il semble plus utile et productif de distinguer, à l'exemple de H. W. Fowler, les bons et les mauvais clichés :

The word [cliché] is always used in a pejorative sense, and this obscures the truth that words and phrases falling within the definition are not all of a kind. There are some that always deserve the stigma—those threadbare and facetious ways of saying simple things and those far-fetched and pointless literary echoes which convict their users either of not thinking about what they are saying or of having a debased taste in ornament. A few obvious specimens are *filthy lucre, sleep the sleep of the just, leave no stone unturned.*

There are others that may or may not deserve to be classed with them; that depends on whether they are used mechanically, taken off the peg as convenient reach-me-downs, or are chosen deliberately as the fittest way of saying what needs to be said. To take one or two examples from the many hundreds of words and phrases that it is now fashionable to brand as clichés, writers would be needlessly handicapped if they were never allowed to say that [...] someone was *feathering his nest* or *had his tongue in his cheek* or *a bee in his bonnet*. What is new is not necessarily better than what is old; the original felicity that has made a phrase a cliché may not be beyond recapture. [...]

Clichés are plentiful in the linguistic currency of politics, domestic and international. They too, however happy in their original application, soon lose any semantic value they may once have had, and become almost wholly emotive. That, for instance, has been the fate of *self-determination, appeasement, power*

---

[2] *Les Secrets du style*, 58; 60-61.

politics, underprivileged classes, victimization, and innumerable others. [...] Even those admirable recent coinages *cold war, iron curtain, peaceful coexistence,* and *wind of change* are now so near to clichés as to offer themselves as substitutes for thought[3].»

L'opinion exprimée par Fowler est d'ailleurs entièrement partagée par la traductrice Irène de Buisseret, auteur notamment d'un manuel de traduction. Sa longue pratique de la traduction l'a convaincue qu'il serait bien difficile de s'exprimer sans avoir recours aux clichés, «ces formules toutes faites que l'instinct ramène à la lumière de la mémoire», comme a si bien dit André Thérive. Elle a bien vu que ces automatismes sont à la base de toute pratique aisée d'une langue vivante. «Jugez-en, écrit-elle, car voici quelques exemples, pris dans notre milieu, de traductions où l'instinct n'a pas fonctionné, étant atrophié, où le réflexe n'a pas joué et où, à défaut d'automatismes salutaires, on a fait appel — sans trop de succès — à des formules laborieuses, artificielles, froides, raides et exsangues[4].» Parmi les exemples cités, figurent les cinq suivants :

Texte original	Formules laborieuses	Clichés qui montrent que la vie est là
De Gaulle descended from statesmanship to mischief-making.	De Gaulle descend du niveau de l'homme d'État à celui des tracasseries.	De Gaulle est descendu du niveau d'homme d'État à celui de *pêcheur en eau trouble.*
He reversed his initial stand.	Il a renversé la position qu'il avait prise à l'origine.	Il a *changé son fusil d'épaule.*
We should get out of the whole business.	Nous devrions en sortir complètement.	Nous devrions *tirer notre épingle du jeu.*
We hear two different stories.	Nous entendons deux versions.	Nous entendons deux *sons de cloche.*
The committee has become a bit of a standing joke.	Le comité est devenu une farce permanente pour le cabinet.	Le comité est devenu *la fable* [Var. *la risée*] du cabinet.

On aura remarqué que le mot «cliché» recouvre bien des choses : locutions, gallicismes, proverbes, dictons, aphorismes, expressions toutes faites, collocations, etc. Autant de termes servant à décrire la grande variété des formules consacrées par la tradition et l'usage[5].

---

[3] *Modern English Usage,* au mot «cliché».

[4] *Deux langues, six idiomes,* p. 412-413. (V. les «Suggestions de lecture».)

[5] À ces appellations, on peut ajouter les termes techniques «phraséologisme», «lexie complexe» (B. Pottier), «synapsie» (É. Benveniste) et «synthème» (A. Martinet). Dans une thèse de doctorat, *Le Figement linguistique en français contemporain,* Université René-Descartes (Paris

IDIOTISME

On appelle «idiotisme» les expressions qui appartiennent en propre à une langue et qu'il est impossible de traduire littéralement dans une autre langue. Ces constructions, qui ne possèdent aucun correspondant syntaxique dans la LA, obligent le traducteur à leur trouver des expressions équivalentes tout en respectant les registres de langue. Du point de vue du maniement du langage par le traducteur, les idiotismes présentent un intérêt particulier, puisqu'ils appartiennent autant à la langue qu'à la parole.

Les expressions toutes faites sont des intermédiaires entre la langue et la parole; elles sont moitié langue, car leur sens n'est pas en devenir mais pré-assigné, moitié parole, car elles énoncent une idée et non une hypothèse de sens; forme hybride entre la phrase grammaticale et l'aspect formel et l'unité de sens, elles sont caractérisées par l'association indéfectible d'un assemblage de signes linguistiques à une idée donnée. Par leur fixation de langue, elles écartent tout soupçon d'inspiration individuelle; par leur énonciation d'une idée, elles rejoignent le discours[6].

Les idiotismes sont généralement issus de l'imagination populaire. Si le Français a parfois «une araignée dans le plafond», l'Anglais, lui, a «des chauves-souris dans le clocher» (*to have bats in the belfry*). Le Français «retrousse ses manches» et il a «d'autres chats à fouetter», tandis que l'Anglais «remonte ses chaussettes» (*to pull up one's socks*) et a «d'autres poissons à frire» (*to have other fish to fry*). Les idiotismes sont peuplés d'animaux qui ne correspondent pas toujours d'une langue à l'autre. Ainsi, un Anglais dira : «Ce ver de livre est muet comme une huître; les cochons commenceront à voler quand cette mule révélera le nom de celui qui fut reçu comme un bœuf dans un magasin de procelaine pour avoir donné les oies à garder au renard.» La ménagerie du Français ressemble plutôt à ceci : «Ce rat de bibliothèque est muet comme une carpe; les poules auront des dents quand cette mule révélera le nom de celui qui fut reçu comme un chien dans un jeu de quilles pour avoir installé le loup dans la bergerie.»

La traduction des idiotismes présente au moins quatre écueils pour les traducteurs.

1. Le risque de ne pas les reconnaître comme tels

Le fait de ne pas reconnaître un idiotisme dans la formulation originale et de le traduire mot à mot peut donner, on le devine, des résultats assez cocasses ou être la cause de passages obscurs et incompréhensibles en LA. C'est le cas dans *Le Prince des marées* : [La mère, alitée, pleure la mort de son bébé.]

V, 1987), Georges Misri regroupe ces expressions sous le terme générique «figement» (v. les «Suggestions de lecture»).

[6] Marianne Lederer, «Implicite et explicite», dans D. Seleskovitch et M. Lederer, *Interpréter pour traduire*, p. 59.

[Le fils]   "She's feeling bad on account of the baby," I said.

[Le père]   "I know why she's feeling bad. But she's just crying over spilt milk now. Get on in there. It's you kids' job to make your mother feel better[7]."

Traduction :

> — Elle est malheureuse à cause du bébé, dis-je.
>
> — Je sais pourquoi elle est malheureuse. Mais *elle ne fait que pleurer sur le lait répandu maintenant*. Allez, vas-y. C'est à vous les gosses de faire en sorte que votre mère aille mieux[8].

La traductrice n'a pas reconnu, semble-t-il, le proverbe *It's no use crying over spilt milk* qu'elle a traduit littéralement, privant ainsi cette réplique du roman de son sens véritable. La signification de ce proverbe est «Inutile de pleurer, ça ne changera rien».

2.   Le choix de l'équivalence

Le deuxième écueil est celui du choix de l'équivalence. Il ne manque pas de bons dictionnaires unilingues ou bilingues d'idiotismes. Il est facile de les consulter lorsqu'on croit être en présence d'un idiotisme dont on ignore le sens ou l'équivalent en LA. Mais les idiotismes ne sont pas tous consignés dans les dictionnaires, loin de là. Le traducteur est parfois obligé de forger une équivalence en fonction du contexte (v. l'Objectif 7). Soit l'exemple suivant, extrait du rapport du Commissaire aux langues officielles :

Canada Post **has been tugging at its socks** in 1983, but still remains **at half-mast**.

Le Commissaire veut dire que, malgré ses efforts, la Société canadienne des postes a encore des progrès à faire en ce qui concerne les services qu'elle offre en français. Le traducteur (ou la traductrice) a rendu ce passage de la façon suivante :

La Société des postes *a fait de réels efforts en 1983*, mais elle n'est toujours pas dans *le peloton de tête*.

Une traduction littérale aurait donné ceci : «**La Société des postes a retroussé ses manches en 1983, mais elle n'est toujours qu'à mi-mât.» Cette formulation n'aurait pas été aussi claire que la précédente. Variante de *to pull up one's socks*, *to tug at one's socks* correspond en français à «relever, retrousser ses manches», mais le traducteur a préféré une formulation plus abstraite

---

[7] Pat Conroy, *The Prince of Tides*, p. 177.

[8] *Id., Le Prince des marées*, p. 161. (C'est nous qui soulignons.)

et n'a rendu que le sens de l'idiotisme. Quant à *half-mast*, cette image ne passait pas en français, et par conséquent le traducteur l'a remplacée par une autre image, toujours en fonction du contexte (v. l'Objectif 53).

Quand il rend uniquement le sens de l'idiotisme du TD, le traducteur se résigne à une perte stylistique. Celle-ci peut toutefois être compensée ailleurs dans le TA (v. la notion de «compensation» au Glossaire). «La perte, écrit Paul Horguelin, ne se justifie que s'il est vraiment impossible de trouver une expression idiomatique équivalente, sauf en créant un effet qui n'existe pas dans la langue de départ. Il est évident que la suppression des idiotismes, sans compensation, appauvrit la traduction. En général, cet appauvrissement dénote chez le traducteur une méconnaissance des ressources expressives de sa langue[9].»

L'auteur illustre son propos au moyen de l'exemple suivant : *He will never set the Thames on fire*. La traduction littérale «**Il ne mettra jamais le feu à la Tamise» trahit chez le traducteur une méconnaissance de cet idiotisme. Le résultat est un non-sens. La traduction «Il n'est pas très brillant» rend le sens, mais dépouille l'idiotisme original de sa charge figurative. Il en résulte une perte stylistique. La traduction par un idiotisme équivalent est possible dans ce cas : «Il n'a pas inventé la poudre.» [Var. «Il n'a pas inventé le fil à couper le beurre.» «Il n'a pas inventé les boutons à quatre trous. (Registre familier)». «Ce n'est pas la tête à Papineau. (Canada)».]

3. Les différences régionales

Cette dernière variante, dite régionale, nous conduit au troisième écueil que présente la traduction des idiotismes. Ceux-ci diffèrent non seulement d'une langue à une autre (anglais-français), mais d'une aire linguistique (ou géographique) à une autre (France/Québec/Afrique francophone/Belgique/Suisse, etc.). D'où l'importance de bien connaître les destinataires des TA. Il est facile d'illustrer le découpage particulier qu'opèrent différents groupes d'usagers en fonction de la réalité vécue. Le choix des idiotismes dépend du public visé. Ainsi, pour décrire une chose jugée sans grande valeur, l'Américain dira «It isn't worth a plugged nickel», l'Anglais, «It isn't worth two pence», le Français, «Ça ne vaut pas deux sous», et le Québécois, «Ça ne vaut pas cinq cennes».

4. Le respect de la cohérence

Enfin, la dernière difficulté liée à la traduction des idiotismes est celle de la cohérence (v. les Objectifs 53 et 55). Il faut se garder, en effet, de juxtaposer des images incompatibles entre elles ou qui créent un effet bouffon :

**Le char de l'État navigue sur un volcan.

**Une forêt vierge est un endroit où la main de l'homme n'a jamais mis le pied.

**Les poissons de nos rivières meurent à petit feu dans l'eau polluée.

---

[9] *Pratique de la traduction. Version générale*, p. 36.

**C'est la goutte d'eau qui a mis le feu aux poudres.

**Je suis entre les mains du docteur depuis que mon mari est mort.

**Étant travailleur de nuit, je vis au jour le jour.

**Ma fille est fille-mère et nourrit son enfant au sein sans pouvoir joindre les deux bouts.

**Vos yeux, Mademoiselle, lancent des flèches qui, mettant le feu à mon cœur, inondent de joie tout mon être.

**Les remous qui se sont dessinés ces derniers temps à l'horizon politique risquent fort de provoquer des retours de flammes.

**Voilà le torrent d'injures auquel on se heurte dès qu'on veut ouvrir quelques perspectives nouvelles[10].

Les idiotismes et locutions que renferment ces énoncés sont tout à fait courants, mais leur emploi dans un même énoncé biaise le sens, fait naître un double sens ou produit des rapprochements cocasses. Et ce n'est pas toujours l'intention de l'auteur du TD...

Les nombreux exercices du présent objectif portent sur la recherche de locutions, de clichés et d'idiotismes. Il en va des images et des formules consacrées comme de tout autre mot d'un texte à traduire : il faut en interpréter le sens en fonction du contexte et leur faire correspondre une équivalence ayant le même poids dénotatif et connotatif. S'il est vrai que les clichés éculés affadissent le style, il faut admettre que les «bons» clichés déclenchent des automatismes linguistiques indispensables à toute pratique aisée d'une langue. Le traducteur ne saurait, par conséquent, les bannir systématiquement de ses textes. Il en serait d'ailleurs bien incapable, car les clichés, entendus au sens très large de formules figées, constituent l'humus, le «fonds» de la langue.

———————

EXEMPLES DE TRADUCTION

a. **There's no meat** in this speech.

a. Ce discours *manque de substance*.

b. The promises **go down the drain**.

b. Les promesses *s'en vont en eau de boudin*.

[Var. «Promesses *en déroute*» (Manchette)]

————————————

[10] Les trois derniers exemples sont tirés de l'ouvrage de Denis Baril (*et al.*), *Techniques de l'expression écrite et orale*, tome II, p. 194-195.

c. Fortunately, when it comes to the financial aspects of retirement, chartered accountants **are better off** than most.

d. School boards have **to take the hard line**: the educational system is there to serve the children, not to maintain jobs for teachers.

e. Have we **missed a good** economic **bet** in Canada by having tax policies that encouraged a high rate of personal savings?

f. Even more than people, monkeys are status-conscious. They **make no bones** about drawing invidious comparisons in their colonies. Each monkey knows its rank and who in the colony it must defer to at the food tray, in sexual coupling, and in choosing a perch.

g. On December 10, 1786, Mozart's opera *The Marriage of Figaro*, which had been received with **moderate enthusiasm** at its earliest performances in Vienna, was produced in Prague for the first time.

h. The new "Prague" Symphony was a **great success**, too.

c. Heureusement, quand il s'agit des aspects financiers de la retraite, les comptables agréés *sont mieux lotis* que la plupart des gens.

d. Les conseils scolaires doivent *rester fermes* : le système scolaire existe pour le bien des enfants et non pour garantir l'emploi des enseignants.

e. En adoptant des politiques fiscales favorisant un taux élevé d'épargne personnelle, le Canada aurait-il *joué la mauvaise carte*?

[Var. ... le Canada aurait-il *fait fausse route*?]

f. Plus encore que les hommes, les singes sont sensibles à leur statut social. Dans leurs colonies, ils *ne se gênent pas* pour se livrer à des comparaisons désobligeantes. Tout singe connaît son rang et sait à qui il doit céder la place pour la nourriture, pour l'accouplement et pour le choix du perchoir.

g. C'est le 10 décembre 1786 que *Les Noces de Figaro*, qui avait reçu un *accueil mitigé* lors des premières représentations à Vienne, est donné à Prague pour la première fois.

h. La nouvelle symphonie «de Prague» *remporte*, elle aussi, *la faveur* du public.

SUGGESTIONS DE LECTURE

Irène de BUISSERET, *Deux langues, six idiomes*, Ottawa, Carlton-Green Publishing Company, 1975, p. 290-392; 411-418.

Ernest GOWERS (Sir), *The Complete Plain Words*, Revised by Sir Bruce Fraser, Londres, Her Majesty's Stationery Office, 1973, p. 100-110.

Georges MISRI, «La traductologie des expressions figées», dans *Études traductologiques en hommage à Danica Seleskovitch*, coll. «Lettres modernes», Paris, Minard, 1990, p. 143-163.

EXERCICES D'APPLICATION

Exercice 1

Remplacez les pointillés par une traduction rendant fidèlement l'idiotisme anglais en caractères gras.

1.   The Western Canadian apparel industry, too long the **"little sister"** of similar industry in Eastern Canada, **has come of age**.

      Dans l'Ouest du Canada, l'industrie du vêtement, considérée trop longtemps comme ...., ...

2.   There are further signs that Canada is **coming of age** on the international publishing scene.

      De nouveaux indices sont venus confirmer que le Canada .... dans le monde de l'édition.

3.   Twice during the last 35 years, Gordon Campbell **has built** an organization **from scratch** that has made lasting contribution in Canadian transportation.

      À deux reprises en l'espace de trente-cinq ans, Gordon Campbell .... une structure qui a eu une influence durable sur les transports au Canada.

4.   People should be laughing more, instead of running around as though they've been **weaned on pickles**.

      Les gens devraient rire davantage au lieu ....

5.   I've had a wonderful career and I can **chalk it up** to the people I've worked with—great teachers and role models.

      J'ai eu une carrière magnifique et .... aux gens avec qui j'ai travaillé; ils ont été pour moi d'excellents maîtres et des modèles d'inspiration.

6.   The following is a very basic outline of the structure of this University's administration. You just have to remember four little points: 1) the Rector is the **Big Cheese**, 2) the Vice-Rectors and the Secretary are also **movers and shakers**, [...].

      Le texte ci-dessous donne un aperçu de la structure administrative de l'Université. Il suffit de retenir les quatre points suivants : 1) le ...., c'est le recteur, 2) les vice-recteurs et le secrétaire sont aussi ...., [...].

7.   We've got **to work like hell** just to keep what we've got.

      Il faut .... pour conserver ce qui a été acquis.

8. *Borrowed Black*, a children's story penned by Ellen B. Obed, was one of the leading books at the Frankfurt fair, **ringing up sales** in a number of foreign languages.

    Borrowed Black, conte pour enfants d'Ellen B. Obed, représente l'un des plus grands succès de la foire de Francfort, et .... dans un grand nombre de traductions.

9. Minority News: **Actions Speak Louder.**

    La chronique des minorités : ....

10. The Chairman: Perhaps **to get things rolling**, Mr. Nielsen, I would like to ask a question, then **I am going to throw it to** Mr. Benjamin.

    Le président : ...., M. Nielsen, j'aimerais poser une question. .... à M. Benjamin.

Exercice 2

1. The feeling is that this section **opens the way** to the prospect of partisan lobbying, favouritism and special grants. It **puts** transport policy more deeply **into the murk** of the political process.

    On estime que cet article .... au démarchage partisan, au favoritisme et aux faveurs spéciales. Autrement dit, la politique des transports ....

2. Whether it has been true or not, it has always been perceived in Western Canada that the CTC was very **railway oriented** and that truckers had a difficult time **getting a fair shake**. [CTC : Canadian Transport Commission / Commission canadienne des transports (CCT)]

    Que cela soit vrai ou non, l'Ouest canadien a toujours considéré que la CCT .... , ... des camionneurs.

3. Some purists say that English is not **going to the dogs** anymore because it is already there.

    Pour certains puristes, ... de la langue anglaise est complète. Impossible de tomber plus bas.

4. Not surprisingly, ski jumping **has caught on** in Canada mostly as a spectator sport.

    Il n'est pas étonnant que le saut à ski .... des Canadiens comme spectacle sportif.

5. They [teachers] had to sit down at their desks with a pot of coffee and spend many hours establishing their objectives and the classes for the day. These unknown pioneers **burned a great deal of midnight oil**.

Il leur fallait se river à leur table de travail avec une cafetière bien pleine et passer de longues heures à établir leurs objectifs et à préparer leurs leçons quotidiennes. Pour ces pionniers obscurs, ...

6. The British programme of northern colonization was a complete failure in Quebec. This failure of the policy of large-scale immigration **knocked the bottom out** of the whole British scheme for the anglicization of Quebec.

    Le programme britannique de colonisation fut un échec total au Québec. Cet échec de la politique d'immigration massive .... tout le plan d'anglicisation du Québec.

7. Women in urban centres have a comparatively wide choice of health practitioners. A woman living in a city can **shop around** until she finds a suitable doctor.

    Par rapport aux femmes des régions rurales, celles des centres urbains ont un grand choix de praticiens de la santé. Elles peuvent .... qui répondra le mieux à leurs besoins.

8. I have already touched on pressures in the transatlantic relationship which cannot **be swept under the carpet**.

    J'ai déjà parlé des pressions qui pèsent sur les relations transatlantiques et que ....

9. My job is to protect the life of Canadian citizens and **I don't pass the buck**, it stops at my desk.

    Mon rôle est de protéger la vie des Canadiens et ....

10. In order to meet the diverse demands of their job, placement counsellors need to have **at their fingertips** a feel for what is going on in the community.

    Pour s'acquitter de leurs fonctions de façon satisfaitante, les conseillers en placement doivent .... tout ce qui se passe dans la communauté.

———————

Exercice 3

1. The replacement of business trips by teleconferences is all **pie in the sky**.

    Note : «*Pie in the sky* : fameux chant de vagabond qui promet, après une vie de misère, bonne chère au ciel aux déshérités de la société. Dans l'histoire du syndicalisme : "*Pie in the Sky*" fut adopté en 1917 comme leitmotiv, ironisant sur le paradis bourgeois, dans divers chants du mouvement socialiste.» (Deak, *Grand Dictionnaire d'américanismes*)

2.   I introduced my bill in the House of Commons, but the Senate **made mincemeat of it**.

    Note : «*To make mincemeat of sth* : hacher menu qqch; *to make mincemeat of s.o.* : réduire qqn en chair à pâté.» (*Harrap*)

3.   The boundaries of cities should be clearly fixed; that is to say, cities should be prevented from continuing **to spread out like an ink stain**.

4.   **Cheeseparing economies** by shipowners with the passive connivance of governments arouses righteous anger in the public.

5.   The Economic Council can see no **quick fix** to the country's present economic situation.

    Note : «*Quick fix* : ce qu'on peut faire, arranger, exécuter, confectionner, etc. rapidement.» (Deak, *Grand Dictionnaire d'américanismes*)

6.   Financial columnist Sylvia Porter noted that every time there has been a suggestion of a major cut in Pentagon spending "the stock market **has gone into a tailspin**".

    Note : «*Go into a tailspin* : se mettre en colère, entrer en colère.» (Deak, *Grand Dictionnaire d'américanismes*)

7.   **It pays to** contact one of our local offices before coming to Ottawa, since many decisions are made at the regional level. Our people will help you **cut through the red tape**.

8.   God sits up there on his throne, a golden one of course; he has got whiskers and a crown and everyone is singing hymns **like mad** to him. God is useful. You can ask him for things; he can strike your enemies **deader than a door-nail**.

    Note : «*Dead as a door nail* : mort et bien mort.» (*Harrap*)

9.   The many parks in the urban area provide an escape from the **hustle and bustle** of the Capital.

    Note : «*Hustle* : bousculade. *Bustle* : confusion, branle-bas, animation.» (*Harrap*)

10.   Most artists do not earn enough from their work and often have to enter into makeshift arrangement **to make both ends meet**. For them it is usually a question of **keeping the wolf away from the door**, rather than **keeping up with the Joneses**.

    Note : «*To keep the wolf away from the door* : écarter la faim, mettre à l'abri du besoin.» (*Harrap*)

    Note : «*Keep down with the Joneses* : Parodie de l'ancienne expression familière : *to keep up with the Joneses*. [...] de nombreuses familles américaines eurent à subir des pertes financières considérables à la suite du brusque effondrement des cours des valeurs au Stock Exchange de New York, à la fin du mois de mai 1962. [...] *To keep down with the Jones* — formule amère mais non sans humour — met fort à propos l'accent sur les restrictions que chaque famille croit dorénavant devoir s'imposer afin d'éviter de paraître moins heureuse que le voisin.» (Deak, *Grand Dictionnaire d'américanismes*)

———————

Exercice 4

1. He leaves us to return to his work as artist, and **we wish him Godspeed**.

2. "**I hate being pidgeonholed**, I don't know what I want, I am unpredictable." This is what painter Gerhard Richter says about himself.

3. The exchanges with their fellow students can prevent them from **going off on a wrong track** in their own research, it provides stimulation and at the same time sets standards: the college students constitute a challenge to one another.

4. If you believe the pessimists, the economy, like the rest of the world, will be in a mess. Kadhafi will **make good** on his threat to bomb New York.

5. A multidisciplinary research group at McGill University is now in the process of finding out **what** really **makes drivers tick**. [*Drivers* : pilotes de courses automobiles]

6. Brazilians are basically peaceful souls who prefer music to politics, and samba gives them the chance **to let off a little steam**.

7. If you're hankering to spend Thanksgiving **at a tiny dot on the map**, many small towns or isolated areas don't have commercial air service. [To hanker: désirer vivement]

8. The non-smokers **have** finally **got their way**, and it seems there is no **happy medium**: the company has said that there will be no smoking in the lunchroom.

9. The trailer **built from scratch** by Pointe St. Charles employees will help to haul RCMP anti-drug campaign materials.

10. Employed by governments to regulate the level and rate of market activity, central banks introduced—**by the back door**, as it were—a degree of unofficial short-range planning into capitalist economies. Central banking and centralized government **marched hand in hand**.

———————

Exercice 5

Faites correspondre les proverbes ou dictons de la colonne de gauche à leur traduction de la colonne de droite.

1. Don't count your chickens before they are hatched. d

2. Snug as a bug in a rug. e

3. He's a dog in the manger. h

4. He was like a cat on a hot tin roof. b

5. If wishes where horses... j

6. One man's meat is another man's poison. f

7. He's a chip off the old block. a

8. Blood is thicker than water. i

9. Don't look a gift horse in the mouth. c

10. Ignorance is bliss. g

a. C'est bien le fils de son père.

b. Il était sur des charbons ardents.

c. À cheval donné, on ne regarde pas la bride.

d. Il ne faut pas vendre la peau de l'ours avant de l'avoir tué.

e. Comme un coq en pâte.

f. Ce qui guérit l'un tue l'autre.

g. Qui ne sait rien, de rien ne doute.

h. C'est un empêcheur de tourner en rond.

i. Les liens du sang sont plus forts que ceux de l'amitié.

j. Avec des «si» on mettrait Paris dans une bouteille.

Exercice 6

Traduisez, puis paraphrasez en français les idiotismes, dictons et proverbes ci-dessous.

1. Let us make the best of things.

2. Judge a man by his work.

3. There is honour among thieves.

4. He fell out of the frying-pan into the fire.

5. This is another kettle of fish.

6. He is partial to the bottle.

7. He runs like a madman.

8. As soon as he opened his mouth he put his foot in it.

9. Let sleeping dogs lie.

10. I never buy a pig in a poke.

Exercice 7

TEXTE 45

Auteur : Frank Rasky
Source : *Voyageur Magazine*
Genre de publication : Magazine d'un transporteur routier
Date de parution : 1984
Domaine : Danse
Public visé : Utilisateurs des autocars de la société Voyageur
Nombre de mots : 434

Karen Kain

They used to warn she was all wrong for ballet and certainly was not cut out to be a star.

She was a dumpling of a girl then, terribly shy and gangly and fat. She was so short-sighted without her specs that her school-mates called her Mrs. Magoo. She was so badly bucktoothed that she wore an orthodontic device which circled her head so she wouldn't look like a jut-jawed
5   beaver. And at 5-foot-7, she was deemed too tall for ballet because she loomed like a giantess of 6-foot-2 when tiptoeing en pointe and they predicted she'd scare off potential partners.

So it seemed impossible to Karen Kain, an ugly duckling at the age of 12, that she would ever grow up to become one of those swanlike beauties that enchant audiences in *Swan Lake*.

Well, just look at her now. Here she is on stage at 33, teeth straightened, contact lenses
10   inserted over doe-like eyes, body gracefully slenderized to a reed-like 115 pounds thanks to rigorous dieting. Altogether her image appears as exquisite as Canada's ballet darling ought to appear. [...]

But every ballet dancer has a horror story to tell about not paying attention to those warning signals.

15   Her total nunlike dedication to her craft—what she terms her all-consuming workahol-ism—reached a neurotic crisis in the fall of 1979 when she was performing in London. "*I was a classic burnout*," she remembers. "*For 10 years I had driven myself obsessively. I had no room or time in my life for anything but dancing. I wasn't a person. I wasn't a woman. I was a zombie who danced. And in my tortured mind, I wasn't doing that too well. I lost my self-confidence. I lost*
20   *my joy from dancing. In my depressive state, I began to hallucinate. I couldn't see straight. I had no desire to work any more. I felt empty, unhappy, with nobody to talk to, nobody to tell me how to recharge my burned-out batteries.*"

Happily, though, a friend directed her to a psychotherapist. Over a period of more than two years he helped her to break through her cloistered existence and expand her universe. "*I learned*
25   *that the personal side of my life was just as important as my career*," she says. "*It was vital that I give it equal billing.*" She ultimately achieved that breakthrough when she married Ross Petty. The 38-year-old actor-singer is able to exchange banter with her, publicly joking, "*I have such a huge ego that anyone who could think of me as 'Mr. Kain' couldn't dent it.*"

———

Exercice 8

TEXTE 46

Auteur : Alvin Toffler
Source : *Future Shock*
Genre de publication : Best-seller américain
Date de parution : 1970
Domaine : Histoire sociale
Public visé : Grand public
Nombre de mots : 328

"There's no place like *home* ..."

The man on the move is ordinarily in too much of a hurry to put down roots in any one place. Thus an airline executive is quoted as saying he avoids involvement in the political life of his community because "in a few years I won't even be living here. You plant a tree and you never see it grow." [...]

5   We can understand the significance of mobility only if we first recognize the centrality of fixed place in the psychological architecture of traditional man. This centrality is reflected in our culture in innumerable ways. Indeed, civilization, itself, began with agriculture—which meant settlement, an end, at last, to the dreary treks and migrations of the paleolithic nomad. The very work "rootedness" to which we pay so much attention today is agricultural in origin. The precivilized
10 nomad listening to a discussion of "roots" would scarcely have understood the concept.

        The notion of roots is taken to mean a fixed place, a permanently anchored "home." In a harsh, hungry and dangerous world, home, even when no more than a hovel, came to regarded as the ultimate retreat, rooted in the earth, handed down from generation to generation, one's link with both nature and the past. The immobility of home was taken for granted, and literature
15 overflows with reverent references to the importance of home. "Seek home for rest, For home is best" are lines from *Instructions too Housewifery*, a sixteenth-century manual by Thomas Tusser, and there are dozens of what one might, at the risk of a terrible pun, call "home-ilies" embedded in the culture. "A man's home is his castle ..." "There's no place like home ..." "Home, sweet home ..." The syrupy glorification of home reached, perhaps, a climax in nineteenth-century
20 England at precisely the time that industrialism was uprooting the rural folk and converting them into urban masses. Thomas Hood, the poet of the poor, tells us that "each heart is whispering, Home, Home at least ..." [...].

―――――

LES ALLUSIONS

Les locutions, clichés et idiotismes nous amènent tout naturellement à la questions des allusions. Nous nous intéresserons plus spécialement aux allusions dites «prestigieuses», c'est-à-dire celles qui évoquent des faits historiques, culturels, sociaux ou religieux, des titres de romans ou de films, des vers, des comptines, des paroles de chansons, des modes, des dictons, des proverbes ou des aphorismes de la sagesse populaire. Les journalistes et les publicitaires sont tout particulièrement friands de ce procédé d'écriture :

> LA VALEUR N'ATTEND PAS LE NOMBRE DES ANNÉES.
> MAIS IL Y A DES EXCEPTIONS PARMI LES SCOTCHES.

Cette réclame des scotches J&B fait allusion à une réplique célèbre de Rodrigue dans *Le Cid* de Corneille : «Je suis jeune, il est vrai; mais aux âmes bien nées / La valeur n'attend point le nombre des années.» (Acte II, scène 2, v. 405-406).

Une allusion est l'évocation d'une chose, sans en faire explicitement mention. Par sa nature même, l'allusion est «fondue» dans le discours, et le traducteur risque de ne pas la voir. Bien qu'elle soit parfois encadrée de guillemets, l'allusion n'est pas explicitée par le contexte. Il est donc essentiel que le traducteur possède un bagage cognitif très vaste, et qu'il s'adonne à ce «vice impuni» (allusion?) qu'est la lecture. Sa curiosité doit l'amener à s'intéresser à tout, car les rédacteurs de textes pragmatiques font feu de tout bois, notamment pour retenir l'attention des lecteurs au moyen de lignes d'accrochage en publicité ou, de façon plus générale, de titres aguichants.

L'intérêt des allusions réside moins dans le fait qu'elles doivent être reconnues comme telles, que dans leur traitement une fois qu'elles sont repérées. Celles qui puisent dans le patrimoine culturel d'une nation sont plus difficiles à transposer dans le TA que celles qui renvoient à des paroles, à des événements ou à des ouvrages universellement connus, comme la Bible, livre universel par excellence. L'allusion que renferme la phrase d'accrochage *Let there be light!* chapeautant une annonce d'ampoules électriques est transparente pour qui connaît le récit de la Genèse. Elle ne pose, en outre, aucun problème de traduction. En revanche, le titre *Florida: Frost-Kissed Oranges* coiffant un article de la revue *Time* (14 février 1977, p. 14) est déjà moins transparent pour un lecteur n'ayant jamais vécu en Amérique. Tous les Nord-Américains, eux, connaissent bien la marque d'oranges *Sunkist*. L'article en question faisait état des lourdes pertes subies par les producteurs d'agrumes de la Floride à la suite d'une vague de froid, d'où le jeu de mots *Frost-Kissed*.

Comme elles renferment très souvent des jeux de mots, les allusions ne sont pas toujours traduisibles. Trois cas peuvent se présenter.

1. La traduction littérale est possible et l'allusion est conservée

La traduction littérale suffit souvent pour faire passer l'allusion d'une langue à l'autre. C'est le cas de «Que la lumière soit!» traduisant *Let there be light!* De même, la phrase d'accrochage d'une réclame de machine à écrire dotée d'un microprocesseur *At Smith Corona, simplicity is the mother of invention* (allusion au dicton *Necessity is the mother of invention*) se traduit littéralement et produit le même effet qu'en anglais : «Chez Smith Corona, la simplicité est mère de l'invention.»

2. La traduction littérale est possible, mais l'allusion disparaît

Une réclame des gins Gordon montre une jolie femme assise seule dans une causeuse. Sur une table, un verre et une bouteille de gin sont bien en vue. Sous l'illustration, les mots suivants : *Who could ask for anything more?* C'est une allusion aux paroles d'une chanson d'Ethel Merman ("I got rhythm, I got music, I got my love, Who could ask for anything more?"). Bien que la traduction aille de soi («Que peut-on demander de plus?»), un francophone y verrait-il une allusion à une chanson anglaise? On peut en douter. Le message reste néanmoins parfaitement intelligible.

3. La traduction littérale est impossible

Pour faire la publicité de ses ordinateurs portatifs, la société Zenith montre trois modèles en plein cœur d'un désert et titre son annonce *Road Warriors*, faisant ainsi allusion au film de Mel Gibson, «Road Warrior», dont l'action se passe précisément dans le désert. Zenith veut ainsi laisser entendre qu'on peut utiliser ses ordinateurs portatifs vraiment n'importe où. La traduction littérale étant impossible ici, une adaptation s'impose.

Dans l'exemple suivant, la traduction littérale serait possible, mais elle biaiserait le sens du message original. Le gouvernement du Canada a mis en vente des pièces d'or pur frappées de la feuille d'érable emblématique. Trois de ces pièces figurent sur l'annonce. En anglais, la phrase d'accrochage joue sur le mot «feuille» : *Now's the time to turn over a new leaf* et fait allusion à l'expression *to turn over a new leaf*, dont la signification est, au sens figuré, «changer de conduite, faire peau neuve». Cette traduction n'aurait aucun sens ici. Les traducteurs ont eu la main heureuse en proposant l'adaptation «Redorez votre portefeuille», qui fait allusion à la locution «redorer son blason». En outre, un «portefeuille» désigne à la fois un petit étui servant à ranger des billets de banque et l'ensemble des effets de commerce, des valeurs mobilières détenus par une personne ou une entreprise.

Les allusions servent entre autres à fixer la tonalité d'un texte. Quand ce ne sont pas des faits de culture qui sont en cause, culture étant entendue ici dans le sens sociologique d'habitudes ou mœurs propres à une collectivité donnée, l'intraduisibilité des allusions ne gêne pas la compréhension du message. Les lecteurs d'un texte original ne saisissent pas toujours les allusions qui s'y cachent et cela ne les empêche pas de comprendre l'essentiel de ce qu'ils lisent. La tâche, redoutable, du traducteur est de faire passer dans le TA le plus grand nombre possible d'allusions. Il faut aussi être réaliste, et reconnaître qu'un traducteur, si savant soit-il, ne peut pas tout connaître. Les traducteurs n'ont pas la science infuse.

———

EXERCICES D'APPLICATION

Trouvez les allusions contenues dans les trois exercices suivants et analysez-les du point de vue de la traduction. Indiquez s'il est possible de rendre l'allusion au moyen d'une traduction littérale, s'il faut l'adapter ou si elle est à mettre au passif de la traduisibilité.

Exercice 1

1. **Beware of Agents Bearing Gifts**

   [Titre d'un article traitant de pots-de-vin qu'aurait acceptés le directeur du FBI.]

2. **All the President's Men**

   [Titre d'un film ayant pour thème le scandale du Watergate.]

3. **The Tedium is the Message**

   [Titre d'un article critiquant la nouvelle programmation des réseaux de télévision américains.]

4. ***Portrait of the Artist as a Young Dog***

   [Autobiographie de Dylan Thomas, 1914-1953.]

5. **The Bugs Are Coming**

   [Titre de la page couverture du *Time*. Grand reportage (*cover story*) sur la menace que représentent les essaims d'insectes qui infestent les États-Unis.]

6. **Grime doesn't pay!**

   [Slogan d'une entreprise de ramonage.]

7. **Live Royally... start your "Shangri-la" savings now**

   [Les clients d'une banque sont invités à épargner maintenant afin de pouvoir s'offrir un jour le chalet de leurs rêves.]

8.   **What can we do to help you get rid of the ghost of Christmas past?**

[Annonce d'une institution financière.]

9.   **Those magnificent menues in our flying machines!**

[Annonce d'Air France.]

10.   **BOAC offers so much for so little.**

[Annonce de la société British Airways.]

———

Exercice 2

on ne devient pas gourmet du jour au lendemain

1.   **Gourmets aren't made in a day**

[Annonce des scotches whisky Teacher's]

2.   **Some hosts are more perfect than others**

[Annonce des scotches whisky Chivas Regal]

3.   **Not all low fares to Britain are created equal**

[Réclame d'un transporteur aérien.]

4.   **Another day, another sandwich**

(dicton populaire : another day, another dollar)

[Réclame de garnitures à sandwich.]

(y a rien de sorcier là-dedans)

5.   **There's no trick to this treat**

[Annonce d'une préparation de tarte à la citrouille.]

L'union fait la force

6.   **United we move**

[Slogan d'une entreprise de déménagement.]

7.   **A Chiquita a day gives them hours to play**

[Jouet ayant la forme d'une banane et sur lequel est collée une étiquette Chiquita.]

8.   **It isn't whether you win or lose, but how you look that counts**

(dicton : it isn't whether you win or lose, but how you play that counts)

[Casino, teintes de maquillage de ULTIMA II.]

9.   *L'espion qui venait du froid*
     The spy who came in from the cod

     [Manchette d'un journal de St. John's (Terre-Neuve) consacré à une affaire d'espionnage dans le domaine des pêches.]

     The spy who came in for cold turkey

     [Titre d'un article sur un journaliste ayant pris l'identité d'un toxicomane afin d'étudier l'efficacité du programme de traitement obligatoire des héroïnomanes en Colombie-Britannique.]

10. **When in America, do as the French do**

     [Réclame du vin apéritif Dubonnet.]

Exercice 3

1.   **Let him eat cake**

     [Texte accompagnant une caricature du prince Charles couronné d'un gâteau d'anniversaire à l'occasion de ses 40 ans.]

2.   **Blue chip**

     [Annonce de la bière Labatt's Blue. L'illustration montre en gros plan, sur fond bleu, une bouteille de bière, un verre plein et une croustille (*chip*).]

3.   **Lord of the rings**

     [La photo de l'illustration montre une bouteille de bière sur une table où il y a de nombreux cercles d'eau laissés par d'autres bouteilles.]

4.   **This little printer goes to market. This little printer stays home.**

     [Annonce de deux modèles d'imprimante, dont l'un est portatif.]

5.   **Everything it touches turns delicious.**

     [Cette annonce insiste sur les nombreux mélanges qu'il est possible de faire avec la liqueur Kahlúa.]

6.   **Beau Ties Required.**

     [Annonce de la marque de chaussures sport Beau Ties.]

7. **Brush with the best of them. Members do.**

[Invitation à devenir membre du Musée des beaux-arts de l'Ontario. L'illustration de l'annonce représente un boîte remplie de pinceaux d'artistes peintres.]

8. **Pull the wool over**

[Annonce de la laine Pure Virgin Wool.]

9. **Handle with flair**

[Annonce de la voiture Pontiac Grand AM 1985.]

10. **Greece. Her coasts have launched a thousand legends.**

[Annonce de l'Association touristique grecque.]

———

LES MÉTAPHORES

La métaphore est une figure de style qui consiste en une comparaison elliptique fondée sur l'analogie de deux objets, de deux notions, de deux situations présentant quelque caractère commun. Elle s'adresse à la fois à la raison et à l'imagination, et représente pour l'écrivain et le rédacteur une formidable économie de moyens. La métaphore dynamise un récit et rehausse son pouvoir évocateur par la production d'images mentales. Elle est aussi une forme de traduction, car elle exprime une réalité abstraite au moyen de termes concrets.

Dans son *Précis des figures de style* (v. les «Suggestions de lecture»), Christine Klein-Lataud classe les métaphores en fonction de deux critères : *a)* leur degré d'originalité, *b)* leur étendue. Le premier groupe comprend les catachrèses, les métaphores figées et les métaphores vives; le second groupe, les métaphores filées, les allégories et les périphrases.

A. LE DEGRÉ D'ORIGINALITÉ

1. La catachrèse. C'est une métaphore obligée qui consiste à détourner le sens propre d'un mot afin de nommer une réalité pour laquelle il n'existe pas de terme. Ex. : *the leg of a table, the arm of a chair*; une feuille de papier, un bras de mer. Nous ne percevons plus d'images lorsque nous employons ces désignations, et c'est pourquoi les catachrèses ne sont pas considérées comme des figures de style au sens propre du terme.

a. The **reading heads** of the tape recorder are dirty.

a. Les *têtes de lecture* du magnétophone sont sales.

b. Turning northward, Henry Hudson investigated the area lying around Chesapeake Bay and entered the **mouth** of the Hudson River.

b. Retournant ensuite vers le nord, il parcourut les alentours de la baie de Chesapeake et pénétra dans l'*embouchure* de l'Hudson.

2. Les métaphores figées ou «métaphores clichés». Elles ne sont pas obligatoires, comme les précédentes, mais sont «entérinées» depuis longtemps par l'usage. Elles composent le fonds de clichés d'une langue. Leur haute fréquence d'emploi dans le discours leur a aussi fait perdre une bonne part de leur pouvoir évocateur. *The root of evil, a stream of abuse, a heart of stone*, une santé de fer, le char de l'État, une grêle de coups sont autant d'exemples de métaphores figées (v. l'Objectif 51).

a. The immediate threat to our open trading system is the **spate** of protectionist measures spawned in the wake of weak growth since 1978.

a. *L'avalanche* des mesures protectionnistes prises à la faveur de la faible croissance économique depuis 1978 est ce qui menace le plus, dans l'immédiat, notre régime du libre-échange.

b. The devastation this year to the Palestinian agricultural sector is merely the latest in a series of crises tearing away at **the social and economic fabric** of the Palestinian community in the West Bank and Gaza Strip.

b. La catastrophe enregistrée cette année par l'agriculture palestinienne n'est que la dernière d'une série de crises qui détruisent peu à peu *le tissu social et économique* de la communauté palestinienne de Cisjordanie et de la Bande de Gaza.

3. Les métaphores vives. Ces métaphores renouvellent l'expression, proposent des rapprochements originaux de mots qui font image. Leur rôle est de faire redécouvrir la réalité, d'établir des relations neuves entre les mots, de projeter une vision originale du monde. La métaphore vive est le mode d'expression par excellence de l'imaginaire. Elle «actualise quelque analogie de forme, de couleur, de goût, d'odeur, de comportement, de fonction, etc., dans une relation neuve et non encore perçue; relation singulière qui correspond à une vision originale, qui avait échappé à la langue[1]».

a. Controls are only one aspect of the **economic assault** on workers.

a. Les contrôles ne représentent qu'un aspect de l'*agression économique* perpétrée contre les travailleurs.

b. **Paralytic modesty** is a **museum disease** from Calgary to Halifax.

b. La *modestie paralysante* est une *maladie dont souffrent les musées*, de Calgary à Halifax.

B.   L'ÉTENDUE

1. Les métaphores filées. Elles sont composées de rapprochements analogiques successifs portés par plusieurs termes. Le jeu des associations menées en parallèle (sens propre/sens figuré) peut s'étendre sur plusieurs phrases (v. l'Objectif 25).

Un formidable ordre du jour, aligné en ordre de bataille, attendait le conseil de pied ferme en cette soirée du 3 mars 1975. Après un long combat, les vaillants guerriers estéquois [membres de la Société des traducteurs du Québec], servis par un arsenal de patience et de discipline inépuisable, ont triomphé de haute lutte. L'ordre du jour s'est effondré, vaincu, déchiqueté, réduit à néant. Peu avant minuit, le boulevard Saint-Joseph retentissait des échos du péan.

---

[1] Pierre Guiraud, *cité par* C. Klein-Lataud, *Précis des figures de style*, p. 80.

Le bureau avait tenu conseil de guerre les 3 et 27 février pour arrêter la stratégie de la bataille. Le rapport qu'en fit le président sonna l'appel au combat. Un premier échange fut aisément gagné : on fixa au 14 juin la date de l'assemblée générale annuelle. Puis un rapide coup d'œil à l'état de la trésorerie raffermit l'assurance des troupes. À la nouvelle de l'engagement d'un conseiller juridique pour porter la bannière de la reconnaissance professionnelle, ce fut comme une poussée de confiance qui rallia tous les courages. Gravement atteint, l'ordre du jour commençait déjà de chanceler. Mais il ne rendit pas si tôt les armes.

[*L'Antenne*, Bulletin de la Société des traducteurs du Québec, vol. 6, n° 6, mars 1975, p. 2. La métaphore est filée sur cinq autres paragraphes.]

Le fonds français est encore vivant au Canada. Il est comme un feu sous la cendre et son faible éclat est visible. Il peut être ranimé. Mais il ne suffit pas pour y réussir de se servir du tisonnier d'un nationalisme incertain et d'apporter dans l'âtre, de génération en génération, du bois sec sorti du bûcher des manuels d'enseignement positif. Il faut prendre la pelle et sortir de la cheminée l'épaisse couche de cendre formée par le mauvais bois brûlé pendant un siècle de séparation complète de la mère-patrie culturelle puis pendant un siècle d'anglicisation massive. Ce DICTIONNAIRE DES DIFFICULTÉS DE LA LANGUE FRAN-ÇAISE AU CANADA est en premier lieu un coup de pelle dans cette cendre chaude.

[Gérard Dagenais, *Dictionnaire des difficultés de la langue française au Canada*, Montréal, éditions Pédagogia, 1967, p. iv.]

Dans le grand bol de l'angoisse contemporaine, mélangez le désir éternel de jouvence et les excès de l'industrie agro-alimentaire, incorporez une généreuse portion de nostalgie du passé et trois grains de méfiance de la société technologi-que, faites revenir dans l'ignorance de la biochimie, assaisonnez de publicité, laissez frémir, et servez dans des boutiques gentiment «anti-système». C'est la recette du succès commercial des aliments dits «naturels» ou «de santé»!

[Serge Mongeau, «L'angoisse dans votre assiette», *L'Actualité*, vol. 5, n° 11, novembre 1980, p. 58.]

a. The fact that inflation has been such a **persistent problem** for Canada and most other countries suggests that there is no **quick and easy cure** for this modern **disease** of the mixed, free-enterprise government economy. The reader is forewarned that no new **"snake oil"** will be mysteriously **concocted** that will provide an immediate **painless** solution to the problems of inflation and unemployment.

a. L'inflation étant un *mal endémique* au Ca-nada comme dans la plupart des autres pays, on peut supposer qu'il n'existe aucun *remède miracle* contre ce *fléau* moderne qui *affecte* les économies mixtes où se côtoient secteur public et libre entreprise. Que le lecteur sache qu'il ne sera pas possible de *concocter* une *«potion magique»* pour *traiter* rapidement et *sans douleur* les économies et les *guérir* de l'inflation et du chômage.

b. Governments in democracies are elected by the **passengers to steer the ship** of the nation. They are expected **to hold it on course**, to arrange for a **prosperous voyage**, and to be prepared **to be thrown overboard** if they fail in either duty.

b. Dans un régime démocratique, le gouvernement est élu par les *passagers* pour *être à la barre de* l'État. Il lui faut *maintenir le cap*, s'assurer que le *voyage* se fasse sous des *vents favorables* et s'attendre, en cas d'échec, à être *jeté par-dessus bord*.

2. L'allégorie. On parle d'allégorie lorsque la métaphore filée évoque un sens caché sous le sens littéral. Une suite de métaphores prenant la forme d'une description ou d'un récit sert à exprimer une idée générale ou abstraite qui se double souvent d'une leçon morale. Les fables de La Fontaine, les paraboles de l'Évangile sont des exemples d'allégories.

3. La périphrase (ou circonlocution). Enfin, la périphrase est une suite de mots qui exprime ce qu'il aurait été possible de dire en un seul mot (v. l'Objectif 28). La périphrase est une ressource précieuse pour échapper aux répétitions fastidieuses (v. l'Objectif 49) ou pour adoucir un mot trop brutal ou qui risquerait de choquer. Tout comme pour les métaphores, certaines périphrases sont usées (*the king of the beasts* = le roi des animaux = lion; *the day star* = l'astre du jour = soleil), d'autres sont inédites ou vives et renouvellent l'expression (un disciple de saint Jérôme = un traducteur; le feuillage chinois = le thé; l'arène souillée = la politique). Au lieu de Molière, écrire «l'auteur du Misanthrope» c'est aussi recourir à une périphrase. Voici d'autres exemples de périphrases clichés : la gent trotte-menu (souris), la ville lumière (Paris), la voûte étoilée (firmament), le royaume de Neptune (océan), un adepte de Bacchus (buveur), la Grande Faucheuse (mort, en anglais *Grim Reaper*), le petit écran (télévision), l'or noir (pétrole), la mare aux harengs (l'Atlantique Nord).

a. **The Great Helmsman** had a simpler problem: defending his ideal society with his army and educating his people.

a. *Le Grand Timonier* [Mao Tsê-tung] eut un problème plus simple : défendre au moyen de son armée sa société idéale et instruire son peuple.

b. Despite much fatalism about the economy, the June 1983 general election provided an immense triumph for Mrs Thatcher and the Conservatives. [...] The problems of the early eighties were intensified by a Conservative government under the **Iron Lady** which seemed to be the most right-wing that Britain had known in the twentieth century.

b. En dépit du fatalisme régnant à propos de l'économie, les élections générales de juin 1983 se soldèrent par un triomphe écrasant de Mme Thatcher et des conservateurs. [...] Les difficultés du début des années 80 furent renforcées par la présence au pouvoir, avec la *Dame de fer*, du gouvernement conservateur le plus à droite, semble-t-il, que la Grande-Bretagne ait connu au XXe siècle.

————

Du point de vue de la traduction, tous ces types de métaphores ne présentent pas le même degré de difficulté. En effet, bon nombre de catachrèses et de métaphores figées sont des servitudes. Elles sont lexicalisées et figurent dans les bons dictionnaires bilingues. Ce sont les autres types de métaphores, tout particulièrement les métaphores vives et filées, qui retiendront notre attention. Le présent objectif ne porte pas sur les diverses façons d'augmenter le pouvoir d'expression d'un texte par l'emploi de métaphores. Il porte plutôt sur les exigences entourant la traduction de cette figure de style. Nombreux sont les apprentis traducteurs qui achoppent sur les passages métaphoriques dont la traduction exige sensibilité linguistique, imagination créatrice, logique et bon goût.

RÈGLES DE TRADUCTION

Disons tout d'abord que les métaphores vives et filées, tout comme les allégories, doivent réunir trois qualités essentielles : *clarté, justesse* et *cohérence*. Il faut qu'elles éveillent instantanément la vision de l'objet (clarté), qu'elles soient perçues comme évidentes (justesse) et que leurs éléments forment un tout lié, un ensemble logique, voire harmonieux (cohérence). Les rapprochements baroques ou précieux risquent de produire des effets comiques non souhaités, comme ce scientifique «who announced the discovery of a virgin field pregnant with possibilities[2]». Les métaphores sont dites «heurtées» ou «brisées» quand elles sont incohérentes et rapprochent des notions incompatibles, comme c'est le cas de la version française du passage suivant :

> With the Canadian economy apparently caught in a temporary backwater, therefore, it is important to look at the consumer to see if he is likely to break out of the eddy he is in and generate enough of a current to push the economy back into the mainstream of stable growth.

> **Puisque l'économie canadienne semble nager temporairement en eau stagnante, il importe d'observer le consommateur pour voir s'il pourra briser le remous qui le retient et créer assez de courant pour relancer l'économie dans le cours d'une croissance continue.

Dans cette traduction-transcodage, on voit mal comment l'économie peut nager dans de l'eau stagnante et comment le consommateur peur créer un courant en brisant un remous. Ce genre d'incohérence aboutit à des incongruités, sans compter que le sens du passage s'en trouve grandement obscurci. La littéralité abusive crée de l'opacité, ce qui est contraire au principe même de la traduction, dont la fonction première est d'assurer la communication et de faciliter la compréhension. La version ci-dessous, en revanche, est cohérente :

> = Au moment où l'économie semble en perte de vitesse, il importe d'étudier l'attitude du consommateur pour savoir s'il arrivera à sortir de l'impasse et à relancer l'économie sur la voie d'une croissance soutenue.

Cela dit, il reste que les usagers de deux langues n'ont pas forcément la même «sensibilité» vis-à-vis du style imagé en général et des métaphores en particulier. «[...] en anglais,

---

[2] *Cité par* sir Ernest Gowers, *The Complete Plain Words*, p. 74.

la pensée ne court pas sur les mêmes rails qu'en français[3].» Cela se vérifie sur tous les plans (lexical, syntaxique, stylistique), comme l'ont abondamment montré les études comparatives. Mais cette différence est aussi perceptible sur le plan des ressources figuratives des discours où l'on peut déceler une différence très nette de «sensibilité» entre les rédacteurs anglais et français. Les premiers jouent plus librement que les seconds avec les images, comme avec les registres de langue d'ailleurs. Les causes de ce phénomène sont autant d'ordre social et historique que linguistique. Le français tolère mal les expressions métaphoriques trop contrastantes, surtout lorsque les métaphores sont incohérentes ou d'un registre trop familier.

Ainsi, un rédacteur anglophone d'une administration publique a dans la même phrase comparé implicitement (métaphoriquement) l'attitude d'un cadre au mouvement des marées et à celui d'une pendule.

The easily swayed manager, who flows with the tide of senior officer opinion, up one day and down the next, demonstrates a pendulum style.

Le traducteur n'a pas jugé pertinent de retenir ce double rapprochement et lui a substitué une autre image, mais une seule, afin de préserver la cohérence de l'énoncé français :

= Le cadre influençable qui penche toujours du côté de l'opinion de ses supérieurs est un roseau qui plie au gré du vent.

De même, la métaphore *Service is the elevator in the human hotel*, extraite du discours d'un ministre louant le dévouement des employés des Postes, est traduisible littéralement, mais l'effet serait plutôt cocasse : «**Le service est l'ascenseur dans l'hôtel des hommes.» C'est un bel exemple de style pompier... Le ministre voulait tout simplement dire qu'en offrant un excellent service, les employés des Postes jouissent de l'estime de la population. L'énoncé anglais passera donc mieux en français si on ne rend que l'idée : «Offrir un service de qualité est une façon de mériter la considération [Var. l'estime] de la population.»

La sensibilité linguistique dont doit faire preuve le traducteur inclut intuition, jugement, bon goût, aptitude à saisir les nuances de sens ainsi qu'une juste connaissance du degré de «tolérance linguistique» des usagers de la LA et des destinataires de ses traductions. Cette sensibilité intervient chaque fois qu'il lui faut recourir à une adaptation et tout particulièrement dans la traduction des métaphores vives ou filées.

En étant attentif aux collocations, on peut éviter les images baroques ou les rapprochements incohérents, comme ceux de l'énoncé suivant extrait d'un texte intitulé «Diet and Exercise Dangers» :

All the experts agree that there are often painful pitfalls on the rigorous road to glowing health.

---

[3] Dominique Aury, préface à l'ouvrage de Georges Mounin, *Les Problèmes théoriques de la traduction*, p. ix.

Une traduction littérale donnerait ceci :

> **Tous les experts sont d'accord : la route ardue qui mène à une santé éclatante est souvent jalonnée de douloureuses embûches.

À première vue, on pourrait croire qu'il s'agit là d'une bonne traduction, le traducteur s'étant efforcé de rendre le style imagé du TD à des fins stylistiques. Par ailleurs, tous les mots sont traduits :

expert : EXPERTS	*glowing* : ÉCLATANTE
agree : SONT D'ACCORD	*there are* : JALONNÉE
road : ROUTE	*often* : SOUVENT
rigorous : ARDUE	*painful* : DOULOUREUSES
health : SANTÉ	*pitfalls* : EMBÛCHES

En y regardant de plus près, toutefois, on constate que la formulation française est loin d'être idiomatique; elle cache plusieurs associations incongrues de mots. Ainsi, en français, une route peut être longue, cahoteuse, tortueuse, mais pas «ardue». En revanche, une tâche peut être ardue, de même qu'un travail ou une entreprise. «**La route qui mène à une santé» est mal dit. C'est le mot «voie» ou «chemin» qu'un francophone utilise habituellement dans ce genre d'emploi figuré : «suivre la voie du succès», «le chemin de la réussite». Le mot route est le plus souvent concret : «la route des vins», «la route des pionniers», «la route du rhum», bien qu'il puisse aussi avoir des sens figurés : «nos routes [destins] se sont croisées», «faire fausse route», «mise en route d'une affaire». Par ailleurs, le verbe «jalonner» évoque la répétition dans la régularité («chemin jalonné de bornes»), alors que le mot «embûche» a un aspect ponctuel, imprévisible (accidentel). C'est pourquoi on dit plus justement «semé d'embûches» pour rendre cette connotation de «hasard». Enfin, une embûche ne peut pas être «douloureuse» en français courant. (En poésie, c'est autre chose). De toute évidence, il y a ici interférence avec l'anglais *painful*.

Cette phrase, qui semblait au premier abord pleine de trouvailles stylistiques, présente en fait de graves faiblesses du point de vue des collocations. Cet exemple illustre bien les dangers du mot à mot servile. Et on peut même dire que les risques de maladresses et d'impropriétés sont d'autant plus grands que les énoncés originaux renferment des images, des métaphores, des figures de rhétorique en général. Après cette analyse de la phrase originale «*All the experts agree that there are often painful pitfalls on the rigorous road to glowing health*», une reformulation de la version initiale s'impose :

> = Le chemin qui conduit à une santé éclatante [Var. resplendissante] est souvent semé d'embûches, tous les spécialistes vous le diront.

On peut aussi se demander si, tout compte fait, il n'aurait pas mieux valu traduire tout simplement l'idée sous-jacente aux images du TD. Cette option, tout à fait défendable en contexte de travail, aurait pu donner ceci :

> = Il est bien difficile de rester en bonne santé, tous les spécialistes vous le diront.

Retenons que, tout comme la concision, la métaphore est un moyen, non une fin. L'intelligibilité d'une idée n'est pas nécessairement fonction de sa charge figurative. Le traducteur doit, néanmoins, chercher à préserver cette figure de rhétorique dans sa traduction chaque fois qu'il le peut. En présence d'une métaphore à traduire, trois solutions s'offrent à lui : la traduction littérale, l'emploi d'une autre métaphore de sens proche ou équivalent et, en dernier ressort, ne rendre que l'idée sous-jacente aux images du TD.

1. Traduire littéralement la métaphore du TD

a. Sometimes it is necessary **to put the mind in neutral** and **let it idle** for a while.

a. Il faut parfois *débrayer* et *laisser tourner ses méninges au ralenti*.

b. When I began to seek information from doctors the **floodgates** opened, and so much material **poured in** that my article began to take on book-like proportions.

b. Quand j'ai commencé à me renseigner auprès des médecins, les *vannes* se sont ouvertes et je me suis retrouvé sous un tel *flot* de documents que mon article a vite pris les proportions d'un livre.

2. Employer une autre métaphore de sens proche ou équivalent en LA

a. The governments want to force workers to take a smaller slice of the **economic pie**.

a. Les gouvernements veulent forcer les travailleurs à accepter une plus petite part du *gâteau économique*.

b. Most of the OECD economies faced a **roller-coaster type performance.**

b. La plupart des économies de l'OCDE ont connu une *évolution en dents de scie*.

c. Giant oil tankers sit idle in many ports. **Winds of change** have swept them in from the high seas.

c. Dans de nombreux ports sont amarrés des pétroliers géants, inutilisés. Les *vagues du changement* les ont chassés de la haute mer.

d. As in most countries, the **tide turned** in the 1980s.

d. Comme dans la plupart des pays, le *vent a tourné* dans les années 80.

3. Rendre l'idée sous-jacente aux images du TD

a. James Whitfield is an eloquent phrase-maker who turns upon his visitors **a walrus's friendly gaze**. These days, a lot of people **are swimming to his rock**. He has made a discovery the implications of which range far beyond the confines of his laboratory.

a. James Whitfield a la parole facile et le *regard attachant*. Les visiteurs *affluent* de plus en plus nombreux pour le voir, car les retombées de sa découverte débordent de beaucoup le périmètre de son laboratoire.

Note : Le traducteur de ce passage extrait d'une revue de vulgarisation scientifique n'a pas osé comparer ce scientifique à un «morse sur son rocher» ni y faire affluer les visiteurs «à la nage». Ces images ne passaient pas en français.

b. Confederation Square is, in the variety of its architectural components, **quite a salad**.

b. *Éclectique!* Tel est le mot qui décrit le mieux les styles architecturaux de la place de la Confédération.

Note : L'image *quite a salad*, dont le correspondant est «une vraie salade russe», est apparue trop familière au traducteur dans cet extrait d'une brochure touristique de prestige.

c. It fascinated me that there were such cunning devices for fouling the authorities and that Russians, of all people, supposedly being **a nation of sheep**, would resort to such expedients.

c. Qu'il puisse exister des procédés aussi astucieux pour contourner la loi, et que les Soviétiques, censés être des *citoyens passifs et soumis*, recourent à de tels expédients, voilà qui me fascinait.

d. Humans are not merely in charge of nature, they are the **pinnacle** of a long process of evolution.

d. L'homme n'est pas simplement gestionnaire de la nature, il est l'*ultime aboutissement* d'une longue évolution.

e. Global spending on military security continues to climb in most of the world, fuelled by great power rivalries in the North, the cost of modern technology, and by the multitude of new states in the South that proudly **wear the mantle of sovereignty** (and the concomitant **garments of national defence**) which Europeans, who have long set the example, are now beginning to discard.

e. Les dépenses militaires continuent à augmenter presque partout dans le monde, stimulées par la rivalité des grandes puissances du Nord, par le coût de la technologie moderne et par la multitude de jeunes nations du Sud qui *revendiquent fièrement la souveraineté* (et son inévitable *corollaire*, la défense nationale), aspect auquel les pays européens commencent aujourd'hui à accorder moins d'importance, après en avoir été longtemps les champions.

Enfin, il n'est pas contraire au principe de la traduction d'introduire ponctuellement dans le TA une métaphore usée ou vive, même si cette figure de rhétorique est absente du TD. (Nous verrons à l'Objectif 56, «Renforcement du caractère idiomatique du TA», que le traducteur peut rendre un segment de l'original au moyen d'un idiotisme non suggéré par la formulation du TD. Cette même règle s'applique ici.) Les bons traducteurs de textes pragmatiques, maîtrisant bien leur langue, ne s'en privent pas. Contrairement à une opinion répandue, un traducteur peut avoir du style.

a. Lenin saw imperialism as a purely capitalist phenomenon. Capitalist nations, he insisted, oppressed and colonized other nations not out of choice but **out of necessity**.

a. Lénine voyait dans l'impérialisme un phénomène purement capitaliste. Ce n'était pas pour le plaisir, affirmait-il, que les nations capitalistes opprimaient et colonisaient d'autres nations : elles agissaient *sous l'aiguillon* de la nécessité.

b. Adults in their fifties start to attribute **lapses** in memory to the process of aging.

b. Les personnes dans la cinquantaine commencent à imputer leurs «*pannes*» de mémoire au vieillissement.

c. Montreal has long rivalled Paris as a prolific producer of French-language films and television programs. It is the headquarters city of the National Film Board, which has proved to be an incomparable **trainer** of film-makers, and of Radio-Canada, which has played a similar role in radio and TV.

c. Montréal rivalise depuis longtemps avec Paris pour la production en français de films et d'émissions de télévision. C'est le siège de l'Office national du film, incomparable *pépinière* de cinéastes, et de Radio-Canada, qui a joué un rôle semblable dans le domaine de la radio et de la télévision.

En résumé, la métaphore relève un style insipide en rendant sensible l'idée au moyen d'une comparaison abrégée (implicite) qui frappe l'attention par sa justesse ou son originalité. Toutefois, les figures baroques, obscures et d'une étrangeté bouffonne répugneront toujours à la logique française. Quand la métaphore est filée, il importe de lui conserver sa cohérence en n'introduisant aucun élément hétéroclite qui en briserait l'unité.

SUGGESTIONS DE LECTURE

M. B. DAGUT, «Can "metaphor" be translated?», dans *Babel*, vol. 32, n° 1, 1976, p. 21-33.

Christine KLEIN-LATAUD, *Précis des figures de style*, préface d'Alain Baudot, coll. «Traduire, Écrire, Lire», n° 2, Éditions du GREF, 1991, p. 72-85.

Kristen MASON, «Metaphor and Translation», dans *Babel*, vol. 28, n° 3, 1982, p. 140-149.

Alicja PISARSKA, *Creativity of Translators: The Translation of Metaphorical Expressions in Non-literary Texts*. Poznan, Univwersytet im. Adama Mickiewicza w Poznaniu, Seria Filologia Angielska NR 23, 1989. 139 p.

EXERCICES D'APPLICATION

Exercice 1

Traduisez de façon claire et idiomatique les passages suivants, qui renferment tous une ou plusieurs métaphores. On veillera tout particulièrement à ce que les rapprochements dans les métaphores filées soient justes et cohérents.

1. Vancouver is the spout of a single funnel receiving over 90% of all rail goods shipped overseas from Western Canada.

2. In popular music, Montreal over the past 30 years has been the cradle of an astonishing flowering of cultural expression, with a galaxy of *vedettes* ranging from Robert Charlebois and André Gagnon to Beau Dommage, Céline Dion and Roch Voisine.

3. How best to describe an entrepreneur? Enthusiastic? Imaginative? Highly motivated? At *Entrepreneur '88*, the conference held in Toronto in May, all of these characteristics were in full evidence. Everyone there shared the same drive and optimism. And most went away with the fires of entrepreneurship well stoked.

4. As the 20th century draws to a close, patents are attracting interest from an ever-increasing number of economic "actors".

5. "Nobody listens to us when we are alone but now we are organized and strong," says Laxmi Naidu, a resident of the 'E ward' slum in Bombay. "Singly, we were thin sticks which could easily be broken—together we are like a thick, unbreakable bundle." [Il s'agit de femmes vivant dans des abris de fortune.]

6. When the Supreme Court ruled 95 years of English-only laws in Manitoba invalid this June, the judges were writing another scene in a drama that has an endless run on the province's political stage. The historic opinion that brought Manitoba to the brink of legal chaos was an uncharacteristically subdued development in a tumultuous and divisive episode of the province's history.

7. Aboard this new Santa Maria, we have to meet the impatience of those sailors who expect land on the horizon tomorrow, and the cynicism or sense of futility of those who would give up and leave us drifting impotently. On the shores, we have all those who are against the whole expedition, who seem to take a special delight in blaming the storms on the ship instead of the weather...
[Le secrétaire général de l'ONU, Dag Hammarskjöld, fit un parallèle entre cette organisation et une expédition d'exploration.]

8. The economy begins 1972 launched on a healthy growth path, though there are some rocky patches ahead which have dampened business confidence.

9. It seems as though the planning authorities should be able to hit the full-employment bull's-eye every time. But, in fact, a better analogy is shooting through dense fog at an erratically moving target with a gun of uncertain accuracy. The target is moving because, in the real world, the investment schedule is constantly shifting on account of changes in expectations, new technological breakthroughs, changes in consumers' tastes, and the like. [*Planning authorities* : planificateurs; *investment schedule* : courbe des investissements].

10. With revenues stagnant and increased competition for a piece of an economic pie that is no longer growing, governments have looked for new remedies. For Canada's current ailments the present government has prescribed strong medicine—the GST and free trade

with the United States. No one likes strong medicine, especially when it has serious side effects. It is not surprising that both the diagnosis and the remedies prescribed have been challenged.

———

Exercice 2

TEXTE 47

Auteur : John O. Towler
Source : *CGA Magazine*
Genre de publication : Revue d'une association canadienne de comptables
Date de parution : 1988
Domaine : Gestion
Public visé : Comptables
Nombre de mots : 393

Learning to Listen

"Little things mean a lot," sang Doris Day in a popular song years ago. This is worth keeping in mind for many managers who are caught up in the daily pressures of running their companies, divisions or departments. These misguided leaders assume that no news is good news and that one shouldn't go looking for trouble. Nothing could be further from the truth.

5   Any manager who isn't hearing employee problems, concerns and irritations is living on borrowed time. While he/she is paying attention to some seemingly important issue, a powder keg somewhere has its fuse already smouldering. A good manager will extinguish the fuse, remove the powder keg, and take steps to ensure that such an explosive situation does not recur.

This might sound simple enough, but many managers wonder how it is done and what
10   would happen if they did nothing. The following is an example of what happens if no action is taken.

At 9 a.m. one morning, a company president received a telephone call from a reporter who asked whether there was any thruth to the rumour that the company was being sold to foreign investors. The president assured him that this was completely new to him and that there was no
15   truth to it whatsoever.

That afternoon, as the president left for a meeting, a few employees asked him about the rumour. He quickly responded, "It's nonsense. Don't worry about it." However, by 3 p.m. the same afternoon, the president was called out of a meeting by a frantic phone call from the plant manager who told him that the afternoon shift refused to start work because employees had
20   heard that the company was to be taken over on Monday.

The president was forced to return to speak to the workers in order to reassure them. He almost had a wildcat strike on his hands because he didn't pay attention to his employees' concerns. This situation would not have developed if the president had realized that, although he knew what was going on, his employees didn't.

25   Trivial irritations sometimes blow up into serious problems because of a failure to understand and appreciate an essential communication principle : it's not what the speaker thinks that is important, it's what the listener thinks. In other words, little things may mean a lot to someone else.

———————

Exercice 3

TEXTE 48

Auteur : Stephen A. Haines
Source : *Science Dimension*
Genre de publication : Revue du Conseil national de recherche
Date de parution : 1981
Domaine : Énergie solaire
Public visé : Grand public
Nombre de mots : 346

Solar Energy

Solar energy, an infant industry, is not yet rid of its teething troubles. A study of some of the problems and possible cures was recently published by National Research Council (NRC).

5   "Yes, sir. Right this way. Now, this model is rated at 85 per cent efficiency and comes with eight collectors, a heat pump and storage tank. We call it our 'do-it-yourself' special. Notice the chrome fittings between the collectors—unique with our line. Over here we have a liquid system that's becoming very popular—you can have a choice of heat transfer media and absorber materials. Of course, installation comes with the purchase price. Do you like the colour, madam?"

10   Solar energy heating systems are not yet marketed in the manner of cars or television sets, but according to Toronto architect Doug Lorriman, something similar will probably take place soon. At the request of NRC, Lorriman travelled across Canada and the northern United States surveying solar energy installations. With a background particularly suited for the task—he built one of the first houses in Canada incorporating solar energy—he found the survey rewarding, but not without difficulties.

15   "Solar energy," he says, "is an issue like motherhood. Nobody wants to admit to any faults, and its adherents defend solar with a religious fervor. Many are very reluctant to admit problems exist even when these are pointed out. But if the industry is to become mature and competitive, problems are going to have to be identified now and dealt with soon. If people intend to invest in renewable energy, they don't want something that has to be repaired constantly or replaced after only a few years. Solar systems aren't something to be traded in like cars—they are an 20   integral part of a home, building or plant and they should be constructed to last. To achieve this, certain standards are going to have to be developed and applied." [...]

l'héliotechnique   *observelin horniman*

"Solar energy is almost totally innovative," Lorriman notes, "and all the sites visited were unique." [...] While uniqueness makes categorizing difficult, it provides a wide variety of design elements for consideration when defining standards.

———

Exercice 4

TEXTE 49

Auteur : John Churchill
Source : *Prélude*
Genre de publication : Programme de concert
Date de parution : 1978
Domaine : Musique
Public visé : Spectateurs
Nombre de mots : 289

**Johannes Brahms
(1833-1897)**

Violin Concerto in D major, Op. 77

Here in this magnificent and lovely concerto is the complete greatness of Brahms. The song writer, the great symphonist, the humble admirer of Beethoven, the Classic, the Romantic, the reserved man who was for a time relaxed and happy in a place he loved and among people he enjoyed—all these ingredients have entered the crucible to make one of the greatest of all
5   concertos.

It is symphonic in scale, written in 1878, a year after the serene second symphony and often reminiscent in mood both of that symphony and of the admired violin concerto of Beethoven. Originally there were to be two central movements in place of the present Adagio (an indication of the symphonic nature of the composer's thought), and Brahms needed the persuasion of
10   Joachim, the close friend and magnificent violinist to whom the concerto is dedicated, to retain the slow movement we now know.

The concerto opens with the themes clearly stated by the orchestra. Here are the ideas, he seems to say, do not forget them! The violin enters energetically but gradually relaxes into the full statement of the main theme, surely the most radiant of all melodies for the violin. A long,
15   carefully planned movement follows and near its end the violin cadenza allows the soloist his unimpeded part in this great discussion.

The slow movement seems like one long melody, embellished and lingered over, and it is only on reflection that one realizes how its apparent artlessness has concealed the most exquisite craftsmanship.

20   The final boisterous rondo gives the violin a giant's part, though always a nimble giant with the most delicate rapier, one who dances dazzling rings around his weightier adversary before the final warm handclasp.

———

LA FAUSSE QUESTION

La fausse question (*rhetorical question*) est un procédé de rhétorique connu aussi sous les noms de «pseudo-interrogation», «fausse interrogation» ou «question oratoire». Ce procédé consiste à poser une question dans le corps d'un texte, sans que cette interrogation soit nécessairement suivie d'une réponse explicite.

Les fausses interrogations remplissent dans le discours de multiples fonctions, qui ne sont pas forcément les mêmes d'une langue à l'autre. En français, elles servent, entre autres, à partager des impressions («Qu'y a-t-il de plus agréable qu'un bain de soleil au bord de la mer?»), à communiquer des sensations («Ne sentez-vous pas le parfum des roses qui embaume le salon?»), à donner des conseils («Pourquoi ne pas aller consulter votre médecin de famille?»), à rechercher la complicité du lecteur («N'a-t-il pas raison de croire à son innocence?»), à atténuer des propos qui pourraient choquer, à adoucir des arguments trop forts, à mettre en doute une affirmation, à lancer une invitation au lecteur, à éveiller un soupçon, etc.

Les fausses questions sont fréquentes dans les documents publicitaires, les dépliants promotionnels, les brochures de vulgarisation et toute forme d'écrits qui cherchent à convaincre ou à établir une sorte de dialogue avec le lecteur. Mais en fait, on en retrouve dans tout genre de documents, qu'il s'agisse de textes pragmatiques ou littéraires.

L'anglais ne ferait pas de la fausse question un usage aussi fréquent que le français. Selon Hilaire Belloc, «the ample use of the rhetorical question is native to ordinary French prose, not to English. It is also native to French prose to define a proposition by putting the data of it first into question form. It is not native to English to do this[1].» Dans un article qu'il publia en 1978 dans la revue *Babel*, Jean Darbelnet apporta des précisions concernant la fréquence relative de la fausse question en français et en anglais. Il rattachait alors ce phénomène rhétorique au caractère idiomatique de la langue :

> [...] on est amené à distinguer ce qu'une langue est obligée de faire, ce qu'elle peut faire, et en troisième lieu ce qui lui est interdit. [La possibilité de recourir à la question oratoire] est courante en français, elle l'est beaucoup moins en anglais.

---

[1] *Cité par* Jean-Paul Vinay et Jean Darbelnet, SCFA, p. 218.

Nous dirons qu'il y a tendance d'un côté, simple possibilité de l'autre, et dans ce second cas que l'usage répété de la question oratoire en anglais n'est pas idiomatique[2].

Les résultats préliminaires d'une recherche encore inédite menée sur la fausse question par Suzanne Pons-Ridler et Geneviève Quillard tendent à confirmer statistiquement les observations d'Hilaire Belloc et des auteurs de la SCFA. En effet, le dépouillement de six revues (trois anglaises et trois françaises) montre qu'il y a presque deux fois plus de fausses questions en français qu'en anglais. En revanche, l'analyse de textes traduits donne un pourcentage nettement moins élevé. Il importe de prendre conscience de cette réalité du langage qui influe directement sur le caractère idiomatique des versions françaises. (v. l'Objectif 56).

Il n'est donc pas rare qu'en contexte une phrase déclarative anglaise soit mieux traduite en français par une phrase interrogative. Observons, enfin, que l'exclamation s'apparente beaucoup à la fausse question, et l'anglais semble la pratiquer tout autant que le français.

EXEMPLES DE TRADUCTION

1.   Fausse question en anglais seulement

Several political leaders are calling for a national conference before going to the country [Guinea], something the powers that be are reluctant to accept—**in which case how can proper, free elections be held in November?**

Plusieurs des leaders politiques réclament la tenue d'une conférence nationale comme préalable à toute consultation électorale, ce que le pouvoir actuel rechigne à accepter. *Et on ne voit pas dans ces conditions comment des élections entièrement libres peuvent être organisées en novembre prochain.*

2.   Fausse question en anglais et en français

Care to while away the afternoon floating over the French country-side in a nine-storey balloon?

Que diriez-vous de passer un après-midi à survoler la campagne française dans un ballon de la hauteur d'un immeuble de neuf étages?

----

[2] «Systèmes oppositionnels en français et en anglais», p. 136 (v. les «Suggestions de lecture»).

3.   Fausse question en français seulement

a. **MERCOSUR: a free market for cheap labour** [Titre d'un article. MERCOSUR : Accord signé en 1991 et créant un marché commun entre l'Argentine, le Brésil, le Paraguay et l'Uruguay]

a. *MERCOSUR : le marché des pauvres?*

b. **And let us not forget that all the rivers which have their source there have earned Guinea the reputation as the water tower of West Africa** and that it has considerable coffee, cocoa, palm oil, rubber, tropical fruit, vegetables, cotton, millet sorghum, fonio and livestock potential as well.

b. *La Guinée n'est-elle pas aussi qualifiée de «château d'eau de l'Afrique de l'Ouest» en raison des fleuves qui y prennent leur source?* Elle a un potentiel considérable en ce qui concerne le café, le cacao, l'huile de palmier, le caoutchouc, les fruits tropicaux, les légumes, le coton, le millet, le sorgho, le fonio ou encore l'élevage.

c. **If you know of a radio station that might be interested in airing the series,** contact Souad Sharabani.

c. *Vous connaissez une station de radio que ces émissions pourraient intéresser?* Alors n'hésitez pas à communiquer avec Souad Sharabani.

d. The slipper is almost unimaginably wonderful. **The thought of dancing off into the future wearing such a slipper is incredibly appealing.** It does not fit. [Extrait d'un article intitulé : «Museum Computerization: Making the Glass Slipper Fit». V. le n° 10 ci-dessous.]

d. La pantoufle est magnifique. *Comment résister à l'incroyable envie de la chausser pour valser allègrement vers l'avenir?* Mais cette pantoufle n'est pas la nôtre.

e. If people's legal rights to harvest trees are unclear, newly-planted seedlings may be left to die. **If tenants have no right to stay on the land they farm, they will have little incentive to build or maintain bunds or check dams.** [Au Honduras]

e. Si leurs droits sur les produits ligneux ne sont pas clairement définis, les habitants ne s'occuperont pas des arbres qui viennent d'être plantés et les laisseront mourir. *De même, si les paysans n'ont pas de droits reconnus sur les terres qu'ils cultivent, pourquoi construiraient-ils et entretiendraient-ils des digues ou des levées de terre?*

f. Finally, Mr. Boisson's article leaves me **wondering whether he was trying to wield subtle irony,** mentioning the 1917 declaration by Lenin **in order to demonstrate the tremendous discrepancy between those declarations of the revolutionary period and the current practice of the USSR.**

f. Enfin, l'article de M. Boisson me laisse perplexe. *Aurait-il essayé de manier l'ironie de façon subtile? Aurait-il,* en rappelant des déclarations faites par Lénine en 1917, *voulu montrer l'énorme fossé qui sépare les pratiques ayant actuellement cours en URSS de ces déclarations de l'époque révolutionnaire?*

SUGGESTIONS DE LECTURE

Jean DARBELNET, «Systèmes oppositionnels en français et en anglais», dans *Babel*, vol. 24, nos 3-4, 1978, p. 135-138.

Jean-Paul VINAY et Jean DARBELNET, *Stylistique comparée du français et de l'anglais*, p. 218-219.

Bernard DUPRIEZ, *GRADUS — Les Procédés littéraires*, coll. «10/18», n° 1370, Paris, Union Générale d'éditions, 1980 [c1977], p. 215-216; 370-373.

———

EXERCICES D'APPLICATION

Exercice 1

Traduisez les extraits ci-dessous en ayant recours à une fausse question là où ce procédé de rhétorique semble pertinent en français.

1.   Translators must set aside critical judgment and personal taste; without considering how they themselves would have handled the subject, they must reproduce another's thought, faithfully follow the development of ideas and respect the shades of meaning imposed upon them, even if they have reservations about the style or disapprove of the way ideas are organized. They must adhere to the source text and still respect the genius of the target language. It is not surprising, then, that there are differences between original writing and writing done in translation.

2.   There are over 50 museums dotting the city of Montreal's cultural landscape. That may seem surprising, or even daunting if you had to list them all. The fact is, however, that Montreal has a long museum tradition. [Début d'un article intitulé «Montreal: Museums à la carte»]

3.   If you're having a club or group meeting or planning a party, the University can rent you a room or equipment. A regular classroom costs from $20 to $30. An auditorium can set you back $110.

4.   Unsolicited counsel always stands to be despised, which is why a Spanish proverb holds that you should never give advice unless you are asked for it. Though it is usually well-intentioned enough, at least one form of it should be regarded watchfully. This is advice which contains a discernible degree of flattery.

5.   Each year, 100,000 Canadians suffer brain damage, the cause divided evenly between strokes and accidents. Then there's the question of whether these people, or some of them, should be allowed to drive.

6.   Consider a biological toilet as an alternative to a septic tank at your cottage or home. [Dépliant énumérant 100 trucs pour réduire les ordures ménagères et la pollution.]

7.   If you are involved in helping to improve the health of people in your community, we'd like to hear from you. We'd like to make your stories our stories too. [Note de la rédaction du bulletin *To Your Health / À votre santé*]

8.   Often orphaned children in Kagera, like the rest of Africa, are shared out among relatives or kept together by grandparents, aunts or uncles. That safety net is still there, but strands are fast fraying as AIDS takes its toll. There are simply too many orphans for the extended family system to cope with.

9.   Now, in their thousands, come the homeless, penniless Rohingya Muslims from Myanmar. The final outcome of this tragic situation is far from clear. But it is going to take a great deal of mercy, patience and money to deal with it at all, much less cure it. [*Rohingya Muslims from Myanmar* : musulmans rohingyas qui arrivent de Myanman]

10. It is beginning to look like there *are* glass slippers out there that *will* fit us. They may not be delivered to the door by liveried footmen—we will have to work to get them. But, even Cinderella had to demonstrate she was willing to work before she got to go off to the ball. [Trois dernières phrases du texte intitulé «Museum Computerization: Making the Glass Slipper Fit».]

Exercice 2

TEXTE 50

Auteur : Anonyme
Source : *Kenmore Microwave Cooking*
Genre de publication : Brochure
Date de parution : 1981
Domaine : Cuisine, appareil électroménager
Public visé : Utilisateurs des fours micro-ondes
Nombre de mots : 392

The Exciting World of Microwave Cooking

The Appetizers

Appetizers can be the most creative food of today's entertaining. They can be hot or cold, simple or fancy, light or hearty depending upon the occasion. There are no rules, so you can let your imagination soar. Until now hot appetizers were the most troublesome and time-consuming for
5   the host or hostess. But that's no longer true with the microwave oven. Parties are much easier and more enjoyable because the microwave eliminates all that last-minute hassle and lengthy

cooking over a hot stove. You can assemble most appetizers and nibbles in advance, and at the right moment, just coolly "heat'n serve!" There's no doubt about it—appetizers cooked in the microwave oven are fun to make, fun to serve, and fun to eat.

10 **Sandwiches, Hot Drinks, Soups**

Microwaves perform at their very best with sandwiches, hot drinks, soups, and chowders. For a quick pick-me-up all you need is a minute or two and a mug full of water for a cup of instant soup, or coffee. And, if you like to make soups from scratch without those endless hours of simmering and hovering that are required by conventional cooking, the microwave recipes are fantastic.

15   Rise and shine with breakfast cocoa and wind down your day with afterdinner coffee swiftly and easily made in your microwave oven. What a convenience for coffee lovers ! No more of that bitter mess when coffee is kept warm for more than 15 minutes in the conventional way. Brew your coffee as you normally do and pour what you want to drink now. Refrigerate the rest. Then, throughout the day, pour single cups as you wish from the refrigerated pot. Heat for 1 1/2 to 2

20 minutes and savor the taste of truly fresh coffee.

Rare, Medium or Well Done?

Cooking meat in the microwave oven offers tremendous advantages over the conventional range. For juiciness and flavor, the microwave method excels. It also stretches your meat dollar by reducing shrinkage. And you can defrost, cook, and reheat in minutes while your kitchen remains

25 cool and comfortable.

      If some of your guests or family prefer beef rare and others well done, the microwave oven solves the problem. After the roast is carved, a few seconds in the microwave oven will bring slices of rare roast to medium or well done.

Exercice 3

TEXTE 51

Auteur : Lisab (Pseudonyme)
Source : *The Translator*
Genre de publication : Revue d'une société professionnelle
Date de parution : 1940
Domaine : Général
Public visé : Membres de la Société des traducteurs de Montréal
Nombre de mots : 307

Laughs

One is bound to admire and envy a person who possesses a spontaneous, hearty, jovial laugh—a laugh that awakens and calls forth all the mirth lying latent in our sombre hearts whilst dispelling all weariness and anxiety.

There are many types of laughter and each has its own peculiar charm or disagreable quality.
5   Anyone acquainted with the cinemas can easily recognize the "villain's" laugh that savors of
cackling witches and western "bad men". This laugh has the power to make one's blood freakishly
run up and down one's spine, while a fertile imagination conjures all the possibilities for evil
symbolized.

There is also the strained apologetic gurgle of a person who seems to be craving your
10   indulgence and pardon for something or other, though you can't for the world imagine what it is,
so you smile kindly, hoping the sight of your gleaming "ivories" will break the tension.

There is subtle flattery implied when a person sincerely and with apparent enjoyment laughs
at an amusing anecdote or choice bit of wit and this is very gratifying to the teller.

Likewise there is nought to be compared to the disappointment and disgust a person
15   experiences when a wan smile meets a raconteur's earnest efforts at entertaining.

Believe me, there is art in knowing how to laugh and when to laugh, for with practice one can
laugh oneself out of embarrassing situations, which would otherwise call for the diplomacy of a
politician; laugh oneself into the most sought for of invitations (a boon to social climbers), and with
the right note of coquetry a wise woman can laugh her man right up to the altar, which is
20   considered by a great majority to be a conquest equal to a "Mounted Police" getting "his man."

So the next time you hear a laugh—stop—listen and classify it!

————————

LA COHÉRENCE ET LA COHÉSION

> «[...] la compréhension du discours n'apparaît pas comme le résultat d'une synthèse d'éléments linguistiques [et] ne se produit pas linéairement [...], elle se fait par association des indices sémantiques des mots avec un savoir préalable, *en fonction d'une cohérence logique*[1].»

Il importe de bien distinguer les notions de «cohérence» et de «cohésion». La cohérence est le caractère d'une pensée, d'un exposé, dont toutes les parties sont étroitement liées les unes aux autres[2]. C'est la qualité des textes dont tous les éléments sont interdépendants et forment un ensemble lié. La cohérence correspond à la rigueur de l'enchaînement des énoncés, à la précision des rapports logiques et à l'absence de disparates ou d'hiatus dans l'exposition et la progression des idées et des sentiments. Elle se situe sur le plan logique, conceptuel.

La cohésion, elle, est au sens propre la force qui maintient unies les molécules d'un corps. Métaphoriquement, en linguistique, ce terme désigne les liens grammaticaux et lexicaux unissant les mots d'une phrase ou les phrases d'un texte. La cohésion se situe donc sur le plan de la forme (grammaire et lexique). Dans la phrase «La page est blanche», le sujet féminin singulier appelle un verbe singulier et un attribut féminin, genre qui conditionne aussi celui de l'article «la». Nous n'écririons pas normalement «Le page sont blancs».

La cohésion existe à l'intérieur des phrases, mais aussi entre les phrases. Les forces cohésives servant à unir les idées d'un texte peuvent être implicites (v. Juxtaposition) ou explicites (v. Charnière, Déictique). L'emploi judicieux des pronoms contribue, par exemple, à donner de la cohésion à un texte. Il en va de même du choix des éléments du lexique, dont il faut respecter, par exemple, le rapport générique/spécifique.

Cette distinction nous est utile pour cerner la notion de texte. Selon les auteurs de *Cohesion in English* (v. les «Suggestions de lecture»), on ne saurait établir un rapport d'homologie entre texte («unité de sens») et phrase («unité de forme») :

---

[1] Danica Seleskovitch, *Interpréter pour traduire*, p. 122. (C'est nous qui soulignons.)

[2] Cohérence : «La liaison, le rapport étroit d'idées qui s'accordent entre elles» (*Le Petit Robert*).

A text does not consist of sentences, it is realized by, or encoded in, sentences (p. 2). In other words, it is not simply a large grammatical unit, something of the same kind as a sentence but differing from it in size—a sort of super-sentence. A text is best thought of not as a grammatical unit at all, but rather as a unit of a different kind: a semantic unit (p. 293).

Les auteurs proposent une définition purement sémantique du texte, entité supraphrastique, mais constitué de phrases dont les éléments sont cimentés par les forces cohésives de la grammaire et du lexique. La cohésion relève de ce qu'ils appellent la «texture», c'est-à-dire toute l'organisation formelle d'un texte, tous les points de suture qui cousent ensemble ses diverses parties et assurent sa continuité sémantique. Étymologiquement, texte vient du latin *textus*, qui signifie «tissé», «tissu». Il faut voir le texte comme un tissage, un montage avec sa trame et ses fils.

Nous pouvons le définir de la façon suivante : toute production écrite de longueur variable formant un ensemble unifié, cohérent, servant à communiquer un message au moyen du discours. «Le texte, écrit Robert Larose, est autre chose qu'une juxtaposition de phrases discrètes. Il est un tout indissociable des éléments qui le composent, dans lequel chaque niveau et chaque lien structurels contribuent à cimenter l'ensemble[3].»

Nous avons vu que le maniement du langage exige du traducteur une double compétence (de *compréhension* et de *réexpression*) qui requiert de lui trois aptitudes (*dissocier les langues* — éviter toutes formes d'interférences —, *appliquer les procédés de traduction* et *maîtriser les techniques de rédaction*). En outre, cette double compétence s'exerce à trois niveaux : les conventions de l'écriture, l'interprétation [des textes] et la cohérence.

Tout texte se déroule selon une logique interne qui le rend cohérent. Cette logique a un effet analogue aux poutres et aux poutrelles invisibles d'une charpente d'acier assurant la solidité d'un édifice. Dans une version traduite, la succession des énoncés doit suivre le mouvement de la pensée génératrice du texte original. La cohérence correspond à l'armature de l'édifice textuel, à l'interdépendance hiérarchisée de tous les éléments de cet édifice.

Un réviseur dira d'un traducteur habile à donner de la cohérence et de la cohésion à ses textes qu'«il a le sens de la phrase», qu'«il a un style fluide», ou encore que «ses traductions coulent bien». Ce réviseur entend par ces formules que le traducteur sait lier les idées les unes aux autres, soit par les liens sémantiques unissant les mots des phrases voisines, soit explicitement par des liens de cohésion grammaticaux tels que pronoms, conjonctions ou autres charnières. Il ne suffit pas de traduire correctement chaque mot, chaque énoncé, chaque effet stylistique isolé d'un texte. Il importe aussi que l'ensemble forme un tout lié.

La langue écrite est plus soucieuse de correction que la langue parlée; elle tend aussi à être plus serrée, plus concise, plus ordonnée. Soumise à une syntaxe rigoureuse, elle se plie aux règles de grammaire, d'orthographe et de ponctuation. Le bon traducteur, tout comme le bon rédacteur, cherche à donner à ses textes le plus de cohérence possible en enchaînant logiquement les idées qui les composent.

---

[3] *Théories contemporaines de la traduction*, p. 290.

Or, les apprentis traducteurs, attentifs à résoudre les difficultés d'ordre lexical et syntaxique, oublient souvent de garder une vue d'ensemble du texte qu'ils traduisent. Cette tendance à traduire «à ras de mots» et «à ras de phrases» explique sans doute l'effet de dislocation dont souffrent certaines versions françaises traduites «en phrases détachées». Leur allure est hachée, saccadée. L'exposition des idées est marquée d'hiatus, les rapports logiques n'étant pas clairement établis. Parfois même, ils portent à faux. Un cas typique est l'emploi d'un pronom personnel sans antécédent. Cette faute d'inattention est l'indice d'un manque de rigueur dans l'enchaînement des phrases et des idées. La traduction française du passage ci-dessous en est une bonne illustration :

> A few years ago, an acquaintance travelling in the Philippines was befriended by a couple of locals who showed him around and then bought him a drink. He began to feel woozy, so his pals helped him back to his hotel. The drink had been drugged, and when he awoke the next morning his money, passport and plane tickets were gone. It was a scary experience, not to mention a major hassle to replace the lost items.

Traduction incohérente

> **Il y a quelques années, **une connaissance** voyageant aux Philippines, s'est fait aborder par des **gens** de la région. **Ils** lui firent visiter les lieux et lui offrirent un verre. **Il** commença à se sentir étourdi alors **ses nouveaux amis** le raccompagnèrent à l'hôtel. **On** avait mis de la drogue dans son verre. Le lendemain matin, lorsqu'**il** se réveilla, son argent, son passeport, ses billets d'avion avaient disparu. **C'était** une expérience angoissante sans parler des ennuis qu'occasionna le remplacement des effets volés.

Traduction cohérente

> = Il y a quelques années, *un de mes amis* en voyage aux Philippines *se* lia d'amitié avec deux Philippins qui *lui* firent visiter les environs avant de *lui* offrir un verre. Comme *il* se mit à ressentir des étourdissements — *sa* consommation contenait de la drogue —, *ses* nouveaux amis *le* raccompagnèrent à *son* hôtel. À *son* réveil, tout avait disparu : argent, passeport, billets d'avion. L'expérience fut terrifiante, sans compter tous les ennuis que *lui* occasionna le remplacement des effets volés.

Bien que la version incohérente (disloquée) transmette les principaux éléments de sens du TD, elle présente de graves faiblesses d'articulation en raison d'un mauvais emploi anaphorique des pronoms. L'accumulation de solutions de continuité, même subtiles, dans la logique interne d'un texte finit par agacer le lecteur qui doit préciser lui-même les liens de la pensée en rétablissant les rapports que le traducteur pressé ou négligent n'a pas pris soin d'exprimer clairement. En ce qui concerne les textes pragmatiques, la meilleure traduction demeure celle qui ressemble le moins à une traduction. Tout comme «le style, c'est l'oubli de tous les styles[4]».

---

[4] Jules Renard, *Journal*, 7 avril 1891, p. 71.

La cohérence et la cohésion déterminent dans une large mesure le degré de lisibilité et de clarté d'un texte. Elles témoignent de la rigueur de pensée du traducteur et de son aptitude à communiquer intelligiblement un message. «La clarté est la politesse de l'homme de lettres[5]»; elle est aussi la politesse du traducteur. Cette exigence ne signifie aucunement qu'il faille éviter au lecteur tout effort intellectuel en simplifiant à outrance la construction des paragraphes[6] ou des phrases ou encore le vocabulaire qui s'écarte de la langue courante.

Par clarté, il faut entendre essentiellement la précision des rapports entre les idées. La réorganisation des concepts selon les lignes de force de l'original exige du traducteur une grande maîtrise du maniement du langage et une grand souplesse intellectuelle. Son aptitude à pratiquer cette gymnastique donne la mesure de sa compétence à reformuler un message. L'ordre logique ne correspond pas toujours à l'ordre direct et est dicté par le déroulement du texte. L'ordre des mots doit céder devant l'ordre des idées. Le choix des structures syntaxiques se fait en fonction de la dynamique interne du TA et non en fonction de la syntaxe du TD, bien qu'il y ait souvent concordance à ce niveau.

Le troisième niveau du maniement du langage — la cohérence — est donc celui des transformations structurales commandées par la dynamique d'un message. Les innombrables rajustements textuels, dont certains sont obligés (servitudes), d'autres facultatifs (options), alimentent la réflexion du traducteur et révèlent ses qualités de rédacteur. L'aptitude à déceler parmi les idées d'un texte celles qui sont les points d'appui (de suture) du développement et une grande dextérité à manipuler les concepts en les unissant par des liens logiques et grammaticaux sont sans conteste les qualités maîtresses des bons traducteurs. C'est à ce niveau que l'expression «maniement du langage» trouve tout son sens. On pourrait même reprendre le conseil que Boileau prodiguait aux jeunes auteurs et l'appliquer aux futurs traducteurs : «Avant donc que d'écrire apprenez à penser[7].» La traduction offre toutes les difficultés inhérentes à la composition originale; en «recomposant» un texte dans une autre langue, le traducteur est soumis aux mêmes contraintes que le rédacteur. La particularité de la traduction réside dans le fait que celui qui pratique cet art de réexpression doit assimiler une pensée qui n'est pas la sienne avant de la remodeler dans une autre langue.

On comprend mieux pourquoi certains bilingues font de mauvais traducteurs : les aptitudes requises pour coordonner les trois niveaux du maniement du langage, et tout particulièrement le troisième, ne sont pas tout à fait celles qui sont nécessaires pour s'exprimer verbalement dans une langue étrangère. La difficulté à traduire qu'éprouvent certains bilingues est la preuve que la traduction n'est pas une opération d'ordre linguistique uniquement, mais une activité intellectuelle complexe exigeant une grande maîtrise de la langue écrite.

---

[5] *Ibid.,* p. 110 (7 octobre 1892).

[6] «[...] on peut s'interroger sur le bien-fondé d'une pratique, qui semble être caractéristique de certains traducteurs français, consistant à découper un paragraphe anglais en deux, trois paragraphes (ou plus) lors de sa traduction en français.» Michel Ballard, *Le Commentaire de traduction anglaise,* p. 26.

[7] *L'Art poétique,* Chant I, v. 150.

JUXTAPOSITION / COORDINATION
ARTICULATION / SUBORDINATION

Il est admis que l'anglais manifeste une certaine prédilection pour la juxtaposition et la coordination, alors que le français préfère l'articulation et la subordination. Tatiana Slama-Cazacu écrit : «Un Français moderne, se soumettant au système actuel d'expression, ne construit plus ses phrases en se basant surtout sur la coordination, mais bien sur la subordination[8].» Pour sa part, Jacques Duron affirme : «L'anglais juxtapose des moments de pensée que le français préfère lier dans un ensemble : à la phrase anglaise, souvent faite de segments propositionnels mis bout à bout, la phrase française oppose un idéal d'*unité organique*[9].» Nous pourrions multiplier les observations de ce genre.

Par «unité organique», il faut entendre la liaison des idées. Un texte anglais bien rédigé est tout aussi cohérent qu'un texte français bien rédigé, cela va de soi. C'est la façon de camper les idées et de les enchaîner les unes aux autres qui varie d'une langue à l'autre. Les langues diffèrent par le lexique et la syntaxe, mais aussi par la façon d'exposer et d'agencer les idées. Il n'est pas rare que des énoncés juxtaposés ou coordonnés en anglais soient mieux traduits s'ils sont subordonnés en français. L'anglais coordonne volontiers des verbes subordonnés par le sens, mais étroitement liés dans le temps, verbes que d'instinct un traducteur français subordonnera. Exemples :

a. Take off your boots **and** walk in. [Inscription sur une porte.]

a. Veuillez enlever vos bottes *avant* d'entrer.

b. Read the text **and** translate it.

b. Lire le texte *avant* de le traduire.

c. We identified the problem areas, **and** improved the service.

c. Nous avons amélioré le service *en en corrigeant* les faiblesses. [V. aussi l'Objectif 39.]

De même, il est moins usuel en français de coordonner deux propositions unies par un rapport de cause à effet ou de finalité. Exemples :

a. Buy **and** save.

a. Achetez *tout en faisant* des économies.

b. Write **and** get our brochure.

b. Écrivez *pour* obtenir notre brochure.

En l'absence de toute règle absolue, c'est par sa connaissance intime de la langue et souvent même par sa sensibilité linguistique que le traducteur évitera ces subtils anglicismes syntaxiques. Chaque fois que les actions ne s'exercent pas sur le même plan (écrire et obtenir, par exemple), le français est peu enclin à indiquer un rapport de subordination par une simple coordination.

---

[8] *Langage et contexte*, p. 53-54.

[9] *Langue française, langue humaine*, p. 104. (C'est nous qui soulignons.)

Marianne Lederer a bien vu l'importance des liens logiques qui sous-tendent la trame de toute production écrite. «Si on traduit un texte phrase par phrase, en s'inspirant plus de la langue originale que du continuum de la pensée de l'écrivain, on juxtapose des éléments linguistiques isolés qui correspondent individuellement d'une langue à l'autre mais qui, assemblés, représentent un puzzle mal ajusté à la forme naturelle que prendrait la pensée dans l'autre langue[10].» Il y a des paragraphes et des textes boiteux, tout comme il y a des phrases mal construites. L'intelligibilité d'un texte est fonction de la justesse et de la précision des liens unissant les éléments d'information entre eux. Voici un exemple :

> Physical fitness is the ability to carry out daily tasks with alertness. It is the ability to work under pressure without fatigue. It is a general state of well being. It is energy. It is the opposite to tiring from demanding physical or mental exertion.

Transposées telles quelles en français, les cinq propositions indépendantes de ce paragraphe produisent un effet *staccato* monotone et prennent l'allure de litanies :

> **Être en forme, c'est être capable de vaquer à ses occupations quotidiennes avec entrain. C'est être en mesure de travailler sous pression sans se fatiguer. C'est un état de bien-être général. C'est de l'énergie. C'est tout le contraire de l'état de fatigue ressenti à la suite d'un effort physique ou mental plus intense qu'à l'ordinaire.

La traduction ci-dessous a le mérite de dégager les liens logiques qui se tissent entre les phrases, en plus de supprimer la cascade insipide d'auxiliaires «être». La juxtaposition de propositions indépendantes est avantageusement remplacée par la subordination des idées.

> = Une personne en bonne forme physique peut vaquer à ses occupations quotidiennes avec entrain et travailler sous tension sans se fatiguer. Elle ressent un état de bien-être qui se traduit par un débordement d'énergie et une plus grande facilité à supporter un effort physique ou mental plus intense qu'à l'ordinaire.

En appliquant les quelques conseils pratiques suivants, on parviendra à resserrer la cohérence de ses traductions tout en en augmentant la cohésion, la clarté et la lisibilité.

CONSEILS PRATIQUES

* Ne pas traduire un texte comme s'il était constitué de phrases détachées.

* Bien saisir le propos de l'auteur du TD, le fil de son argumentation, la trame de son exposition.

* Être attentif aux réseaux lexicaux.

---

[10] *Interpréter pour traduire,* p. 24.

* Bien marquer les rapports logiques entre les idées.

* Utiliser, au besoin, des charnières (liens de cohésion explicites).

* Fusionner deux phrases au besoin ou, au contraire, scinder une phrase trop longue si la clarté et la lisibilité l'exigent. La même règle s'applique aux paragraphes.

* Faire preuve de rigueur sur le plan syntaxique.

* Être attentif à la concordance des temps.

* Faire un emploi judicieux de la ponctuation, notamment des deux points.

* Rechercher la concision en éliminant les mots inutiles.

* Employer le mot juste.

* Être attentif à la cooccurrence et aux collocations.

* Éviter les redondances.

* Vérifier l'antécédent des pronoms.

* Employer à bon escient les tournures impersonnelles lorsqu'il faut élever le niveau d'abstraction d'un énoncé.

* Respecter le rapport générique/spécifique.

* Être sensible aux oppositions, constructions parallèles, etc.

* Rechercher la clarté, la justesse et la cohérence des métaphores.

* Éviter les formulation ambiguës, les imprécisions.

* Effectuer tous les étoffements qu'exige la clarté du développement.

* Être sensible à l'aspect des mots (les verbes, en particulier).

EXEMPLES DE TRADUCTION

a. Move **and** I shoot!

a. Ne bougez pas ou je tire!
[Var. *Si* vous bougez, je tire!]

b. A drug addict is an extremely emotionally immature person. **He has never grown up**... **he** cannot cope with difficulties... **he** chooses to run from reality by using drugs.

b. Sur le plan émotif, le toxicomane est un *grand enfant qui* fuit les difficultés *et* tourne le dos à la réalité *en se réfugiant* dans la drogue. [Fusion de phrases, subordination]

c. These two wands give extra length to hose. **Attach** wands to hose. **Slide** cleaning tool onto end of wand. [*Wand* : tube rigide d'un aspirateur.]

c. Ces deux tubes servent de *rallonges* rigides au tuyau souple et *reçoivent* les accessoires. [Mots justes, fusion de phrases, implicitation]

d. Present two bonus coupons **and** you will receive free your choice of 2-AA batteries, 2-C batteries or 2-D batteries.

d. *Sur présentation* de deux coupons-primes, vous recevrez gratuitement, au choix, deux piles format AA, C ou D. [Subordination]

e. The "bourgeoisie" **is** obsessed by greed. Its sex life **is** insipid and prudish. Its family patterns **are** debased. Its slavish conformities of dress and grooming **are** degrading. Its vision of life **is** drab and joyless.

e. La bourgeoisie est obsédée par l'appât du lucre; sa vie sexuelle est puritaine et insipide; sa conception de la famille, avilissante; son conformisme vestimentaire, dégradant; sa conception de la vie, ennuyeuse et terne. [Style elliptique]

f. **Weather** was the main factor responsible for a poor crop during the 1980 harvest. **It** adversely affected most coarse grains and oilseeds.

f. Les mauvaises conditions climatiques en 1980 ont été la principale cause de la piètre récolte de céréales secondaires et des graines oléagineuses. [Fusion de phrases]

g. In the early days, balloons were not always regarded with delight. One was attacked by farmers armed with pitchforks. **They** trashed the creature from the sky **and** dragged its remain behind a horse.

g. À l'origine, les aérostats n'étaient pas toujours bien vus. L'un d'eux fut *même* attaqué par des fermiers armés de fourches *qui* rouèrent de coups la créature venue du ciel *avant* d'en atteler les restes à un cheval. [Subordination]

h. Invest **and** save tax at the same time.

h. Investissez *tout en réduisant* vos impôts.

SUGGESTIONS DE LECTURE

Michel CHAROLLES, «Introduction aux problèmes de la cohérence des textes», dans *Langue française*, n° 38, mai 1978, p. 7-41.

Michael A. K. HALLIDAY et Ruqaiya HASAN, *Cohesion in English*, Londres, Longman, 1976, p. 1-30; 293-328.

Rostislav KOCOUREK, *La Langue française de la technique et de la science*, 2ᵉ éd. Wiesbaden, Brandstetter Verlag, 1991, p. 49-65.

Peter NEWMARK, *Approaches to Translation*, Oxford, Pergamon Press, 1982, p. 176-179.

EXERCICES D'APPLICATION

Les exercices d'application qui suivent visent à faire prendre conscience des nombreuses causes d'incohérence, et de l'importance de tenir compte de la dynamique interne des textes, de leur déroulement, de l'élan de la pensée qui les a produits.

Exercice 1

LE REPÉRAGE DES INCOHÉRENCES

Dans les passages suivants, décelez les incohérences et analysez-les.

1.   Zaitun's wages often came in the form of a bit of rice and occasionally vegetables. While she was away, which was most of the time, her daughters helped at home, looking after the others, cooking and keeping the house. Her sons worked from time to time at odd jobs, adding to the family income. The days were long and hard for Zaitun, and she never had a moment to herself. [Zaitun est une femme pauvre du Bangladesh.]

     **Elle fut souvent payée sous forme d'un peu de riz et quelquefois d'un peu de légumes. Puisque Zaitun se trouva hors de chez elle la plupart du temps, ses filles s'occupèrent des autres enfants, faisaient la cuisine et gardèrent la maison. Quant à ses fils, il vaquèrent de temps à autre à de petits travaux afin d'augmenter le revenu familial. Zaitun connut des jours longs et difficiles, sans l'ombre d'un instant à elle.

2.   Since 1966, this old home has housed a restaurant.

     **Depuis 1966, cette vieille maison a été transformée en restaurant.

3.   Part-time employment, which has been swelled by 53,000 jobs in 16 months, continues to gain ground.

     **Le niveau des emplois à temps partiel, qui a atteint le seuil de 53 000 personnes depuis les seize derniers mois, a poursuivi son ascension.

4.   "A business of my own"—it's a magic phrase that haunts, intrigues, inspires, motivates and challenges so many of us. For some it remains a dream forever; for others it becomes a reality. Those five words are the ultimate expression of the free and independent spirit that has come to characterize Canadian business.

     **«Avoir ma propre entreprise...», voilà des mots magiques qui hantent, intriguent, motivent et exaltent bien des gens. Pour certains, ce rêve ne se réalise jamais; pour d'autres, il devient réalité. Ces cinq mots sont la plus belle manifestation de l'esprit d'indépendance et de liberté qui caractérise le monde des affaires au Canada.

5.   We all have friends, or know of people, who have "financial savvy." They almost always have money when we're struggling to make it to the next paycheque. What's their secret? There is none—at least none that isn't also available to you.

**Nous avons tous des amis ou avons entendu parler de gens qui ont le flair de l'argent. Tandis que la plupart d'entre nous pouvons difficilement se rendre jusqu'au prochain jour de paie, eux ont toujours de l'argent. Quel est leur secret? Il n'y en a pas, du moins aucun qui ne vous soit aussi accessible.

Exercice 2

L'ARTICULATION ET LA SUBORDINATION

En traduisant les passages ci-dessous, liez les phrases afin de resserrer la syntaxe et d'articuler le message de manière à subordonner les idées et à faire ressortir clairement les rapports logiques existant entre elles. Vous accentuerez ainsi la cohésion de l'énoncé.

1.   Energy is precious and indispensable. It is becoming increasingly rare. Consequently, the price of energy is rising throughout the world.

2.   Send these beautiful postcards off and let your friends know that Canada's capital is the place to be in 1993.

3.   Health related information is directed to the public by many players. The media play a crucial role in creating a climate for public debate. This issue [of the magazine] is intended to stimulate dialogue and debate. We invite your comments.

4.   Quality is difficult to measure using traditional techniques. Efficiency and effectiveness are tangible; they are quantifiable. Quality, on the other hand, is not.

5.   Applied music courses have restricted enrollment. Students must request permission in person at the Department, between August 17th and 28th.

6.   To undermanage reality is not to keep free. It is simply to let some force other than reason shape reality. That force may be unbridled emotion. It may be greed. It may be aggressiveness. It may be hatred. It may be ignorance. It may be inertia. It may be anything other than reason. [*To undermanage reality...* : Ne pas avoir assez d'emprise sur la réalité...]

7.   After you have a drink, you may feel more relaxed and have a sense of well being. Soon, however, the effect becomes stronger. Gradually you lose your coordination.

8.   Suddenly, there were interest and pride in Canadian heritage and the arts. This has only kept growing over the years. Virtually every community developed its own museum. Museums were seen as being as necessary to the community as other services.

9.   Volume 1, Number 1 of the newsletter of the Royal Commission on Aboriginal Peoples was released in March. Subscriptions are free and can be obtained from the Commission's office in Ottawa.

10.   Canada and the United States are both democracies. They are also both federal states. But there are important differences in the way Canadians and Americans govern themselves.

Exercice 3

ET/OU

De l'avis de grammairiens, de linguistes et de traducteurs professionnels[11], l'emploi de l'expression «et/ou», calquée sur l'anglais «*and/or*», peut être une source de confusion, d'ambiguïté et d'incohérence. Bien que Maurice Grevisse la tolère, la plupart des autres sources consultées la contestent ou la condamnent. Ces auteurs proposent de lui substituer, selon le cas, l'une des solutions suivantes :

a.   **La simple conjonction «ou»**
      (Dans les cas où la conjonction «ou» est inclusive.)

      La peur ou la misère ont fait commettre bien des fautes.
      (L'accord du verbe éclaire le sens.)

b.   **Les constructions «[A] et [B] ou l'un des deux»;**
      «[A] ou [B] ou l'un et l'autre»
      (Dans les cas où il importe d'éviter tout risque d'interprétation disjonctive de la conjonction «ou» — dans les textes juridiques, par exemple.)

      Les organisateurs de la session d'étude souhaitent rencontrer le président et le vice-président, ou l'un des deux.

      Les organisateurs de la session d'étude souhaitent rencontrer le président ou le vice-président, ou l'un et l'autre.

Pierre Dupré[12] juge blâmable l'emploi de «et/ou», non pas parce qu'il est imité de l'anglais, mais parce qu'il pourrait être mal compris des personnes peu habituées à la langue technique, administrative ou des affaires. Exemple : «Veuillez me livrer le grand et/ou le petit modèle.» Solutions de remplacement :

      Veuillez me livrer le grand modèle ou le petit modèle, ou l'un et l'autre.
      Veuillez me livrer le grand modèle et le petit modèle, ou l'un des deux.

Ces tournures sont évidemment plus longues, mais elles ont le mérite d'éviter les ambiguïtés.

---

[11] V. Madeleine Sauvé, *Observations grammaticales et terminologiques*, Fiche 22, octobre 1974, 4 p. Les exemples cités sont empruntés à cet auteur.

[12] *Encyclopédie du bon français dans l'usage contemporain*, 3 vol., 1972.

Éliminez les «et/ou» des phrases suivantes :

1.   The information can be in textual and/or graphical form and can be transmitted to the user via the telephone line, coaxial cable, optical fibre or off-air broadcast.

       **Les renseignements textuels et/ou graphiques pourront être transmis à l'abonné par sa ligne téléphonique, par câble coaxial, par fibres optiques ou par ondes électromagnétiques.

2.   Win $1,000 and/or a trip to the Barbados. *ou l'un des deux*

       **Gagnez 1 000 $ et/ou un voyage à la Barbade.

3.   **Il faut appuyer les projets de construction mis en œuvre dans le cadre des programmes de développement communautaire parrainés par le gouvernement fédéral et/ou le gouvernement provincial. *le gt féd, le gt prov., ou les deux*

4.   **Nous attendons la visite du chef et/ou de son adjoint.

5.   **Il est tombé de la pluie et/ou de la neige dans certaines régions. *et même de la neige dans certaines régions*

_____

Exercice 4

LE TÉLESCOPAGE D'EXPRESSIONS

La confusion de deux expressions est une source fréquente de solécismes, d'impropriétés et d'incohérences en traduction. En voici deux exemples :

**Les opinions de ces deux adversaires sont irréconciliables.
        = Les opinions de ces deux adversaires sont inconciliables.
        = Ces deux adversaires sont irréconciliables.

**Vous m'avez introduit en erreur.
        = Vous m'avez induit en erreur.

Réécrivez les passages ci-dessous en éliminant les solécismes, les impropriétés et les incohérences qu'ils renferment.

1.   **L'orateur a su captiver l'attention de l'auditoire.

2.   **Le conférencier a relaté le récit de son voyage aux antipodes.

3.   **Des observateurs, dont beaucoup de savants, s'inquiètent à juste raison des manipulations génétiques.

4.   **Il y a beaucoup de chemin à abattre avant de ramener le déficit à un niveau acceptable.

5.   **La société met les droits des hommes et ceux des femmes sur le même pied d'égalité.

6. **Vous avez la mauvaise habitude de toujours chercher la petite bête noire.

7. **Après l'émeute, tout est rentré dans la normale.

8. **Il a fait tout en son possible pour réussir.

9. **Il a été acculé au pied du mur.

10. **Cette double exigence explique en grande part le nombre élevé d'échecs.

————

Exercice 5

LES INCOHÉRENCES

Avant de traduire le Texte 52, «Hypertension», décelez les incohérences (illogismes) que renferment les dix extraits mal traduits ci-dessous.

1. **L'hypertension ne consiste pas à se sentir nerveux, excitable, irritable, impatient ou extrêmement tendu, mais elle est plutôt définie comme de l'hypertension artérielle. [l. 1-2]

2. **La croyance répandue que l'hypertension est une maladie s'attaquant aux gens d'affaires travaillant constamment sous pression est une idée fausse. [l. 2-3]

3. **Même avec une attitude calme et accommodante, il n'est pas garanti qu'une personne échappera à la haute tension. [l. 5]

4. **Lorsqu'on ne stabilise pas l'hypertension pendant longtemps, les vaisseaux sanguins et les organes commencent à ressentir l'effet de l'effort continu. [l. 6-7]

5. **Lorsque le médecin nous passe la manchette autour du bras, la fait gonfler et ensuite laisse échapper l'air tout en écoutant avec son stéthoscope le sang qui circule dans le bras, sont toutes les étapes qui constituent un examen inoffensif qu'on peut subir et qui peut nous fournir les premières indications de tension artérielle élevée. [l. 11-14]

6. **Comment dépister l'hypertension? La première indication peut nous être fournie par le médecin. Celui-ci, lors d'un examen rapide et sans douleur, enroule la manchette du sphygmanomètre autour de votre bras, la gonfle et finalement relâche l'air en écoutant le débit sanguin à l'aide de son stéthoscope. [l. 11-14]

7. **Ce cycle vicieux peut être interrompu parfois en soignant une artère vers les reins rétrécie, l'ablation d'un rein ou le traitement de maladies de reins. [l. 19-21]

8. **Seul un faible pourcentage des hypertendus peuvent être guéris. Pour d'autres, le but de la thérapie est d'abaisser la tension artérielle et de la maintenir. [l. 23-24]

9.   **Pour aider, le docteur peut suggérer : un changement dans les habitudes alimentaires, la pratique de sports, ou l'interdiction de fumer. [l. 24-26]

10.   **Mais, pour la majorité des gens souffrant d'hypertension, ces simples changements ne sauraient suffir : seuls les médicaments peuvent arriver à les soulager. [l. 25-26]

TEXTE 52

Auteur : Anonyme
Source : Kidney Foundation of Canada
Genre de publication : Dépliant
Date de parution : s. d.
Domaine : Médical
Public visé : Grand public
Nombre de mots : 359

Hypertension

Hypertension is NOT being nervous, excitable, irritable, high-strung, impatient, or highly tense. Hypertension means HIGH BLOOD PRESSURE. The common belief that high blood pressure is a disease of business executives who work under constant pressure is a misconception. High blood pressure is common in people in all types of occupations and with all types of personalities.
5   A relaxed easy-going manner is no guarantee against high blood pressure. [...]

When high blood pressure is uncontrolled for a long time, the constant strain on the blood vessels and organs of the body begins to take its toll. Such serious complications as stroke, heart disease, and kidney disease may result. Extensive medical studies have shown that high blood pressure may significantly shorten life expectancy. Most health experts agree that early detection
10   and early treatment of high blood pressure can reduce the incidence of serious complications. [...]

How is high blood pressure detected? The quick and painless test when the doctor puts a cuff around your arm, inflates the cuff, and then releases the air while listening with his stethoscope to the blood flow in your arm, often provides the first indication of high blood pressure. [...]

15   In many diseases of the kidney, or when the arteries to the kidneys are narrowed, there is an increased production of a substance called renin. Renin activates another substance in the blood stream called angiotensin. This in turn causes constriction of blood vessels, thereby increasing blood pressure. Uncontrolled hypertension may cause further kidney damage, thus starting a vicious cycle in which blood pressure increases even further. This cycle can sometimes
20   be broken by repairing a narrowed artery to a kidney, removal of a kidney or by treatment of the kidney disease. However, in most patients medication is required to bring the blood pressure under control and to break the cycle.

A small percentage of patients will have a curable form of hypertension. For others the goal of therapy is to bring the blood pressure under control and keep it there. In many cases, the
25   doctor may suggest changes in diet, exercise, or eliminating smoking. These measures alone are usually not adequate for most people. Medication is often required.

———————

Exercice 6

LES RÉSEAUX LEXICAUX

Avant de traduire le Texte 53, «You Can't Lead by Pushing», déterminez lesquels des termes ci-dessous peuvent fonctionner *dans la traduction française de ce texte* comme des génériques ou des spécifiques de PATRON et de SUBALTERNE.

administrateur, cadre, surnuméraire, chef de service, chef, personnel, agent, commis, employé, gestionnaire, personne en autorité, directeur, dirigeant, contre-maître, employeur, gérant, haute direction, inspecteur, subordonné, main-d'œuvre, ouvrier, patron, personnel de bureau, subalterne, salarié, leader, président, supé-rieur hiérarchique, superviseur, travailleur, surveillant, directeur général, groupe de travail.

TEXTE 53

Auteur : Marvin G. Gregory et Arthur Zito
Source : *Bits & Pieces*
Genre de publication : Brochure
Date de parution : 1979
Domaine : Gestion, relations de travail
Public visé : Grand public américain
Nombre de mots : 310

You Can't Lead by Pushing

General Eisenhower used to demonstrate the art of leadership with a simple piece of string. He'd put it on a table and say: *pull* it and it'll follow wherever you wish. *Push* it and it will go nowhere at all. It's just that way when it comes to leading people.

5 Leadership isn't something that comes automatically just because you have people working for you. Leadership depends on followers. If people don't follow a manager's lead voluntarily—if they always have to be forced—that person is not a good leader.

What do you think the "job" of leadership really is? Is it to tell those who work for you exactly what you want done ... and to stay on top of them until they do it? If that's how you see your job, you don't have the viewpoint it takes to lead successfully. Leadership depends on the ability to
10 make people *want* to follow—voluntarily.

Do you think most employees need to be *goaded* and *prodded* to do what you want done? Threatened or reprimanded, if necessary? People who are successful leaders don't think that way. They work to inspire people—to make them *want* to cooperate.

Managers who prod rather than lead rarely get the best out of those who work for them,
15 because people who work for prodders have little incentive to do more than just get by. All they want to do is keep such a "boss" off their backs.

Effective leaders know that they get the best efforts out of people by working *with* them ... by *helping* them to do their best ... by *showing them how* to be more productive.

20   There may always be a few people who have to be watched and occasionally reminded to get on the ball. But the fewer the better. The need for too much pushing usually indicates too little leadership.

Exercice 7

LA RESTRUCTURATION

Quand, par souci de clarté, une restructuration du texte de départ s'impose, on peut scinder les phrases trop longues ou transposer certains membres de phrases. Voici quelques exemples tirés du Texte 54, «The Investment Picture». Avant de traduire ce texte, restructurez chacun des extraits suivants en justifiant les modifications apportées.

Vocabulaire

capital spending : dépenses d'immobilisations
assets : (éléments de) l'actif immobilisé
recovery : reprise
run-through : examen sommaire; survol
metals : métaux de première transformation
non-ferrous metals : métaux non ferreux
metal fabricating : petite métallurgie

1.   Capital spending—on new machinery and equipment, factories, roads, buildings, and other assets—is what keeps an economy healthy and growing. [l. 1-2]

2.   As a percentage of GNP, investment is down both in the public domain—where spending on roads, hospitals, schools, and so on has been declining since the mid-1960s—and in housing, where the precipitous decline of the early 1980s has stabilized somewhat.

3.   While capital spending has increased steadily over the past 30 years, it has been losing ground as a proportion of GNP since the early 1970s, and the most recent drop (1981-83) was the largest recorded in 30 years. [l. 12-14] (v. l'Objectif 35).

4.   A run-through of manufacturing industries shows that while some (most notably motor vehicles) have continued to attract investment, others—machinery, furniture and wood, metals and non-ferrous metals, iron and steel, metal fabricating, and textiles (excluding leather)—have recorded a diminishing share of total investment, in some cases dating back to the mid-1970s. [l. 17-20]

TEXTE 54

Auteur : Anonyme
Source : *Au Courant*
Genre de publication : Revue du Conseil économique du Canada
Date de parution : 1985
Domaine : Économie
Public visé : Économistes, gens d'affaires
Nombre de mots : 376

The Investment Picture

Capital spending—on new machinery and equipment, factories, roads, buildings, and other assets—is what keeps an economy healthy and growing. So Canada's poor investment performance recently has been the cause of some concern. As a percentage of GNP, investment is down both in the public domain—where spending on roads, hospitals, schools, and so on has
5   been declining since the mid-1960s—and in housing, where the precipitous decline of the early 1980s has stabilized somewhat. But particularly worrisome is the performance of business investment, which has not rebounded in this recovery to surpass its pre-recession peak, as it did in the wake of earlier recessions. Instead, capital formation (the increase in capital assets) remains well below the high reached in 1981.

10   An analysis of business investment by sector indicates that the decline is more pronounced in some areas than in others. Most alarming in this regard has been investment behaviour in the manufacturing sector. While capital spending has increased steadily over the past 30 years, it has been losing ground as a proportion of GNP since the early 1970s, and the most recent drop (1981-83) was the largest recorded in 30 years. In 1984, the Economic Council observes, "net
15   investment ... was not even sufficient to maintain the productive capacity of the manufacturing sector." That was not the case in the United States.

A run-through of manufacturing industries shows that while some (most notably motor vehicles) have continued to attract investment, others—machinery, furniture and wood, metals and non-ferrous metals, iron and steel, metal fabricating, and textiles (excluding leather)—have
20   recorded a diminishing share of total investment, in some cases dating back to the mid-1970s.

A company's decision to invest is influenced by a variety of considerations. The bottom line, notes the Council, "is that the firm expects to make money ... Thus, there must be a market for the product that will result from the new investment." But demand alone is not enough to trigger investment spending. In addition, the productive resources required by the firm must be available
25   at a cost in line with the expected sale price of the product.

The poor investment performance since 1981 has been due to a downswing in the business cycle combined with some long-term forces affecting both demand and supply.

———

Exercice 8

TEXTE 55

Auteur : Alan K. Melby
Source : *Language Technology*
Genre de publication : Magazine des industries de la langue
Date de parution : 1987
Domaine : Informatique, ergonomie
Public visé : Traducteurs professionnels
Nombre de mots : 327

The Translator Workstation

What is the translator workstation? It is a hardware-software system; it is a productivity tool. It will enhance the status of the translation profession. It will be used nearly everywhere translation is done, with or without machine translation. Its time has come.

5   Every profession has its particular skills, and most have specialized tools. High tech tools seem to raise the status of the skilled user (for example, a physician with a laser vs. an old-fashioned scalpel, an engineer with a CAD workstation vs. a drawing board, or an accountant with an electronic spreadsheet vs. a pencil and an adding machine.) The translator workstation can do the same for translators, and a translator can put one together now.

10   As a hardware base, choose a micro-computer which is widely available, supports the character set(s) you need, allows you to attach a variety of storage media, and has the software you need. This probably means an IBM or compatible PC/XT/AT, or the Apple Macintosh Plus, Se or Mac II.

    The basic software components include: a multilingual word processor (possibly with spell checking, word counting, grammar checking, and synonym finding), a telecommunications
15   program, and a multilingual terminology management program. The word processor should allow you to feed your draft translation into a desktop publishing system. [...]

    While the technology will doubtless continue to evolve, all the essential components for a translator workstation are available now, so there is no reason to wait. Along with the productivity increase for the translator, there are at least two visible benefits for the client:
20   increased consistency of terminology due to the rapid consultation of the client-specific terminology files; and decreased editing costs, since the document does not need to be retyped and may even be camera-ready. Even if a portion of these benefits is passed back to the translator in the form of increased fees per word, the client's overall costs should decrease. Everyone wins.

———

RENFORCEMENT DU CARACTÈRE IDIOMATIQUE DU TA

«Le pianiste de bar et le traducteur ont ceci en commun qu'ils n'ont pas le droit d'ennuyer sous prétexte de suivre la partition. On joue pour son public, c'est aussi pour lui que l'on traduit. On a le droit d'ennuyer uniquement sur "demande spéciale"[1].»

«Le texte est roi, tandis que la traduction n'est qu'une servante humble et fidèle, résolue à servir son maître. Mais cette servante tient fermement à parler sa propre langue[2].»

Contrairement à l'unilingue, le traducteur pense à la frontière de deux langues. Il risque donc grandement de limiter son expression aux seules ressources que lui suggère la LD et de n'utiliser qu'une fraction des possibilités expressives qui se présenteraient naturellement à son esprit s'il rédigeait spontanément dans sa langue maternelle. Bien que l'expression soit un moyen et le contenu, la fin, dans le cas des textes pragmatiques tout au moins, il reste que le traducteur doit épargner aux lecteurs le désagrément de lire un texte imprégné du souvenir de la LD. Avec des mots bien français et rendant le sens du message original, on peut écrire du français, mais du français qui sonne faux. Cette prose à cheval sur deux langues est comparable à une pièce de musique exécutée sans faute sur un instrument mal accordé. Jean Darbelnet a bien vu que les devoirs du traducteur à l'égard du TA ne s'arrêtent pas à la simple correction grammaticale :

> Pour le traducteur, l'identification des nécessités, tendances, possibilités et impossibilités des deux langues avec lesquelles il travaille présente non seulement un intérêt théorique mais aussi une utilité pratique. On attend de lui, en effet, qu'il traduise d'abord *correctement* (donc en respectant des nécessités et des impossibilités) mais en outre *idiomatiquement* (donc en tenant compte des tendances et des simples possibilités). Le respect de l'intégrité de la langue d'arrivée est à ce prix[3].

---

[1] Roch Côté, «Ne tirez pas sur le traducteur!», p. D-1.

[2] Martin Luther, *cité par* Jean-Claude Margot, *Traduire sans trahir*, p. 15.

[3] Jean Darbelnet, «Systèmes oppositionnels en français et en anglais», p. 136. (C'est nous qui soulignons.)

Nous avons vu précédemment que les *tendances* de l'anglais ne sont pas tout à fait les mêmes que celles du français. C'est le cas, par exemple, de la fausse question, de la fréquence relative de la coordination et de la subordination, de l'anaphore et des répétitions, de la voix passive, des structures *BE* + Prédicat, de la négativation du discours français, des déterminants juxtaposés ou des faux comparatifs.

Il ne suffit pas, en effet, de construire des phrases grammaticalement correctes. Un texte bien traduit peut dégager une «impression d'absence», de «présence réduite», selon les expressions heureuses de F. Vermeulen[4] . Cette impression se ressent sur les plans tant lexical et syntaxique que stylistique. Il n'est pas facile de définir ce qui s'est perdu lors du transfert sémantique d'un idiome à l'autre, mais cela aboutit à une sorte de «français de traduction». Ce serait le caractère idiomatique de la langue qui serait atteint, c'est-à-dire l'ensemble des habitudes de langage auxquelles se conforment les utilisateurs de cette langue. Deux termes, l'un anglais, l'autre français, se ressemblant par la forme et le sens, n'ont pas forcément la même fréquence dans les deux langues. Par conséquent, l'emploi quasi systématique dans la version traduite d'équivalents morphologiquement comparables a pour effet de garder dans l'ombre beaucoup de mots, locutions et idiotismes employés couramment par les usagers unilingues de la LA.

L'accumulation dans un même texte d'équivalences obtenues machinalement a pour effet de faire transparaître l'original à travers la version traduite, ce qui est contraire au principe même de la transparence. Dans le même ordre d'idée, une traduction «anémique» peut fort bien se situer dans les limites de l'exactitude grammaticale et de la fidélité au sens, mais être totalement incolore. Elle est privée des ressources figuratives et des échos culturels typiques des textes originaux bien écrits. «Too often translators are not sufficiently sensitive to the possibilities of idiomatic expressions, and hence the end result is a weakening of the figurative force of the translation, since they do not compensate for loss of certain idioms by the introduction of others[5].» Le traducteur qui ne manifeste aucune «imagination recréatrice» produit des traductions appauvries (v. l'Objectif 11).

Ce phénomène d'asphyxie par traduction est particulièrement manifeste dans un pays officiellement bilingue comme le Canada, où l'on pratique depuis nombre d'années une politique du «tout-traduit». L'anglais a beaucoup déteint sur la langue française parlée et écrite en ce pays.

Au-delà d'un certain seuil, la présence de la traduction tend à détruire la langue d'arrivée. On connaît les risques d'interférences qui ont été abondamment étudiés, mais on s'est moins arrêté à l'appauvrissement du français par l'absence d'utilisation des ressources qui ne sont pas suggérées par l'anglais. De même,

---

[4] «Le français des traducteurs», dans *Le Linguiste / De Taalkundige*, p. 1.

[5] Eugene A. Nida, *The Theory and Practice of Translation,* p. 106, note 1.

faute d'un ressourcement original, les références culturelles qui sous-tendent la vie d'une langue finissent par s'estomper, ce qui aboutit à une langue sans racine, artificielle, comme le latin au Moyen Âge[6].

Les textes pragmatiques et leur traduction souffriraient le plus de cette dégradation, sans doute parce que ceux qui les traduisent sont moins préoccupés «d'esthétique formelle» que les littéraires. Edmond Cary avait constaté la pauvreté de la «langue internationale» issue de l'intensification des contacts entre les diverses communautés linguistiques du globe.

Petit à petit, les actes routiniers adoptent un langage neutre, respectueux des équivalences consacrées et des formules traduisibles. Un orateur ou un auteur qui pense en sa langue et ne pense qu'à sa langue organiserait son discours autrement, se laisserait guider par d'autres fils. [...] La langue «internationale» se situe en une espèce de lieu géométrique qui ne coïncide exactement avec aucune des langues nationales, droite, abstraite qui refuse d'épouser les courbes fantasques de l'une ou de l'autre langue [...] C'est la littérature de service qui se ressent surtout de cet état de choses[7].

Le dernier objectif de ce manuel est consacré à la recherche d'expressions imagées ou de tournures idiomatiques *qui ne sont pas suggérées par le TD*. Ces locutions, clichés ou idiotismes doivent néanmoins transmettre le sens sans transformer la traduction en une «belle infidèle» et sans être non plus de simples artifices. Leur fonction doit être de renforcer la charge idiomatique et figurative des traductions. «L'objectif étant la formulation d'une pensée étrangère dans un français aussi coulant, collant, souple et familier que possible, le traducteur se doit d'apprendre à manier en virtuose les clichés, locutions, formules toutes faites, tournures usuelles et autres idiotismes qui constituent le fonds de la langue dans laquelle il écrit, et dont l'absence ou la rareté caractérise ce jargon abominable qu'on a appelé le "traduit-du"[8].» (V. l'Objectif 51.)

Bien entendu, le traducteur reste libre, dans la pratique de son métier, d'employer ou non des expressions idiomatiques non suggérées par la LD. Par exemple, rien n'interdirait de rendre l'énoncé «*For the technocrats, the figures are more important than the habits of the citizens*» par «Pour les technocrates, les chiffres importent plus que les habitudes des citoyens». Il peut aussi s'éloigner de la formulation anglaise et, tout en restant fidèle au sens, écrire :   «Pour les technocrates, les chiffres pèsent plus lourd dans la balance que les habitudes des citoyens». L'objectif visé ici est stylistique : exploiter au maximum les ressources de la LA en introduisant dans les traductions des expressions idiomatiques non suggérées par la *forme* de l'original, car «staleness is an occupational disease of the translator[9]».

----

[6] Jacques Poisson, «Table ronde sur l'évolution de la traduction», p. 64.

[7] *La Traduction dans le monde moderne*, p. 38.

[8] Michel Tournier, *Le Vent Paraclet*, p. 160.

[9] Frederick Fuller, *A Handbook for Translators*, p. 6.

EXEMPLES DE TRADUCTION

Comme toutes les langues, le français abonde en locutions imagées qui donnent de la force à l'expression des pensées. En voici quelques exemples :

a. The report is **blunt**.

a. Les auteurs du rapport *n'ont pas mâché leurs mots*.

b. The history of Algeria **goes back into the very distant past**.

b. L'histoire de l'Algérie *se perd dans la nuit des temps*.

c. Under the shadows of such heavyweights as IBM, Xerox and Exxon, the **outlook appears rather bleak**.

c. Compte tenu de l'emprise écrasante de IBM, de Xerox et de Exxon, *nous sommes encore loin des lendemains qui chantent*.

d. Upon my arrival in New York towards the middle of last summer, I went to see him. We had a great deal to say to each other and **a great many questions to ask**.

d. Au milieu de l'été, juste après mon arrivée à New York, je suis allé le voir. Nous avions beaucoup de choses à nous dire et *les questions nous brûlaient les lèvres*.

e. Eaton's catalogue was the link to the outside world and Mrs. Lundstrom's basement fabric store was a real **centre of activity.**

e. Le catalogue de la maison Eaton assurait le lien avec le reste du monde et le sous-sol de Mme Lundstrom se transformait en une *ruche bourdonnante*.

f. Memoirs are **traditionally** expected to contain both a wealth of personal recollection and a smattering of impressions of an era.

f. Les mémoires, *c'est la loi du genre,* se construisent à partir d'une double trame : souvenirs personnels et impressions d'une époque.

g. It's **long, hard work**.

g. *C'est un travail de Romain.*

h. The comet seekers **did not come away disappointed**.

h. Les chasseurs de comètes *ne rentrèrent pas bredouilles*.

i. As the auto and steel companies are the **pacemakers**, there might be a "**domino effect**" once a few of the giants "**take the plunge**".

i. Comme l'industrie automobile et les sidérurgies *donnent le ton*, une décision de ces géants pourrait bien *avoir un effet d'entraînement* s'ils décidaient *de sauter le pas.*

j. Since its establishment in 1916, the National Research Council **has drawn on** the advice of the scientific and engineering community.

j. Depuis sa création en 1916, le Conseil national de recherches *prête une oreille attentive* aux avis de la communauté scientifique et technique.

k. The Prévost firm is the only small bus manufacturing firm **existing today** in a field of giants.

k. Prévost est le seul petit constructeur d'autobus *qui ait réussi à se tailler une place* parmi les géants.

EXERCICES D'APPLICATION

Remplacez les pointillés par une expression idiomatique, imagée ou figurée correspondant au sens du passage imprimé en caractères gras.

1. Research **is very important** to future development of any sector.

   Quel que soit le domaine, la recherche est .... du progrès.

2. Despite the noise, both men **slept undisturbed**.

   Malgré le tintamarre, les deux hommes ....

3. The whole air traffic system **is being scrutinized** for energy waste.

   On .... tout le système de la circulation aérienne afin d'y déceler tout gaspillage d'énergie.

4. Mr. Speaker, the reports **cited by** the Hon. House Leader of the Opposition are false.

   Monsieur le Président, les informations dont le leader de l'opposition à la Chambre .... sont sans fondement.

5. **Not content with past successes**, we are now introducing new products.

   ...., nous procédons maintenant au lancement de nouveaux produits.

6. While ice cream and soups are invariably superb, steaks aren't. And coffee, cream and fresh fruits are **nonexistent**.

   Si la crème glacée et les soupes sont toujours délicieuses, les steaks, en revanche, ne le sont pas du tout. Quant au café, à la crème et aux fruits frais, ils ....

7. A true actor, Timothy Dalton remains **entirely devoted** to the stage and to serious art films.

   Comédien d'abord et avant tout, Timothy Dalton continue à ....au théâtre et au cinéma d'art.

8. They are **poorly dressed** and dirty. They have learned that they are different.

   Malpropres et ...., ils ont conscience de n'être pas comme les autres.

9. During the war years, Canadian scientists acquired expensive facilities, collaborated **as equals** with scientists from other countries, and won recognition, respect, and confidence.

Durant la guerre, les scientifiques canadiens acquirent des installations coûteuses et collaborèrent .... avec les scientifiques d'autres pays, gagnant leur respect et leur confiance en même temps qu'une certaine notoriété.

10. **After years of inadequate returns**, healthy cash flows enabled companies in the forest industry to undertake much needed capital spending programs to modernize aging plants.

..............., les abondants revenus en capital ont permis aux entreprises de l'industrie forestière d'entreprendre les programmes d'investissements nécessaires à la modernisation de leurs usines.

11. The promotion in British Columbia did what it set out to do and more. Half a million consumers now aware of Canadian products are bound **to give** Canadian industry **a boost**.

La promotion effectuée en Colombie-Britannique a produit les résultats escomptés et même davantage : un demi-million de consommateurs connaissent maintenant nos produits et sont en mesure de .... à l'industrie canadienne.

12. We don't yet know the full role of vitamin C in our body chemistry, but **strong indications are emerging**.

Nous commençons à peine .... sur le rôle précis que joue la vitamine C dans la chimie du corps humain.

13. Your new telephone directory now being delivered **has a new look**. The introductory section to the white pages has been redesigned to make it easy to find the information you need.

Le nouvel annuaire téléphonique en cours de distribution .... Le texte liminaire des pages blanches a été remanié de façon à vous permettre de trouver facilement les renseignements désirés.

14. My father grabbed me by the arm and shook me so violently I thought I would faint. Then he **tossed me like garbage**, so that I landed in the open sewer that ran down from the top of the village.

Mon père me saisit par le bras et me secoua avec une telle violence que je crus m'évanouir. Il .... Je me retrouvai au milieu de l'égout à ciel ouvert qui part des hauteurs du village.

15. The Committee realized it cannot hope to **accomplish its task alone**. The success of its work will depend on the views and experience not just of the individuals and organizations most directly involved in our artistic and cultural life, but also of Canadians as a whole.

Le Comité a vite compris qu'il ne pouvait pas .... Pour mener sa tâche à bien, il devra compter non seulement sur les personnes qui œuvrent dans le monde des arts et de la culture, mais aussi sur l'ensemble des Canadiens.

16.   Despite a certain amount of competition between the agricultural industries of France and Canada, Canadians exports to France **are showing encouraging growth** and the outlook is excellent for increased sales of livestock, grains, even processed food products.

La concurrence n'a pas empêché les secteurs agro-alimentaires français et canadiens de croître. Au contraire! Les exportations canadiennes vers la France .... les ventes de bétail, de céréales et d'aliments traités s'annoncent même excellentes.

17.   **It is a very old principle that example is better than precept**, and CBC television will do most for the unity of the country, not by editorially supporting federalism, but by regaining the presence in Canadian life that CBC radio had a generation ago.

.... C'est en appliquant ce vieil adage et en évitant les sermons sur le fédéralisme que la télévision de Radio-Canada contribuera à promouvoir l'unité nationale. Elle doit chercher à redevenir aussi présente dans la réalité canadienne que l'était la radio de Radio-Canada, il y a une génération.

18.   The development of a public service **that really does represent the whole population** has been a long-term priority for the Public Service Commission for some years now.

Depuis nombre d'années déjà, la Commission de la fonction publique s'efforce de rendre l'administration fédérale ....

19.   One of the best ways to enjoy Banff National Park is on foot. With more than 1,300 kilometres of trails in the park, **the hardest task could be choosing** a trail to follow.

Une des meilleures façons de profiter du Parc national de Banff est de le parcourir à pied. Il y a plus de 1 300 kilomètres de sentiers dans le parc, ...

20.   We **have ignored** our problems for so long.

Nous .... sur nos problèmes depuis si longtemps.

_____

Exercice 2

Idiotismes non suggérés par la forme du TD

Traduisez les passages en gras par un idiotisme français.

1.   The Bureau for translations makes extensive use of the services of freelance translators, **who are carefully screened** to meet a high standard of proficiency.

2.   The ritual known to most amateur athletes—getting up early—has never really appealed to Kerry Smith. **She likes sleep, lots of it**. To her, brain and body do not coordinate properly until the sun is **high in the sky**.

3.   "The Sir James Douglas has a different schedule every trip and she can be called on to do search and rescue work along the way. But that doesn't make her late. **The crew just works harder**," said Captain Bill Exley.

4.   Alberta's plastics industry, now in a rapid expansion stage, **has all the necessary ingredients** for success except trained personnel.

5.   **I felt that I could take** not walking again, but I couldn't take not using my hands. I was going to university and the accident washed out all my plans.

6.   Time and again during the past three hundred years, in one country after another, rebels and reformers have attempted **to storm the walls of power**, to build a new society based on social justice and political equality.

7.   Since publication of the Report, I [le Commissaire aux langues officielles] have made visits in central, western, and Atlantic Canada. I must admit to having met some people who thought **we were trying to do too much too fast**.

8.   Civilization gives the barbarian or tribal man an eye for an ear and is now **at odds** with the electronic world.

9.   A new civilization is emerging in our lives, and blind men everywhere are trying to **suppress it**. This new civilization **brings with it** new family styles; changed ways of working, loving, and living.

10.   Wealth is not without its advantages and the case to the contrary, although it has often been made, **has never proved widely persuasive**.

Exercice 3

Les nombres dans les idiotismes

En français comme en anglais, les idiotismes renferment souvent des nombres (ordinaux ou cardinaux) ou des fractions. La langue française est très riche en expressions de ce genre : ne faire ni un ni deux; c'est trois fois rien; treize à la douzaine (*baker's dozen*); en un mot comme en cent; je vous le donne en mille; monter un escalier quatre à quatre; haut comme trois pommes; manger comme quatre; le trois fait le mois; jamais deux sans trois; se parler entre quatre yeux (*confidentially*); faire le diable à quatre; il en vaut dix; un de ces quatre matins (*one of these days*); être entre deux âges; répéter cent fois; se mettre en quatre; etc. Le nombre ou la fraction ont généralement une valeur hyperbolique, et s'écrivent, par conséquent, en toutes lettres (v. GRAF, n° 186c). Si l'on compare la situation en anglais et en français, plusieurs cas se présentent :

1.   Les nombres sont les mêmes dans la LD et la LA

a. I have told you a **thousand** times.

a. Je vous l'ai dit [var. répété] *mille* fois.

b. To kill **two** birds with **one** stone.

b. Faire d'*une* pierre *deux* coups.

c. **Two** heads are better then **one**.

c. *Deux* têtes valent mieux qu'*une*.

2.   Les nombres sont différents d'une langue à l'autre

a. She is on cloud **nine**.

a. Elle est au *septième* ciel.
[Var. Elle est aux anges.]

b. She is dressed to the **nines**.

b. Elle est tirée à *quatre* épingles.

c. There's only **one** way of going about it.

c. Il n'y a pas *trente-six* façons de s'y prendre.

d. They are **three** sheets to the wind.

d. Ils sont au *trois quarts* ivres.
[Var. Ils sont entre *deux* vins.]

3.   Les nombres sont présents dans la LD seulement

a. I feel like a **million** bucks [var. dollars].

a. Je me sens en pleine forme.

b. He feels **two** feet tall.

b. Il est dans ses petits souliers.

c. It is **six** of **one** and **half a dozen** of the other.

c. C'est bonnet blanc et blanc bonnet.
[Var. C'est du pareil au même.]

d. You cannot be in **two** places at once.

d. On ne peut être à la fois au four et au moulin.

4.   Les nombres sont présents dans la LA seulement

a. He is a jack of all trades.

a. Il a fait *trente-six* métiers.
[Var. C'est un homme à tout faire.]

b. To split hairs.

b. Couper les cheveux en *quatre*.

c. When pigs fly.

c. Dans la semaine des *quatre* jeudis.
[Var. Quand les poules auront des dents.]

d. He was knocked out.

d. Il a vu *trente-six* chandelles.

e. You are absolutely right.

e. Vous avez *cent* [var. *mille*] fois raison.

Traduisez les passages ci-dessous par une expression idiomatique française qui renferme un nombre ou une fraction.

1.   She's always got a dozen different plans.

2.   When he's got something he wants to say, he doesn't beat around the bush.

3.   They got it for next to nothing.

4.   He did it before you can say Jack Robinson.
      [Var. He did it in the twinkling of an eye.]
      [Var. He did it in two ticks.]
      [Var. He did it in two shakes of a lamb's tail.]

5.   To have a bad time of it.

6.   He was wounded but I saw that he could still turn his hand to anything.

7.   She can twist him round her little finger.

8.   It is as clear as can be.

9.   Don't run a wild goose chase.

10.   To pluck up one's courage.

11.   He did his utmost to please her.

12.   To wear one's Sunday best.

13.   Be very cautious when you buy a second hand car.

14.   He came very close to dropping the whole business.

15.   To be miles away from thinking that...

16.   To be exposed to every wind that blows.

17.   There was just a handful of small potatoes.

18.   He spends most of his time travelling.

19.   To think twice before doing something.

20.   He is far and away above him. (Sens figuré)

————

Exercice 4

Les parties du corps dans les idiotismes

Les idiotismes français formés à l'aide de mots désignant une partie du corps sont aussi nombreux que ceux qui se composent de nombres. La confrontation de textes originaux anglais avec leur traduction montre que les traducteurs exploitent abondamment cette ressource de la langue et emploient très souvent des idiotismes formés à l'aide de mots désignant une partie du corps qui ne sont pas la traduction littérale de la formulation anglaise.

EXEMPLES DE TRADUCTION

a. To arouse someone's suspicions.

a. Mettre la puce à l'*oreille*.

b. I am sick and tired of hearing the same old thing.

b. J'en ai par-dessus la *tête* d'entendre la même rengaine.

c. He held his ground to the end.

c. Jusqu'au bout il ne courba pas l'*échine*.

d. I did it against my own will.

d. Je l'ai fait à mon *corps* défendant.

e. At first I stared in disbelief.

e. J'en restai d'abord *bouche* bée.

f. You could have knocked me down with a feather.

f. Les *bras* m'en sont tombés.

g. The Tories have ignored this risk.

g. Les conservateurs ont fermé les *yeux* sur ce risque.

h. The members of Parliament try to assess how people feel about particular issues.

h. Les députés tâtent le *pouls* des électeurs.

i. The rights of French-speaking Canadians in Ontario were severely restricted.

i. Les droits des francophones de l'Ontario ont été foulés aux *pieds*.

j. There were rumors that the German steel-master Krupp had moved into the Ungava iron fields.

j. Le bruit courait que le grand industriel allemand Krupp avait mis la *main* sur les gisements de minerai de fer de l'Ungava.

k. When you hear some of the arguments that he and his cabinet colleagues are making in order to sell this tax, you are astounded.

k. Lorsqu'on prête l'*oreille* à certains des arguments que lui et ses collègues du cabinet invoquent pour faire avaler cette taxe, on reste *bouche* bée.

Traduisez les passages en gras par un idiotisme formé à l'aide d'un mot désignant une partie du corps.

1. More than one million Canadian children are growing up in poverty. Their parents are having **to work harder and harder** to keep from sinking deeper into poverty.

2. The nurses went back to work disappointed, and many are still **fuming** over the continued injustice shown them.

3. Some westerners have probably never **bumped into** a Francophone or heard a live word of French spoken.

4. Few of us had any idea a year or so ago that the West in general and Manitoba in particular would be **the subject** of so intense a linguistic debate.

5. The Manitoba crisis implies to westerners that provincial rights **can** always **be overridden** by the intervention of a central government in Ottawa, but that when Ontario and Quebec **ignore** such policies as bilingualism they do so in the knowledge that no action will be taken against them.

6. Incessant wars between England and France meant that control of Acadia was constantly **shifting between** the two powers.

7. "As a Canadian, I have always believed in the strengths of Canada as a democratic nation. Now we have 11 first ministers, in seclusion, **finalize amendments** to our Constitution, then tell us it does not matter what we say or think ... This is not democracy; this is oligarchy."

8. The Senate had not publicly blocked a bill since 1939. The last time that it **confronted** the House of Commons was in 1961, when it delayed the passage of a bill to remove James Coyne.

9. **It is eminently obvious that** if we separate into two nations, French Canada and English Canada, then neither of them will exist any more—we will all become Americans.

10. Since we live in a free country, ACFO is entitled to its opinion, and I do not criticize it for having one. I would suggest, however, that it is not the only organization **concerned** about the betterment of Franco-Ontarians. [ACFO: Association canadienne-française de l'Ontario]

————

Exercice 5

TEXTE 56

Auteur : Marvin G. Gregory et Arthur Zito
Source : *Bits & Pieces*
Genre de publication : Brochure
Date de parution : 1979
Domaine : Gestion, relations de travail
Public visé : Grand public américain
Nombre de mots : 363

What Do People Value Most in a Boss?

Up-and-coming managers are always eager to increase their skill at leading and managing people. They read books, take courses, and some even bone up the latest findings about human relations.

That's all to the good, provided they don't forget one very important fact. In the long run, no
5   techniques, no matter how clever, can conceal the motives people have in their hearts. The right motives are even more important than the right moves.

What do people value most in a boss? The majority of us want someone who is honest, truthful and straightforward, someone we know really has our interest at heart, someone we can trust.

10   "To give real service you must add something which cannot be bought or measured with money—sincerity and integrity," wrote Donald Adams. This is something which can't be faked, at least not for long. If you have the best interests of your people at heart, it will show in your actions time and time again. You'll build a reservoir of goodwill.

Unfortunately, sometimes leaders aren't all that concerned about the welfare of their people,
15   but want only to use and manipulate them. No matter how glib such people are, or how clever as amateur psychologists, their motives will show through. They're bound to.

No manager can create a feeling of mutual trust with people overnight. It takes time and effort. Nor can sincerity be turned on and off like water faucet. People immediately get suspicious when leaders go out of their way to "be nice to them." They sense they're probably after something
20   when they do.

Leaders who are sincere don't have to advertise the fact—it's visible in everything they do and soon becomes common knowledge to everyone. Likewise, insincerity cannot be hidden, disguised or covered up no matter how competent a manager may otherwise be.

25   The only way to keep the goodwill and high esteem of the people you work with is to deserve
it. No one can fool all of the people all the time. Each of us, eventually, is recognized for exactly
what we are—not what we try to appear to be.

————

Exercice 6

TEXTE 57

Auteur : Anonyme
Source : *The Royal Bank Letter*
Genre de publication : Bulletin bimensuel
Date de parution : 1985
Domaine : Psychologie
Public visé : Clients de la banque
Nombre de mots : 411

The Power of Recognition

The story of Joey the Mechanical Boy is well-known in the annals of psychiatry. Joey believed
that his life was controlled by a machine. When this imaginary mechanism was "turned on," he
would eat, sleep and move about more or less normally. When it was "off" he would sit silent and
motionless for hours at a stretch, like a parked car.

5   The psychiatrist treating Joey inquired into his background. It turned out that his parents had
ignored him, except to attend to his physical needs. He had therefore transferred his role as a
non-entity in the human world into the world of machines, where he was beyond the reach of
emotion. When a fuss was made over him, he gradually emerged from his strange existence. On
the way to recovery he wrote an essay in which he said, "Feelings are more important than
10   anything under the sun."

While this is an extreme case, it is not without its lessons in human relations of all
descriptions. For a lack of recognition can indeed turn a human being into a kind of mechanical
thing. People who feel unnoticed and unappreciated will go through the motions of what is
expected of them as if someone had pressed a button to activate them to do so. They will not,
15   however, display the human spirit of enthusiasm or initiative. At work, at school and in the home,
we have many of these "mechanical boys" in our midst.

People like this are deprived of a psychological ingredient which is as vital to the mind as a
nutritious diet is to the body. Their need is not only basic, but simple: it is to have those around
them acknowledge that who they are, and what they do, is worthwhile. Their response to having
20   this need denied is simple, too: like Joey, they "turn off" from the aims of their parents, teachers,
mates or bosses. It is a tit-for-tat proposition: "If they don't care about me, I don't care about
them."

Recognition lately has become a battle-cry in the literature of motivation. But though modern behavioral scientists have managed to measure its effects in projects and studies, the knowledge
25 of its potency is as old as mankind.

"Give credit where credit is due" is high on the list of wisdom that has been passed down to us over the ages. No reasonable person would deny the validity of this advice.

———

Exercice 7

TEXTE 58

Auteur : Fred Bruemmer
Source : *World of the Polar Bear*
Genre de publication : Ouvrage illustré
Date de parution : 1989
Domaine : Zoologie
Public visé : Grand public
Nombre de mots : (I) 415; (II) 455

Polar Bears

- I -

Every fall polar bears gather at Cape Churchill on the west coast of Hudson Bay. I once saw 45 bears at the cape; others have seen as many as 60. At first the bears were simply bears, magnificent animals, the young sleekly elegant, the fully mature males awesome in their controlled power. As I watched them for days and weeks, bears became individuals, recognizable
5 by distinctive scars and marks and by personal quirks and manners which changed little with the passing of years. I began to realize bears use signs and signals that mean something to other bears—a warning, a reassurance, an invitation to play—and that they adopt positions and attitudes to which other bears respond in predictable ways.

The bears are creatures of a different realm, yet it is not entirely closed to us. As I
10 watched their rituals, their codes of behavior in the presence of other bears, I felt a tingle of excitement whenever I correctly anticipated action and reaction, the sort of thrill one experiences when one grasps the first words, the first sentences of an unknown language. However, these were mere generalizations; behavior varied greatly from bear to bear and I quickly learned that the animals were highly individualistic. Not only did bears have idiosyncrasies that modified
15 general behavior, but their behavior also changed with age and social standing. [...]

At the bottom of the hierarchy are the youngest bears, recently abandoned by their mothers, some three years old, others not yet two. Then in ascending order by size, age, condition and weight come the other bears, to the pinnacle of prestige held by the most powerful

males, fat, glossy-furred, muscle-packed individuals that may weigh a thousand pounds or more.
20   As a rule, the powerful treat the weaker with indifferent tolerance, and the weak are meek and
cautiously respectful near the big bears. Most unpredictable of all bears are the young and the
very old. The young may not as yet have learned proper bear manners; the old are perhaps too
touchy and grouchy to care. Both are often famished; they are insecure and fearful and that
makes them aggressive. One day a small bear, desperately hungry, rushed at a bear five times
25   his weight and snatched his food away. It was such an incredible breach of bear decorum, the
great bear just stood there and glowered. He may also have known that pursuit was useless
because scared little bears can run faster than big fat males.

- II -

The light is fading; snow gently blurs landscape and bears as in a pointillistic painting. I climb
down the tower and perch on the 12-foot rung above the ground. A bear comes to investigate.
He rears up directly beneath me, leans with his huge, sharp-clawed, fur-fringed paws against the
tower for support and looks earnestly at me with small, deep-brown, slightly slanted eyes. We are
5   only inches apart but, unless I slip and fall, I am quite safe. The bear is already on tiptoe and
cannot reach higher. His large, black, minutely pitted nose twitches. He lives in a world of smells.
His sense of smell is more than 100 times better than mine; he can smell a dead whale 15 miles
away or a ringed seal pup in its *nunarjak*, its birth lair, through three to six feet of compacted
arctic snow. What sort of mental image does my smell evoke in his mind? I talk softly to the bear.
10   He keeps sniffing, then yawns deeply, showing his great ivory-yellow teeth and the purplish lining
of his mouth. The temptation to touch him is very great.

       Long ago I did pet a polar bear. The thrill of that moment is still with me, although I now
realize it was a foolish thing to do. She was Linda, a very gentle four-year-old bear we had caught
in a steel-cable snare not far from Churchill. We kept her captive while waiting for a radio collar
15   to arrive that, we hoped, would enable us to track Linda in her future wanderings. I visited her
every day and fed her strips of fat and meat I bought from the Hudson's Bay Company butcher
in Churchill. She picked them up carefully and soon was obviously looking forward to my visits.
Then, yielding to temptation, I fed her by hand and she took the food cautiously from my fingers.
She could easily have snapped, held and killed me, for polar bears, despite their bulky
20   appearance, can move with lightning speed. But she never tried. And finally I touched her. She
watched the approaching hand with slightly lowered head, the hair on neck and back abristle, a
sign of latent apprehension and fear. But she did not growl or hiss or threaten. The hair upon her
head was short and silky soft. She ducked a bit as I touched her and then remained quiet as I
gently stroked her head. I was filled with excitement and elation; adrenalin, no doubt, but also
25   something else—the thrill, however brief and tenuous, of a shared bond and trust.

       Now I am older, perhaps wiser, certainly more cautious. I only talk to bears. I do not touch
them anymore.

Exercice 8

TEXTE 59

Auteur : Alan Bloom
Source : *The Closing of the American Mind*
Genre de publication : Essai
Date de parution : 1987
Domaine : Éducation
Public visé : Public cultivé, éducateurs, philosophes
Nombre de mots : 471

Love

The best point of entry into the very special world inhabited by today's students is the astonishing fact that they usually do not, in what were once called love affairs, say, "I love you", and never, "I'll always love you." One student told me that, of course, he says "I love you", to girlfriends, "when we are breaking up." It is the clean and easy break—no damage, no fault—at which they
5   are adept. This is understood to be morality, respect for other person's freedom.

Perhaps young people do not say "I love you" because they are honest. They do not experience love—too familiar with sex to confuse it with love, too preoccupied with their own fates to be victimized by love's mad self-forgetting, the last of the genuine fanaticisms. Then there is distaste for love's fatal historical baggage—sex roles, making women into possessions and
10   objects without respect for their self-determination. Young people today are afraid of making commitments, and the point is that love *is* commitment, and much more. [...]

Part of the inability to make sexual commitments results from an ideology of the feelings. Young people are always telling me such reasonable things about jealousy and possessiveness and even their dreams about the future. But as to dreams about the future with a partner, they
15   have none. That would be to impose a rigid, authoritarian pattern on the future, which should emerge spontaneously. This means they can foresee no future, or that the one they would naturally foresee is forbidden [to] them by current piety, as sexist. Similarly, why should a man or a woman be jealous if his or her partner has sexual relations with someone else? A serious person today does not want to force the feelings of others. The same goes for possessiveness.
20   When I hear such things, all so sensible and in harmony with a liberal society, I feel that I am in the presence of robots. This ideology only works for people who have had no experience of the feelings, have never loved, have abstracted from the texture of life. These prodigies of reason need never fear Othello's fate. Kill for love! What can that mean? It may very well be that their *apatheia* is a suppression of feeling, anxiety about getting hurt. But it might also be the real thing.
25   People may, having digested the incompatibility of ends, have developed a new kind of soul. None of the sexual possibilities students have actualized was unknown to me. But their lack of passion, of hope, of despair, of a sense of the twinship of love and death, is incomprehensible to me. When I see a young couple who have lived together throughout their college years leave each other with a handshake and move out into life, I am struck dumb.

———

Exercice 9

TEXTE 60

Auteur : Anonyme
Source : Musée Marc-Aurèle Fortin
Genre de publication : Dépliant
Date de parution : s. d.
Domaine : Peinture, biographie
Public visé : Grand public, amateurs d'art
Nombre de mots : 381

Marc-Aurèle Fortin
(1888-1970)

"I have wanted to create a school of the Canadian landscape that would be totally independent from the European School. There does not exist a typical Canadian School where that influence is not felt. I was the first to break away from this trend."

5   For fifty years, Fortin pursued this objective in total isolation but always with great joy and enthusiasm, and the phenomenal work that he left behind represents landscapes that burst out with brightness to reflect the intensity of the Quebec spirit.

In 1914, after a short stay at the Art Institute of Chicago in order to improve his art, Fortin returned to his Ste-Rose village, and during the next six years he observed the Laurentian
10 landscape in search of a different and original interpretation of the Quebec rural scene. Already a new style emerged from these observations, a dazzling transformation of landscapes. His lyrical watercolour compositions appeared in 1918, with trees pitted with holes like sponges of glittering colours. But his village elm trees were to exert a strange fascination over him, and from 1920 to 1934, he painted trees with great detail, huge, giant elms with branches that jut out with vigour,
15 hiding humble houses. The year 1928 produced a series of truly splendid watercolours the exceptional quality of which is only to be found among the great masters.

The year 1939 witnessed the introduction of watercolours punctuated with pencil and oil pastel, skies hardly pencil sketched, brightened up with lightly coloured clouds. In 1950, the artist discovered casein (an emulsion which uses milk protein as a basic element). He had now
20 reached the height of his talent, and up to 1955 he unrelentingly produced paintings of astonishing vitality.

That year, illness struck and forced him to put an end to his career. Disabled with diabetes, his legs had to be amputated : one in 1955, the other in 1957. He entrusted more than two thousand of his paintings to his manager. It comprised priceless works of art, but several
25 hundreds were simply thrown away to the dump.

Up to 1965, he scrawled landscapes from memory with felt pens. But the artist had lost his touch. In 1966 he lost his sight. After twelve years of seclusion and misery, he was taken by a friend to the Macamic Sanatorium in Abitibi where he passed away in 1970.

————

APPENDICE I

Liste des textes

Le présent appendice facilite la recherche d'un texte dont on connaît déjà le titre. Le chiffre de gauche correspond au numéro du texte. L'objectif où figure ce texte est indiqué entre crochets.

———

APPENDICE II

Lectures complémentaires

Dans cet Appendice, nous avons regroupé, sous une douzaine de rubriques, une cinquantaine de titres (ouvrages et revues) afin d'offrir aux futurs traducteurs et aux futures traductrices l'occasion d'explorer diverses facettes de la profession qui sera la leur. La *Bibliographie du traducteur* citée à l'Objectif 2 renferme de nombreuses autres suggestions de lecture.

———————

REVUES PROFESSIONNELLES

L'Actualité terminologique / Terminology Update, Secrétariat d'État, Bureau de la traduction, Ottawa, 1968-.

ATA Chronicle, newspaper of the American Translators Association (ATA), New York, 1972-.

Babel, revue Fédération internationale des traducteurs (FIT), 1955-.

Circuit, magazine de la l'Ordre des traducteurs et interprètes agréés du Québec (OTIAQ), Montréal, 1983-.

Language International, the magazine for the language professions, Amsterdam, 1989-.

Le Linguiste / De Taalkundige, revue de la Chambre Belge des Traducteurs, Interprètes et Philologues, Bruxelles, 1955-.

Traduire, revue de la Société française des traducteurs (SFT), Paris, 1952-.

Translatio, revue trimestrielle de la Fédération internationale des traducteurs (FIT), Amsterdam, 1982-.

MARCHÉ DU TRAVAIL, SOCIÉTÉS PROFESSIONNELLES

DELISLE, Jean, *Au cœur du trialogue canadien / Bridging the Language Solitudes*, Ottawa, ministère des Approvisionnements et Services, 1984, 77 p. (Histoire du Bureau fédéral de la traduction, 1934-1984.)

_____, *Les Alchimistes des langues,* Ottawa, Les Presses de l'Université, 1990, xliii + 446 p.; 123 photos. (Histoire de la Société des traducteurs du Québec, 1940-1990.)

GOUADEC, Daniel, *Le Traducteur, la traduction et l'entreprise*, coll. «AFNOR Gestion», Paris, AFNOR, 1989, 181 p.

HORGUELIN, Paul A., *La Traduction, une profession / Translating, A Profession*, Actes du VIIIe Congrès mondial de la Fédération internationale des traducteurs, publiés sous la direction de P. A. Horguelin, Montréal, Conseil des traducteurs et interprètes du Canada, 1978, 576 p.

PICKEN, Catriona (ed.), *The Translator's Handbook*, 2nd ed., London, Aslib, 1989, 382 p.

REVUES DE TRADUCTOLOGIE

Équivalences, revue de l'Institut supérieur de traducteurs et d'interprètes de Bruxelles, Bruxelles, 1970-.

Meta, organe d'information et de recherche dans les domaines de la traduction, de la terminologie et de l'interprétation, Montréal, 1955-.

Target, International Journal of Translation Studies, Amsterdam, 1989-.

The Translator, Studies in Intercultural Communication, Manchester, 1995-.

TTR, organe officiel de l'Association canadienne de traductologie (ACT), Études sur le texte et ses transformations, Montréal, 1988-.

THÉORIE DE LA TRADUCTION

GENTZLER, Edwin, *Contemporary Translation Theories*, coll. «Translation Studies», Londres/New York, Routledge, 1993, 224 p.

LAROSE, Robert, *Théories contemporaines de la traduction*, 2e éd., Québec, Les Presses de l'Université du Québec, 1989, 336 p.

PERGNIER, Maurice, *Les Fondements sociolinguistiques de la traduction*, Atelier de reproduction des thèses, Université de Lille III, 1978, 491 p.

SELESKOVITCH, Danica et Marianne LEDERER, *Interpréter pour traduire*, coll. «Traductologie», n° 1, Paris, Didier Érudition, 1984, 311 p.

SNELL-HORNBY, Mary, *Translation Studies. An Integrated Approach*, Amsterdam/Philadelphie, John Benjamins Publishing Company, 1988, 163 p.

ENSEIGNEMENT DE LA TRADUCTION

DELISLE, Jean (dir.), *L'Enseignement de l'interprétation et de la traduction : de la théorie à la pédagogie*, coll. «Cahiers de traductologie», n° 4, Ottawa, Les Presses de l'Université d'Ottawa, 1981, 296 p.

_____, «Les manuels de traduction : essai de classification», dans *TTR*, vol. 5, n° 1, 1992, p. 17-47.

DOLLERUP, C. et A. LODDEGAARD (dir.), *Teaching Translation and Interpreting. Training, Talent and Experience*. Choix de communications présentées au premier colloque organisé par *Language International,* à Elsinore, au Danemark, du 31 mai au 2 juin 1991, Amsterdam / Philadelphie, John Benjamins Co., 1992, vii-343 p.

_____ et A. LODDEGAARD (dir.), *Teaching Translation and Interpreting 2 : Insights, Aims, Visions*. Choix de communications présentées au deuxième colloque organisé par *Language International,* à Elsinore, au Danemark, du 4 au 6 juin 1993, coll. «Benjamins Translation Library», n° 5, Amsterdam / Philadelphie, John Benjamins Co., 1994, viii-358 p.

DOLLERUP, C. et V. APPEL (dir.), *Teaching Translation and Interpreting 3 : New Horizons*. Choix de communications présentées au troisième colloque organisé par *Language International,* à Elsinore, au Danemark du 9 au 11 juin 1995, coll. «Benjamins Translation Library», n° 16, Amsterdam / Philadelphie, John Benjamins Co., 1996, viii-338 p.

GRELLET, Françoise, *Apprendre à traduire. Typologie d'exercices de traduction*, Nancy, Presses Universitaires de Nancy, 1991, 217 p.

«La pédagogie de la traduction : questions actuelles», publié sous la direction de J. KOUSTAS, revue *TTR*, vol. 5, n° 1, 1992, 305 p.

LEDERER, Marianne, *La Traduction aujourd'hui. Le modèle interprétatif*, coll. «F/Références», Paris, Hachette, 1994, 224 p.

«L'enseignement de la traduction au Canada», (numéro spécial), *Meta*, vol. 33, n° 2, juin 1988.

HISTOIRE DE LA TRADUCTION

BALLARD, Michel, *De Cicéron à Benjamin. Traducteurs, traductions, réflexions*, coll. «Étude de la traduction», Presses Universitaires de Lille, 1992, 299 p.

CARY, Edmond, *Les Grands traducteurs français*, Genève, Librairie de l'Université, 1963, 134 p.

DELISLE, Jean, *La Traduction au Canada / Translation in Canada, 1534-1984*, Ottawa, Les Presses de l'Université, publié sous les auspices du Conseil des traducteurs et interprètes du Canada, 1984, 436 p.

DELISLE, Jean et Judith WOODSWORTH (dir.) *Les Traducteurs dans l'histoire*, Paris/Ottawa, éditions UNESCO/Les Presses de l'Université d'Ottawa, 1995, 348 p. Version anglaise : *Translators through History*, Paris/Amsterdam, John Benjamins/UNESCO publishing, 346 p.

KELLY, Louis G., *The True Interpreter*, Oxford, Basil Blackwell, 1979, 282 p.

MOUNIN, Georges, *Les Belles Infidèles*, Paris, Éditions des Cahiers du Sud, 1955, 159 p.

VAN HOOF, Henri, *Histoire de la traduction en Occident*, Paris/Louvain-la-Neuve, Éditions Duculot, 1991, 368 p.

VENUTI, Lawrence, *The Translator's Invisibility*, coll. «Translation Studies», Londres/New York, Routledge, 1995, 353 p.

ANTHOLOGIES DE LA TRADUCTION

D'HULST, Lieven, *Cent Ans de théorie française de la traduction. De Batteux à Littré (1748-1847)*, Presses Universitaires de Lille, 1990, 256 p.

HORGUELIN, Paul A., *Anthologie de la manière de traduire. Domaine français*, Montréal, Linguatech, 1981, 230 p.

LEFEVERE, André, *Translation/History/Culture. A Sourcebook*, publié sous la direction d'André Lefevere, coll. «Translation Studies», Londres/New York, Routledge, 1992, 182 p.

SCHULTE, Rainer et John BIGUENET, *Theories of Translation. An Anthology of Essays from Dryden to Derrida*, Chicago/Londres, The University of Chicago Press, 1992, 254 p.

TRADUCTION TECHNIQUE

BÉDARD, Claude, *La Traduction technique. Principes et pratique*, Montréal, Linguatech, 1986, 254 p.

MAILLOT, Jean, *La Traduction scientifique et technique*, Paris, Technique et documentation, 1981, 264 p.

LANGUE DE SPÉCIALITÉ

KOCOUREK, Rostislav, *La Langue française de la technique et de la science*, 2ᵉ éd. Wiesbaden, Brandtsetter Verlag, 1991, 259 p.

LERAT, Pierre, *Les Langues spécialisées*, coll. «Linguistique nouvelle», Paris, Presses universitaires de France, 1995, 201 p.

SAGER, J. C. *et al.*, *English Special Languages*, Wiesbaden, Oscar Brandstetter Verlag, 1980, xxiii-368 p.

SAGER, J. C., *Language Engineering and Translation : Consequences of Automation*, coll. «Benjamins Translation Library», n° 1, 1995, Amsterdam/Philadelphie, John Benjamins Publishing Co., 331 p.

MÉMOIRES, BIOGRAPHIES DE TRADUCTEURS

BENOÎT, Pierre, *À l'ombre du mancenillier*, Montréal, Éditions Bergeron, 1981, 281 p.

CHRISTIE, Richard Copley, *Étienne Dolet, le martyr de la Renaissance, sa vie et sa mort*, traduit par Casénier Stryienski, Paris, Fischbaker, 1886, 557 p.

COINDREAU, Maurice-Edgar, *Mémoires d'un traducteur*. Entretiens avec Christian Giudicelli, Paris, Éditions Gallimard, 1974, 139 p.

DEACON, Richard, *A Biography of William Caxton : The First English Editor, Printer, Merchant and Translator*, London, Muller, 1976, 106 p.

GARNETT, Richard, *Constance Garnett. A Heroic Life,* Londres, Sinclair-Stevenson, 1991, 402 p.

KELLY, J. N. D., *Jerome: His Life, Writings, and Controversies*, Londres, Duckworth, 1975, 353 p.

DIVERS

BERMAN, Antoine, *L'Épreuve de l'étranger*, Paris, Éditions Gallimard, 1984, 311 p.

BRISSET, Annie, *Sociocritique de la traduction. Théâtre et altérité au Québec (1968-1988)*, coll. «L'Univers des discours», Éditions Le Préambule/Balzac, 1990, 347 p.

HURTADO ALBIR, Amparo, *La Notion de fidélité en traduction*, coll. «Traductologie», n° 5, Paris, Didier Érudition, 1990, 237 p.

LOTBINIÈRE-HARWOOD, Susanne de, *Re-Belle et Infidèle. La traduction comme pratique de réécriture au féminin / The Body Bilingual. Translation as a rewriting in the feminine*, Montréal/Toronto, Les Éditions du Remue-Ménage/Women's Press, 1991, 174 p.

YAGUELLO, Marina, *Catalogue des idées reçues sur la langue*, coll. «Points», série «Point-virgule», n° V61, Paris, Éditions du Seuil, 1988, 160 p.

———————

BIBLIOGRAPHIE

Aide-mémoire d'autoperfectionnement à l'intention des traducteurs et des rédacteurs, Ottawa, Secrétariat d'État, 1987, 230 p.

«*L'Antenne au Conseil*», dans *L'Antenne*, vol. 6, n° 6, mars 1975, p. 2-3.

BALLARD, Michel, *La Traduction de l'anglais. Théorie et Pratique. Exercices de morphosyntaxe*, Presses Universitaires de Lille, 1980, 185 p.

_____, *La Traduction : de l'anglais au français*, Paris, Éditions Nathan, 1987, 272 p.

_____, *De Cicéron à Benjamin*, coll. «Étude de la traduction», Presses Universitaires de Lille, 1992, 298 p.

_____, *Le Commentaire de traduction anglaise*, coll. «128», n° 15, Paris, Éditions Nathan, 1992, 128 p.

BALLY, Charles, *Linguistique générale et linguistique française,* Berne, Francke, 1944, 440 p.

BARIL, Denis (*et al.*), *Techniques de l'expression écrite et orale*, Paris, Éditions Sirey, 1971, t. 1, 129 p.; t. 2, 285 p.

BEAUDRY, Pierre, «Le "français" de nos lois : la loi sur l'assurance automobile (suite encore!)», dans *La Presse*, 13 octobre 1991, p. B-2.

BÉDARD, Claude, «Point de vue sur le passif», dans *Entre Nous*, Montréal, Linguatech, 1987, p. 173-176.

_____, «Les mots de tête de la machine», dans *Circuit*, n° 19, décembre 1987, p. 7-8.

_____, *Guide de l'enseignement de la traduction technique*, Montréal, Linguatech, 1987, 59 p. + 39 pages d'annexes.

_____ et André SÉNÉCAL, *Entre Nous*, Montréal, Linguatech, 1987, 242 p.

BÉGUIN, Louis-Paul, *Parcours parallèles. Pages de journal*, Montréal, Éditions Janus, 1988, 167 p.

BÉNAC, Henri, *Dictionnaire des synonymes*, Paris, Hachette, 1956, 1026 p.

BESSETTE, Gérard, *La Commensale*, Éditions Quinze, 1975, 156 p.

Bibliographie du traducteur / Translator's Bibliography, Collectif de l'École de traduction et d'interprétation de l'Université d'Ottawa, coll. «Cahiers de traductologie», n° 6, Ottawa, Les Presses de l'Université, 1987, 332 p.

BOSSÉ-ANDRIEU, Jacqueline, «L'emploi et l'omission du générique dans le nom des cours d'eau : une différence de cultures», dans *TTR*, vol. 2, n° 1, 1989, p. 139-152.

BOTHWELL, Robert, *Nucleus*, University of Toronto Press, 1988, 524 p.

_____, *Nucléus*, trad. par Didier Holtzwarth, Montréal, Agence d'Arc, 1988, 558 p.

BOUTIN-QUESNEL, Rachel (*et al.*), *Vocabulaire systématique de la terminologie*, «Cahiers de l'Office de la langue française», Québec, Les Publications du Québec, 2e éd., 1985, 38 p.

BRAUN, Theodore E. D., «Motion and Change of Place in French and English Verbs», dans *The French Review*, vol. 49, n° 3, février 1976, p. 388-392.

BRISSET, Annie, «La théorie : pour une meilleure qualification du traducteur», dans *Les acquis et les défis*, Actes du 2e Congrès du Conseil des traducteurs et interprètes du Canada, publiés sous la direction de Monique Cormier, Montréal, CTIC, 1990, 378 p.

BUISSERET, Irène de, *Deux langues, six idiomes*, Ottawa, Carlton-Green, 1975, 480 p.

CALVÉ, Pierre, «De l'économie des moyens linguistiques en français et en anglais dans l'usage standard contemporain», dans *La Revue canadienne des langues vivantes*, vol. 46, n° 1, 1989, p. 22-49.

CARY, Edmond, *La Traduction dans le monde moderne*, Genève, Georg & Cie, 1956, 196 p.

CHANTIGNY, Louis, *Silhouettes très parisiennes et l'art d'écrire*, Verdun, Louise Courteau, éditrice, 1988, 183 p.

CHASSIGNEUX, André, «Avant la charrue, les bœufs. La mise en relief du sujet et/ou du prédicat dans la traduction de textes économiques», dans *Palimpsestes*, n° 5, vol. 1, 1991, p. 71-76; vol. 2, annexe I, p. 5-6.

CLAS, André, «Le système du pronom indéterminé "on". Problèmes de traduction», dans *Lebende Sprachen*, vol. 15, n° 1, janvier-février 1970, p. 13-16.

COINDREAU, Maurice-Edgar, *Mémoires d'un traducteur*. Entretiens avec Christian Giudicelli. Paris, Éditions Gallimard, 1974, 141 p.

CONROY, Pat, *The Prince of Tides*, Bantam Books, [c1986] 1987, 567 p.

_____, *Le Prince des marées*, Traduit de l'américain par Françoise Cartano, Paris, Presses de la Renaissance, 1986, 582 p.

CORMIER, Monique C., «Glossaire de la théorie interprétative de la traduction et de l'interprétation», dans *Meta*, vol. 30, n° 4, 1985, p. 353-359.

_____, *Traduction technique et pédagogie*, thèse de doctorat, Université de Paris III (Sorbonne Nouvelle), 1986, 459 p. [Inédite].

_____, «La notion de "liberté" dans l'apprentissage de la traduction», dans *La Liberté en traduction*, textes réunis par Marianne Lederer et Fortunato Israël, coll. «Traductologie», n° 7, Paris, Didier Érudition, 1991, p. 83-92.

CORNEILLE, Pierre, *Le Cid*, coll. «Les Petits Classiques Bordas», texte présenté par Georges Griffe, Paris, Éditions Bordas, 1962, 128 p.

CÔTÉ, Roch, «Ne tirez pas sur le traducteur!», dans *Le Devoir*, 28 novembre 1992, p. D-1.

DAGENAIS, Gérard, *Dictionnaire des difficultés de la langue française au Canada*, Montréal, Éditions Pedagogia, 1967, 679 p.

DAGUT, M. B., «Can "metaphor" be translated?», dans *Babel*, vol. 32, n° 1, 1976, p. 21-33.

DANCETTE, Jeanne, «Modèles sémantique et propositionnel de l'analyse de la fidélité en traduction», dans *Meta*, vol. 37, n° 3, 1992, p. 440-449.

DARBELNET, Jean, *Regards sur le français actuel*, Montréal, Éditions Beauchemin, 1964, 176 p.

_____, «Dictionnaires bilingues et lexicologie différentielle», dans *Langages* (La lexicographie), n° 19, septembre 1970, p. 92-102.

_____, «Linguistique différentielle et traduction», dans *Meta*, vol. 16, n°s 1-2, 1971, p. 17-24.

_____, «Caractérologie linguistique», dans *L'Actualité terminologique*, vol. 10, n° 4, p. 1-4 et n° 5, p. 1-4, 1977.

_____, «Systèmes oppositionnels en français et en anglais», dans *Babel*, vol. 24, n°s 3-4, 1978, p. 135-138.

_____, «L'apport de la stylistique comparée à l'enseignement de la traduction», dans *Meta*, vol. 33, n° 2, 1988, p. 133-141.

DARBELNET, John [*sic*] *Pensée et structure*, New York, Charles Scribner's Sons, 1969, 260 p.

DAVIAULT, Pierre, «Langue et traduction», dans *Mémoires*. Deuxième Congrès de la langue française au Canada (1937), t. I, 1938, p. 431-438.

_____, *Langage et traduction*, Ottawa, Secrétariat d'État, Bureau fédéral de la traduction, 1972, 397 p.

DEAK, Étienne et Simone DEAK, *Grand Dictionnaire d'américanismes*, Montréal, Presses Sélect, 1977, 832 p.

DELATTRE, J. et G. de VERNISY, *Le Vocabulaire baromètre dans le langage économique; dictionnaire anglais-français*, Genève, Librairie de l'Université, 1967, 155 p.

DELISLE, Jean, *L'Analyse du discours comme méthode de traduction,* Ottawa, Les Presses de l'Université, coll. «Cahiers de traductologie», n° 2, 1980, 282 p.

_____, «La compréhension des textes et le processus cognitif de la traduction», dans *Comprendre le langage*, Actes du colloque de septembre 1980, coll. «Linguistique», n° 12, Paris, Didier Érudition, 1981, p. 68-70.

_____, «De la théorie à la pédagogie : réflexions méthodologiques», dans *L'Enseignement de l'interprétation et de la traduction : de la théorie à la pédagogie*, coll. «Cahiers de traductologie», n° 4, Ottawa, Les Presses de l'Université, 1981, p. 135-151.

_____, «Lancez-vous des défis aux mouches?», dans *Circuit*, n° 3, décembre 1983, p. 20-21.

_____, «Plaidoyer en faveur du renouveau de l'enseignement pratique de la traduction professionnelle», dans *La Traduction : l'universitaire et le praticien*, publiés sous la direction d'Arlette Thomas et de Jacques Flamand, coll. «Cahiers de traductologie», n° 5, 1984, p. 291-296.

_____, «Les anglicismes insidieux», dans *L'Actualité terminologique*, vol. 20, n° 5, 1987, p. 11-15. [Paru aussi dans *Le Français en contact avec l'anglais. En hommage à Jean Darbelnet*, Travaux réunis par Maurice Pergnier, Paris, Didier Érudition, coll. «Linguistique», n° 21, , 1988, p. 147-158.]

_____, «L'initiation à la traduction économique», dans *Meta*, vol. 33, n° 2, 1988, p. 204-215.

_____, «Le froment du sens, la paille des mots», dans *Études traductologiques en hommage à Danica Seleskovitch*, coll. «Lettres modernes», Paris, Éditions Minard, 1990, p. 61-73.

_____, «Les manuels de traduction : essai de classification», dans *TTR*, vol. 5, n° 1, 1992, p. 17-47.

DEMERS, Ginette, *Textes scientifiques anglais et traductions françaises : constantes et variantes.* Thèse de doctorat, Québec, Université Laval, 1989, xxiii + 576 p. [À paraître].

D'HULST, Lieven, *Cent Ans de théorie française de la traduction : de Batteux à Littré (1748-1847)*, Presses Universitaires de Lille, 1990, 256 p.

Dictionnaire encyclopédique universel, Paris/Montréal, Quillet/Grolier, 1965, 10 vol.

«La documentation», *Meta* (numéro spécial), vol. 25, n° 1, mars 1980.

DUBÉ, Jacques, *Lexique analogique*, Ottawa, ministère des Approvisionnements et Services Canada, 1989, 257 p.

DUBOIS, Jean (*et al.*), *Dictionnaire de linguistique*, Paris, Larousse, 1973.

DUBUC, Robert, *Manuel pratique de terminologie*, 2ᵉ éd., Montréal, Linguatech, 158 p.

DUPRÉ, Pierre, *Encyclopédie du bon français dans l'usage contemporain*, Paris, Éditions de Trévise, 3 vol., 1972.

DUPRIEZ, Bernard, *GRADUS — Les Procédés littéraires*, coll. «10/18», n° 1370, Paris, Union Générale d'éditions, [c1977], 1980, 541 p.

DURIEUX, Christine, *Fondement didactique de la traduction technique*, coll. «Traductologie», n° 3, Paris, Didier Érudition, 1988, 171 p.

_____, «Le raisonnement logique : premier outil du traducteur», dans *Études traductologiques en hommage à Danica Seleskovitch*, coll. «Lettres modernes», Paris, Éditions Minard, 1990, p. 189-200.

_____, «Liberté et créativité en traduction technique», dans *La Liberté en traduction*, textes réunis par Marianne Lederer et Fortunato Israël, coll. «Traductologie», n° 7, Paris, Didier Érudition, 1991, p. 169-189.

DURON, Jacques, *Langue française, langue humaine*, Paris, Larousse, 1963, 187 p.

ÉTIEMBLE, René, *Parlez-vous franglais?*, coll. «Idées», Paris, Éditions Gallimard, 1964, 376 p.

ETKIND, Efim, *Dissident malgré lui*, traduit du russe par Monique Slodzian, coll. «Les Grandes Traductions/Document», Paris, Éditions Albin Michel, 1977, 316 p.

«Exégèse et traduction», *Études de linguistique appliquée*, n° 12 (numéro spécial), Paris, Éditions Didier, oct.-déc. 1973, 126 p.

FOWLER, Henry Watson, *Modern English Usage*, Oxford University Press, 1965, 742 p.

FULLER, Frederick, *A Handbook for Translators*, London, Gerrard's Cross, Colin Smythe Ltd, 1973, 66 p.

GALICHET, Georges, *Physiologie de la langue française*, coll. «Que sais-je?», n° 392, Paris, Presses Universitaires de France, 1967, 126 p.

GALISSON, Robert et Daniel COSTE, *Dictionnaire de didactique des langues,* Paris, Hachette, 1976, 612 p.

GAMBIER, Yves, «Adaptation : une ambiguïté à interroger», dans *Meta*, vol. 37, n° 3, 1992, p. 421-425.

GEORGIN, René, *Les Secrets du style*, 14ᵉ éd., Paris, Les Éditions Sociales Françaises, 1962, 246 p.

GINGRAS, Line, «Disponible», dans *L'Actualité terminologique* (feuillet n° 8), vol. 25, n° 1, 1992, p. I-IV.

GOFFIN, Roger, «Pour une formation universitaire *sui generis* du traducteur», dans *Meta*, vol. 16, n° 1-2, 1971, p. 57-68.

GOUADEC, Daniel, *Le Traducteur, la traduction et l'entreprise*, coll. «AFNOR Gestion», Paris, AFNOR, 1989, 181 p.

Gouvernement du Canada, Secrétariat d'État, *Fiches Repères — T/R*, n° 50, «L'adjectif de relation», Fiche établie par Line GINGRAS, Division des recherches et conseils linguistiques, Bureau de la traduction, 1985.

_____, Secrétariat d'État, *Fiches Repères — T/R* n° 51, «Place de l'adjectif épithète se rapportant à un nom accompagné de son complément», Fiche établie par Line GINGRAS, Division des recherches et conseils linguistiques, Bureau de la traduction, 1985.

_____, Secrétariat d'État, *Fiches Repères — T/R*, n° 64, «Préposition "à" — Son emploi avec les verbes indiquant un changement numérique», Fiche établie par Lucie Boisvenue, Division de l'évaluation, Bureau de la traduction, 1986.

_____, Secrétariat d'État, *Fiches Repères — T/R* n° 67, «Base», Fiche établie par Denise Cyr, Division de l'évaluation, Bureau de la traduction, 1987.

Gouvernement du Québec, Office de la langue française, *Néologie en marche*, n° 2, s. d., 103 p.

_____, Office de la langue française, *Néologie en marche*, n° 3, 1974, 72 p.

_____, Service de traduction, ministère des Communications, *Guide du traducteur*, 3ᵉ éd., Éditeur officiel du Québec, 1978, 78 p.

GOWERS, Sir Ernest, *The Complete Plain Words*, Revised by Sir Bruce Fraser, Londres, Her Majesty's Stationery Office, 1973, 241 p.

GRANDJOUAN, Jacques Olivier, *Les Linguicides*, Paris, Éditions Didier, 1971, 318 p.

GRAVIER, Maurice, «La traduction des textes dramatiques», dans *Études de linguistique appliquée*, n° 12, «Exégèse et traduction», Paris, Didier, octobre-décembre 1973, p. 40-49.

GRELLET, Françoise, *"The word against the word". Initiation à la version anglaise*, Paris, Hachette, 1985, 287 p.

GREVISSE, Maurice, *Le Bon Usage*, 13ᵉ éd. par André Goosse, 1994.

HAGÈGE, Claude, *Le Français et les siècles*, Paris, Odile Jacob, 1987, 192 p.

HALLIDAY, Michael A. K. et Ruqaiya HASAN, *Cohesion in English*, Londres, Longman, 1976, 374 p.

HANLET, Camille, *La Technique du style*, 12ᵉ éd., Liège/Paris, H. Dessain, 1969, 383 p.

Harrap's New Standard French and English Dictionary, Londres, Harrap Books Ltd, 1980, 2 vol.

Harrap's Shorter French and English Dictionary, Londres/Paris, Harrap Books Ltd, 1991.

HÉBERT, Anne, *Kamouraska*, Paris, Éditions du Seuil, 1970, 249 p.

HORACE, *L'Art poétique*, Édition présentée par Herrmann Léon, coll. «Latomus», n° 7, Bruxelles, Revue d'études latines, 1951, 46 p.

HORGUELIN, Paul A., «Le *Shorter* nouveau est arrivé», dans *Circuit,* n° 37, septembre 1992, p. 29-31.

_____ et Jean-Paul BÉNARD, *Pratique de la traduction. Version générale*, Montréal, Linguatech, 1977, 141 p.

JAOUI, Hubert, *Manuel de créativité pratique*, Paris, Éditions Épi, 1979, 256 p.

JINOT, Paul, «L'anglais *challenge* : un défi pour le traducteur francophone?», dans *L'Actualité terminologique*, vol. 22, n° 4, 1989, p. 1-5.

_____, «Essai de logico-syntaxe comparée : la traduction de la conjonction anglaise *as*», dans *Meta,* vol. 35, n° 1, mars l990, p. 162-176.

KLEIN-LATAUD, Christine, *Précis des figures de style*, coll. «Traduire, Écrire, Lire», n° 2, Toronto, Éditions du GREF, 1991, 144 p.

KOCOUREK, Rostislav, *La Langue française de la technique et de la science*, 2ᵉ éd. Wiesbaden, Brandstetter Verlag, 1991, 259 p.

KOESSLER, Maxime, *Les Faux Amis des vocabulaires anglais et américain*, Paris, Librairie Vuibert, 1975, 582 p.

LARBAUD, Valery, *Sous l'invocation de saint Jérôme*, 12ᵉ éd., Paris, Gallimard, 1946, 341 p.

LAROSE, Robert, *Théories contemporaines de la traduction*, 2ᵉ éd., Québec, Les Presses de l'Université du Québec, 1989, 336 p.

LAURENCE, Jean-Marie, *Grammaire française*, Montréal, Centre de psychologie et de pédagogie, 1957, 567 p.

LAVAULT, Élisabeth, *Fonctions de la traduction en didactique des langues*, coll. «Traductologie», n° 2, Paris, Didier Érudition, 1985, 115 p.

LÉCROUART, Claude, «Un Janus sémantique : le "système"», dans *L'Actualité terminologique*, 1974, vol. 7, n° 7, p. 1-4; n° 8, p. 2-4.

LEDERER, Marianne, «Transcoder ou réexprimer?», dans D. Seleskovitch et M. Lederer, *Interpréter pour traduire*, coll. «Traductologie», n° 1, Paris, Didier Érudition, 1984, p. 15-36.

_____, «Implicite et explicite», dans D. Seleskovitch et M. Lederer, *Interpréter pour traduire*, coll. «Traductologie», n° 1, Paris, Didier Érudition, 1984, p. 37-71.

_____, «La théorie interprétative de la traduction», dans *Le Français dans le monde*, «Retour à la traduction», août-septembre 1987, p. 11-16.

_____, «The Role of Cognitive Complements in Interpreting», dans David and Margareta Bowen, *Interpreting—Yesterday, Today and Tomorrow*, Publié sous la direction de D. et M. Bowen, American Translators Association Scholarly Monograph Series, New York, SUNY, vol. IV, 1990, p. 53-60.

LEROUX, Frèdelin, «Impliqué», dans *L'Actualité terminologique*, vol. 18, n° 5, p. 9.

LETHUILLIER, Jacques, «Les "bibles" du traducteur technique», dans *Meta*, vol. 25, n° 1, mars 1980, p. 101-110.

Liberté en traduction, Actes du Colloque international tenu à l'ESIT les 7, 8 et 9 juin 1990, textes réunis par Marianne Lederer et Fortunato Israël, coll. «Traductologie», n° 7, Paris, Didier Érudition, 1991, 312 p.

MAILLOT, Jean, «Les paronymes», dans *Babel,* vol. 24, n°s 3-4, 1978, p. 139-140.

MALINOWSKI, Bronislav, «Théorie ethnographique du langage», dans *Les Jardins de corail*, préface et traduction de Pierre Clinquart, Paris, F. Maspero, 1974, p. 237-314.

MARCIL, Claude et Robert CHIASSON, *Comment chercher. Les secrets de la recherche d'information*, Québec, Éditions MultiMondes/Documentor, 1992, 186 p.

MARGOT, Jean-Claude, *Traduire sans trahir*, Lausanne, Éditions L'Âge d'Homme, 1979, 388 p.

MASON, Kristen, «Metaphor and Translation», dans *Babel*, vol. 28, n° 3, 1982, p. 140-149.

MEYER, Ingrid, «The General Bilingual Dictionary as a Working Tool in *Thème*», dans *Meta*, vol. 33, n° 3, 1988, p. 368-376.

MISRI, Georges, *Le Figement linguistique en français contemporain*. Thèse de doctorat, Université René-Descartes (Paris V), 1987, 667 p. [Inédite]

_____, «La traductologie des expressions figées», dans *Études traductologiques en hommage à Danica Seleskovitch*, coll. «Lettres modernes», Paris, Éditions Minard, 1990, p. 143-163.

MITCHELL, Joanne, *The CD-ROM Directory 1991*, publié sous la direction de J. Mitchell, 5th Edition, Londres, TFPL Publishing, 1991, 608 p.

MONGEAU, Serge, «L'angoisse dans votre assiette», dans *L'Actualité*, vol. 5, n° 11, novembre 1980, p. 58.

MONTPETIT, Édouard, *La Conquête économique*, Montréal, Éditions Bernard Valiquette, 1938, 3 vol.

MOUNIN, Georges, *Les Problèmes théoriques de la traduction*, coll. «Bibliothèque des idées», Paris, Éditions Gallimard, 1963, 296 p.

NEWMARK, Peter, *Approaches to Translation*, Oxford, Pergamon Press, 1982, 200 p.

_____, *A Textbook of Translation*, Londres, Prentice Hall International, 1988, 291 p.

NIDA, Eugene A. et Charles TABER, *The Theory and Practice of Translation,* Leiden, E. J. Brill, 1974, 220 p.

PAGNOULLE, Christine, «Creativity in non-literary translation», dans *Le linguiste/De Taalkundige*, vol. 37, n°s 3-4, 1991, p. 1-14.

PENNAC, Daniel, *Comme un roman*, Paris, Éditions Gallimard, 1992, 177 p.

PERGNIER, Maurice, *Les Anglicismes*, coll. «Linguistique nouvelle», Paris, Presses Universitaires de France, 1989, 214 p.

PISARSKA, Alicja, *Creativity of Translators. The Translation of Metaphorical Expressions in Non-Literary Texts*, Poznan Uniwersytet im. Adama Michiewicza W Poznaniu, Seria Filologia Angielska NR 23, 1989, 139 p.

POISSON, Jacques, «Table ronde sur l'évolution de la traduction», dans *Meta,* vol. 20, n° 1, 1975, p. 58-70.

PONS-RIDLER, Suzanne et Geneviève QUILLARD, «Quelques aspects de la négation : comparaison de l'anglais et du français», dans *La Revue canadienne des langues vivantes*, vol. 47, n° 2, janvier 1991, p. 327-340.

_____, «Stylistique comparée : la forme interro-négative en français et en anglais», dans *La Linguistique*, vol. 27, fasc. 1, 1991, p. 111-118.

_____, «Pédagogie de la négation», dans *TTR*, vol. 5, n° 1, 1992, p. 113-143.

QUILLARD, Geneviève, «Quelques problèmes d'interférence», dans *Meta*, vol. 35, n° 4, décembre 1990, p. 769-774.

_____, «La destination : étude contrastive du "mouvement" en français et en anglais», dans *La Revue canadienne des langues vivantes*, vol. 36, n° 1, octobre 1979, p. 92-96.

RANCOURT, Jacques, «De la traduction à la traduction de poésie», dans *Liberté*, n° 205, «Traduire», février 1993, p. 91-98.

RENARD, Jules, *Journal*, édition présentée et annotée par Henry Bouillier, Paris, Éditions Robert Laffont, 1990, 1032 p.

REY, Jean, *Dictionnaire sélectif et commenté des difficultés de la version anglaise*, Paris, Éditions Ophrys, 1973, 287 p.

ROBERT, Paul, *Le Petit Robert. Dictionnaire alphabétique et analogique de la langue française*, Paris, Dictionnaires Le Robert, 1984

Robert-Collins. Dictionnaire français-anglais, anglais-français, Londres/Paris, W. Collins/Le Robert, 1987.

ROBERTS, Roda P., «The Terminology of Translation», dans *Meta*, vol. 30, n° 4, 1985, p. 343-352.

_____, «Literal Translation: Different Concepts Underlying the Term», dans *L'Actualité terminologique*, vol. 21, n° 1, 1988, p. 11-13.

_____, «Translation Pedagogy: Strategies for Improving Dictionary Use», dans *TTR*, vol. 5, n° 1, 1992, p. 49-76.

RONDEAU, Guy, *Introduction à la terminologie*, 2ᵉ éd., Chicoutimi, Gaëtan Morin éditeur, 1984, 238 p.

ROUAIX, Paul, *Dictionnaire des idées suggérées par les mots*, 31ᵉ éd., Paris, Éditions Armand Colin, coll. «U», 1974.

RYDNING, Antin Fougner, *Qu'est-ce qu'une traduction en B?*, thèse de doctorat, Université d'Oslo, 1991, 611 p. [Inédite].

SAGER, Juan et David DUNGWORTH, *English Special Languages*, Wiesbaden, Oscar Branstetter Verlag, 1980, 368 p.

SAND, George, *Œuvres autobiographiques*, texte établi, présenté et annoté par Georges Lubin, coll. «Bibliothèque de la Pléiade», Paris, Gallimard, 2 vol., 1970.

SAUVÉ, Madeleine, *Observations grammaticales et terminologiques,* Montréal, Secrétariat général de l'Université de Montréal, 246 fiches, 1972-1985.

_____, «La documentation de base en matière de langue française», dans *Meta*, vol. 25, n° 1, mars 1980, p. 87-100

SÉGUINOT, Candace, "The Translation Process: An Experimental Study", dans C. Seguinot (ed.), *The Translation Process*, Toronto, H. G. Publications, School of Translation, York University, 1989, 98 p.

SELESKOVITCH, Danica, «De la possibilité de traduire», dans *AILA Brussels 84* (Actes du 7e Congrès mondial de linguistique appliquée, Bruxelles, 5-10 août 1984, vol. 5, 1984, p. 1781-1795.

_____ et Marianne LEDERER, *Interpréter pour traduire*, coll. «Traductologie», n° 1, Paris, Didier Érudition, 1984, 311 p.

_____, *Pédagogie raisonnée de l'interprétation*, coll. «Traductologie», n° 4, Paris, Didier Érudition, 1989, 281 p.

SLAMA-CAZACU, Tatiana, *Langage et contexte,* La Haye, Mouton, 1961, 251 p.

SOUDIEUX, Régine, *Le Passif dans des textes anglais traduits du français contemporain : étude d'un problème de traduction*, Publication linguistique du Groupe de Traduction Automatique, n° 17, Cahier CRAL, n° 27, Université de Nancy, 1974, 141 p.

TATILON, Claude, *Traduire : pour une pédagogie de la traduction*, coll. «Traduire, Écrire, Lire», Toronto, Éditions du GREF, 1986, 177 p.

TOURNIER, Michel, *Le Vent Paraclet*, Paris, Éditions Gallimard, 1977, 275 p.

TRAHAN, Victor, «Le nouveau Robert-Collins à vol d'oiseau», dans *Circuit*, n° 18, septembre 1992, p. 28-29.

VACHON-SPILKA, Irène, «Que faire des post-positions?», dans *Journal des traducteurs*, vol. 6, n° 1, janvier-mars 1961, p. 3-7.

VAN HOOF, Henri, «Recherche d'un modèle d'analyse en traduction», dans *Meta*, vol. 16, n°s 1-2, 1971, p. 83-94.

_____, *Traduire l'anglais. Théorie et pratique,* Paris, Éditions Duculot, 1989, 214 p.

VAN RŒY, Jacques, Sylviane GRANGER et Helen SWALLOW, *Dictionnaire des faux amis*, 2e éd., Paris, Éditions Duculot, 1991, 794 p.

VERMEULEN, F., «Le français des traducteurs», dans *Le Linguiste / De Taalkundige*, n°s 3-4, 1977, p. 1-5.

VINAY, Jean-Paul, «Les déictiques», dans *Journal des traducteurs*, vol. 1, n° 4, 1956, p. 91-94.

_____, «Vision comparative et vision absolue», dans *Journal des traducteurs*, vol. 1, n° 3, 1956, p. 59-63.

_____ et Jean DARBELNET, *Stylistique comparée du français et de l'anglais*, Paris, Éditions Didier, 1958, 331 p.

«Whichever is the later, the earlier, the lower», dans *L'Actualité terminologique*, vol. 3, n° 1, janvier 1970, p. 3.

YOUNG MORCACCIO, Kathleen, *Directory of Online Databases*, publié sous la direction de Y. Morcaccio, Detroit/Londres, Cuadra/Gale, Gale Research Inc., January 1992, vol. 13, n° 1.

ZUBER, Roger, *Les «Belles Infidèles» et la formation du goût classique*, Paris, Éditions Armand Colin, 1968, 501 p.

———————

Le papier utilisé pour cette publication satisfait aux exigences minimales contenues
dans la norme American National Standard for Information Sciences -
Permanence of Paper for Printed Library Materials, ANSI Z39.48-1992.

MEMBRE DU GROUPE SCABRINI

Québec, Canada
2000